ÉTUDES
SUR VIRGILE.

IMPRIMERIE DE PLASSAN, RUE DE VAUGIRARD, N° 15,
DERRIÈRE L'ODÉON.

ÉTUDES
SUR VIRGILE,

COMPARÉ

AVEC TOUS LES POÈTES ÉPIQUES ET DRAMATIQUES
DES ANCIENS ET DES MODERNES,

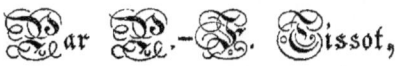
Par P.-F. Tissot,

ANCIEN PROFESSEUR DE POÉSIE LATINE, SUCCESSEUR DE DELILLE
AU COLLÉGE DE FRANCE,

PRÉCÉDÉES DE CONSIDÉRATIONS PRÉLIMINAIRES
DESTINÉES A SERVIR D'INTRODUCTION.

TOME TROISIÈME.

A PARIS,
CHEZ MÉQUIGNON-MARVIS, LIBRAIRE,
RUE DU JARDINET, N° 13.

1828.

ÉTUDES
SUR
L'ÉNÉIDE
DE
VIRGILE.

LIVRE SIXIÈME.

« Ainsi parle Énée, les yeux en pleurs, et don-
» nant à sa flotte un libre essor, enfin il aborde
» tranquillement à Cumes, colonie de l'Eubée. On
» tourne les proues vers la mer; l'ancre, à la dent
» mordante, affermit les vaisseaux dans la rade, et
» les poupes recourbées couronnent le rivage. Une
» ardente jeunesse s'élance avec transport sur le sol
» de l'Hespérie. Ceux-ci cherchent dans les veines
» d'un caillou les semences du feu qu'elles recèlent ;
» ceux-là s'emparent des forêts voisines, retraites
» obscures des bêtes sauvages, et montrent avec joie
» les sources qu'ils ont découvertes.

» Cependant le pieux Énée s'avance vers le rocher » où Apollon préside du haut de son temple, vers » l'antre immense, séjour mystérieux de la redou- » table sibylle à qui le prophète de Délos agrandit » l'âme, inspire le génie et découvre l'avenir. Déjà » le prince troyen et sa suite ont pénétré dans les » bois sacrés d'Hécate; déjà ils ont franchi le seuil » du temple tout brillant d'or. »

Ce début remarquable par l'élégance et la précision accoutumées de Virgile, manque d'intérêt et même de vérité. En effet, l'Italie est la seconde patrie des Troyens, le théâtre des exploits réservés au successeur d'Hector, le berceau de la reine du monde ; après sept années de recherches infructueuses, après tant de périls sur l'onde et sur la terre, quelle ivresse de joie ne doivent pas éprouver les proscrits de Junon devenus possesseurs d'une contrée qui, en mettant un terme à leurs longues infortunes, ouvre devant eux une carrière de gloire, et leur promet la renaissance d'Ilion sous les lois d'un chef protégé par les dieux! La situation excite une grande attente que le poëte ne satisfait pas; mieux inspiré il avait dit au troisième livre :

« Déjà l'Aurore au front de rose avait chassé les » étoiles et colorait les cieux; tout-à-coup dans un » lointain obscur nous apparaissent comme d'hum- » bles collines les montagnes de l'Italie. Italie!

» s'écrie Achate le premier; Italie! Italie! répètent
» mes compagnons, en la saluant par des clameurs
» de joie[1]. Alors mon père Anchise couronne de
» fleurs un large cratère, et le remplit d'un vin pur;
» puis, debout sur la poupe, il invoque les immor-
» tels : « Dieux de la terre et de l'onde, arbitres des
» tempêtes, accordez-nous une route facile, et
» gonflez nos voiles d'un souffle favorable. » A ces
» mots le vent redouble au gré de nos désirs; déjà
» le port se rapproche et s'élargit devant nous; et
» sur une hauteur apparaît à nos yeux le temple de
» Minerve. » Les Troyens entrent dans le port; et
le poëte ajoute : « Là, pour premier présage, s'of-
» frent à mes regards quatre coursiers blancs
» comme la neige qui paissaient au loin dans la
» prairie. Anchise alors : « O contrée hospitalière
» pour les Troyens, la guerre, voilà ce que tu an-
» nonces; pour la guerre on dresse les coursiers;
» c'est de la guerre qu'ils nous menacent; ces fiers
» quadrupèdes apprennent eux-mêmes à s'atte-
» ler au char, à porter d'accord le joug qui les en-
» chaîne et le frein qui les dompte; cette harmo-
» nie est un augure de paix. » Alors nous adressons
» notre hommage à la déesse aux armes retentis-

---

[1] Nous partions; et déjà par mille cris de joie
Nous menacions de loin les rivages de Troie.
Iphig. en Aulide.

» santes, à Pallas, qui la première nous reçut triom-
» phants de joie. Réunis devant ses autels, nous
» couvrons nos têtes du voile phrygien ; et fidèles
» au plus important des ordres d'Hélénus, nous
» brûlons un encens pur en l'honneur de Junon,
» protectrice d'Argos. »

Telle est la solennité qui conviendrait au moment où les Troyens descendent sur les rivages de l'Italie. Quel étonnement n'éprouvons-nous pas en ne voyant, à la place du généreux enthousiasme d'un peuple choisi par les dieux, que les soins vulgaires d'un équipage empressé de se procurer du feu et de chercher de l'eau ! Il est difficile d'excuser cette sécheresse de détails dans une circonstance si grande. On peut objecter que Virgile a réservé les ornements nécessaires que nous lui demandons, pour le moment où Énée, averti par l'accomplissement de l'une des prédictions d'Anchise, reconnaît et salue la terre promise à ses destinées. Nous verrons si cette scène pourra répondre à notre attente ; mais quand le poëte la satisferait entièrement, il manquerait toujours ici quelques signes éclatants des transports du peuple troyen à l'aspect de l'Italie.

Voici ce que son propre génie et la fidèle observation des mœurs ont suggéré au Tasse pour une situation pareille à celle que Virgile n'a que légèrement ébauchée :

ÉNÉIDE, LIVRE VI.

A peine le soleil sur le trône des airs
De ses premiers rayons frappe ces lieux déserts,
Voilà que tout-à-coup à la foule étonnée
S'offre Jérusalem de tours environnée.
Voilà Jérusalem !.... Mille bruyantes voix,
Mille cris confondus éclatent à la fois,
Et de Jérusalem que le chrétien salue,
Le nom sacré s'élève et se perd dans la nue[2].
Tels des navigateurs qui, bravant les dangers,
Visitent d'autres cieux et des bords étrangers :
Sous un pôle inconnu, sur des mers ignorées,
Jouets des vents, battus des vagues conjurées,
S'ils découvrent enfin, après de longs travaux,
Le port que sous la foudre ont cherché leurs vaisseaux,
Ils se montrent de loin le tranquille rivage
Qui doit les consoler des périls du voyage ;
Et de leur souvenir déjà sont effacés
Les orages, les vents, et les ennuis passés.

---

[1] M. Baour-Lormian a senti en poëte le prix des répétitions que le Tasse a employées avec tant de bonheur, pour exprimer la surprise, l'admiration, l'empressement tumultueux, et l'enthousiasme ardent des chrétiens à l'aspect de la ville sainte :

> Ecco apparir Gerusalem si vede,
> Ecco additar Gerusalem si scorge,
> Ecco da mille voci unitamente
> Gerusalemme salutar si sente.

Ce passage est bien au-dessus du faible tableau de Virgile que nous avons rapporté plus haut.

ÉTUDES SUR VIRGILE.

Un profond repentir, une sainte tristesse
Dans l'âme des chrétiens succède à l'allégresse :
A peine lèvent-ils des yeux mal assurés,
Des yeux pleins de respect vers les remparts sacrés,
Où Dieu sur une croix expia nos parjures;
Où le sang rédempteur coula de ses blessures;
Où du sein du tombeau, vivant et glorieux,
Après trois jours de mort il monta dans les cieux[1].
Les sourds gémissements, les sanglots et les larmes,
Les soupirs étouffés de tout un peuple en armes,
De joie et de douleur ce mélange incertain
D'un bruit vague et confus frappent l'écho lointain.
Ainsi le vent frémit à travers le feuillage;
Ainsi l'onde se brise, et meurt sur le rivage[2].

---

[1] Je ne sais pas si cette belle traduction, et particulièrement les quatre derniers vers, égalent la simplicité du Tasse qui finit sa strophe par des traits à la manière énergique et pittoresque du Dante.

> Osano appena d'innalzar la vista
> Ver la Città, di Cristo albergo eletto;
> Dove morì, dove sepolto fue,
> Dove poi rivestì le membra sue.

[2] Voici le texte :

> Sommessi accenti, e tacite parole,
> Rotti singulti, e flebili sospiri
> Della gente, ch' in un s'allegra, e duole,
> Fan che per l'aria un mormorio s'aggiri, etc.

Un homme de lettres a remarqué avec raison que la seule harmonie de ces vers, dit à l'âme tout ce que pourrait lui dire la musique de Pergolèse.

Tous ces grands chevaliers priant avec férveur
Du ciel en ce moment implorent la faveur,
Et sur les pas du chef qu'une foi pure anime,
L'œil en pleurs, les pieds nus, s'avancent vers Solime.
Ils ont tous dépouillé leurs panaches flottants,
Et l'or qui parsemait leurs manteaux éclatants.
L'ambition, l'orgueil, les grandeurs passagères
A leurs cœurs pénitents deviennent étrangères :
Ils marchent, et chacun, à travers les sanglots,
S'excite au repentir, et s'accuse en ces mots :
« La voilà donc, ô Dieu, cette ville infidèle
Où ton sang fut versé pour la race mortelle!
Et quand je vois ces lieux, témoins de ton trépas,
A l'excès de mes maux je ne succombe pas!
Et l'affreux souvenir dont tout le poids m'accable,
N'a point encor brisé ce cœur impitoyable!
Ah! si j'ose en ce jour étouffer mes douleurs,
Quel sera désormais le sujet de mes pleurs? »

Nous retrouvons ici l'école d'Homère, cet art de mettre en scène toute une armée, de forcer les passions, les mœurs et les caractères à se révéler de la manière la plus dramatique ; nous n'avons plus rien à demander au peintre sur les Croisés ; nous les connaissons par l'expression naïve et forte des sentiments qu'ils manifestent d'abord avec tant d'ardeur et une si touchante unanimité[1]. On

---

[1] Habile à préparer les situations, le Tasse a soin de nous dire un peu auparavant, que les chrétiens ne peuvent goûter le repos, tant ils sont impatients de voir briller l'aurore qui doit

s'étonnera peut-être du silence de Godefroi; mais récemment choisi par l'armée tout entière qui ratifie, sans le savoir, le choix du ciel, il la conduit au siége de Solime, après avoir enflammé tous les cœurs par une harangue pleine de l'esprit divin. Arrêté un moment dans sa marche par une ambassade du monarque égyptien, il vient de faire éclater sa foi, sa piété, sa constance et sa sagesse, devant tous les Croisés, qui bientôt indignés des menaces d'Argan, et sans attendre la réponse de leur général, se sont écriés tous ensemble : « La guerre! la guerre! » Ensuite, on l'a entendu confirmer le vœu de ses braves compagnons; il n'a donc besoin de parler, ni pour accroître leur estime et leur confiance, ni pour exciter leur zèle. Mais le Tasse observe ici d'autres convenances que nous ne devons pas méconnaître : Godefroi garde le silence parce qu'il est trop profondément ému pour parler; il pleure, il souffre, et il prie au-dedans; d'ailleurs la raison, et surtout sa piété, suffiraient pour l'empêcher de troubler par des discours le recueillement et les regrets des soldats de la foi. Quel orateur pourrait égaler l'impression produite par la contrition et les soupirs, par l'hu-

---

leur montrer le chemin de la sainte cité, terme de leurs nobles travaux. « A chaque instant ils regardent si quelque rayon ne perce pas l'obscurité de la nuit. » (Fin du 2ᵉ chant.)

milité sincère, et la douleur long-temps muette de l'armée, en présence de la tombe du Christ? Le Tasse lui-même n'a pas pu triompher de la difficulté de faire succéder des paroles à l'éloquence d'une pareille scène [1]. Pour laisser à la situation tout son effet magique sur notre imagination, il fallait que le bruit de la guerre et le cri d'alarme vinssent seuls interrompre les secrètes prières et le calme imposant de la religieuse armée.

M. de Chateaubriand a imité, dans son Itinéraire, la description du Tasse; mais, soit en

---

[1] On éprouve du moins quelque plaisir en voyant que le poëte n'ait pas mis dans la bouche de Godefroi, les froides antithèses qui offensent la majesté du sujet, dans cette strophe que je ne cite pas sans regret :

« C'est donc ici, ô seigneur! que tu as laissé la terre arrosée de mille ruisseaux de ton sang; et ce souvenir douloureux ne me fait pas du moins verser deux fontaines vives de pleurs amers! O cœur de glace, tu ne te fonds pas par les yeux, et tu ne coules pas changé en larmes! O cœur de rocher! quoi, tu ne te brises pas? tu n'es pas déchiré? Ah! tu mérites bien de pleurer éternellement, si tu ne pleures pas aujourd'hui. » Virgile ne manque jamais ainsi de naturel dans l'expression des sentiments, et l'antiquité n'a guère connu ce misérable abus d'esprit. M. Baour-Lormian a senti la nécessité de corriger le texte; il aurait dû pousser la liberté jusqu'à donner au Tasse le naturel et l'âme qui lui manquent dans cette circonstance.

parlant de la ville sacrée, soit en décrivant le saint sépulcre et les lieux qui l'environnent, il n'est pas parvenu à saisir le caractère vraiment religieux du sujet ; ses tableaux manquent de poésie ; ses paroles manquent d'inspiration.

Avant le Tasse, l'Homère portugais avait su éviter la faute de Virgile ; voici ce qu'on lit dans son poëme :

« Déjà le soleil naissant éclairait les collines qui entendent murmurer les eaux du Gange. Le calme régnait sur les flots, et la joie dans les cœurs, quand, de la cime du grand mât, les nochers aperçurent la terre qui s'élevait devant eux. «Amis, s'écria le pilote de Mélinde, si j'en crois mes yeux, c'est la terre de Calicut. Oui, c'est elle ; et si l'Inde est le terme de vos efforts, réjouissez-vous, vos travaux sont finis. » A ces paroles du pilote, à l'aspect du rivage, Gama ne peut retenir ses transports. Attendri, hors de lui-même, il fléchit le genou, lève les mains au ciel, et lui rend grâces de son bonheur.

»Deux fois heureux, il apercevait enfin cette terre si long-temps désirée, et venait d'échapper aux horreurs d'un naufrage qui semblait inévitable [1]. »

---

[1] L'habile et nouveau traducteur de Camoëns, compare judicieusement la tempête du sixième livre dans les Lusiades avec la tempête du premier livre de l'Énéide. Non-seulement

Ce petit nombre de paroles suffit pour montrer le poëte fidèle à la peinture des mœurs, et le héros fidèle à son caractère. Remarquons en passant que le salut de Gama et de ses compagnons semble être le fruit d'une éloquente prière qu'il venait d'adresser au ciel. Pour ne rien omettre d'utile à la situation, le poëte célèbre avec enthousiasme, dans le peuple de la Lusitanie, dont les héros viennent d'aborder en Asie, après tant de périls et de travaux, le plus petit des peuples par le nombre, et le plus grand par les exploits ; forme tout-à-fait contraire à celle des autres poëtes, toujours occupés à élever l'origine de ceux qu'ils chantent: forme nouvelle qu'il ne faudrait pas imiter sans réflexion, mais qui, choisie par le génie, ajoute ici beaucoup à l'intérêt en nous pénétrant d'admiration pour Gama et pour des compagnons dignes de lui. Virgile, trop préoccupé des Romains, ne peut parvenir à se passionner pour les Troyens ; leur présence n'inspire

---

la description du poëte portugais se fait remarquer par le mouvement et la chaleur, mais elle est encore pittoresque et pleine d'harmonie imitative. Même après l'apparition du Neptune de Virgile, dont la présence apaise la mer et rend la sérénité à toute la nature, on peut sourire à l'heureuse fiction du Camoëns qui fait expirer la colère des aquilons devant les nymphes envoyées par Vénus, protectrice des Lusitaniens.

pas sa muse; Camoëns aime, admire et chante les Portugais, et ne voit rien au-dessus d'eux dans le monde.

Il serait difficile au poëte latin de résister à l'autorité de cette comparaison avec deux hommes de génie qui l'ont imité, en le corrigeant par les conseils d'une critique judicieuse. Les Troyens ne se montrent pas ici sous un jour favorable; et, pour le fils d'Anchise, quelque pressé qu'il soit d'exécuter la volonté d'un père, et de consulter la sibylle de Cumes, il devrait d'abord, comme guerrier, comme roi, comme favori des dieux, réchauffer l'indifférence, ou éveiller l'enthousiasme des siens par quelques sublimes paroles. Ce soin était plus important, plus digne de lui que la curiosité qui l'arrête si long-temps devant les tableaux que nous allons voir gravés sur les portes du temple d'Apollon.

«Dédale fuyant le royaume de Minos, si l'on en
»croit la renommée, osa se confier sur des ailes
»rapides à l'océan des airs; à travers une route nou-
»velle, il vogua vers les glaces de l'Ourse, et s'arrêta
»enfin comme un oiseau léger sur les hauteurs de
»Chalcis. A peine rendu à la terre, le premier soin
»du hardi voyageur fut, ô Phébus! de te consa-
»crer ses rames aériennes[1] et de t'élever un vaste

---

[1] Le texte dit : *Remigium alarum*, expression juste et pit-

» temple. Sur les portes, il grava la mort d'Andro-
» gée, suivie du châtiment des descendants de Cé-
» crops, condamnés, ô douleur! à livrer, chaque an-
» née, sept de leurs enfants comme un tribut expia-
» toire ; à côté d'eux est l'urne fatale où le sort a
» choisi ses victimes [1]. Vis-à-vis s'élève au-dessus

---

toresque ; l'air est un fluide comme l'eau ; ainsi Dédale ramait avec des ailes dans ce nouvel océan ; enfin les rames font réellement voler un bateau sur les flots ; la similitude est donc parfaite entre les deux objets comparés.

[1] Catulle a exprimé ainsi les mêmes pensées que Virgile :

> Nam perhibent olim crudeli peste coactam
> Androgeoneæ pœnas exsolvere cædis,
> Electos juvenes simul et decus innuptarum,
> Cecropiam solitam esse dapem dare Minotauro.

« On dit que réduite à expier par une peste cruelle le crime du meurtre d'Androgée, la ville de Cécrops avait coutume de donner la fleur de sa jeunesse et l'élite de ses vierges, pour pâture au Minotaure. » Ces vers suffiraient pour montrer ce que Virgile avait ajouté à la poésie latine :

> In foribus lethum Androgeo, tum pendere pœnas
> Cecropidæ jussi, miserum ! septena quotannis
> Corpora natorum ; stat ductis sortibus urna.

Le dernier trait qui ajoute tant d'intérêt au tableau, en nous présentant le peuple d'Athènes, et toute la jeunesse des deux sexes en face de l'urne fatale, serait sublime s'il se trouvait placé dans l'Énéide à la fin de la description du temple de Junon, où Phénix et Ulysse, semblables à deux

»des mers, l'île de Crète; sur ce théâtre, parais-
»sent les coupables amours de Pasiphaé, l'artifice
»favorable à un hymen horrible, et le monstre à
»double forme, le Minotaure, monument d'un cri-
»me de Vénus[1]. Là, sont encore le mystérieux la-
»byrinthe et ses inextricables détours[2]; mais Dédale,
»touché de l'ardent amour d'une vierge royale
»pour Thésée, vint lui-même démêler l'embarras
»et les piéges cachés de ce séjour devant le héros,
»en guidant avec un fil ses pas incertains[3]. Et toi

---

lions assis sur leur proie, gardent l'immense butin des Grecs, au milieu du long cortége des enfants et des mères tremblantes qui regardent avec douleur les richesses d'Ilion entassées par les vainqueurs; il ne manque à ce tableau que : *Stat ductis sortibus urna.*

[1] Ovide a d'assez beaux vers sur ce monstre. (*Métamorphoses,* liv. VIII, vers 155.)

[2] Ovide :
> Ita Dædalus implet
> Innumeras errore vias: vixque ipse reverti
> Ad limen potuit; tanta est fallacia tecti.

[3] On trouve dans le texte de Virgile :
> Hic labor ille domus, et inextricabilis error;
> Magnum reginæ sed enim miseratus amorem
> Dædalus, ipse dolos tecti ambagesque resolvit,
> Cæca regens filo vestigia.

Ces vers de Catulle, sur le même sujet, sont peut-être encore plus beaux et plus pittoresques :
> Inde pedem sospes multa cum laude reflexit,

» aussi, malheureux Icare, tu occuperais une grande
» place dans cette vaste composition, si la douleur
» de Dédale l'eût permis ; deux fois il s'efforça de
» représenter sur l'or ta funeste aventure, deux fois
» le burin tomba des mains paternelles. »

Cette description est dans le texte de la plus rare élégance, unie à une grande richesse de poésie ; l'âme et le talent de Virgile se révèlent dans ce trait si touchant :

> Tu quoque magnam
> Partem opere in tanto, sineret dolor, Icare, haberes.
> Bis conatus erat casus effingere in auro,
> Bis patriæ cecidere manus.

C'est ici qu'on reconnaît, c'est ici qu'on ne peut nier ces savants artifices du style par lesquels le poëte parvient à représenter à la fois les mouvements cachés de l'âme et les effets qu'ils produisent. Non-seulement la chute du dernier vers, *Bis patriæ cecidere manus*, nous montre Dédale au moment où ses mains, vaincues par la douleur, tom-

---

> Errabunda regens tenui vestigia filo,
> Ne labyrintheis e flexibus egredientem
> Tecti frustraretur inobservabilis error.

On peut comparer encore un passage du cinquième livre de l'Énéide (vers 195 et suivants), avec la description de Catulle.

bent et laissent échapper le burin; mais encore une habile réticence de Virgile nous rappelle la situation de ce malheureux père qui reste triste, silencieux, et abîmé dans la douleur, en face du sujet qu'il ne pourra jamais achever [1].

---

[1] Ovide a eu l'audace et le bonheur d'imiter, sans trop l'affaiblir, ce passage sublime de l'Énéide :

> Me duce, carpe viam; pariter præcepta volandi
> Tradit, et ignotas humeris accommodat alas :
> Inter opus monitusque, genæ maduere seniles,
> Et patriæ tremuere manus.

« Je serai ton guide; viens, suis-moi; et en même temps il enseigne à son fils les préceptes de l'art de voler, et attache à ses épaules des ailes dont cet enfant avait jusqu'alors ignoré l'usage; au milieu de ce travail et de ces conseils, quelques larmes coulaient sur les joues du vieillard, et la peur faisait trembler ses mains paternelles. »

Virgile est d'une admirable précision dans tout ce qui regarde Icare et Dédale; Ovide qui raconte cette fable dans ses métamorphoses, a pu se livrer sans inconvénient à son imagination qui lui inspire de si heureuses idées, lorsqu'il sait la retenir dans de justes bornes. Libre de s'étendre dans un récit qui n'avait pas de limites tracées d'avance par les règles sévères d'une action dramatique ou d'une épopée, le poëte a su embellir sa narration par des détails pleins de naïveté sur l'imprévoyance et les folâtres jeux d'Icare, opposés au travail merveilleux, aux pensées graves, aux alarmes, aux préceptes, aux dernières caresses de son

ÉNÉIDE, LIVRE VI.

Mais après avoir fait la part de l'éloge, peut-être la critique aura-t-elle l'occasion de concevoir ici quelques doutes? Dans le premier livre, les pein-

---

père, pendant les préparatifs du fatal voyage, et au moment du départ :

> Puer Icarus una
> Stabat : et ignotus sua se tractare pericla
> Ore renidenti, modo quas vaga moverat aura,
> Captabat plumas : flavam modo pollice ceram
> Mollibat; lusuque suo mirabile patris
> Impediebat opus.

> Icare auprès de lui l'observe, et sans songer
> Qu'il s'amuse, en jouant, de son propre danger,
> Court après le duvet qu'emporte le zéphyre,
> De ses doigts apprentis touche, amollit la cire,
> Et nuit à l'ouvrier par ses jeux enfantins.
> (St Ange.)

On lit encore, après les deux vers de sentiment que j'ai rapprochés plus haut de ceux de Virgile :

> Dedit oscula nato
> Non iterum repetenda suo : pennisque levatus
> Ante volat, comitique timet, velut ales, ab alto
> Quæ teneram prolem produxit in aera nido.
> Hortaturque sequi, damnosasque erudit artes :
> Et movet ipse suas, et nati respicit alas.
> (*Métamorphoses*, liv. VIII.)

« Il donne à son fils des baisers qui devaient être les derniers; et, soutenu sur ses ailes, vole devant son jeune compagnon, et craint pour cet enfant comme une mère qui a poussé hors du nid aérien, et produit dans les champs de l'air sa tendre progéniture. Dédale invite Icare à le suivre

tures qui arrachent des larmes à Énée, sont à la fois une surprise, une consolation et une espérance; elles servent à relever le héros à nos yeux; elles motivent, d'une manière ingénieuse, le favorable accueil de Didon à ce prince et à ses Troyens. D'un autre côté, le souvenir de Priam, les larmes qu'Énée lui donne, l'intérêt qui l'attache tout entier à cette image de la gloire et des malheurs de sa patrie, composent une scène admirable qui concourt au but du poëme. A quoi sert la nouvelle description de Virgile? Pourquoi cette faible répétition d'un moyen si heureusement employé? pourquoi reproduire sans nécessité une belle situation en lui ôtant tout son intérêt dramatique? Dans le premier livre, Énée inspire de l'admiration, parce qu'il montre l'âme d'un citoyen et d'un héros; mais ici occupé d'une vaine peinture, au moment où, averti par la sainteté du lieu, par les hautes pensées qui l'amènent, il devrait se préparer, dans un recueillement religieux, à entrer en commerce avec Apollon par l'entremise de la sibylle, ne reste-t-il pas au-dessous de son

---

en lui donnant des leçons funestes; tantôt il agite ses propres ailes, tantôt il regarde celles de son fils. »

La même scène, dans Silius Italicus, paraît bien faible après celles de Virgile et d'Ovide. (12ᵉ chant, vers 89 et suivants.)

rôle et de la faveur des dieux? Virgile paraît lui-même condamner le fils d'Anchise par ce qui suit : « Les regards avides des Troyens auraient parcouru » toutes les merveilles de l'art de Vulcain, si Achate, » que le héros avait envoyé devant lui, ne fût ar-» rivé avec la fille de Glaucus, Déiphobe, prêtresse » de Diane et d'Apollon, qui interrompit ainsi Énée : « Ce temps demande d'autres soins que le plaisir » de ces vains spectacles; hâte-toi plutôt d'immo-» ler d'abord sept taureaux sans tache, et sept bre-» bis choisies suivant nos rits sacrés. » Le fils d'Anchise aurait dû prévenir cette réprimande et ces avis avec d'autant plus de raison, que son père lui avait déjà prescrit, dans leur dernière entrevue, le sacrifice exigé par les dieux mânes [1]. La peinture des mœurs et des caractères demandait plus d'attention dans une circonstance aussi solennelle. Homère n'a eu garde de distraire Ulysse des devoirs religieux que Circé lui avait recommandé de remplir envers le peuple sacré des morts [2], et c'est lui-même qui, fidèle observateur des choses saintes, immole les victimes sur le seuil de l'Érèbe [3].

---

[1] Chant V de l'Énéide : « J'habite le paisible Élysée; c'est vers ce séjour que te conduira une chaste sibylle, après que tu auras répandu le sang des brebis noires consacrées aux dieux mânes. »

[2] Chant X de l'Odyssée.

[3] Chant XI.

Dans Valérius Flaccus, on trouve aussi un temple d'Apollon; les portes de ce temple, sculptées par Vulcain, représentent plusieurs traits de la fable et de l'histoire, ainsi que les exploits futurs de Jason, et même les malheurs que doit enfanter son infidélité [1]. Le héros, en contemplant ces diverses images, ne perd pas un temps précieux ou réclamé par des devoirs importants et sacrés; il attend Aëtes. Ce prince, accessible à tout le monde, reçoit ses sujets et les étrangers dans le sanctuaire du Dieu dont la présence l'avertit d'être juste. Mais il faut remarquer ici un artifice de Valérius; non-seulement Colchos admire, sans les comprendre, tous les tableaux retracés par une main divine, mais encore Jason et sa suite cherchent en vain à en percer le mystère; ainsi se trouve corrigé en partie le défaut grave de laisser flétrir la gloire du héros d'une épopée par l'image des crimes dont il sera un jour la cause. Cependant, malgré cette excuse, le poëte aurait été plus judicieux en évitant de réveiller de si cruels souvenirs; il suffisait d'un funeste présage au moment de l'hymen de Médée avec le chef des Argonautes [2].

Dans le deuxième chant du Purgatoire, la plus fidèle amitié qui fut jamais, une amitié qui survit

---

[1] Chant V, vers 400 et suivants.
[2] Cet hymen n'est célébré qu'à la fin du poëme.

à la mort et qui s'exprime avec une tendresse pleine
de charme [1], arrête le Dante auprès de son cher
Casella, habile musicien du temps. Affligé du spectacle des douleurs de l'enfer, il demande à son ami
quelques-unes de ses chansons amoureuses qui sou-
lageaient si heureusement leurs peines sur la terre.
«Casella, dit le poëte, commença ainsi avec un
accent dont la douceur résonne encore au-dedans
de moi : *Amour, qui portes dans mon esprit!*
Mon maître, toutes les âmes et moi, ajoute le
Dante, nous paraissions si contents, que rien ne
pouvait détourner notre attention; nous marchions
attachés tout entiers aux chants de Casella.»

Non-seulement dans cette scène dramatique,
le Dante joue un rôle intéressant, mais encore il
semble à l'abri des reproches de la sibylle à Énée;
cependant comme il se laisse distraire des grandes
pensées du ciel par des intérêts et des souvenirs
terrestres, il reçoit du sévère Caton, que nous ne
nous attendions guère à voir dans le purgatoire, une
leçon qui s'adresse aussi à Virgile : « Esprits paresseux! quelle négligence! pourquoi vous arrê-

---

[1] Cosi, com'io t'amai
Nel mortal corpo, cosi t'amo sciolta.
(*Purgatoire,* chant II.)

«Autant mon âme t'aimait dans la prison mortelle du corps,
autant elle t'aime aujourd'hui qu'elle est libre de ses liens.»

ter ici? courez à la montagne; allez vous dépouiller de l'écorce qui vous empêche de voir dieu en face et sans voiles [1]. »

Reprenons la narration de Virgile :

« La sibylle a dit : on s'empresse d'offrir les sa-
» crifices ordonnés; alors elle appelle les Troyens
» dans le temple. Sous ce temple est un antre im-
» mense creusé dans les flancs de la roche Eubéen-
» ne; cent larges chemins, cent portes y condui-
» sent; de ces bouches toujours ouvertes, s'échap-
» pent cent voix qui portent au-dehors les réponses
» de la sibylle. On arrivait au seuil du sanctuaire,
» lorsque la vierge inspirée s'écrie : Il est temps d'in-
» terroger le sort; le Dieu! voilà le Dieu! Comme
» elle parlait ainsi, ses traits s'altèrent; son teint
» change de couleur; ses cheveux flottent en dé-
» sordre; mais quand le souffle du dieu l'anime de
» plus près, sa poitrine haletante, son cœur in-
» dompté, sont gonflés par la rage; sa taille paraît
» s'agrandir, et sa voix n'a plus rien d'une mor-
» telle. « Tu tardes, Énée, dit-elle, d'offrir des vœux
» et des prières! tu tardes! et c'est pourtant à ce
» prix seul que s'ouvriront les portes de ce sanc-
» tuaire, étonnées d'obéir à ta voix. » Elle s'arrête
» à ces mots; une terreur glacée court dans toutes

---

[1] Purgatoire, chant II.

» les veines des Troyens, et leur chef laisse échap-
» per cette prière du fond de son cœur :

« O puissant Apollon ! toi qui fus toujours sensi-
» ble aux cruelles épreuves d'Ilion ; toi qui dirigeas
» la main et les traits du Troyen Pâris contre Achil-
» le, c'est sous tes auspices que nous avons par-
» couru tant de mers qui baignent des contrées im-
» menses ; c'est sous tes auspices que nous avons
» pénétré jusque chez les peuples Massyliens, mal-
» gré les Syrtes qui défendent l'accès de leurs con-
» trées. Enfin, nous occupons les rivages de l'Italie,
» si long-temps fugitive devant nous ; qu'ici du
» moins la fortune de Troie cesse de nous poursui-
» vre. Vous tous aussi, vous, dieux et déesses, à qui
» faisaient ombrage la grandeur d'Ilion et la gloire
» de la Dardanie, épargnez, il en est temps, les
» restes de Pergame ; et toi, vénérable prêtresse,
» instruite des secrets de l'avenir, accorde à ce peu-
» ple, si je ne réclame ici que l'empire promis à mes
» destins, accorde à nos dieux errants, aux dieux
» de Troie si long-temps agités, de se fixer enfin
» dans le Latium. Pour prix de ces bienfaits, je pro-
» mets d'élever à Diane, à son frère Apollon, un
» temple de marbre, où l'on célébrera des jours de
» fêtes en l'honneur et sous le nom de ce dieu.
» Toi-même, ô prêtresse ! un auguste sanctuaire
» t'attend dans mes états ; là, je déposerai tes ora-
» cles et tes destins révélés à mon peuple ; des prê-

» tres choisis en seront les sacrés dépositaires[1]. Seu-
» lement ne confie pas tes décrets à des feuilles lé-
» gères, de peur que, dérangés par les vents, ils
» ne volent dispersés au gré de leurs caprices; pro-
» nonce-les toi-même, je t'en conjure[2].

» Telle fut la prière d'Énée.

» Cependant impatiente encore du joug, l'ef-
» frayante prêtresse s'agite dans son antre comme
» une bacchante, pour rejeter de son cœur le dieu
» puissant qui l'obsède; plus elle se débat, plus le
» dieu fatigue avec le frein sa bouche écumante,
» pour dompter cette âme rebelle et la façonner à

---

[1] La promesse d'Énée, dit M. Eichoff, cache, sous un voile transparent, des allusions à différents traits de l'histoire romaine, tels que la garde des livres sibyllins confiés à dix pontifes, les jeux apollinaires institués pendant les guerres puniques, et le temple d'Apollon élevé par Auguste en mémoire de la bataille d'Actium.

[2] Tibulle a dit, au sujet de la même prêtresse, dans la 5° élégie du liv. 2° :

> Phœbe, sacras Messalinum sine tangere chartas
> Vatis, et ipse, precor, quod canat illa, doce.
> Hæc dedit Æneæ sortes.

«Phébus permets à Messalinus de toucher les livres sacrés de ta prêtresse; je t'en conjure, enseigne-lui toi-même ce qu'elle doit dire; c'est elle qui révéla jadis les destins d'É-née. »

» l'obéissance. Déjà les cent portes de l'antre se
» sont ouvertes d'elles-mêmes ; les réponses prophé-
» tiques se répandent dans les airs. « O prince, enfin
» délivré des fureurs et des périls de l'onde, de plus
» grands périls t'attendent sur la terre. Les Troyens
» arriveront dans le royaume de Lavinie, ne con-
» serve aucun doute à ce sujet ; mais ils voudront
» n'y être jamais entrés. Je vois des guerres, d'hor-
» ribles guerres ; je vois le Tibre écumant rouler
» des flots de sang. Ni le Simoïs et le Xanthe, ni
» le camp des Grecs, ne manqueront à tes nouveaux
» destins. Le Latium a déjà son Achille, fils d'une
» déesse comme le premier ; et l'ardente Junon, atta-
» chée aux pas des Troyens ne les quittera jamais !
» Malheureux ! quels secours ne mendiera pas ta
» détresse ? quel peuple ou quelle ville d'Italie ne te
» verra point l'implorer en suppliant ? La cause de
» tant de malheurs, c'est encore une épouse ravie
» à l'amour d'un prince, encore un hymen étran-
» ger. Toi, ne cède point à l'orage, mais marche au-
» devant de lui avec plus d'audace que ta fortune
» ne semblera le promettre. La première voie de sa-
» lut (tu ne saurais jamais prévoir un tel bonheur),
» te sera ouverte par une ville grecque. »

« Ainsi, du fond du sanctuaire, la sibylle laisse
» échapper ces mystères redoutables, et mugit dans
» son antre, enveloppant de ténèbres les vérités
» qu'elle annonce. C'est ainsi qu'elle obéit au Dieu,

» qui tantôt gouverne avec un frein le génie de sa
» prêtresse, et tantôt lui enfonce et lui retourne un
» aiguillon dans le cœur. Dès que cette fureur cesse,
» dès que cette rage tombe et fait silence, Énée
» prend la parole : « Vierge sacrée, l'image de ces
» travaux n'est pas nouvelle et inattendue pour
» moi; je les ai tous prévus; je les ai tous accom-
» plis d'avance dans le secret de ma pensée. Je ne
» demande qu'une grâce : puisque c'est ici la porte
» des états du roi des enfers, puisque ces lugubres
» marais sont un débordement de l'Achéron, ac-
» corde-moi le bonheur d'aller revoir et embrasser
» mon père. Enseigne-moi la route jusqu'à lui, ou-
» vre-moi le seuil sacré de l'Érèbe. Ce père chéri,
» on m'a vu à travers les flammes et les traits qui
» volaient contre nous, l'enlever sur mes propres
» épaules, et le sauver du milieu des ennemis; c'est
» lui qui, compagnon de mon exil, m'a suivi de
» mers en mers; lui qui, quoique affaibli par l'âge,
» supportait comme nous toute l'inclémence du ciel
» ou des flots, avec un courage au-dessus des forces
» et du pouvoir de la vieillesse. Hélas! c'est en-
» core lui dont la prière m'a ordonné d'approcher
» du seuil de ta demeure, et de t'implorer en sup-
» pliant. Que le fils et le père excitent ta pitié, au-
» guste prêtresse; tu peux tout pour moi, et ce
» n'est pas en vain qu'Hécate t'a confié la garde du
» bois sacré de l'Averne. Si, grâces aux sons mélo-

» dieux de sa lyre éloquente, Orphée a pu ramener
» des enfers l'ombre de son épouse [1]; si Pollux, heu-
» reux d'avoir pu racheter son frère, en mourant et
» renaissant tour-à-tour, passe et revient sans cesse
» par la route fatale [2]... Parlerai-je de Thésée, du

---

[1] On connaît les admirables vers de Virgile sur Orphée, dans le 4ᵉ livre des Géorgiques.

[2] Ces vers sont un souvenir d'Homère qui a dit des deux jumeaux de Léda :

« Ils vivent tous deux quoique descendus au sein de la terre; honorés par Jupiter après leur trépas, chaque jour alternativement l'un renaît à la lumière, et l'autre redescend chez les morts; tous deux partagent également les honneurs rendus aux dieux. » (*Odyssée*, chant XI, vers 297.)

Il y a un récit touchant de Pindare sur les deux jumeaux, modèles accomplis de l'amitié fraternelle :

« De ces deux frères tour-à-tour vivants ou morts, l'un passe un jour auprès d'un père chéri, le grand Jupiter, tandis que l'autre descend aux profondeurs de la terre dans les vallées de Thérapné : ainsi leur destinée est égale. Au bonheur d'être tout-à-fait Dieu, et d'habiter l'Olympe, Pollux a préféré cette vie demi-mortelle, après avoir perdu Castor dans un combat.......

» Aussitôt le rejeton de Tyndare vole vers son généreux frère. Il le trouve encore respirant, mais saisi des frissons glacés de la mort. A cette vue, au milieu des soupirs qui se mêlent à ses brûlantes larmes, il s'écrie avec force : « Fils de Saturne, ô mon père! quel sera le terme d'une douleur si grande? Envoie-moi la mort comme à mon frère, ô roi

» grand Alcide! et moi aussi je descends du maître » des dieux [1]. »

---

des dieux : il n'y a plus d'honneur sur la terre pour l'homme privé d'un ami. »

Jupiter se présente à Pollux, et lui parle en ces termes : «Tu es mon fils; celui-ci n'est que le sang d'un époux mortel uni avec ta mère; mais écoute le choix que je te laisse : exempté de la mort et de l'odieuse vieillesse, veux-tu l'Olympe, auprès de Minerve et de Mars armé du glaive homicide? Leur destinée est la tienne. Mais si t'obstinant à favoriser ton frère, tu veux tout partager avec lui, il faudra passer la moitié de ta vie sous la terre, et l'autre moitié dans les brillantes demeures du ciel. » A ces paroles de Jupiter, la volonté de Pollux n'eut pas un moment d'incertitude; soudain il rouvrit les paupières, et dénoua la langue de Castor, couvert encore du casque d'airain. (Xe *Néméenne,* vers 103 et 137.)

J.-B. Rousseau montre Castor et Pollux :

> Tantôt habitants du Ténare,
> Et tantôt citoyens des cieux.
>   (Liv. II, ode IV.)

[1] Le Texte dit :

> Et mi genus ab Jove summo,

Trait qu'Annibal Caro commente et traduit ainsi :

> Ed ancor io dal cielo
> Traggo principio : e son da Giove anch' io.

Le commentaire est bien languissant; la traduction est peut-être plus belle que l'original.

ÉNÉIDE, LIVRE VI.

L'entrevue de la sibylle et d'Énée, est citée avec raison comme l'une des plus belles scènes de l'Énéide. Homère n'a tracé aucun portrait semblable à celui de la prêtresse, pleine du dieu qui la tourmente ; la poésie lyrique n'a guère de peinture plus hardie, plus rapide et pourtant aussi achevée. Le cri *deus ! ecce deus !* est un cri d'inspiration ; il devient

---

Le noble et généreux orgueil a inspiré les paroles d'Énée ; d'autres convenances ont fait dire au Dante, près de franchir les barrières du séjour des morts : « Mais moi, qui suis-je pour parvenir ici ? qui m'en accorda la permission ? je ne suis ni Paul, ni Énée. Je ne me crois pas, et personne ne me croira digne d'un tel honneur. »

Le poëte se sert d'une belle expression sur Énée descendu vivant aux enfers :

> Tu dici, che di Silvio lo parente
> Corruttibil' ancor, ad immortale
> Secol' andò.

« Tu m'as dit que le père de Sylvius, encore sous sa forme corruptible et périssable, obtint d'aborder le royaume immortel. » (Enfer, chant II.)

Le même poëte a dit du Christ, descendu aux enfers pour racheter Adam, Abel, Moïse, à la fois législateur et obéissant :

« J'étais depuis peu dans ce séjour, quand j'y vis descendre une ombre puissante et couronnée des signes de la victoire. »

> Un possente,
> Con segno di vittoria incoronato.
> (Enfer, chant IV.)

sublime par le rapprochement des effets de la présence d'Apollon sur la sibylle. Le poëte augmente la beauté de la peinture par une savante gradation; mais je souhaiterais que les traits *afflata est numine quando jam propiore Dei,* ne terminassent pas la phrase poétique; elle devait je crois s'arrêter à ces images:

> Majorque videri,
> Nec mortale sonans.

Cette coupe, cette suspension, conformes au génie des anciens, auraient produit peut-être une impression plus profonde sur notre esprit, en laissant résonner long-temps à nos oreilles, comme à celles des Troyens, le bruit de cette voix surhumaine, que les échos de l'antre de la sibylle renvoyaient plus terrible.

La sibylle est une belle fiction; mais cette fiction est encore une image frappante de vérité, comme on peut s'en convaincre en se rappelant les étonnantes métamorphoses que la fièvre et les transports des passions opèrent dans les personnes dont elles s'emparent, et l'espèce de fascination que tous les êtres ainsi transformés, exercent sur la foule qui les regarde et les entend. La plupart des illusions du théâtre reposent sur ces effets magiques et inattendus: le Kain était petit et laid; il paraissait d'une stature imposante dans Mahomet, d'une admirable beauté dans Orosmane[1]; et sa voix flexible, qui se prêtait à l'expression des sentiments les plus tendres de l'amant de Zaïre, inspirait l'effroi quand il disait avec l'accent du prophète :

Ma voix ferait sur eux les effets du tonnerre.

Quiconque a vu Talma représenter Othello sait qu'on aurait donné six pieds à ce sauvage indompté. Dans les fureurs d'Oreste et dans quelques autres rôles, comme celui de Macbeth, la figure, la pâleur, le désordre, l'action de ce grand tragédien, sont peut-être la plus fidèle image des convulsions de la sibylle ; mais son accent a quelque chose de plus terrible encore. C'est alors qu'on peut dire : *Nec mortale sonans.*

Les traits sublimes, *majorque videri nec mortale sonans,* peuvent encore recevoir une plus belle application ; ils résument avec la plus haute éloquence, la peinture d'Homère au moment où Achille, si long-temps absent du théâtre de la guerre, apparaît tout-à-coup aux Troyens et les glace d'épouvante avec sa voix d'airain ; ils nous montrent tels qu'ils ont apparu à leur siècle, Alexandre et

---

[1] Les femmes s'écriaient, dans le double enthousiasme que leur inspiraient sa personne et son jeu : Qu'il est beau !

César, Moïse et Mahomet, Annibal et Mithridate, Démosthène et Bossuet, puissants par la présence, et souverains par la parole.

Aux formes les plus hardies de l'ode ou de la tragédie, Virgile oppose, ainsi que nous l'avons vu, la gravité d'un hymne religieux. Énée prie, comme le malheur exempt de murmures, comme le courage sans faiblesse, mais non sans quelque froideur. On ne retrouve pas dans ses paroles l'accent d'une âme profondément touchée du souvenir des bienfaits, et l'émotion d'un prince qui remercie le ciel du salut d'un empire. Ce ne sont pas là les actions de grâce que Moïse rend à l'éternel après le passage de la mer Rouge. Énée parle à peine de ces débris du peuple troyen dont le seul aspect devrait inspirer tant de choses à son amour pour eux; Moïse, au contraire, ne cesse de voir partout le peuple hébreu; c'est toujours le peuple hébreu qu'il plaint, qu'il console, dont il partage la bonne ou la mauvaise fortune, dont il réveille le courage et les vertus. Quelle sécheresse dans la prière du prince troyen! quelle plénitude d'enthousiasme, quelle effusion de reconnaissance dans le législateur des Hébreux! quelle poésie du cœur dans son cantique sur la délivrance d'Israël! Énée ne pouvait pas avoir les mêmes transports; mais plein de confiance dans les promesses du ciel, il devait trouver en lui plus d'éloquence. On pourrait encore s'étonner de l'entendre demander à la prêtresse la possession de l'Italie, si solennellement accordée par Jupiter à la race d'Hector.

Au moment où finit la prière d'Énée, les révoltes du cœur de la sibylle, ses débats avec le dieu qui dompte sa fureur [1], et la force enfin à obéir, continuent sans disparate la scène de la métamorphose que nous avons admirée plus haut. L'image des cent portes du temple qui s'ouvrent d'elles-mêmes, prépare de la manière la plus imposante l'oracle de la prêtresse. Cet oracle respire la haute inspiration que l'on trouve dans quelques-unes des créations d'Horace, telles que la prédiction de Nérée à Pâris, et les menaces de Junon aux descendants du peuple troyen. Toute la première guerre d'Ilion est dans quelques vers brûlants du poëte; toute la seconde est dans quelques paroles de la sibylle, semblables aux flèches rapides et sûres du dieu qui la fait parler; mais au milieu du délire dont il paraît transporté lui-même, Virgile ne perd jamais les traces de la raison qu'il a choisie pour guide. Ainsi, lorsque la prêtresse doit exprimer les mêmes pensées que Didon, elle

---

[1] On connaît les beaux vers par lesquels Jean-Baptiste semble avoir voulu lutter avec Virgile, dans l'ode au comte du Luc :

Tel, aux premiers accès d'une sainte manie, etc.

ne parle pas comme cette reine trahie. Déiphobe, chargée seulement d'exciter le courage d'Énée par le tableau même des périls qui l'attendent, se contente de dire :

> Quem tu supplex in rebus egenis,
> Quas gentes Italum, aut quas non oraveris urbes !

Didon, transportée des furies de l'amour et du désespoir, s'écrie :

> At bello audacis populi vexatus et armis,
> Finibus extorris, complexu avulsus Iüli,
> Auxilium imploret, videatque indigna suorum
> Funera ;

Un pareil langage convient à l'indignation d'une femme révoltée par l'ingratitude, et dont la passion prend plaisir à se repaître des images de sa vengeance. Il ferait un contre-sens dans la bouche de la sibylle; aussi se garde-t-elle bien de répéter à Énée le reste des menaces prophétiques de Didon mourante. Il semblerait que Virgile eût voulu nous révéler cet artifice par le trait : *Obscuris vera involvens,* à la faveur duquel il a pu éviter une révélation contraire à la situation. Racine a imité l'adresse ou la réserve de Virgile. Joad cache sous le voile de l'obscurité l'infidélité de Joas, et la mort de Zacharie qui sera son ouvrage. Si ces événements que voit l'œil du grand-prêtre inspiré par la science de l'avenir, nous apparaissaient sans obscurité, nous maudirions Joas, au lieu de faire des vœux pour lui. Joad, ou plutôt l'esprit saint qui le pousse, ne montre à l'enfant roi que le trône et la victoire; de même la sibylle, au lieu de se plaire à accabler le prince troyen par l'image d'une fin cruelle et funeste, fait un appel au courage et à la constance de ce héros digne d'entendre et de pratiquer ses conseils. Par une inspiration plus heureuse encore, les dernières paroles de la prêtresse sont des paroles d'espérance :

Des secours imprévus attendent ta détresse,
Tes premiers défenseurs te viendront de la Grèce.

Le poëte laisse dans la pensée des Troyens l'énigme la plus propre à exciter leur curiosité, comme à soutenir leur confiance. Quelle est donc la protection du ciel, puisqu'il opère en leur faveur un miracle, celui de faire venir leur salut d'une colonie argienne?

On ne peut qu'admirer la réponse d'Énée; elle serait plus belle encore, si les effets jusqu'ici eussent mieux répondu aux paroles, si le prince eût réellement montré l'inébranlable fermeté d'un homme qui, regardant d'un œil fixe toutes les épreuves d'un avenir prévu par sa raison, mesure son courage sur la grandeur de son entreprise, et ne se laisse point abattre par la fortune. Le jeune Scipion, fils et neveu de deux héros, le sauveur de Rome à la bataille de Zama, le fléau d'Annibal, nous semble bien mieux autorisé, par toute sa vie, à répondre aux prédictions qui lui annoncent l'ingratitude et l'exil pour salaire de tant d'exploits : « Quelle que soit la rigueur du sort qui nous attend, nous lutterons avec courage, pourvu que notre cœur soit exempt de reproche [1]. » On reconnaît l'âme tendre de Virgile dans la prière d'Énée, surtout dans l'éloge d'Anchise, éloge qui les agrandit tous deux. Pourquoi le héros n'a-t-il pas su trouver de pareils

---

[1] Silius Italicus, chant VIII.

La vie orageuse et la fermeté du Dante, dont le caractère n'a point ployé, dont le génie a grandi au milieu des proscriptions, l'autorisaient aussi à parler le langage de la constance inébranlable; il ne promet que ce qu'il a tenu. Brunetto Latini prédit aussi au poëte florentin beaucoup de traverses et de gloire, et nous ne nous étonnons pas d'entendre le courageux élève répondre à son maître : « Ce que tu m'annonces du cours de ma vie, je le conserverai avec une autre prédiction, pour en parler, si je puis arriver jusqu'à elle, avec une femme céleste qui les connaît. Je veux seulement te donner la conviction que ma conscience ne murmure pas en secret, et que je suis prêt à toutes les épreuves du sort. Ta prédiction n'a rien de nouveau pour mon oreille; ainsi, que la fortune remue sa roue, et le villageois sa bêche, comme il leur plaira. [*] » (Enfer, chant XV.)

[*] Le trait sur la bêche du villageois est un peu étrange, mais le poëme du Dante est une comédie à cent actes divers où la poésie prend tous les tons.

accents à Drépane et en Sicile? A Cumes, sa piété
filiale ouvre nos cœurs aux plus doux sentiments
de la nature ; bientôt la hauteur de ses espérances
nous pénètre d'admiration pour lui. Ici, le poëte
cache, sous la forme du sentiment, cette logique
victorieuse que l'on découvre dans les scènes les
plus passionnées de Racine. En effet, comment la
sibylle pourrait-elle hésiter à couronner les vœux
d'un tel suppliant? Les dieux refuseront-ils à un
fils religieux ce qu'ils ont accordé à un frère et à un
époux? Le pieux Énée, qui ne veut qu'aller embrasser son père, ne mérite-t-il pas mieux qu'Alcide et Thésée une faveur demandée par leur émule
au nom de la plus touchante des vertus? Toutefois, le modeste Énée n'ose entrer en parallèle avec
ces colosses de gloire que par l'avantage de leur
commune origine; il est, comme eux, fils de Jupiter; sa naissance devient une autorité puissante
sur l'esprit de la sibylle. Cet art, ce sentiment délicat des convenances, sont encore l'un des caractères du talent de Racine.

Fénélon a imité ainsi les dernières paroles d'É-
née : « Hélas! je suis trop certain que mon père
n'est plus. Je vais chercher son ombre jusque
dans les enfers. Thésée y est bien descendu ;
Thésée, cet impie qui voulait outrager les divinités infernales : et moi, j'y vais conduit par la piété.
Hercule y descendit : je ne suis point Hercule;

mais il est beau d'oser l'imiter. Orphée a bien touché, par le récit de ses malheurs, le cœur de ce dieu qu'on dépeint comme inexorable : il obtint de lui qu'Eurydice retournerait parmi les vivants. Je suis plus digne de compassion qu'Orphée, car ma perte est plus grande. Qui pourrait comparer une jeune fille semblable à d'autres, avec le sage Ulysse, admiré de toute la Grèce?»

La raison de Virgile laisse dans l'ombre les développements naturels de la pensée du prince troyen sur Hercule et Thésée; semblable à l'Hippolyte de Racine, interrogeant la vie de son père, Énée ne devait voir ici que la vie héroïque de ces demi-Dieux. Fénélon, averti par le caractère de justesse de notre langue, profite de ce que Télémaque s'entretient avec lui-même dans le secret de son cœur, pour lui permettre les réflexions que suggérait nécessairement l'attentat de Thésée; mais le fils d'Ulysse tremblerait de prononcer un mot contre Alcide, dont le bûcher fut un autel et le dernier degré de la terre à l'Olympe! Fénélon, en imitant Virgile, a eu raison de s'en écarter, pour frapper notre attention par un rapprochement qui fait éclater la piété filiale de Télémaque; Virgile a fini comme il devait finir en nous montrant Énée la main sur l'autel, les regards élevés vers l'Olympe, et attendant ainsi une réponse à sa prière.

«Digne rejeton des dieux, répond la sibylle, »prince troyen, fils d'Anchise, il est facile de des-

» cendre aux enfers; nuit et jour la porte du noir
» Pluton est ouverte [1]; mais, revenir sur ses pas,
» remonter au séjour de la lumière, voilà l'œuvre
» d'un courage héroïque [2]. Peu de mortels, enfants
» des dieux, honorés de la tendresse de Jupiter, ou
» élevés par une ardente vertu jusqu'au ciel, ont

---

[1] Facilis descensus Averno :
Noctes atque dies patet atri janua Ditis.

Le Dante a embelli Virgile en le rendant plus dramatique : « O toi ! qui viens dans cet empire des douleurs (le texte dit, al doloroso ospizio), me dit Minos en suspendant son terrible ministère, regarde bien comment tu entres ici, et à qui tu t'abandonnes ; ne te laisse pas abuser par cette large et facile entrée. » Le texte porte :

Non t'inganni l'ampiezza d'ell' entrare.

Ces expressions pittoresques l'emportent sur celles de Virgile :

Facilis descensus Averno.

[2] Le texte porte :

Sed revocare gradum, superasque evadere ad auras,
Hoc opus, hic labor est.

L'Écriture, qui ne fait point cette supposition, met au contraire dans la bouche du mourant ces simples et effrayantes paroles qui s'appliquent à toutes les générations de la race humaine : « Je marche dans une voie par laquelle je ne reviendrai jamais. »

Par un singulier hasard les vers de Virgile caractérisent, d'une manière aussi frappante qu'inattendue, la divine co-

» obtenu ce privilége. Des forêts défendent l'accès du
» séjour des morts, que le Cocyte aux eaux dorman-
» tes environne de ses replis sombres[1]; mais, si tu
» nourris un désir extrême, si tu brûles de passer
» deux fois les marais Stygiens, de voir deux fois
» le triste Tartare; si cette téméraire entreprise a
» des attraits pour toi, apprends quels en sont les
» préludes nécessaires. Dans l'épaisseur d'un arbre
» touffu se cache un rameau consacré à la Junon
» des enfers; sa tige flexible et ses feuilles sont
» d'or; toute la forêt le couvre, et une vallée téné-
» breuse l'enveloppe de ses ombres. Nul ne peut pé-
» nétrer dans l'empire souterrain avant d'avoir cueilli
» sur l'arbre sacré la branche mystérieuse ; tel est
» le riche tribut qu'impose et demande la belle Pro-
» serpine; il faut le lui présenter. Au rameau cueilli,
» succède un autre rameau d'or; la tige de l'arbre
» reproduit une branche et pousse des feuilles du
» même métal. Va donc chercher ce trésor avec un
» œil curieux, et quand tu l'auras trouvé, hâte-toi

médie du Dante, et l'audacieuse entreprise du génie qui a voulu descendre jusqu'au dernier gouffre des enfers, pour remonter du fond de l'abîme jusqu'au sanctuaire des cieux.

[1] Tout ce passage est imité du dixième chant de l'Odyssée; mais les vers d'Homère sur le Cocyte et le Phlégéton enflammé qui tombent à grand bruit dans l'Achéron, en se brisant contre des rochers, ont bien plus de force et d'harmonie que ceux de Virgile.

ÉNÉIDE, LIVRE VI.

»de le cueillir; docile, et de lui-même il suivra ta
»main, si la volonté du sort t'appelle; autrement,
»ni tes efforts, ni le secours du fer le plus dur,
»ne parviendraient à l'arracher. Ce n'est pas tout.
»Le corps inanimé de l'un de tes amis (hélas!
»tu l'ignores!) est étendu sur la terre; et ses
»restes sans sépulture souillent ta flotte conster-
»née, tandis que tu interroges mes oracles, et que
»tu demeures suspendu au seuil de cet antre pro-
»phétique. Va conduire la victime à son dernier
»asile, et cacher ses cendres dans le tombeau; en-
»suite immole des brebis noires : que ce soient là
»tes premières expiations. Ces devoirs remplis, tu
»verras enfin les bois sacrés du Styx et l'empire
»inaccessible aux vivants. » Elle dit, et sa bouche
»se condamne au silence. »

La sibylle avait été trop émue pour s'arrêter subi-
tement dans le cours de ses orageuses prédictions;
Virgile représente la nature avec fidélité par ce désordre d'idées, cette insuffisance d'expressions,
cette obscurité de langage, ces défauts de liaisons,
ces cris presque inarticulés, caractères de la fureur
qui gronde encore long-temps avant de tomber
tout-à-coup, et de faire place au silence de l'épui-
sement et de la faiblesse [1]. Pendant les supplica-

---

[1] Lucain a développé en beaux vers, et avec d'autres détails la pensée de Virgile :

tions d'Énée, la prêtresse a repris le calme de ses sens. Elle ne s'exprime plus par ellipses et comme par convulsions; ses paroles coulent avec une heureuse clarté. Elle apprend à Énée ce qu'il a besoin de savoir; mais on ne sent pas trop la nécessité de l'énigme qu'elle lui donne à deviner. Homère, dont la réponse de la sibylle est imitée [1], n'a point la divine élégance ou l'admirable précision de Virgile. On ne trouve pas dans la bouche de Circé les beaux vers qui caractérisent l'élite de l'espèce humaine, ce petit nombre d'êtres privilégiés par la nature, cette famille destinée à étonner la terre par des prodiges, et à diminuer un peu l'intervalle immense qui nous sépare de la divinité :

> Pauci, quos æquus amavit
> Juppiter, aut ardens evexit ad æthera virtus,
> Dis geniti, potuere.

En faisant apparaître à nos yeux tous les grands hommes du monde, ces vers ont encore le mérite de marquer d'un seul trait le premier caractère du génie et de la vertu; une céleste flamme les anime l'un et l'autre; c'est elle qui les élève dans des trans-

---

> Spumea tunc primum rabies vesana per ora
> Effluit, et gemitus, et anhelo clara meatu
> Murmura : tum mœstus vastis ululatus in antris,
> Extremæque sonant domita jam Virgine voces.

[1] Odyssée, liv. X, vers 504.

ports sublimes pendant la vie terrestre jusques au séjour de l'immortalité, objet de leurs travaux et de leurs espérances. On se rappelle ici un passage des Argonautiques qui semble être le plus magnifique développement de la pensée de Virgile. Après une belle prédiction dans le conseil des dieux sur la suite de l'audace des premiers explorateurs d'un élément jusqu'alors inaccessible, Jupiter tourne les yeux vers la mer Égée; puis, regardant tour-à-tour l'invincible Hercule et les deux fils de Léda, il s'écrie :

> Tendite in astra viri : me primum regia mundo
> Japeti post bella trucis Phlegræque labores
> Imposuit; durum vobis iter et grave cœli
> Institui[1]; sic ecce meus, sic orbe peracto
> Liber, et expertus terras remeavit Apollo.

« Aspirez au ciel, jeunes héros; moi-même ce ne fut qu'après la guerre contre le féroce Japet et les travaux des champs de Phlegra, que l'Olympe m'imposa comme maître à l'univers; pour vous j'ai rendu difficile et pénible le chemin du ciel. Voici Bacchus, mon fils, c'est après avoir parcouru le monde qu'il parvint jusqu'à moi; c'est ainsi,

---

[1] Combien cette belle pensée perd de sa force dans ce vers prosaïque de Sénèque :

Non est ad astra mollis e terris via.

(Hercule furieux.)

qu'ayant éprouvé le séjour des mortels, Apollon remonta vers la divine patrie [1]. »

Le Dante, parlant à Virgile lui-même dans les enfers, développe aussi ce trait célèbre :

Pauci quos æquus amavit Juppiter.

« O toi, l'honneur de toutes les sciences et de tous les arts, dis-moi quelles sont ces ombres que la gloire sépare des autres enfants de la mort? » Il me répondit : « La haute renommée qu'ils ont laissée après eux et qui retentit encore sur la terre, leur a valu cette faveur du ciel. »

Bossuet, souvent le rival d'Homère et de Moïse, a parlé en poëte de ces âmes sublimes qui s'élancent de la terre au ciel sur les ailes de l'amour et de la vertu, semblables à deux anges envoyés près d'elles pour les aider à monter jusqu'à Dieu. Il dit de sainte Thérèse : « Enflammée de l'amour de Dieu, elle le cherche par son espérance ; c'est

---

[1] Premier livre, vers 363 et suivants.

Le Dante a dit avec énergie et vérité, par la bouche de Virgile son interprète : « Maintenant il faut que tu redoubles de courage; la renommée ne vient pas chercher ceux qui reposent sur la plume et le duvet; et sans la renommée, la vie se consume sans laisser plus de traces que la fumée dans l'air ou l'écume sur l'onde. » (Enfer, chant XXIV.)

le premier pas qu'elle fait; que si l'espérance est trop lente, elle y court, elle s'y élance par des désirs ardents et impétueux. » Voici un autre commentaire du trait :

Aut ardens evexit ad æthera virtus.

« La charité, toujours vive, toujours agissante, pousse sans relâche du côté du ciel les âmes qu'elle a blessées. » On peut encore rapprocher de *Pauci quos æquus amavit Juppiter,* le passage suivant qui le surpasse de beaucoup et par les sentiments et par les images :

« Le père céleste se repent d'avoir remis ses fidèles à un trop long terme, il leur ouvre son paradis par avance; et, comme s'il ne pouvait arrêter le cours de sa munificence infinie, il les élève de telle sorte par la grâce, qu'étant encore dans ce corps mortel, ils peuvent dire avec l'apôtre, que leur demeure est au ciel, et leur société avec les anges.

» Éveillez-vous, mortels misérables, ne vous imaginez pas être en terre; croyez que votre demeure est au ciel, où vous êtes transportés par votre espérance. Vous en êtes éloignés par votre nature, mais Dieu vous a tendu la main du plus haut des cieux, il vous a donné sa promesse par laquelle il vous invite à sa gloire! »

Ailleurs le prosateur poëte dit : « Il est doux de

souffrir avec Jésus-Christ, puisque ces souffrances nous font espérer la société de sa gloire [1]. »

Telle est la célèbre entrevue où les fureurs divines de la sibylle occupent une si grande place ; cherchons maintenant si nous pouvons leur comparer des créations du même genre. La Bible ne décrit point les transports de l'inspiration de Moïse ; rempli du dieu d'Israël, on peut lui appliquer ces belles expressions de saint Jérôme sur l'apôtre saint Paul, ce vase d'élection, ce précepteur des nations, *Qui de conscientia tanti in se hospitis loquebatur*[2] ; mais on ne saurait reconnaître en lui les caractères extérieurs de l'enthousiasme ; il en est de même de David, d'Isaïe, de Jérémie, de Baruch et des autres prophètes. Dans Homère, Calchas et ses rivaux ne sont pas représentés sous une forme extraordinaire ; ils parlent comme inspirés par Phébus tranquille : *Phœbo quieto*. Eschyle n'a pas non plus consacré son génie à retracer le délire de Cassandre. Elle est dans le palais d'Atrée ; aussitôt l'horreur s'empare de son esprit ; cette horreur, qui est le dieu qu'elle porte en son sein, lui inspire des plaintes déchirantes et des prédictions sublimes. La prêtresse de Virgile devenue plus calme, parle

---

[1] Panégyrique de sainte Thérèse.
[2] « Il parlait comme un homme qui sentait en lui un hôte divin. »

enfin sans obscurité; la Cassandre d'Eschyle conserve ses transports; mais si elle débarrasse ses oracles de tous les nuages dont ils étaient enveloppés, c'est pour accroître la terreur. Selon l'ordre accoutumé de leurs sensations, l'imagination des hommes s'élance au-delà des menaces d'un événement sinistre qu'on leur annonce avec mystère; elle enfante, elle voit des monstres derrière le voile qui le couvre; ici, la vérité nue, la vérité en face, devient plus effrayante que tout ce que les ténèbres qui l'environnaient avaient pu ajouter à sa puissance d'impression sur les spectateurs...

Dans les dernières paroles qui sortent de ce cœur orageux, Cassandre, après avoir annoncé sa fin cruelle, prédit son vengeur dans l'enfant Oreste, qu'elle voit déjà ramené, le glaive à la main, par l'imprécation d'un père mourant, imprécation qui sera l'arrêt de mort d'une femme impie et de son lâche complice. A peine elle achève, on entend les cris du roi des rois percé par des coups de poignard; le peuple s'émeut et veut courir au secours de la victime; il est arrêté par la furie de la maison des Atrides. Couverte du sang d'un époux comme d'une douce rosée, Clytemnestre vient se glorifier d'un crime épouvantable, en montrant, avec une joie féroce, Agamemnon et sa captive, couchés l'un près de l'autre dans la poussière. Nous ne devons pas demander à Virgile l'intérêt dramatique de cette situation; la sibylle ne saurait nous émouvoir comme la vierge troyenne; mais, à la rigueur, on pourrait retrancher la sibylle de l'Énéide, sans que le poëme y perdît autre chose que des beautés de détail, surtout dans le style, dont l'audace et la perfection réunies semblent avoir été des dons uniquement réservés à Virgile chez les Latins ; Cassandre est un personnage nécessaire à la tragédie ; sa prédiction est un ressort de l'action ; elle ajoute puissamment à l'effet dramatique ; elle promet une vengeance à la morale offensée par le triomphe momentané du crime; elle annonce le dénouement qui, quoique à moitié découvert, n'en conserve pas moins le mérite de la surprise en portant la terreur à son comble par l'apparition imprévue de Clytemnestre dans l'affreuse allégresse de son forfait.

Le personnage de Cassandre dans les Troyennes d'Euripide est tout-à-fait une inspiration d'Eschyle ; moins fièrement dessinée, moins utile, moins nécessaire à l'action, elle y tient cependant par des nœuds assez forts, et offre des beautés nouvelles. On ne s'attend point aux transports soudains qui éclatent au milieu du débat de la prêtresse d'Apollon, lorsqu'après avoir paru célébrer dans l'ivresse de la joie, son union avec le fils d'Atrée, elle s'écrie tout-à-coup, en nous révélant, d'une manière aussi imprévue que tragique, le fond d'un cœur sublime : « Ma mère, félicite-moi de ce royal hyménée; renvoie-moi d'ici, et si je ne m'empresse d'obéir, fais-moi chasser par la violence. Que s'il doit tenir la place d'Apollon, apprends qu'il m'épouse sous des auspices encore plus funestes que ceux de l'hymen d'Hélène, ce superbe roi des Grecs. Je lui donnerai la mort, je ravagerai sa maison; je le punirai du trépas de mon frère et de mon père.... » De touchantes exclamations interrompent cette fureur; elle se rallume aux paroles dures et hautaines de Talthybius, qui vient annoncer à Hécube que le sort la donne pour esclave à Ulysse; Cassandre répond avec un légitime orgueil au servile messager du pouvoir; elle menace d'un déluge de malheurs le nouveau maître de la reine de l'Asie, et chante l'hymne de sa propre mort dont voici les derniers traits : « O roi des augures, où est le vaisseau du général, le navire que je dois monter? que ses voiles s'emparent des vents; qu'il se hâte d'emporter avec lui l'une des furies; adieu, ma mère; ne verse point de larmes. O ma chère patrie! et vous mes frères, et toi, vénérable auteur de ma naissance, qui dormez dans son sein, vous me reverrez bientôt; mais je n'arriverai chez les morts que victorieuse, après avoir renversé le palais des Atrides, les destructeurs d'Ilion. »

Sénèque, au lieu de nous montrer Cassandre elle-même dans tout le désordre prophétique, s'amuse à détailler froidement les changements qu'elle subit dans les préludes de son commerce avec le dieu [1]. Dans une autre circonstance, où il s'agit aussi d'une prêtresse d'Apollon, Créon dit :

« Le double sommet du Parnasse, couvert de neiges, retentit d'un bruit affreux ; le laurier chéri d'Apollon tremble et ébranle le temple qu'il domine. Tout à coup l'onde sainte de la fontaine Castalie s'arrête. La prêtresse du Léthé dénoue ses cheveux qui se hérissent sur sa tête, et commence dans son émotion à souffrir le dieu [2]. » Ceux de nos lecteurs qui voudront rapprocher du texte de Sénèque les vers de Virgile, soit dans les deux passages de l'Énéide sur la sibylle, soit dans la description des prodiges qui précèdent l'entrée du fils d'Anchise aux enfers, pourront se convaincre que notre admiration pour la perfection du style virgilien ne repose pas sur de vaines recherches, mais au contraire sur des observations sensibles pour tous les esprits attentifs et judicieux. On trouve dans Quintus Calaber ce portrait de Cassandre : « Elle sort du palais, les cheveux épars sur ses épaules deminues ; ses yeux étincèlent ; sa tête se balance comme un arbre agité par les vents ; elle se montre

---

[1] *Agamemnon*, acte III, sc. II.
[2] *OEdipe*, acte II, sc. Ire.

saisie d'un transport divin, et s'écrie d'un ton de voix égal au rugissement d'une lionne atteinte d'un trait acéré [1]. » Fénélon a donné, dans le vieillard Théophane, ami des dieux et prêtre de Jupiter, une imitation faible et verbeuse du portrait de la sibylle.

On ne vit jamais de plus folles exagérations que la description des cérémonies magiques des Hémonides par Lucain ; d'ailleurs Sextus, qui vient consulter l'une d'entre elles, la célèbre Érictho, souillé de vices, dénué de courage, n'inspire aucun intérêt, et ne mérite pas de pénétrer dans les secrets de l'enfer, qui sont ici des ordres du ciel et des arrêts de la morale éternelle ; par une inconvenance non moins blâmable, la prêtresse chargée de les produire au jour est représentée sous les couleurs les plus hideuses ; mais les révélations du mort ressuscité par Érictho contiennent des traits de génie, et portent l'empreinte de cette haute raison qui élève quelquefois Lucain au-dessus des plus grands maîtres de l'antiquité [2].

Tibulle a voulu retracer aussi les prédictions de la sibylle à Énée [3] ; il parle la langue de Virgile ; il

---

[1] Chant XIII.
[2] Pharsale, livre VI.
[3] Livre second, cinquième élégie. Dans le même morceau, Tibulle paraît lutter avec l'Énéide et avec les Géorgiques ; il

en a la pureté, l'élégance et l'harmonie ; mais non l'audace, la vigueur et la rapidité. Sa muse est calme et tranquille ; celle de Virgile est saisie d'une fureur divine.

---

soutient mal ce double parallèle, et surtout le second. Si l'amant de Délie ou de Némésis, dit en beaux vers :

> Ipsum etiam solem defectum lumine vidit
> Jungere pallentes nubilus annus equos.

« Cette sombre année a vu le soleil privé de la lumière atteler ses coursiers pâles comme la triste clarté du jour. »

On lit dans Virgile cette sublime exclamation :

> Ille etiam exstincto miseratus Cæsare Romam,
> Cum caput obscura nitidum ferrugine texit,
> Impiaque æternam timuerunt secula noctem.

« Affligé de la mort de César le soleil plaignait Rome, lorsqu'il couvrit sa tête brillante d'un nuage obscur et sombre, et que son courroux fit craindre à ce siècle impie une nuit éternelle. »

On lit encore dans Virgile :

> Et mœstum illacrymat templis ebur, æraque sudant.

> On vit les dieux d'airain pleurer sur leurs autels.

Ce vers est admirable, mais peut-être Malfilâtre le doit-il à Tibulle, qui avait dit avant lui :

> Et simulacra deum lacrymas fudisse tepentes.

En opposant ici Virgile à Tibulle on sentira mieux que par de longs commentaires de la critique, toute la puissance de

Le Mopsus de Valérius Flaccus me paraît une bien faible image de Déiphobe ; si Valérius s'exprime avec plus de chaleur et de force que Tibulle, combien ne le trouve-t-on pas inférieur à leur modèle commun ! Racine est plus heureux : la prophétie de Joad [1] me semble surpasser, autant par la magnificence des images et la richesse de la poésie, que par la beauté de la situation et la divine éloquence des paroles, les prédictions de la sibylle de Cumes, au fils d'Anchise. Après la fin de leur entrevue, nous attendons presque impatiemment le sacrifice solennel qu'elle lui a prescrit ; Virgile

---

l'harmonie, et combien le mélange heureux des sons ajoute, soit à la force des images, soit à l'impression des traits de sentiment. Tibulle nous laisse froids ; Virgile nous effraie et nous serre le cœur.

Le tableau du chantre d'Auguste a été agrandi dans cette comparaison de Satan, éclipsé mais lumineux encore depuis sa chute, avec le soleil naissant ou obscurci :

> Vers l'horizon obscur tel le soleil naissant
> Jette à peine, au milieu des vapeurs nébuleuses,
> De timides rayons et des lueurs douteuses ;
> Ou tel, lorsque sa sœur offusquant ses clartés,
> Pâle, et portant le deuil aux rois épouvantés,
> Il épanche à regret une triste lumière,
> Des désastres fameux sinistre avant-courrière.
>   (Milton, chant II, trad. de Delille.)

[1] *Athalie,* acte III, scène vii.

trompe notre désir en nous offrant un autre spectacle :

    Elle dit. Le héros, le cœur préoccupé,
D'étonnement, de crainte, et de respect frappé,
Triste, les yeux baissés, s'éloignant en silence,
Maudissait la fortune et sa longue inconstance.
A son chagrin profond Achate unit le sien [1] :
Et des propos divers forment leur entretien.
Quel est ce malheureux, quelle est cette ombre chère
Pour qui Pluton demande un tribut funéraire?
Quand leurs tristes regards, ô coup inattendu !
Reconnaissent Misène à leurs pieds étendu ;
Misène dont l'airain, cher au dieu de la Thrace,
Échauffait la valeur et rallumait l'audace [2].
Jadis, du grand Hector illustre compagnon,
Il portait près de lui la lance et le clairon ;
Mais quand Hector perdit la vie et la victoire,
Sous un autre héros gardant la même gloire,
Du vaillant fils d'Anchise il suivit le destin.
Un jour qu'il embouchait l'harmonieux airain,
Provoqué par le bruit de sa conque sonore,
Un des Tritons jaloux, qu'un noir dépit dévore,
Si le dépit est fait pour les âmes des dieux,
Saisit dans sa fureur ce rival odieux,

---

[1] Delille aurait dû essayer de rendre ce trait :

    Et paribus curis vestigia figit.

[2] Annibal Caro a dit :

    E col suo fiato solo
  Possente a suscitar Marte o Bellona.

Le plonge entre les rocs, sous la vague écumeuse.
Tous pleurent sa vaillance et sa trompe fameuse;
Et le héros surtout, du sommet d'un rocher,
Veut porter jusqu'aux cieux son superbe bûcher.
De l'antique forêt déjà les chênes tombent;
Les sapins orgueilleux sous la hache succombent :
On déchire leurs troncs, on coupe leurs rameaux,
Et du sommet des monts roulent de vieux ormeaux[1].
Énée est à leur tête; il médite en silence;
Et, plongeant ses regards dans la forêt immense :
« Oh! dans son vaste sein, si ce bois spacieux
» Me montrait le rameau que demandent les dieux!
» La sibylle l'annonce; et ta mort, ô Misène!
» Me prouve trop combien sa parole est certaine;
» Et le destin, toujours trop fécond en douleurs,
» Ne m'a jamais en vain annoncé des malheurs. »
Comme il disait ces mots, deux colombes légères,
De la belle Cypris agiles messagères,
S'abattent à ses yeux; et son regard surpris
Reconnaît de Vénus les oiseaux favoris.
Aussitôt il s'écrie : « Oiseaux de Cythérée !
» Descendez-vous vers moi de la voûte éthérée?
» Venez; que votre vol me guide vers ces lieux

---

[1] On peut opposer à la sagesse de Virgile, qui est ici l'imitateur du vieil Ennius, le luxe et la prodigalité de Lucain, dans la description du bois sacré de Marseille abattu par César; il y a toutefois de grandes beautés dans cette description; elles y sont convenablement placées; elles seraient des fautes graves dans Virgile. Le Tasse a encore plus de simplicité que Virgile dans le même genre de description.

» Où ma main doit cueillir le rameau précieux.
» Et toi, ma mère, et toi, conduis-moi sur leur trace. »
Le couple alors s'envole, et d'espace en espace,
Autant que l'œil de loin peut suivre son essor,
S'élève, redescend, et se relève encor [1].
Mais de l'affreux Averne et de ses lacs immondes
A peine ces oiseaux ont reconnu les ondes,
Ils détournent leur course, et d'un vol assuré
Vont se poser tous deux sur l'arbre désiré.
Son or brille à travers une sombre verdure [2].
Tel quand le pâle hiver nous souffle la froidure,
Le gui sur un vieux chêne étale ses couleurs,
Et l'arbuste adoptif le jaunit de ses fleurs :
Tel était ce rameau; tel, en lames bruyantes,
S'agite l'or mouvant de ses feuilles brillantes.
Au doux frémissement, à l'éclat de cet or,
Le héros court, saisit, emporte son trésor,
Et vole triomphant l'offrir à la prêtresse.

Cependant les Troyens, accablés de tristesse,
Debout près de Misène, objet de leurs douleurs,

---

[1] La traduction d'Annibal Caro est ici fort agréable, elle a quelque chose de plus naïf que l'original :

> Elle pascendo,
> Andando, saltellando, a scosse, a volo,
> Quanto l'occhio scorgea di mano in mano,
> Giunser, ove d'Averno era la bocca.

[2] Annibal Caro ajoute ici des grâces au texte :

> Indi tra frondi, e frondi, il color d'oro,
> Che diverso dal verde uscia raggiando
> Di tremolo splendor l'aura percosse.

L'entouraient en silence, et répandaient des pleurs.
De sapins résineux, de rameaux sans verdure,
Ils dressent du bûcher l'immense architecture ;
Et, du triste édifice enfermant les apprêts,
En cercles sont penchés de funèbres cyprès :
Au-dessus, du héros on a placé les armes.
Pour en baigner ce corps, digne objet de leurs larmes,
Ils répandent les flots bouillonnants dans l'airain,
Et de riches parfums s'épanchent de leur main.
On gémit, on le met sur le lit funéraire,
De ses restes muets triste dépositaire ;
On étend au-dessus ses habits précieux,
Dépouille si connue et si chère à leurs yeux !
D'autres, le regard morne et l'âme désolée,
Triste et lugubre emploi ! portent le mausolée,
Saisissent des brandons ; et, tremblant d'approcher,
En détournant la vue allument le bûcher.
L'encens, l'huile, les mets, les offrandes pieuses
Que jettent dans le feu leurs mains religieuses,
Brûlent avec le corps : des parfums onctueux
Arrosent les débris qu'épargnèrent les feux ;
La douleur les confie à l'urne sépulcrale ;
Le rameau de la paix répand l'onde lustrale.
On pleure encor Misène, on l'appelle trois fois,
Et les derniers adieux attendrissent leurs voix.
Énée à cet honneur en joint un plus durable :
Sur un mont il élève un trophée honorable,
Y place de sa main la lance et le clairon ;
Et ces bords, ô Misène ! ont conservé ton nom [1].

---

[1] On voit au douzième chant de l'Odyssée, le modèle de ce tombeau dans celui d'Elpénor.

Cet épisode difficile à traduire laisse éclater souvent toute la brillante facilité du poëte français; on croit lire des vers dont l'heureuse expression a été créée d'original par Delille, pour rendre ses propres pensées. Du reste, les cérémonies religieuses que Virgile vient de décrire, sont empruntées d'Homère [1]; mais elles ont bien plus d'importance et d'intérêt dans l'Iliade que dans l'Énéide. La mort de Patrocle, la douleur des Grecs, le désespoir et la piété d'Achille, sont des créations du génie et du bon sens, que ne sauraient balancer toutes les perfections de l'imitation virgilienne [2]. Sans

---

[1] Chants XVIII et XXIII de l'Iliade.

[2] Combien le Tasse se montre supérieur à Virgile en peignant les funérailles de Dudon! Ce héros a succombé après de nobles exploits; les chrétiens veulent d'abord le venger; un ordre du général les rappelle : ils rapportent du moins sur leurs bras ses dépouilles sacrées. Godefroi va visiter avec respect le cercueil où elles ont été renfermées par de pieux compagnons d'armes. A peine il paraît que la foule assemblée autour de ce corps inanimé, pousse des cris plus lugubres et plus lamentables; mais Godefroi, sans trouble, plein de sérénité, captive sa douleur et garde le silence. Enfin, ayant recueilli ses pensées en lui-même, et tenu quelque temps ses regards fixés sur le cercueil, il adresse à l'illustre mort que l'armée entière regrette, un discours rempli des sentiments d'un véritable soldat du christ, patient, courageux, et soutenu par d'immortelles espérances.

doute le soin de rendre les derniers honneurs à l'un de ses compagnons d'armes, est digne du vertueux Énée ; cependant nous ne connaissons pas Misène. Célèbre, dit-on, dans les antiquités de l'I-

---

Le lendemain Godefroi, qui avait consacré une partie de la nuit à ses devoirs de général, veut suivre lui-même la pompe funèbre ; il fait élever un tombeau à son ami ; on y grave ces mots simples : « Ci gît Dudon ; passant honore ce grand capitaine. » Quitte de ce pieux devoir, Bouillon envoie ses soldats dans la forêt prochaine pour abattre des arbres et construire des machines de guerre destinées au siége de Solime. Cette scène occupe moins de place que les funérailles de Misène, et inspire bien plus d'intérêt. Dudon reçoit les tributs qu'il mérite ; l'armée lui accorde des regrets unanimes qui éclatent au-dehors ; Godefroi le pleure au fond de l'âme, et l'honore en chrétien et en prince, sans perdre de vue les grandes pensées d'une entreprise sublime. La raison ne peut qu'admirer tant de jugement et d'art.

Fénélon a imité Virgile avec assez d'exactitude pour les détails de la cérémonie ; mais les funérailles d'Hippias bien plus utilement amenées que celles de Misène, attachent les regards de l'armée des alliés surpris de la chute du frère de Phalante, et servent à mettre dans tout leur jour la sensibilité, les vertus, la grande âme du jeune Télémaque. J'aurai l'occasion de revenir sur cette admirable narration ; mais je dois remarquer encore que deux traits ont suffi à Fénélon pour peindre la vive douleur des Lacédémoniens, et que Virgile ne nous montre que la description exacte d'une cérémonie funèbre, tandis que son imitateur nous donne encore des peintures de caractères et de mœurs, et des révélations du cœur humain.

talie, il n'a point de nom dans Homère ; il n'a rien fait depuis qu'il a changé de héros; sa témérité nous étonne, sa punition nous paraît une fable inventée à plaisir; sa perte ne cause qu'une froide douleur à l'armée ; comment aurions-nous des larmes pour lui, quand Énée n'adresse pas même un adieu aux mânes d'un guerrier illustre, dont il doit sentir et regretter la perte [1]? Virgile mêle adroitement les funérailles de Misène à la découverte du rameau d'or; tout en partageant les pieux travaux de ses compagnons pour le bûcher de ce Troyen, Énée pense au tribut exigé par Proserpine, et prie Vénus de le lui montrer. Tout à coup les oiseaux de la déesse, qui viennent se poser sur l'arbre au rameau d'or, semblent nous prouver qu'elle a exaucé la prière de son fils [2]. Naguère la sibylle

---

[1] Dans Valérius, le devin Idmon, et surtout le pilote Thyphis, chers à toute l'armée, excitent en elle, et dans le cœur de Jason, une douleur mieux motivée et mieux sentie, parce que l'un est l'oracle des Grecs, et l'autre leur guide sur les mers que le navire Argo et sa brillante élite de héros affrontaient pour la première fois.

[2] Le message du héron envoyé par Minerve à Ulysse et à Diomède, qui, sans voir l'oiseau, comprennent à ses cris qu'il est d'un heureux présage, ne saurait entrer en comparaison avec les colombes de Virgile. Celles-ci rappellent un passage d'Apollonius de Rhodes. Au moment où le devin Mopsus engage les Argonautes à implorer le secours de

ÉNÉIDE, LIVRE VI.

disait à Énée : « Ne cède point à l'orage, mais au con-
» traire marche au devant des périls avec une audace
» au-dessus de ta fortune. » A présent nous croyons
entendre résonner dans les airs ces douces paroles
d'une voix céleste : « Espérance, ô mon fils; ta mère
est toujours avec toi ; je t'envoie mes colombes
pour guides. » Cependant si l'apparition de ces
riantes messagères eût succédé aux funérailles de
Misène, ou plutôt à ce pompeux sacrifice que l'intérêt de l'action exigeait de préférence à toute autre
peinture, l'une des plus heureuses fictions de la

Médée, une colombe vient du haut des airs se réfugier dans
le sein de Jason, pour éviter la poursuite d'un épervier qui
s'abat lui-même sur la poupe du vaisseau. (Liv. III, vers
540.) Valérius Flaccus a tiré le plus heureux parti de l'idée
d'Apollonius en l'appliquant à une situation passionnée :

> Le beau Jason attend sa jeune et belle amante.
> De frayeur éperdue elle arrive à son tour ;
> Et comme la colombe, à l'aspect de l'autour
> Qui la presse déjà de l'ombre de son aile,
> Cherche au séjour de l'homme un asile infidèle ;
> Ainsi, dans les terreurs qui viennent l'assiéger,
> L'imprudente se jette aux bras de l'étranger.

Les trois premiers vers du texte sont d'une grande beauté;
les voici :

> Ecce autem pavidæ virgo de more columbæ,
> Quæ super ingenti circumdata præpetis umbra
> In quæcumque tremens hominem cadit.
>   (Chant VIII, vers 32.)

poésie brillerait ici comme un trait de lumière au milieu d'un orage, entre la cérémonie sainte et l'entrée aux enfers.

Virgile, en imitant le sacrifice d'Ulysse aux divinités du Styx, n'a pas mis dans la description de l'antre des enfers la couleur sombre d'Homère; mais son élégance égale sa précision dans des détails arides et rebelles à la poésie : on en jugera par ces vers de Delille, si heureusement fidèles, et peut-être d'une harmonie plus imposante que celle du texte :

> Mais il est d'autres soins qu'exige la prêtresse :
> En un lieu sombre, où règne une morne tristesse,
> Sous d'énormes rochers, un antre ténébreux
> Ouvre une bouche immense ; autour, des bois affreux,
> Les eaux d'un lac noirâtre en défendent la route :
> L'œil plonge avec effroi sous sa profonde voûte.
> De ce gouffre infernal l'impure exhalaison
> Dans l'air atteint l'oiseau frappé de son poison [1].
> Et de là par les Grecs il fut nommé l'Averne.

---

[1] On désirerait pourtant ici que les premières images du texte fussent mieux rendues. Virgile dit :

> Quam super haud ullæ poterant impune volantes
> Tendere iter pennis :

Annibal Caro a un peu développé la pensée pour la rendre :

> A cui volar di sopra
> Con la vita a gli uccelli era interdetto.

Avant que d'affronter cette horrible caverne,
La prêtresse d'abord, sous les couteaux sanglants,
De quatre taureaux noirs a déchiré les flancs,
Les baigne d'un vin pur, et, pour premier hommage,
Brûle un poil arraché de leur tête sauvage,
L'offre à la déité qui du trône des airs,
Étend son double empire au séjour des enfers.
D'autres frappent du fer les victimes mourantes,
Et reçoivent leur sang dans des coupes fumantes.
Un glaive, au même instant, dans les mains du héros,
A la Terre, à la Nuit, vieux enfants du Chaos,
Immole une brebis dont la couleur rappelle
La noire obscurité de la nuit éternelle.
La fille de Cérès, Proserpine à son tour,
Stérile déité d'un stérile séjour,
En hommage reçoit une vache inféconde.
Puis il consacre au roi de ce lugubre monde
L'offrande funéraire et ces tristes autels
Que dans l'ombre des nuits invoquent les mortels.
Lui-même il abandonne aux flammes dévorantes
Des taureaux égorgés les entrailles sanglantes.
Vulcain en fait sa proie, et du gras olivier
L'onctueuse liqueur arrose le brasier.

«Tout-à-coup, aux premiers rayons du soleil nais-
» sant, sous les pieds la terre semble mugir; les fo-
» rêts s'ébranlent sur le haut des montagnes, et
» les chiens hurlent dans l'ombre, à l'approche de
» la déesse[1]. » Loin d'ici, profanes! s'écrie la sibylle,

---

[1] Les vers d'Annibal Caro sont dignes de l'original.

» loin d'ici; abstenez-vous de paraître dans cette
» enceinte sacrée. Et toi, prince, envahis cette route,
» tire ton glaive du fourreau; c'est maintenant qu'il
» faut du courage et un cœur plein de constance. »
» Elle dit, et, furieuse, elle s'élance au milieu du
» gouffre ouvert; le héros suit, d'un pas hardi, la
» vitesse de son guide. »

Peut-être cet avis de la prêtresse semblera-t-il étrange lorsque-nous l'entendrons dire à Énée que tous les objets menaçants qui lui apparaissent, ne sont que de vaines ombres qu'il serait ridicule de combattre. D'ailleurs, on peut encore s'étonner qu'il faille toujours rappeler à Énée la nécessité du courage.

Fénélon a su éviter ce double inconvénient.

« Dieux souverains de l'empire des morts, om-
» bres silencieuses, vieux Chaos, noir Phlégéton,
» vaste séjour de la nuit, lieux qui vous taisez tou-
» jours, souffrez que je raconte ce que j'ai entendu;
» permettez-moi de révéler des secrets ensevelis
» dans les ténébreux abîmes de la terre [1].

Ed ecco a l'apparir del primo sole
Mugghiò la terra, si crollaro i monti,
Si sgominar le selve, urlar le furie
Al venir de la dea.

[1] On trouve quelques traits de la pensée de Virgile dans la réponse de Raphaël à Adam, curieux de connaître les grandes révoltes des cieux :

ÉNÉIDE, LIVRE VI. 65

» Seuls ils marchaient cachés par la nuit souter-
» raine, à travers les demeures vides de Pluton et
» ses états peuplés de vaines ombres ; tel, à la lueur
» incertaine et trompeuse de la lune, le voyageur
» traverse une forêt, quand Jupiter a obscurci le
» ciel de ténèbres, et que la sombre nuit a enlevé
» aux objets leurs couleurs[1].

» Devant le vestibule, à l'entrée du gouffre infer-
» nal, le Deuil et les Soucis vengeurs ont assis leur
» couche douloureuse. Auprès d'eux, habitent les
» pâles Maladies et la triste Vieillesse ; la Crainte, la
» Faim, mère des sinistres Conseils, et la honteuse
» Indigence, spectres horribles à voir ! à côté d'eux,
» le Travail et la Mort ; puis le Sommeil son frère,
» et les Joies criminelles de l'âme ; sur le seuil op-
» posé, la Guerre homicide, les Euménides sur leur
» lit de fer, et la Discorde insensée dont la cheve-
» lure de vipères est rattachée par des bandelettes
» sanglantes. Au centre s'élève un orme épais,
» immense, qui déploie au loin ses bras sécu-
» laires. C'est là, dit-on, que résident les vains

Ai-je droit de tirer de cette nuit profonde
Les grands événements, secrets d'un autre monde?

[1] Voici deux beaux vers d'Annibal Caro :

E la grand' ombra del terrestre globo
Priva di luce, e di color le cose.

3. 5

» Songes, attachés à toutes les feuilles de l'arbre [1].
» A l'entrée du gouffre habitent encore, comme en
» un repaire, des monstres divers; les Centaures,
» les Scylles à double forme, Briarée aux cent bras,
» l'hydre de Lerne, qui pousse d'horribles siffle-
» ments, la Chimère armée de flammes, et les Gor-
» gones, et les Harpies, et l'ombre du tyran au
» triple corps. A cette vue, frappé d'une soudaine
» frayeur, Énée saisit son glaive dont il présente la
» pointe à tous les monstres qui viennent à lui, et
» si sa docte compagne ne l'eût averti que c'étaient
» de vaines images de la vie, des âmes dépouillées
» de leurs corps, des simulacres vides et voltigeant
» sous une forme trompeuse, il allait fondre sur
» eux, et disperser avec son glaive ces faibles
» ombres.

» Là commence le chemin qui conduit aux bords
» de l'Achéron, vaste gouffre dont les ondes fan-
» geuses bouillonnent en tournoyant, et vomissent
» dans le Cocyte le rebut de leur noir limon. Le
» gardien de ces ondes lugubres est le hideux et
» terrible Caron; une barbe blanche, épaisse et

---

[1] Fénélon, en l'imitant, corrige cette fiction un peu vague du poëte latin. Il jette dans l'affreuse cour de Pluton les spectres hideux, les fantômes qui représentent les morts pour épouvanter les vivants, les songes affreux, les insomnies aussi cruelles que les tristes songes.

ÉNÉIDE, LIVRE VI.

» négligée, descend de son menton; un feu sombre
» jaillit de ses yeux immobiles; un nœud rattache
» le sale manteau qui tombe de ses épaules; lui-
» même conduit avec l'aviron, et gouverne avec la
» voile la barque funèbre qui transporte les om-
» bres. Il est vieux; mais sa vieillesse est verte et vi-
» goureuse comme celle d'un dieu. Vers lui se pré-
» cipitait la foule répandue sur la rive, des mères,
» des époux, des héros magnanimes, moissonnés
» par le trépas; des enfants, des jeunes vierges pro-
» mises à l'hyménée, des fils dans la fleur de l'âge, pla-
» cés sur le bûcher aux yeux de leurs parents[1] : telles
» et non moins nombreuses aux premiers froids de
» l'automne, tombent dans les forêts les feuilles déta-
» chées; ou tels encore s'attroupent sur les plages de
» Neptune un essaim d'oiseaux que la saison des fri-

---

[1] Virgile doit à l'Odyssée cette peinture; il en a trop abrégé les oppositions si bien marquées dans Homère; mais il a
tiré de son propre cœur ce vers qui arrache des larmes :

Impositique rogis juvenes ante ora parentum.

Plutarque console, avec autant de raison que de tendresse,
son ami Apollonius de la mort d'un fils. « Jeune homme entier de toutes choses, innocent comme une vierge, objet
d'émulation pour tous ses camarades, universellement bien
voulu, tant pour la grâce de sa beauté, que pour sa douceur, mais qui s'en est allé de trop bonne heure, en la plus
tendre fleur de l'âge. »

» mas exilé au-delà des mers et envoie dans des cli-
» mats plus voisins du soleil. Debout le long du fleuve,
» toutes ces ombres demandaient à passer les premiè-
» res, et tendaient leurs mains suppliantes vers l'autre
» rive, objet de leurs désirs ; mais le sombre no-
» cher reçoit tantôt les unes, tantôt les autres, et
» repousse au loin celles qu'ont écartées ses refus.

» Énée est surpris, frappé de ce tumulte : «O
» vierge, dit-il, pourquoi ce concours vers le fleu-
» ve ? que demandent ces âmes ? quel partage inégal
» éloigne les unes de la rive, et permet aux autres
» le passage de ces ondes livides?» «Fils d'Anchise,
» vrai rejeton des dieux, répond l'antique prêtresse,
» voici les eaux profondes du Cocyte et les marais
» stygiens, dont les dieux craignent d'attester et de
» tromper la puissance. Cette foule repoussée que
» tu vois, se compose de malheureux que l'on n'a
» point inhumés[1] ; ce nocher, c'est Caron; ceux qui
» traversent l'onde infernale, ont reçu la sépulture ;
» il n'est point permis à Caron de transporter les

---

[1] Annibal Caro traduit ainsi Virgile :

« Cette foule de malheureux morts qui s'éloignent n'a pu obtenir ni tombe, ni larmes, ni même un grain de poussière en mourant. »

<pre>
Questa che torna, è de' meschini estinti
Che nè tomba, nè lagrime, nè polve
Ebbe morendo.
</pre>

» morts au-delà de ces affreux rivages et de ces rau-
» ques torrens, avant que leurs cendres ne reposent
» dans leur dernier asyle ; faute des honneurs su-
» prêmes, le sort les condamne à errer, à voltiger
» pendant cent années autour de ces bords. Enfin,
» admis dans la barque fatale, ils revoient la rive si
» long-temps désirée. »

Après la célébration des funérailles de Misène
par le héros, nous voici avec lui devant le terrible
Averne ; c'est là qu'il nous associe au sacrifice qu'il
doit aux lugubres divinités du Styx ; ainsi, c'est en
quittant un tombeau qui nous a parlé d'elles, c'est
du pied de leurs sombres autels, qu'au bruit de la
terre mugissante, à la clarté sinistre des feux du
ciel, nous entrons avec le fils de Vénus dans les
royaumes désolés [1]. Ici le poëte, qui suit son héros et se confond quelquefois avec lui, tant il en

---

[1] Il n'y a rien dans Homère qui ressemble au début de
Virgile :

>Ecce autem, primi sub lumina solis et ortus,
>Sub pedibus mugire solum, et juga cœpta moveri
>Sylvarum; visæque canes ululare per umbram.

Apollonius, malgré la beauté de sa poésie dans le sacrifice de Jason, n'approche pas de l'harmonie imitative de ce
début. (*Argonauti,* lib. III, vers. 1210.)

Sénèque et Stace n'en ont pas même le sentiment dans
leurs faibles imitations. L'un dit :

est rempli, s'arrête un moment pour détourner le courroux des souverains de l'empire infernal. Il a peur de commettre une impiété en révélant à nos regards le Styx, le Chaos et la nuit éternelle que les dieux de l'Olympe eux-mêmes tremblent de regarder. Dans la fameuse invocation :

> Di quibus imperium est animarum, umbræque silentes,
> Et Chaos, et Phlegeton, loca nocte silentia late,
> Sit mihi fas audita loqui, sit numine vestro
> Pandere res alta terra et caligine mersas.

> Ter valles cavæ
> Sonuere mœstum. Toto succussa cœlo
> Pulsata tellus.
> (*OEdipe*, acte III, sc. 1re.)

L'autre :

> Tremuere rogi, et vox impulit ignem.

Le Dante, souvent aussi habile que son maître à peindre les objets par les sons, lui est bien inférieur ici :

> Finito questo la buia campagna
> Tremò si forte.....
> (*Enfer*, vers 130 et suivants.)

Le Tasse, au contraire, est parvenu à surpasser Virgile :

> Chiama gli abitator dell' ombre eterne
> Il rauco suon della tartarea tromba;
> Treman le spaziose atre caverne,
> E l'aer cieco a quel romor rimbomba.
> (*Jérus.*, chant IV.)

ÉNÉIDE, LIVRE VI.   71

On croit entendre Pascal sondant avec terreur les mystères de notre nature, et demandant pardon des larcins de son génie au dieu qu'il essaie de comprendre, à l'être impénétrable dont il craint d'avoir soulevé quelques voiles en méditant sur l'infini. Quand on compare cette invocation à celle de Sénèque [1] et de Stace [2], on ne peut croire qu'ils parlaient la même langue que Virgile; au contraire, on cite encore, après les beaux vers du sixième livre, ceux que Lucain met dans la bouche de la sibylle Érictho :

Eumenides, Stygiumque nefas, Pœnæque nocentum,
Et Chaos innumeros avidum confundere mundos,
Et rector terræ quem longa in sæcula torquet
Mors dilata deum.

Mais le jeune poëte ne sait pas s'arrêter, et se répand tout-à-coup en vaines exagérations. Claudien, que l'on peut souvent caractériser par ce trait d'Horace : *Magno promissor hiatu,* fait trop de bruit pour le sujet, en parlant aux divinités infernales [3].

---

[1] Fas omne mundi, teque dominantem precor
Regno capaci.
  (*Hercul. fur.*, act. III, sc. II.)

[2] Tartareæ sedes et formidabile regnum.
  (*Theb.*, liv. IV.)

[3] Di quibus in numerum vacui famulantur Averni.

Le même poëte, dans son *Enlèvement de Proserpine,* fait adresser à Pluton un discours dont le début est fort beau :

Dans leur apostrophe au Chaos et à la Nuit [1], Satan ou Milton, semblent avoir eu des souvenirs de Virgile; Lucain qui est ici presque son égal, n'offre pas l'opposition des images plus douces de la charmante comparaison, par laquelle Virgile nous repose un moment de notre terreur; elle renaît bientôt, avec une force nouvelle, sur le seuil des enfers.

La Théogonie d'Hésiode a fourni à l'Énéide plusieurs traits de la peinture des monstres assis ou debout sur le seuil des enfers; mais on ne trouve

> O maxime noctis
> Arbiter, umbrarumque potens, cui nostra laborant
> Stamina; qui finem cunctis et semina præbes,
> Nascendique vices alterna morte repindis,
> Qui vitam lethumque regis, nam quidquid ubique
> Gignit materies, hoc te donante creatur,
> Debeturque tibi, certisque ambagibus ævi
> Rursus corpereos animæ mutantur in artus.

« Arbitre suprême de la nuit, souverain des ombres, pour qui seul travaillent nos fuseaux, toi qui donnes le principe et le terme de l'existence à tous les êtres, toi qui maintiens un juste équilibre dans le monde par la succession des races qui naissent et qui passent; maître de la vie et de la mort, car tout ce que la matière enfante est créé par tes bienfaits, est dû à ton empire, et retourne, après les longues erreurs d'une absence mystérieuse et limitée de l'âme, reprendre sa forme corporelle. »

[1] *Paradis perdu*, chant II.

pas dans le poëte grec même, le germe de cet admirable vers qui exprime si bien une vérité d'expérience :

Luctus et ultrices posuere cubilia Curæ.

En effet, les soucis vengeurs ou les remords figurent au premier rang parmi les causes qui conduisent à la mort, soit les grands coupables que Juvénal [1] et Perse [2] ont représentés sous des couleurs si vives, soit des coupables plus obscurs que leur conscience flagelle sourdement. Hésiode n'a pas dit, comme Virgile :

Et Metus, et malesuada Fames, ac turpis Egestas [3],
Terribiles visu formæ.

Et en effet, soit qu'il les entrevoie des yeux de l'ima-

---

[1] Quos diri conscia facti
Mens habet attonitos et surdo verbere cædit.

[2] Et tacita sudant præcordia culpa.

[3] Lucrèce a dit : « La honteuse Faim, le Mépris, la dure Indigence, séparés des douceurs de la vie, et privés de toute espèce de repos, semblent déjà frapper aux portes de la Mort : »

Et quasi jam lethi portas cunctarier ante.

Le même poëte a écrit de très-belles choses sur la funeste crainte de la mort, source de tant de douleurs et d'ennuis pour la faible humanité.

gination et de la crainte, soit qu'il les regarde en face, ce sont de terribles fantômes pour l'homme. On lit dans Hésiode : « Là demeurent les enfants de la sombre Nuit, le Sommeil et la Mort, divinités odieuses que jamais le soleil n'éclaire de ses rayons. L'un parcourt la terre et les vastes mers, comme un ministre de repos pour les hommes; l'autre a un cœur de fer et des entrailles d'airain pour dévorer sans pitié le premier qu'elle rencontre; elle est haïe même des immortels. » Ce passage est beau; mais Virgile a reconnu qu'on y pouvait trouver un défaut de justesse; en effet, le sommeil, tel que le poëte grec le dépeint, et tel qu'il est dans la nature, n'a rien d'odieux; pour le supposer ainsi, il aurait fallu dire que, malgré sa douceur, il déplaît aux hommes parce qu'il ressemble à la mort.

Dans tout le tableau d'Hésiode, l'auteur de l'Énéide n'a voulu adopter que la fraternité du sommeil et de la mort; mais cette pensée presque inaperçue dans le modèle, voyez ce qu'elle devient dans l'imitateur! *Et consanguineus Lethi Sopor* [1].

---

[1] Orphée appelle le sommeil, frère de l'oubli et de la mort. Homère donne aussi la mort pour sœur au sommeil, dans l'Iliade, chant XIV, vers 231.

Plutarque dit, dans la consolation à Apollonius : « le dormir et la mort sont jumeaux. » Le même auteur cite un phi-

Que de réflexions nous suggère cette seule image! Semblables aux deux fils de Léda, nous mourons et nous renaissons chaque jour; la nuit occupe la moitié de notre vie; c'est bien le cas d'appliquer à l'homme qui possède pour si peu de temps un bien disputé chaque jour par un ennemi menaçant, les expressions d'Horace, *Brevem dominum.* C'est bien le cas de nous écrier avec le poëte : *Quid brevi fortes jaculamur œvo multa?* Pourquoi ce courage à lancer de grands projets dans une vie si courte? ou plutôt, puisqu'elle n'a pour mesure que la moitié de nos années, comment pouvons-nous consentir à la dissiper encore comme la chose la plus vile? Comment ne pas chercher à mieux profiter d'un souffle que la nature nous redemandera bientôt, parce qu'elle en a besoin, comme dit Bossuet, pour le jeter dans d'autres moules. Un autre trait que Virgile doit à lui seul, *Mala mentis gaudia,* « Les joies criminelles de l'âme, » réveille encore bien des réflexions à l'homme attentif sur les secrets de son propre cœur. Quelle leçon de morale l'éloquence de Massillon aurait fait jaillir de ce texte si simple! Que chacun de nous le commente avec sa conscience et devienne son propre Massillon.

---

losophe qui appelait le dormir, les petits mystères, comme s'il eût voulu dire : le modèle et le préambule de la mort.

Dans cette partie de son vaste tableau, Virgile imite en maître la peinture de l'escorte de la mort, si énergiquement représentée par Lucrèce, dans ce troisième livre justement admiré de Voltaire, et que le nouveau traducteur du chantre de la nature des choses semble avoir reproduit avec les conseils de la muse de Virgile même.

> Hélas! ces maux cruels dont l'essaim le tourmente,
> La crainte de la mort dans son cœur les enfante.
> L'oubli, la pauvreté, les besoins douloureux,
> Lui semblent du trépas les compagnons affreux;
> C'est pour les repousser, les repousser sans cesse,
> Qu'aux plus vils attentats l'égoïste s'abaisse,
> Immole l'honneur même à ses honteux projets,
> Avec l'or qu'il entasse, entasse des forfaits;
> Redoute d'un parent la table hospitalière,
> Et tourne un œil joyeux sur le tombeau d'un frère.
> C'est aussi du trépas l'invincible terreur,
> Qui du sombre envieux allume la fureur;
> Lui montre la splendeur de l'altière opulence,
> Et du sort des humains l'inégale balance;
> Son orgueil offensé dédaigne le bonheur,
> Il brigue d'un haut rang l'infructueux honneur,
> Il veut, près d'expirer et de honte et d'envie,
> Qu'un marbre adulateur éternise sa vie.

Ce morceau de morale est magnifique, mais on l'a souvent admiré sans l'entendre, et l'application, il est vrai, en est difficile à saisir. On a peine à concevoir comment la crainte de la mort fait naître l'avarice, l'ambition, l'envie, tous les vices, et subjugue les cœurs au point d'inspirer à quelques hommes l'aversion de la vie et le projet de se tuer; mais pour entendre ces idées, il faut se pénétrer des fables de l'ancienne mythologie, et ce passage, bien loin d'être regardé comme une vaine déclamation, paraîtra plein de sens et de philosophie. Le mépris, la pauvreté et l'ignominie formaient, d'après un axiome fondamental du Paganisme, le cortége de la mort. Ce furent donc ces fausses inductions, tirées de la religion payenne, qui donnèrent naissance à tous les crimes si éloquemment décrits par Lucrèce. Voilà pourquoi Virgile place sur le seuil des enfers, avec le deuil, les soucis, la vieillesse et la maladie, la faim et la pauvreté.

Sénèque n'a pas craint de gâter l'admirable tableau de Virgile par des vers prosaïques et des images sans choix [1]. Claudien développe, par quelques traits, la pensée du maître. Le Tasse n'a rien de remarquable dans les êtres allégoriques qu'il

---

[1] Luctus evellens comam,
Ægreque lassum sustinens Morbus caput,
Gravis Senectus sibimet et pendens Metus.
(*OEdipe*, acte III, sc. 1re.)

« Le Chagrin qui s'arrache les cheveux, la Maladie qui soutient avec peine sa tête fatiguée; la Vieillesse à charge à elle-même, et la Crainte suspendue au-dessus d'un précipice. »

emprunte à la mythologie d'Homère pour les placer avec assez peu de convenance sur le seuil de l'enfer chrétien. Le Dante trouve d'abord sur le chemin des enfers une panthère qui lui barre le passage, et le contraint à la fuite. Il reprend courage à la naisssance du jour, mais un lion accourt vers lui, la tête haute, et pressé par la rage de la faim ; le monstre est si terrible que l'air même en paraît épouvanté ; « En même temps, dit le poëte voyageur, une louve avide, dont la maigreur attestait les désirs insatiables (elle avait déjà dévoré la substance de plusieurs peuples), m'imprima une telle peur avec les éclairs de ses regards, que je perdis l'espérance de franchir la colline. » Si ces images n'ont pas le mérite de la fiction virgilienne, on ne peut leur refuser une singulière énergie d'expression ; ce mérite éclate encore mieux dans ces nouveaux traits : « Elle est d'une nature si méchante et si avide, qu'elle ne peut jamais assouvir ses vastes appétits, et qu'après la pâture, sa faim est plus grande qu'avant [1] ». La fameuse allégorie de Milton [2], tant blâmée par beaucoup de critiques, tant admirée par Addisson, est, malgré ses défauts, une création originale et hardie. Dans notre croyance,

---

[1] L'énergique simplicité du Dante rendrait admirable ce passage appliqué à la mort, le plus insatiable des monstres de l'enfer. (Chant I*er*, vers 42 et suivants.)

[2] Milton, chant III.

le péché commis à la garde des enfers, et seul capable d'ouvrir leurs portes inébranlables, est plus effrayant que le deuil, les soucis vengeurs, et tous les monstres de Virgile. Que devient la mort, fille de la nuit, auprès de la mort telle que l'a faite Milton, fille du péché, qui regarde avec horreur cet affreux enfantement de la luxure et s'écrie en fuyant : « *La mort! la mort!* » paroles inconnues jusque-là, et répétées d'échos en-échos par tous les enfers!.

Qu'on se figure effectivement que ces mots terribles sont un arrêt contre le genre humain, jusques alors exempt de la funeste loi de la destruction ; qu'on entre dans les idées de notre système religieux qui admet la conjuration de Satan contre des créatures, objets de la prédilection céleste et de sa jalousie, et l'on sentira combien ces transports de l'enfer victorieux et sûr de dévorer toutes les générations du monde, sont une image plus imposante et plus poétique, plus dramatique même que la joie du Tartare des anciens, quand il a repris sa proie dans la jeune Eurydice. Fictions pour fictions, mensonges pour mensonges, donnons du moins la préférence au grandiose, et prêtons-nous à des illusions qui produisent le sublime. C'est dans cette disposition qu'il faut lire le Dante et Milton.

La mort pâle et dévorante, aux pieds du trône

de Pluton, armée d'une faux tranchante qu'elle aiguise sans cesse, nous frappe dans le Télémaque par la justesse de l'image; cependant cette fiction ne paraît plus que vulgaire, lorsque Milton nous met en face du monstre de son invention. Chez lui, la mort porte un dard dans la main, une ombre de couronne sur la tête; et au moment où elle s'élance sur Satan, l'abîme tremble sous ses pas. Qui ne frémirait pas devant cette effroyable reine du monde, qui brûle incessamment du désir de dévorer le genre humain son tributaire? Une fois que les poëtes sont entrés dans le domaine de l'imagination, la raison elle-même leur permet beaucoup, mais aussi elle attend des prodiges ; Milton en fait souvent.

Fénélon n'a point copié le vestibule des enfers de Virgile, et peut-être eût-il mieux fait de l'imiter que d'engager Télémaque sur les bords du Cocyte, dans un dialogue moral avec le roi de Babylone, livré à Caron par Mercure, et soumis au pouvoir absolu de ses anciens flatteurs, qui se vengent sur lui de leur servitude et de leur bassesse. Mais, quelle admirable peinture que Pluton assis sur son trône d'ébène, avec son visage pâle et sévère, ses yeux creux et étincelants, son front ridé et menaçant[1] ! quel terrible licteur de ce tyran, l'ennemi

---

[1] Sénèque a tracé ce portrait de Pluton :

ÉNÉIDE, LIVRE VI.

de la race humaine, que la mort toujours prête à frapper au moindre signe! Avec quel art Fénélon, négligeant les monstres fantastiques de la fable, a réuni autour de l'inflexible déesse, ses véritables

> Dira majestas deo,
> Frons torva ; fratrum quæ tamen speciem gerat,
> Gentisque tantæ : vultus est illi Jovis
> Sed fulminantis. Magna pars regni trucis
> Est ipse dominus : cujus aspectum timet
> Quidquid timetur.

« La majesté de ce dieu est terrible, son front fier et menaçant : cependant son visage retrace la physionomie de ses frères et d'une famille si grande; il ressemble à Jupiter, mais à Jupiter tonnant; presque toute l'horreur de l'empire infernal est dans le maître lui-même, dont l'aspect fait trembler ceux qui font trembler tous les autres. »

Moins le dernier coup de pinceau, ce portrait est d'un maître.

Même après les vers de Sénèque, Claudien n'est point ici à dédaigner :

> Ipse rudi fultus solio, nigraque verendus
> Majestate sedet, sequalent immania fœdo
> Sceptra situ ; sublime caput mœstissima nubes
> Asperat, et diræ riget inclementia formæ.
> Terrorem dolor augebat.

« Pluton lui-même, élevé sur un trône informe et grossier, y siége environné d'une sombre et redoutable majesté; son sceptre cruel est noirci par une rouille épaisse; un funèbre nuage attriste son front sourcilleux, et couronne la roideur et la sévérité d'un visage farouche. La douleur redoublait encore la terreur qu'il inspire. »

3.   6

ministres, les cruelles Défiances, les Vengeances toutes dégoûtantes de sang et couvertes de plaies, les Haines injustes, l'Avarice qui se ronge elle-même, le Désespoir qui se déchire de ses propres mains, la Trahison, l'Envie qui se tourne en rage dans l'impuissance où elle est de nuire, l'Impiété qui se creuse elle-même un abîme sans fond, où elle se précipite sans espérance [1] ! Voltaire imite ses devanciers en élevant leurs pensées, ou en créant de nouvelles images :

> Là gît la sombre Envie, à l'œil timide et louche,
> Versant sur des lauriers les poisons de sa bouche ;
> Le jour blesse ses yeux dans l'ombre étincelants :
> Triste amante des morts elle hait les vivants :
> Elle aperçoit Henri, se détourne et soupire.
> Auprès d'eux est l'Orgueil *qui se plaît et s'admire;*
> La Faiblesse au teint pâle, aux regards abattus,
> Tyran qui cède au crime et détruit les vertus ;
> L'Ambition sanglante, inquiète, égarée,
> De trônes, de tombeaux, d'esclaves entourée ;
> La tendre Hypocrisie, aux yeux pleins de douceur ;
> Le ciel est dans ses yeux, l'enfer est dans son cœur ;
> Le faux Zèle *étalant ses barbares maximes,*
> Et l'Intérêt enfin, père de tous les crimes.

Palissot n'hésite point à préférer ces vers à ceux du poëte latin ; Clément soutient au contraire la

---

[1] Télémaque, chant XVIII.

supériorité de Virgile. Quel que soit l'avis des lecteurs sur cette controverse, je crois qu'ils approuveront dans l'auteur de la Henriade, l'idée d'avoir, comme Fénélon, placé l'envie sur le seuil des enfers ; l'envie est une des plus coupables passions de l'homme, et le poëte l'a personnifiée en véritable peintre. Rien de plus heureux que le mouvement de l'envie à l'aspect du héros ; seulement le trait ne paraît point assez marqué ; il fallait troubler ses regards, pâlir son front, et faire sortir de son cœur blessé un cri de douleur. L'orgueil est caractérisé d'une manière vague ; le portrait de la faiblesse, vrai en lui-même, demanderait aussi quelque chose de plus profond ; peut-être ce dangereux tyran immole-t-il plus de victimes que toutes nos passions réunies. Les vers sur l'ambition et sur l'hypocrisie me semblent aussi frappants que pittoresques ; cependant il eût mieux valu, avec Fénélon, enchaîner les hypocrites aux enfers. Le faux zèle qui, en politique et surtout en religion, a causé tant de maux à l'espèce humaine, accuse ici de mollesse la touche du peintre ; et, en général, on peut reprocher au tableau de Voltaire, de manquer un peu de précision, de nerf, et d'images choisies avec maturité. Celles de Virgile sont irréprochables, et ses allégories plus justes et plus poétiques.

Ni Fénélon, ni Voltaire n'ont assez bien senti

peut-être l'effet de la fiction de Virgile. Dans quel affreux séjour Énée va se précipiter, si notre imagination se représente l'enfer d'après les monstres qui en gardent l'entrée ! Quel sera le tyran dont nous allons affronter la présence, puisque voilà l'horrible cortége qui veille au-devant du vestibule de son palais, puisque les ministres de la mort sont en quelque sorte les introducteurs des victimes qu'elle amène chaque jour à leur maître commun !

Virgile voulant continuer ici l'impression qu'il avait produite par sa lugubre invocation, la vraisemblance permet d'admettre l'épouvante d'Énée devant les fantômes de l'Érèbe. Mais n'expose-t-elle pas le prince troyen à quelque ridicule, après la réponse de la sibylle? et cette réponse elle-même ne diminue-t-elle pas la terreur que le poëte a pris soin de nous inspirer ? Homère, Fénélon et l'auteur de la Henriade, ne donnent pas lieu à ces doutes. Ulysse et son fils s'avancent seuls et sans guide à travers les ténèbres; si leur cœur est ému, leur courage se soutient de lui-même ; on ne les voit pas, ou effrayés devant de vaines ombres, ou s'exposant à commettre la faute d'offenser le dieu des morts dans ses sujets. Au contraire, le Dante a pu, sans inconvenance, laisser éclater sa propre peur au commencement de son voyage dans l'empire des morts; d'ailleurs il a su tirer de cette

ÉNÉIDE, LIVRE VI. 85

peinture des beautés originales que nous ferons valoir en leur lieu.

Sénèque n'aurait pas dû répéter pour l'affaiblir l'admirable portrait de Caron tracé par Virgile ; le Dante, moins pâle, ne soutient pas la comparaison. Fénélon a froidement copié le tableau touchant des ombres qui brûlent de passer au-delà du Styx ; le Dante a fait sortir d'une imitation, une création pleine de génie. « Un grand concours paraît auprès du fleuve ; ce sont des âmes que Caron vient chercher en leur criant : « Malheur à vous, âmes perdues ; n'espérez plus jamais de voir les cieux ; je vais vous conduire vers l'autre rive, dans la région des ténèbres, au milieu des flammes et des glaces éternelles. » En entendant les cruelles paroles du vieillard, ces ombres, nues et harassées, changèrent de couleur et grincèrent des dents ; elles blasphémaient Dieu, elles maudissaient leurs parents, l'espèce humaine, les temps, les lieux, et la race de leur race, et leurs derniers enfants[1].

Le texte est admirable :

Bestemmiavano Iddio, e i lor parenti,
L'umana specie, il luogo, il tempo, e'l seme
Di lor semenza e di lor nascimenti.

(*Enfer*, chant III.)

e dit seulement les enfants de leurs enfants et ceux

Ensuite elles se réunirent en versant des larmes amères sur le fatal rivage, où est attendu tout homme qui n'a point la crainte de Dieu. Avec un seul éclair de ses yeux enflammés, le pilote infernal les rassemble toutes, et frappe de l'aviron les plus lentes à se mouvoir; telles que dans l'automne les feuilles tombent une à une jusqu'à ce que l'arbre ait vu toute sa dépouille sur la terre, la race impie d'Adam se jette dans la barque au moindre signe du vieillard, comme l'oiseau se précipite à son propre cri qu'imite l'oiseleur.... Ainsi les ombres traversent l'onde noire; et avant qu'elles soient descendues sur le bord opposé, une autre foule assiége déjà la rive du départ. » Le poëte ajoute : « Mon fils, ceux qui meurent dans la colère de Dieu accourent ici de toutes les régions; ils sont empressés de traverser le fleuve, parce que la justice divine les pique de son aiguillon, et que leur crainte se change en un désir ardent. » A ces paroles, le sombre royaume tremble sur ses fondements; il s'élève sur cette terre de larmes un vent mêlé d'écla_s qui sillonnent les ténèbres. »

Nous sommes, avec Virgile, au milieu des omb_s impatientes de traverser le fleuve que les mo___

---

qui naîtront d'eux; les expressions du Dante ont i_ beauté particulière qu'il est facile de sentir.

passent sans retour ; Énée reconnaît parmi elles plusieurs des siens.

Le héros est ému d'un sort si rigoureux.
Oronte et Leucaspis frappent soudain ses yeux.
Comme Énée, échappés des murs fumants de Troie,
Des vagues en courroux tous deux furent la proie [1].
Palinure comme eux avait fini ses jours :
Des astres de la nuit il observait le cours,
Lorsqu'il tomba plongé dans la liquide plaine [2].
Le héros l'aperçoit, le reconnaît à peine :
« Palinure, est-ce toi ? Comment t'ai-je perdu ?
» Apollon, qui jamais en vain n'a répondu,
» Pour la première fois dément donc ses oracles !
» Tu devais, avec nous forçant tous les obstacles,
» Aux bords ausoniens conduire tes amis ;
» Et voilà comme il tient ce qu'il avait promis ! —
» Les dieux, dit le nocher, que votre plainte cesse,
» N'ont ni causé ma mort, ni trahi leur promesse.
» La main au gouvernail, l'œil tourné vers les cieux,
» Tandis que j'observais leur cours silencieux,
» Par un sort imprévu précipité dans l'onde,

---

[1] Le texte dit que les vents engloutirent ces deux chefs avec leurs vaisseaux et leurs compagnons.

[2] Ce vers, fait avec soin, ne rend pas encore assez heureusement celui de Virgile :

Exciderat puppi, mediis effusus in undis.

On lit dans Horace :

Me quoque, devexi rapidus comes Orionis,
Illyricis Notus obruit undis.

» J'entraînai le timon dans ma chute profonde.
» Mais, j'en atteste ici le terrible élément,
» J'ai moins tremblé pour moi, dans ce fatal moment,
» Que pour mes compagnons, pour vous, pour votre flotte;
» Surtout pour mon vaisseau privé de son pilote.
» Durant trois longues nuits, j'ai d'un bras courageux
» Lutté contre les vents et les flots orageux;
» Enfin mon œil, du haut d'une vague écumante,
» Vit de loin cette terre, objet de notre attente.
» Sous le poids dont les eaux chargeaient mon vêtement,
» Vers le bord désiré je nageais lentement :
» De la rive éloignée une vague m'approche;
» Je m'élance, et saisis la pointe d'une roche.
» J'aperçois des humains, j'implore leur secours :
» Et leur lâche avarice a terminé mes jours!
» Depuis, mon triste corps est le jouet de l'onde.
» Voilà mon sort. Mais vous, par le flambeau du monde,
» Par sa douce clarté, que je ne verrai plus,
» Par votre cher Ascagne et ses jeunes vertus,
» Par les mânes d'Anchise, abrégez ma misère!
» Un peu de terre, hélas! suffit à ma prière;
» Véline de mon corps vous rendra les débris :
» Ou, s'il se peut, au nom de la belle Cypris,
» D'accord avec les dieux, qui vous guident sans doute [1],

---

[1] Il fallait mieux rendre la force de la réflexion de Palinure qui se montre si frappé d'un prodige que les dieux seuls ont pu faire en faveur d'un héros :

..........Neque enim, credo, sine numine divum
Flumina tanta paras stygiamque innare paludem.

ÉNÉIDE, LIVRE VI.

» Sur ces fatales eaux favorisez ma route¹;
» Que je trouve un asile au-delà de ces flots,
» Et que mon ombre au moins obtienne le repos. —
» Quel téméraire espoir! lui répond la Sibylle :
» Où t'égare un désir, une attente inutile ?
» De quelle vaine ardeur ton cœur est consumé!
» Quoi! sans l'ordre des dieux, quoi! sans être inhumé,
» Tu crois franchir le Styx et son onde sévère?
» L'inflexible destin est sourd à ta prière;
» Cesse de t'en flatter. Écoute toutefois
» De ce même destin la consolante voix :
» Les peuples, redoutant les vengeances célestes,
» Par des tributs vengeurs consacreront tes restes;
» Et ton nom à jamais illustrera les lieux
» Qui doivent recevoir et ta cendre et leurs vœux. »
Ce discours le console, et sa gloire future
Calme un peu la douleur de sa triste aventure².

Quel accent du cœur dans les prières du malheureux Palinure! quel intérêt elles nous inspirent pour lui! quel éloge elles font du prince auquel

---

¹ Le texte dit avec beaucoup plus d'âme et de naïveté :

    Da dextram misero, et tecum me tolle per undas.

« Tends la main à un malheureux, et emporte-le avec toi sur ces ondes fatales. »

² Il eût été à désirer que la traduction, en finissant comme le texte, *gaudet cognomine terra*, laissât dans notre esprit, pour dernière impression, le souvenir des grandes espérances du pilote d'Énée.

son compagnon les adresse! Le premier vœu du pilote est bien modeste; il ne demande qu'un peu de terre jeté sur son corps; bientôt encouragé sans doute par les regards du fils d'Anchise, et par sa bonté si connue, il ose lui dire :

<small>Da dextram misero, et tecum me tolle per undas.</small>

Cette demande ne saurait être exaucée; mais quelles nobles consolations d'une douleur si grande sont offertes au malheureux Palinure qui les mérite! Peut-être le prince troyen ne paraît-il pas assez touché de la funeste aventure du Tiphys de sa flotte. Dans l'Odyssée, au seul aspect d'Elpénor, qui était son pilote, Ulysse est ému de compassion, ses yeux se mouillent de larmes. Cependant jamais Virgile n'eût admis cette singulière réflexion dans un pareil sujet : « Sans voile et sans aviron, » tu as devancé mon navire. » La mort d'Elpénor, causée par l'ivresse, offense le goût et repousse l'intérêt. Palinure a péri encore occupé des devoirs que lui imposaient l'amour de la patrie et la confiance d'Énée. L'oubli sublime de lui-même au dernier moment de sa vie, son ardente sollicitude pour les Troyens, lorsqu'il se sent précipité dans le gouffre qui va l'engloutir pour jamais, le relèvent à nos yeux en augmentant notre affection pour lui. Rien de pareil dans Homère. Si la prière d'Elpénor a quelque chose de plus tendre que celle de

Palinure, on ne trouve que dans celle-ci ce souvenir de la douce lumière du jour, si touchant dans la bouche d'un mort qui cherche à exciter la pitié d'un vivant. A la vérité, le mérite de l'invention appartient encore ici à l'auteur de l'Odyssée [1]; événement, circonstances, situation, il a tout donné à son imitateur; il lui a fourni jusqu'à d'heureux artifices de style [2]. En comparant les deux poëtes, on reconnaîtra dans Virgile une mesure parfaite, l'art de tout dire sans s'égarer en de longs détours, de nouvelles images, de plus vives couleurs et un profond sentiment des convenances.

Homère et Virgile nous rappellent ici la prière de Philoctète à Pyrrhus, et celle d'Archytas à un voyageur. Horace, qui a retracé de tant de manières la nécessité de la mort, a trouvé, dans l'ode consacrée au philosophe de Tarente, étendu sur le rivage et demandant la sépulture à un nocher errant sur les mers, une forme aussi neuve que dramatique pour représenter cette vérité par des images sensibles. « Toi qui mesurais la mer et la terre ; toi qui calculais le sable qui échappe à tous

---

[1] Chant XI.

[2] Il est curieux, par exemple, de voir comment Virgile imite Homère dans ce beau passage :

Vix lumine quarto
Prospexi Italiam, summa sublimis ab unda.

les calculs, te voilà donc arrêté sur le rivage de Matina, faute d'une main qui répande sur toi un peu de poussière, présent réclamé par ton ombre. Il ne te sert de rien d'avoir élevé ton vol jusqu'aux demeures célestes; d'avoir parcouru avec ton esprit, la sphère du monde ; hélas ! tu devais mourir.... » La réponse d'Archytas est d'une admirable beauté que relèvent encore ces dernières paroles : « Mais toi, nocher, sois assez humain pour accorder à mes os, à ce corps sans sépulture, une poignée de ce sable mobile. » Les vœux qui suivent cette prière, les menaces qui montrent au pilote le salaire d'un refus impie, complètent le tableau que le poëte, par un conseil du génie, termine ainsi : « Quelque pressé que tu » sois, le retard ne sera pas long, jette sur moi par » trois fois un peu de poussière, et tu peux partir. » Bossuet, dans ses fiers dédains de cette vie mortelle et fugitive, à laquelle nous nous attachons de toutes nos forces, comme si nous pouvions l'arrêter dans sa course ou la retenir, a-t-il plus d'éloquence ?

« Après avoir apaisé la douleur de Palinure, la » prêtresse et le héros poursuivent leur route et s'ap» prochent du fleuve. D'aussi loin que le nocher, de» bout au milieu du Styx, les voit traverser le bois » silencieux, et diriger leurs pas vers la rive, il atta» que le prince et le gourmande en ces mots : Qui

» que tu sois qui viens armé vers nos bords, parle,
» que veux-tu ? réponds et garde-toi d'avancer. C'est
» ici le séjour des ombres, du sommeil et de la
» nuit sa mère. Il m'est défendu de passer les vi-
» vants dans la barque infernale; et certes je n'eus
» pas à m'applaudir d'avoir reçu sur ce lac, Alcide,
» Thésée, Pirithoüs, quoiqu'ils fussent issus des
» dieux et invincibles par leur force et leur courage.
» Le premier osa donner de sa main des chaînes
» au gardien du Tartare, et l'arracher tout tremblant
» du trône même de Pluton [1]. Les deux autres tentè-
» rent d'enlever la reine des enfers de la couche
» du sombre monarque.

» La sibylle lui répond en peu de mots : Il n'est
» point ici de pareilles embûches ; cesse de t'émou-
» voir ; ces armes ne te menacent d'aucune violence.
» Que, du fond de son antre, l'affreux portier du

---

[1] Les deux vers du texte sont d'une grande beauté, mais on peut encore citer auprès d'eux ce passage d'Ovide :

> Tyrinthius heros
> Restantem, contraque diem radiosque micantes
> Obliquantem oculos, nexis adamante catenis
> Cerberon abstraxit.
> (*Métamorphoses*, liv. VII.)

Il est bon de rapprocher de Virgile et d'Ovide les exagérations que Sénèque met dans la bouche de Junon; les vers sont beaux pourtant. (*Hercule fur.*, acte 1er, scène Ire.)

» Tartare continue d'épouvanter de ses aboiements
» le pâle essaim des ombres ; que la chaste Proser-
» pine ne cesse point de garder le seuil du séjour
» conjugal. Celui que tu vois, Énée, prince troyen,
» fameux par sa piété comme par ses exploits, des-
» cend vers son père dans les profondeurs du téné-
» breux Érèbe. Si tu n'es point touché de ce grand
» exemple de tendresse filiale, reconnais du moins ce
» rameau. En même temps elle découvre le rameau
» d'or caché sous sa robe. A cet aspect, la rage qui
» gonflait le cœur du vieillard expire. Il se tait ; il
» admire la branche fatale, et le don sacré qu'il
» revoit après si long-temps ; et tournant sa poupe
» azurée, il la pousse vers la rive : les ombres assises
» le long des bancs ou sur le tillac, il les écarte, et
» reçoit à son bord le grand Énée. Le frêle esquif
» gémit sous le poids du héros, et laisse entrer par
» quelques ouvertures l'onde infernale. Enfin, par-
» venus sans obstacle au-delà du fleuve, le prince
» et la prêtresse descendent, et sont déposés sur un
» limon impur couvert d'algue et de noirs roseaux. »

Le Dante, imitateur de Virgile, fait ainsi parler Caron : « Et toi, homme vivant qui te présentes ici, sépare-toi de la compagnie des morts. » Mais voyant que je ne m'éloignais pas : « Ce n'est pas dans ce lieu, c'est par une autre voie et sur une barque plus légère que tu dois passer au rivage opposé. » « Caron, dit alors mon guide, cesse de t'irriter ; ainsi le veut celui qui peut tout ce qu'il veut ; ne demande rien de plus. » A ces paroles le nocher des ondes livides apaisa la colère répandue sur son visage ombragé d'une barbe épaisse, et dans ses yeux qui roulaient des flammes[1]. » Le même auteur dit au sujet de Caton, gardien assez étrange du purgatoire : « Je vis près de moi un vieillard solitaire dont l'aspect était digne de tout le respect qu'un fils doit à son père. Il portait une longue barbe à moitié blanche, et semblable aux cheveux qui tombaient par flocons sur sa poitrine. Les rayons des quatre étoiles sacrées réfléchissaient sur sa figure une lumière aussi vive que celle du soleil. Qui êtes-vous, vous qui marchant contre le fleuve des ténèbres, avez fui la prison éternelle, dit le vieillard en agitant sa barbe vénérable ; qui vous a guidés ? qui vous a servi de flambeau pour sortir de la nuit profonde dont se couvre sans cesse la vallée infernale ? les lois de l'abîme sont-elles rompues ? ou le ciel a-t-il changé ses antiques décrets, pour que des condamnés comme vous puissent approcher de ma retraite ? » Une autre réponse de Virgile au centaure Chiron, dans le quinzième chant de l'Enfer, atteste les ressources et la variété du Dante, lorsque son sujet le ramène aux idées qu'il a déjà exprimées. Ces co-

---

[1] *Enfer*, chant III.

pies originales sont d'autant plus belles qu'elles se soutiennent à côté du modèle, par l'énergie de la pensée et par la simplicité d'un style pittoresque comme celui de Virgile, mais par d'autres moyens. Il n'est pas moins curieux de comparer les graves et nobles paroles de la vierge Déiphobe, à la réponse de Virgile au héros d'Utique dans le Purgatoire : « Je ne suis point venu de moi-même. Une femme descendue du ciel m'a prié de secourir et d'accompagner celui-ci; mais puisque tu désires connaître notre véritable condition, ma volonté ne peut rien refuser à la tienne. Mon compagnon n'a jamais vu sa dernière soirée ; mais ses folies l'avaient rendue si prochaine, qu'il lui restait bien peu de temps à passer sur la terre. Comme je te l'ai dit, je fus envoyé pour le sauver... Je lui ai montré toute la race coupable, maintenant je veux lui montrer les esprits qui se purifient sous tes auspices. Elle est descendue des hauteurs du ciel la vertu qui m'aide à le conduire pour te voir et t'entendre. Daigne agréer sa venue ; il cherche la liberté, ce bien si précieux, comme le sait celui qui pour elle a refusé la vie. Tu te rappelles que pour la liberté tu ne trouvas point ce trépas amer à Utique, où tu as laissé ta dépouille mortelle, qui sera si grande au grand jour de l'éternel[1]. » En accordant à la

---

[1] *Purgatoire,* chant Ier.

critique ce qu'elle peut reprocher d'inconvenance au poëte florentin, on ne saurait refuser du génie à sa manière d'imiter. Fénélon représente Caron avec les couleurs du chantre d'Énée ; mais il suppose que le dieu, instruit de l'ordre de Jupiter, montrant au jeune Grec un front moins ridé, des yeux moins farouches qu'à l'ordinaire, lui indique le chemin sombre qui conduit au palais de Pluton. Ni le Dante, ni l'auteur de Télémaque n'ont reproduit la petite circonstance de la barque qui fléchit sous le poids d'Énée ; ce détail est naïf comme beaucoup de traits dans l'Odyssée, mais je ne sais pas si on le trouvera aussi convenable que ce passage d'Homère : « L'essieu de hêtre crie sous le poids ; en effet, il portait la terrible Minerve et le puissant Diomède [1]. » Sénèque, qui pousse tout à l'excès, mais qui a l'excuse de parler d'Hercule, dit : « Caron venait de ramener sa barque vide au rivage, et redemandait de nouvelles ombres ; Alcide réclame le passage ; la foule s'écarte ; le cruel Caron s'écrie : « Où vas-tu, mortel audacieux ? arrête tes pas rapides. » Le fils d'Alcmène, impatient de tout retard, fait violence au nocher des morts avec son propre aviron, et monte sur la poupe ; la barque, *capable de contenir tant de peuples,* flé-

---

[1] *Iliade.*

chit sous le poids d'un seul homme : Alcide s'assied, et l'esquif trop chargé boit tour-à-tour par l'un de ses flancs qui chancelle, les eaux du Léthé. ¹ » D'Homère à Virgile, et de Virgile à Sé-

---

¹ *Hercule furieux*, acte III, scène II.

Les vers de Sénèque sont purs, énergiques et rapides; Horace ne les aurait pas mieux écrits; il n'aurait pas mieux tracé une scène si vive; mais aurait-il fait cette opposition de peu de sens?

       Cymba populorum capax
  Succubuit uni.

Avant de quitter le Caron de Virgile, je dois prendre dans les chants de la Grèce moderne, publiés en prose par M. Fauriel, et imités par M. Lemercier, des comparaisons vraiment curieuses. Dans ces chants, Caron paraît trois fois sur la scène, et trois fois il est l'image sensible de cette mort inévitable et sans pitié qui ne considère rien, ni le rang, ni le sexe, ni l'âge, ni la félicité, ni le malheur, quand elle a résolu de prendre ses victimes. Voici la première des scènes où figure le vieux nocher des morts : « Sœur de neuf frères aussi braves l'un que l'autre, fière de sa beauté, une vierge promise à Constantin, osait braver Caron, mais le vieux nocher lui lance un trait mortel au milieu de ses rêves d'amour, d'hymen et de bonheur; Constantin qui venait chercher sa fiancée avec le cortège, et au mileu des chants de l'hymen, voit des apprêts funèbres, demande le nom de la victime, l'apprend, ordonne aux constructeurs du tombeau de sa maîtresse de creuser un lit de mort pour deux; et, se frappant avec un poignard, il expire. L'amant et la fiancée sont réunis dans leur dernier asile. »

nèque, la différence des formes que la même pensée peut recevoir, mérite sans doute quelque attention.

Le jeune Pâtre et Caron, tel est le titre de la seconde pièce. Un leste et beau pasteur descend rapidement une montagne; Caron l'attend au détour de la route et veut l'arrêter; le jeune homme encore plus éloquent que le vieillard de La Fontaine (fable de la Mort et du Mourant), allègue son âge, sa femme, ses enfants. Caron se montre inflexible : « Eh bien, dit le pâtre qui compte sur sa force, viens lutter avec moi : vainqueur, tu me prendras; vaincu, tu chercheras ailleurs ton cruel plaisir. »

> Le berger tout le jour soutint sans succomber
> Sa lutte avec Caron; le soir le vit tomber.

Ces allégories sont naïves et vraies, mais toute la grâce des imaginations de la Grèce est empreinte dans le petit drame que je vais citer, et qui a pour titre *le Passage de Caron*. « L'ombre attriste et noircit les cimes des montagnes; sont-elles agitées par les vents et les orages? non; ce ne sont ni les vents ni les nuages du ciel qui attristent la nature, c'est la présence de Caron. L'impitoyable vieillard passe dans la barque fatale les morts qu'il a surpris, les jeunes d'abord, et les vieux à leur suite; il entraîne aussi une multitude d'enfants qui étaient encore sur le seuil de la vie; en vain on le supplie. Il n'entend rien. Jeunes et vieux lui criaient : « Caron, suspends ta course, viens t'arrêter près de ce riant village, auprès de ces ruisseaux limpides; » mais voici sa cruelle réponse :

> Non : le vin charmerait les vieillards réjouis;

« En face des deux voyageurs, reprend Virgile,
» le gigantesque et terrible Cerbère, couché dans
» sa caverne, fait retentir les livides royaumes du
» bruit de ses trois gueules menaçantes; la sibylle,
» qui voit les têtes du monstre se hérisser de ser-
» pents, lui jette un gâteau soporifique, pétri avec
» du miel et le suc des pavots. Cerbère saisi d'une
» faim dévorante, ouvre ses trois gouffres béants,
» engloutit la proie offerte à sa rage; et soudain dé-
» veloppant une croupe immense, il tombe assou-
» pi dans l'antre, que son corps étendu occupe tout
» entier. Énée se hâte de franchir l'entrée des en-
» fers dont le gardien est endormi, et ses pas rapi-
» des l'éloignent du fleuve qui ne ramène jamais
» ses passagers mortels. »

Hésiode a fait de Cerbère un monstre hideux,
cruel et flatteur; exercé à un manége artificieux,
ce monstre caresse ceux qui entrent, mais il ne

Les amours et le disque amuseraient leurs fils ;
Et les enfants joûraient sur l'émail des prairies.
En puisant l'onde aux bords qui me ralentiraient,
Sur des berceaux fleuris leurs mères les verraient ;
Les frères, les époux, les femmes attendries,
Se reconnaissant tous, me viendraient implorer,
Si, dans vos frais hameaux, près des claires fontaines,
 Je les laissais se rencontrer :
Et les couples aimants tiennent par tant de chaînes,
 Qu'on ne peut plus les séparer.

leur permet plus de sortir, et les dévore impitoyablement lorsqu'ils veulent franchir les portes du sombre séjour. Ces idées sont heureuses; mais que Virgile se montre grand peintre! comme il rend noble et dramatique une circonstance aussi commune que l'action de jeter un appât à un chien furieux! comme il profite, avec mesure pourtant, de la faculté accordée aux poëtes de donner aux objets une grandeur colossale et indéterminée! quelle vérité, quelle illusion dans les détails du sommeil magique qui terrasse le monstre et l'étend tout entier dans son antre! quelle rapidité dans la description qui devient une scène presque dramatique, parce qu'elle nous représente, sous des formes vives et naturelles, un péril évité, un obstacle franchi par un personnage qui nous inspire beaucoup d'intérêt! Sénèque, en substituant un récit à une peinture en action, se condamnait lui-même à une infériorité inévitable; d'ailleurs son style manque tout-à-fait de mouvement et de couleur; il ne sait pas même exprimer les idées poétiques qu'il a pu trouver : « Cerbère dompté, brise son orgueil et ses menaces; fatigué de la lutte, il soumet toutes ses têtes abaissées, et abandonne tout son antre au héros[1]. » Stace, dans sa Thébaïde, est

---

[1] *Hercule furieux*, acte III, sc. II. Voici le texte :

Domitus infregit minas,

moins indigne d'une comparaison redoutable ; mais Appollonius efface Virgile lui-même, en nous montrant ainsi le dragon de Mars assoupi par Médée : « Bientôt le dragon, dompté par la force du charme, abaisse ses replis menaçants, et se roule en une infinité de cercles, semblable à un vaste flot qui se répand sans bruit sur le rivage. Cependant il lève encore la tête, et cherche de tous côtés sa proie en ouvrant une gueule effroyable. Médée, secouant un rameau de genièvre nouvellement coupé, lui répand sur les yeux une liqueur enchantée qui l'endort ; sa tête retombe sur la terre,

    Et cuncta lassus capita submisit canis,
    Antroque toto cessit.

Le premier trait a de la force ; le second fait une belle image, mais l'auteur manque de poésie, et de cette harmonie imitative dont Virgile est si riche. On peut comparer aussi les autres traits de Sénèque sur Cerbère, avec ceux de l'Énéide ; on remarquera surtout ce qu'il a osé substituer à ce vers si beau :

Cui vates horrere videns jam colla colubris.

Vers qui dit plus et beaucoup mieux que les autres images de l'imitateur.

    Sordidum tabo caput
    Lambunt colubræ, viperis horrent jubæ,
    Longusque torta sibilat cauda draco ;
    Par ira formæ.

et son corps tortueux couvre au loin la forêt [1]. »
Ni les images, ni le style de Valérius Flaccus ne méritent ici un regard. Le Dante retrace avec la plus sauvage énergie le monstre qui veille à la porte des enfers [2].

« Les cris du monstre aux trois gueules béantes,

---

[1] *Argonautiques*, vers 150.

[2] « Cerbère, monstre cruel et divers, aboie avec ses trois gueules menaçantes contre les races proscrites et plongées dans le cercle de la pluie éternelle maudite et glacée, qui tombe sur elles avec la grêle et la neige au sein d'un air ténébreux.

Les yeux du monstre sont noyés de sang, sa barbe noire et dégoûtante, son ventre large, ses pates armées de griffes; il déchire, il écorche, il partage en lambeaux les malheureux que la pluie fait hurler comme lui.... Dès qu'il nous aperçut, le reptile immense ouvrit sa gueule et montra au-dehors ses dents recourbées : il n'y avait pas un de ses membres qui ne fût agité. Mon guide se baissa, prit de la terre dans ses deux mains, et la jeta dans les trois gueules affamées. Et tel, le chien qui aboie pour demander sa proie, s'apaise aussitôt qu'il mord sa pâture, et ne pense plus, ne travaille plus qu'à la dévorer; tel le démon Cerbère abaissa ses trois gueules impures dont le triple tonnerre assourdit les ombres. ». (*Enfer*, chant VI.)

Sans doute, Virgile a plus de goût, plus de noblesse, mais aussi moins de relief, moins de cette originalité qui donne une forme nouvelle aux images fidèles de la nature.

» résonnaient encore de loin aux oreilles d'Énée ;
» tout-à-coup il entend des voix plaintives, de longs
» vagissements ; c'est un peuple d'enfants dont les
» âmes pleurent sur le seuil de ce séjour ; privés
» de connaître les douceurs de l'existence, et ravis
» au sein maternel, un jour de deuil les arracha du
» berceau pour les plonger dans la nuit de la tombe.
» Près d'eux, on voit les victimes condamnées à la
» mort pour un forfait supposé. Toutefois ces places
» ne sont point données sans la volonté du sort et
» sans l'arrêt d'un juge ; scrutateur sévère [1], Minos
» agite dans ses mains l'urne fatale, appelle à son
» tribunal les ombres silencieuses, recherche leur
» vie et leurs crimes [2]. En ce lieu habitent avec tris-
» tesse ces infortunés qui, quoique exempts de cri-
» mes, se sont donné la mort de leur propre main, et,
» détestant la lumière, ont rejeté loin d'eux leur âme
» innocente [3]. Ah ! qu'ils voudraient maintenant,
» rendus à la clarté céleste, supporter encore l'indi-

---

[1] *Quæsitor*, veut dire juge qui informe.

[2] Stace dit avec beaucoup d'énergie : « Minos demande la vérité sans réserve, force les coupables à remonter toute leur vie pour la dévoiler, et à reconnaître enfin la justice du salaire et du lucre de leurs crimes. » (*Théb.*, liv. IV.)

[3] Claudien reste au-dessous de Stace dans le même sujet :
« Arbitre de la justice, Minos du haut de son tribunal interroge le cœur des coupables, et sépare le crime de l'in-

» gence et les plus durs travaux ! Le destin s'y op-
» pose : un odieux marais les enchaîne de ses tristes

nocence. Voit-il des pervers refuser l'aveu de leurs fautes ? il les livre soudain aux fouets de son inflexible frère, Rhadamanthe qui siége auprès de lui ; après avoir examiné long-temps toutes les actions de cette courte carrière de la vie terrestre, il égale la peine au délit, et contraint les coupables à revêtir la forme et à subir le silence des animaux. »
(*Invectives contre Rufin*, liv. II.)

On reconnaît l'exagération accoutumée du même poëte dans les imprécations que Rhadamanthe vomit contre Rufin : « Enlève du milieu de la foule des mânes, cette ombre qui les déshonore ; c'est assez de l'avoir vue : épargne ce supplice à nos regards, et purge de son odieuse présence le palais de Pluton. Qu'on chasse la coupable avec les fouets vengeurs au-delà du Styx et de l'Érèbe. Précipite-la dans un gouffre vide, plus bas que les cachots ténébreux des Titans, au-dessous des profondeurs du Tartare, et de notre chaos, où se cachent les fondements de l'empire de la nuit éternelle, et que plongée enfin dans l'abîme, elle y reste haletante tant que le ciel fera tourner les astres, tant qu'on verra les vents insulter les rivages. »

Ce morceau plein de poésie est une déclamation extravagante parce qu'elle manque de toute proportion avec le sujet ; il pourrait devenir sublime, appliqué, sans aucun changement, au monstre d'Hésiode qui fit trembler la maison ébranlée du vieux Saturne, ou, avec d'autres formes de la pensée, au Satan de Milton, foudroyé par le Messie pour sa seconde révolte contre les cieux.

» ondes, et neuf fois replié autour d'eux, le Styx
» les entoure à jamais. »

Peut-être les plus jeunes victimes de la mort auraient-elles dû arrêter un peu plus long-temps les regards de Virgile. Pourquoi placer ces innocentes créatures sur le seuil des enfers? On est tenté de leur mettre dans la bouche cette plainte qui semble être le commencement d'un hymne que toutes les générations, ravies à la terre par une mort prématurée, adressent en mourant au Ciel qui les rappelle :

> Hélas! si jeune enco re
> Par quel crime ai-je pu mériter mon malheur?
> Ma vie à peine a commencé d'éclore :
> Je tomberai comme une fleur
> Qui n'a vu qu'une aurore.
> Hélas! si jeune encore
> Par quel crime ai-je pu mériter mon malheur[1]?

Il eût été digne d'un poëte aussi tendre que Virgile, d'ouvrir aux enfants les Champs-Élysées, où, revêtus de grâce et d'innocence, ils offriraient aux mères de tous les pays et de tous les siècles, la plus douce des illusions. Rien n'est plus propre à la favoriser, que le bel hymne de Santeuil, qui

---

[1] *Esther*, chœurs.

commence par ces mots : « Salut, fleurs du martyre, que, sur le seuil même de la vie, l'épée cruelle a moissonnées comme l'ouragan moissonne des roses naissantes. » Le même poëte nous représente ces tendres victimes jouant avec des palmes et des couronnes sur l'autel du sacrifice qui est leur premier degré vers le Ciel, ouvert pour les recevoir. On peut encore citer, comme une chose bien touchante, ces paroles du Christ, gravées dans un cimetière de campagne, sur le tombeau d'une fille morte à l'âge le plus tendre : « Laissez les petits enfants venir à moi. » Les mères ne manqueront pas de commenter, avec les espérances de leur cœur, une idée si ingénieuse. Le Dante se rapproche des images mélancoliques de Virgile : « Là, on n'entend pas des plaintes, mais des soupirs qui agitent l'air de la prison éternelle ; c'est là que résident une foule d'hommes, de femmes et d'enfants, qui éprouvent une tristesse de l'âme sans tourment..... Ces ombres, me dit mon guide, n'ont point péché ; mais la grâce qu'elles ont obtenue ne suffit pas pour le ciel, parce qu'elles n'ont pas reçu le baptême, qui est la porte de la foi que tu professes ; celles qui existaient avant le christianisme n'ont pas adoré Dieu comme on le doit ; moi-même je suis de ce nombre ; c'est le même malheur, et non le crime, qui nous a perdus ; et notre seule peine est de vivre sans espérance, et toujours avec le désir.[1]» Plus heureusement inspiré, Klopstock met les âmes innocentes qui ont quitté la vie avant que leur tendre corps eût achevé de prendre sa forme, sous la garde de quelques anges de la terre qui les aiment, les inspirent, et leur révèlent les beautés de l'univers par des chants mêlés aux accords de la harpe. Ces maîtres divins entretiennent encore leurs élèves du bonheur qui les attend au pied du trône de l'éternel [2]. Les Martyrs de M. de Châteaubriand consacrent le même genre de fiction ou de croyance. « Environnée du cœur des veuves, des femmes fortes et des vierges sans tache, Marie est assise sur un trône de candeur. Tous les soupirs de la terre montent vers ce trône par des routes secrètes...... Les esprits gardiens des hommes viennent sans cesse implorer, pour leurs amis, la reine des miséricordes. Les doux séraphins de la grâce et de la charité la servent à genoux ; autour d'elle se réunissent encore les personnages touchants de la crèche, Gabriel, Anne et Joseph, les bergers de Bethléem et les mages de l'Orient. On voit aussi s'empresser dans ce lieu les enfants morts en entrant

---

[1] *Enfer*, chant IV.
[2] Chant Ier.

à la vie, et qui, transformés en petits anges, semblent être devenus les compagnons du Messie au berceau. Ils balancent devant leur mère céleste des encensoirs d'or qui s'élèvent et retombent avec un bruit harmonieux, et d'où s'échappent en vapeur légère des parfums d'amour et d'innocence [1]. »

C'est sans doute comme exempts de crime, que les hommes injustement condamnés se trouvent dans l'Énéide, au même lieu que les enfants; ce rapport est bien faible ; ces hommes méritaient au contraire de la justice divine une place à part, et des récompenses proportionnées à l'iniquité de leur condamnation et aux angoisses de leur mort. Par un contraste heureux Virgile place auprès de l'enfance qui n'a pu soupçonner les peines de l'âme, les victimes, que l'excès de l'infortune ou les douleurs morales, et le dégoût de la vie ont conduites à se réfugier dans le sein de la mort. Leur délire ou leur faiblesse inspire la pitié; leur innocence les rend dignes de la société de l'enfance, mais leurs regrets ont bien plus d'amertume que ses pleurs. Le Dante qui projette sur tous ses tableaux les sombres couleurs du séjour infernal, éclate comme un orateur chrétien contre les âmes

---

[1] Chant III.

féroces qui se sont elles-mêmes séparées du corps par la violence[1]. Il transforme en l'imitant, il marque de son empreinte le passage de Virgile sur les suicides, que Voltaire a traduit en poëte :

> Là sont ces insensés qui, d'un bras téméraire,
> Ont cherché dans la mort un secours volontaire ;
> Qui n'ont pu supporter, faibles et furieux,
> Le fardeau de la vie, imposé par les dieux[2].
> Hélas ! ils voudraient tous se rendre à la lumière,
> Recommencer cent fois leur pénible carrière !
> Ils regrettent la vie, ils pleurent ; et le sort,
> Le sort, pour les punir, les retient dans la mort.
> L'abîme du Cocyte et l'Achéron terrible
> Met entre eux et la vie un obstacle invincible[3].

---

[1] *Enfer*, chant XIII.

[2] On admire justement ces deux vers ; le premier surtout l'emporte sur l'original, mais je regrette l'expression *projecere animas* qui est d'une grande beauté. L'âme de l'homme innocent se plaît avec lui, elle l'aime, il faut la chasser avec violence pour qu'elle quitte une si douce compagnie. En lisant le *projecere animas*, il me semble que je la vois sortir sous l'emblème d'un oiseau mystérieux qui déploie ses ailes, et que, comme la Philomèle de Virgile, l'infortunée voltige encore long-temps autour de sa demeure chérie, *diletto ospizio*. Annibal Caro, en comprenant la pensée de Virgile, a fait de la poésie morte parce qu'il a détruit l'image qui nous suggère ces idées.

[3] *Henriade*.

Le Minos de l'Odyssée est un roi qui, le sceptre à la main, rend la justice sans colère[1]; celui de Virgile, un magistrat qui informe sur la vie de chacun des accusés appelés devant son tribunal; voici le même personnage retracé par le Dante :
« Là siége, en grinçant des dents, l'horrible Minos. Il pèse les crimes de ceux qui entrent, les juge, et leur assigne le lieu de leur supplice. Ainsi quand une âme d'une nature perverse paraît devant lui, elle se confesse tout entière; et ce scrutateur des fautes voit d'un coup d'œil la région de l'enfer qui convient au coupable....... Une grande multitude d'âmes sont toujours en sa présence; elles viennent l'une après l'autre à son jugement; elles disent, elles entendent et sont précipitées[2]. »

Auprès des âmes malheureuses et non coupables que Minos lui-même doit plaindre quand il les interroge, Virgile a judicieusement choisi la place des victimes de l'amour, que nous allons voir passer sous nos yeux.

« Non loin de ces lieux paraît, dans toute son
» étendue, une plaine immense; on la nomme *le*
» *Champ des pleurs*. Là, ceux que le cruel amour a

---

[1] Chant XI, vers 567.
[2] *Enfer*, chant V.

» consumés de son poison mortel, vont cacher leur
» douleur dans des routes solitaires, à l'ombre d'une
» forêt de myrtes ; même au sein du trépas les soucis
» n'ont pas abandonné leurs victimes. Dans ce sé-
» jour, Énée aperçoit Phèdre, Procris, l'inconso-
» lable Ériphyle montrant les blessures que lui a
» faites un fils barbare ; avec elles sont encore
» Évadné, Pasiphaé ; Laodamie les accompagne
» avec Cénis, jeune homme autrefois, fille main-
» tenant, et rendue par le destin à sa forme pre-
» mière.

» Parmi ces tristes ombres, errait dans la vaste
» forêt la reine Didon, sanglante encore de sa bles-
» sure ; dès que le héros troyen fut près d'elle et
» l'eut reconnue à travers l'ombrage obscur, com-
» me on voit ou l'on croit voir à sa naissance la
» lune encore incertaine[1] se lever entre les nuages ;
» il laissa tomber des larmes, et lui parla ainsi avec
» le tendre accent de l'amour : « Infortunée Didon,
» elle était donc vraie, la funeste nouvelle qui m'an-
» nonça que vous ne viviez plus, et que votre dé-
» sespoir avait eu recours au glaive ! Hélas ! je fus
» la cause de votre mort ! mais j'en jure par les

---

[1] Ces images appartiennent aux Argonautiques que Virgile traduit avec autant d'élégance que de fidélité. (*Argonaut.*, vers 1478.)

» astres, par les maîtres du ciel et par ceux des
» enfers, si la foi d'un mortel peut les prendre à
» témoin, c'est malgré moi, ô reine, que je quit-
» tai vos rivages [1]. Les mêmes dieux dont la voix
» me force aujourd'hui de descendre dans le sé-
» jour des ombres, dans ces lieux humides et
» affreux, et dans cette nuit profonde, m'ont pous-
» sé par leurs ordres absolus; et je n'ai pu croire
» que mon départ vous causerait une si grande
» douleur. De grâce arrêtez-vous : ne vous dérobez
» pas à mes regards. Hélas! qui fuyez-vous? Ce
» moment où je vous parle est le dernier que nous
» accorde le destin. »

» Ainsi, au courroux de cette ombre ardente,
» à ses farouches regards, Énée répondait par des
» discours affectueux, et des regrets mêlés de
» pleurs; mais elle, détournant la tête, tenait ses
» yeux fixés vers la terre, et ne se laissait pas plus
» émouvoir par les paroles ou par les larmes, que

---

[1] Ces expressions ne sont-elles pas la censure la plus sévère des paroles qui, dans le quatrième livre, ont fait d'autant plus d'impression sur le cœur de Didon, qu'elles terminent la réponse d'Énée à ses larmes et à ses supplications ?

   Desine meque tuis incendere, teque querelis :
   Italiam non sponte sequor.

» le rocher le plus dur, ou qu'un marbre de Paros[1].
» Enfin elle prend son essor, et s'enfonce, d'un air
» farouche, dans l'épaisseur du bocage, où Sichée,
» son premier époux, partage les peines de ce cœur
» malade, et répond à tout son amour. Malgré
» cette rigueur, touché jusqu'aux larmes du triste
» sort de sa victime, Énée la suit long-temps des
» yeux, et la plaint encore en la voyant fuir devant
» lui. »

Monsieur de Fontanes a dit au sujet de ce passage : « On sent combien ce silence est sublime; il motive la haine future de Carthage et de Rome; Didon n'a pas même pardonné après sa mort, et son ombre attend Annibal. Cet épisode a de plus un autre avantage; il excuse la fuite et l'abandon d'Énée; il rend à son caractère une partie de l'intérêt qui ne s'était attaché qu'à Didon dans le quatrième livre. » La première de ces deux interprétations qui remet Énée sous le coup des imprécations prophétiques de Didon, est évidemment contraire aux dernières paroles de la reine de Carthage; en effet, ne l'avons-nous

---

[1] La même comparaison plus ambitieusement exprimée dans le quatrième livre, et appliquée au prince troyen par une hyperbole, a bien plus de justesse et de mesure dans cette circonstance.

pas vu mourir, le pardon dans le cœur et sur les lèvres? Ensuite la conviction de la trahison d'Énée était donc bien profonde puisque le ressentiment de l'injure subsiste encore après la mort. Mais, non, ce ressentiment était éteint; il n'en restait plus qu'un faible souvenir, et cette marque qui ne s'efface jamais tout entière; le discours d'Énée réveille le feu assoupi sous la cendre et rallume le courroux de la reine. Énée confirme ici une vérité d'observation. Il n'a rien senti, il ne peut rien exprimer avec éloquence. On essaie en vain de réparer avec des paroles composées les fautes d'un cœur qui s'est trahi lui-même en révélant d'abord ce qu'il renfermait. Dans cette tentative, le langage et l'accent ont quelque chose de contraint ou de faux qui manifeste l'intérieur de l'homme. Non, il n'était point amant celui qui a pu douter du trépas de Didon après tout ce qu'il avait vu du désespoir de cette infortunée. Non, il n'était point amant, non, il ne s'est point reproché amèrement le malheur de sa victime, celui qui dit froidement à la bienfaitrice de tout un peuple, à une grande reine qu'il a précipitée du trône de la vertu, à une femme qu'il a entraînée dans l'abîme : « Hélas! j'ai causé votre trépas! » Non, il n'était point touché d'amour ou saisi d'une pitié véritable, celui qui, pour s'absoudre aux yeux de Didon, laisse échapper une de ces maladresses du cœur qui sont des traits perçants pour la passion qu'elles éclairent! « Et je n'ai pas pu croire que » mon départ vous causât cette grande douleur. » A ce seul mot Didon éclaterait de nouveau, comme dans sa réponse aux premières protestations d'Énée, si elle conservait encore quelque intérêt pour lui. Ses regards, son silence, sa farouche immobilité, en nous rappelant les transports de sa colère, y ajoutent une froideur de mépris, un orgueil de dédain qui placent le fils d'Anchise dans la même situation que Pyrrhus devant Hermione. Le héros est encore plus rabaissé par cette scène que par celle où Didon lançait contre lui les foudres d'une âme passionnée. Enfin, grâce au défaut d'éloquence du discours d'Énée, nous jouissons avec une certaine malignité de la juste vengeance que Didon exerce aux Champs-Élysées, sur l'ingrat qui lui opposait naguère une inflexibilité que le poëte s'est en vain efforcé de couvrir des couleurs du devoir! car nous le sentons mieux que jamais, c'est sa froideur naturelle, et non la volonté des dieux, qui fermait le cœur d'Énée à la pitié. L'art demandait ici une illusion complète, Virgile n'a pu la produire; de là l'inconvénient grave de sacrifier encore le personnage d'Énée à celui de Didon; elle remporte une dernière fois encore tout l'honneur du parallèle, en accablant par son silence le héros qu'elle a terrassé sur la terre par ses paroles. Cette faute est grave parce qu'elle est un vice de composition, et qu'elle forme un contre-sens avec les intentions mêmes de Virgile reconnues par Fontanes. Le retour en Sicile, et les jeux célébrés en l'honneur d'Anchise étaient en quelque sorte le Léthé, où Virgile nous avait plongés pour nous faire oublier Carthage ; il ne fallait s'exposer au danger de rappeler la mémoire de la conduite du prince troyen et ses funestes conséquences, qu'avec la certitude de le justifier ou de l'agrandir à nos yeux.

Ces reproches que l'intérêt de la vérité suggère n'empêchent pas la fiction de Virgile de mériter les plus grands éloges. Le champ des pleurs où l'imagination rêveuse et tendre du poëte a placé les amants malheureux, est une allégorie charmante et vraie ; en effet, quelques vifs plaisirs, des craintes, des larmes, et puis des retours de bonheur que suivent de nouveaux ennuis, voilà tout l'amour. On a paru trouver quelque inconvenance dans la réunion des épouses et des amantes vertueuses, comme Laodamie, Procris, la sensible Évadné, avec Phèdre, Éryphile et Pasiphaé ; Heyne adopte cet avis. Virgile pourrait répondre que dans sa religion les excès et les fureurs de l'amour étant le crime de Vénus, la justice divine a pardonné aux coupables comme à des victimes de la fatalité. C'est ainsi que Racine nous fait supporter et plaindre la flamme de l'épouse de Thésée pour Hippolyte :

> O haine de Vénus ! ô fatale colère !
> Dans quels égarements l'amour jeta ma mère !
> . . . .
> Puisque Vénus le veut, de ce sang déplorable
> Je péris la dernière et la plus misérable.

Homère donnait à Virgile l'exemple de confondre dans les mêmes lieux toutes les femmes innocentes ou coupables qui ont subi les lois de l'amour. Mais il est à remarquer que presque toutes ses héroïnes n'ont cédé qu'à la violence ou à la ruse des dieux, et que la plupart, telles que la belle Tyro, Antiope, Alcmène, n'ont eu commerce avec l'Olympe que pour donner des grands hommes à la terre. Virgile nous cache ici un artifice que nous ne devons pas méconnaître. Didon ne méritait pas la mort ; sa fin cruelle et prématurée nous a paru d'autant plus injuste, que nous ignorions son destin au sortir de la vie. Où est allée cette grande âme ? disions-nous avec inquiétude ; les dieux ont-ils eu pitié d'elle ? Virgile avait deviné ces questions, et nous gardait une réponse. Il absout le ciel de tout reproche, il nous réjouit par le spectacle du nouveau bonheur de Didon. Veuve par un attentat qu'elle a vengé, infidèle sans crime de la volonté, entraînée dans une faute par l'ascendant de la divinité qui commande à

ÉNÉIDE, LIVRE VI.	119

Jupiter lui-même, purifiée par les feux de son bûcher, Didon était digne de retrouver Sichée; le prodige qui rallume leur flamme et nous les fait voir revenus au temps du premier amour, est presque un trait de génie. Enfin, par un dernier coup de son art, Virgile, peintre fidèle de la nature, conserve à la félicité des deux époux ces peines secrètes et partagées, ce mélange d'amertumes qu'une passion éprouvée par de grands malheurs laisse au fond de notre âme. On sent que Didon et Sichée se sont fait une solitude particulière dans les Champs-Élysées; la même empreinte de mélancolie est sur leurs visages; les mêmes blessures les font soupirer; on devine qu'il y a souvent des larmes entre eux, et que ces larmes, qui sont douces à répandre, augmentent encore leur amour. Voilà Virgile tout entier, Virgile sans modèle et sans rival.

Maintenant consultons l'Odyssée dont le poëte romain a emprunté sa fiction, et voyons comment il a disposé des trésors du génie. Ulysse raconte ainsi l'une des scènes de son évocation des morts au roi Alcinoüs:

« D'autres âmes s'arrêtaient près de moi, dit-il, et me racontaient leurs douleurs. Seule, l'ombre d'Ajax Télamonien se tenait à une longue distance; il était encore irrité de la victoire que je remportai sur lui dans un conseil tenu auprès de nos vaisseaux pour la possession des armes d'Achille ; il ne me pardonnait pas d'avoir obtenu, sur la proposition de Thétis elle-même, mère de ce héros, le prix que m'accordèrent les Troyens nos captifs et la déesse Minerve. Plût aux dieux que je n'eusse jamais dû remporter un pareil triomphe ! la terre n'enfermerait pas une tête si précieuse, cet Ajax, le plus illustre de nos guerriers par sa beauté comme par ses exploits, après le fils de Pelée ! J'approche, et je lui dis d'une voix affectueuse : « Ajax, noble sang de Télamon, quoi ! même après la mort n'oublieras-tu pas ton courroux et ces funestes armes ? Hélas ! les dieux en ont fait la source de bien des maux pour les Argiens ! nous avons vu tomber en toi leur rempart, et nous sommes tous aussi inconsolables de ta mort que de celle d'Achille ; mais le malheur de la Grèce n'est la faute d'aucun de ses enfants ; il vient de Jupiter qui a conçu une haine terrible contre notre belliqueuse armée ; c'est ce dieu qui nous a frappés par ta mort. Approche, ô roi ! et viens prêter l'oreille à mes paroles ; dompte les fiers ressentiments de ce cœur superbe. » A ce discours, il ne répond rien, et se retire vers les ombres de l'Érèbe. Cependant j'aurais forcé, dans l'Érèbe même, sa colère à m'entendre et à me parler, mais j'avais un ardent désir de voir d'autres âmes. »

ÉNÉIDE, LIVRE VI.

Le mérite de l'invention, la grandeur des sentiments, la convenance de la scène, l'exactitude des mœurs, la dignité héroïque et simple, l'art des préparations, l'éloquence, tout se réunit ici en faveur d'Homère. Ulysse sort d'un entretien avec Achille qui l'a traité honorablement ; il ne peut être rabaissé par l'orgueil d'Ajax, puisque la victoire qui indigne encore ce guerrier, ne fut ni une surprise ni une injustice ; les Troyens qui connaissent les maux qu'Ulysse leur a faits, et la déesse de la Sagesse elle-même ont couronné en lui le fléau d'Ilion et la providence des Grecs ; ainsi Ulysse est grand même devant le silence sublime qui peint Ajax tout entier ; enfin la haute raison du roi d'Ithaque, les ménagements que garde sa modestie, les regrets sincères qu'il exprime sur une victoire fatale aux Grecs, les nobles consolations qu'il offre au héros qu'il pleure avec toute l'armée, accroissent notre estime pour une vertu si parfaite. Comment Énée pourrait-il supporter une telle comparaison ?

Énée, qui vient de subir une épreuve difficile pour son caractère devant Didon, se trouve d'une manière plus digne de lui dans la société des héros : « Il arrive, avec son guide, à l'extrémité de
» la plaine, où sont rassemblés à l'écart les guer-
» riers illustres. Là, s'offrent à ses yeux Tydée,
» le valeureux Parthénopée, et l'ombre d'Adraste

» encore pâle de son effroi. Là, paraissent ces gé-
» néreux guerriers moissonnés dans les combats,
» et tant pleurés sous la lumière des cieux, les com-
» pagnons d'Hector. Le héros gémit en voyant ce
» long cortége de victimes parmi lesquelles il recon-
» naît Glaucus, Médon, Thersiloque, les trois fils
» d'Antenor, Polyphète, ministre consacré à Cé-
» rès, Idée, qui se plaît encore à manier un char et
» des armes. Ces ombres l'environnent en foule de
» tous côtés : c'est peu de le voir une fois ; elles se
» plaisent à l'arrêter, à marcher avec lui de concert,
» à demander la cause de sa venue. Mais les chefs
» des Grecs, et les phalanges d'Agamemnon, à la
» vue du héros et de ses armes étincelantes dans
» l'ombre, sont saisis et tremblants d'épouvante ; les
» uns s'enfuient comme on les vit jadis regagner
» leurs vaisseaux ; d'autres veulent crier, mais leur
» faible voix expire dans leur bouche béante. »

Virgile fait succéder heureusement les victimes de la gloire aux victimes de l'amour ; mais l'entrevue d'Énée avec les défenseurs de Troie est un peu froide ; leur empressement autour de lui n'a point assez d'intérêt ; en retouchant son poëme, Virgile aurait sans doute embelli ce passage. Quant à la fuite des guerriers et des phalanges de la Grèce au seul aspect d'Énée, cette supposition nous rappelle malheureusement les deux combats où le fils d'Anchise, pâle de terreur, n'a été arraché des mains de Diomède et d'Achille que par le secours de deux divinités ; l'illusion serait complète s'il s'agissait d'Hector.

La supériorité du génie et du bon sens se trouve encore ici du côté d'Homère. « Hercule assis à la table des dieux se délasse dans les festins de l'Olympe, où il possède l'élégante Hébé, fille du grand Jupiter et de Junon; mais l'image du fils d'Alcmène habite parmi les ombres. Autour de lui résonnent les cris des morts tremblants comme des nuées d'oiseaux poursuivis de tous côtés; lui, semblable à la nuit sombre, tenant son arc tendu et la flèche appuyée sur la corde, jetait de tous côtés des regards terribles, et paraissait prêt à frapper. Sur sa poitrine pendait un large baudrier d'or où la main du travail avait représenté, d'une manière admirable, des ours, des sangliers, des lions féroces, les combats, la mêlée, le carnage et l'homicide. » Voilà un poëte qui emprunte à la tradition historique ou fabuleuse, à une croyance répandue dans le monde, la puissante illusion d'un tableau fantastique et pourtant étincelant de vérité. On conviendra sans doute que le plus grand des héros, le vengeur du monde, et le demi-dieu qui a lassé par sa constance et vaincu par ses exploits la haine et le courroux de l'implacable Junon, est plus propre à inspirer la terreur qu'un guerrier du troisième ordre, et un prince d'un cœur pieux et tendre comme Énée.

Il faut remarquer ici un de ces rapprochements d'idées qui servent de transition au poëte, et qui révèlent quelquefois ses intentions. Virgile vient de nous faire voir les Grecs frappés de terreur, il va nous les montrer perfides et cruels.

« Bientôt Énée aperçoit Déiphobe, fils de Priam,
» le corps mutilé tout entier, le visage cruellement
» déchiré, les mains coupées, les tempes dépouil-
» lées de leurs oreilles, et les narines déshonorées
» par une hideuse blessure; le spectre honteux et
» tremblant cherchait à cacher son affreuse diffor-
» mité, Énée le reconnaît à peine; et d'une voix
» qui lui fut chère : « O Déiphobe, guerrier puissant
» par les armes, illustre rejeton du sang de Teucer,
» quel barbare s'est fait un plaisir de t'imposer ce
» cruel supplice? qui a pu commettre un tel at-
» tentat sur toi? Dans la dernière nuit d'Ilion, la
» renommée publia que, fatigué d'un carnage im-
» mense, tu étais tombé expirant sur un monceau
» d'ennemis entassés au hasard. A cette nouvelle,
» mes mains, sur le rivage de Rhétée, t'élevèrent
» un tombeau vide hélas! de ta cendre, et trois fois
» j'appelai tes mânes à grands cris; ton nom et tes
» armes protègent le monument et le lieu. Pour
» toi, hélas! je n'ai pu découvrir tes restes inani-
» més, te voir une dernière fois, et te déposer en
» partant, dans la terre natale. »

» Ami, répond le Priamide, tu n'as rien omis;

» ta piété est quitte de tous les devoirs religieux
» envers Déiphobe et ses mânes ; c'est mon destin,
» et le crime exécrable de cette Lacédémonienne
» qui m'ont plongé dans cet abîme de maux : voi-
» là les monuments qu'elle m'a laissés de sa fu-
» reur. Tu te rappelles (et nous n'avons que trop
» sujet de garder ce souvenir) comment nous pas-
» sâmes la dernière nuit d'Ilion au milieu d'une
» joie trompeuse, lorsque vint fondre sur Pergame
» le fatal colosse qui apportait dans ses flancs des
» guerriers armés. La perfide, feignant de célébrer
» une orgie, guidait un chœur de Phrygiennes ; elle-
» même, au milieu de ces bacchantes nouvelles,
» agitait dans ses mains une torche immense et
» enflammée, et appelait ainsi les Grecs du haut
» de la citadelle. Accablé de fatigues et de soucis,
» appesanti par le sommeil, étendu sur ma funeste
» couche, je me sentis pressé par un doux et pro-
» fond repos, semblable à une paisible mort. Alors
» ce modèle des épouses écarte toutes les armes de
» mon palais ; elle avait même enlevé à mon che-
» vet ma fidèle épée, lorsque servant de guide à
» Ménélas, elle lui ouvrit le seuil de mon apparte-
» ment. Sans doute la cruelle espérait que cette insi-
» gne trahison serait d'un grand prix aux yeux de
» celui qui l'aimait encore, et chasserait la mémoire
» importune de ses anciens outrages envers lui.
» Que te dirai-je de plus ? les Grecs fondent sur

» mon lit ; avec eux est entré le rejeton de Sisyphe,
» le conseiller de tous les crimes ! Dieux, rendez
» aux Grecs tout ce qu'ils m'ont fait souffrir [1], si
» ma vengeance est juste en demandant leur sup-
» plice ! Mais toi, fils de Vénus, parle, réponds-
» moi ; quel hasard t'amène vivant dans ces lieux ?
» Y viens-tu victime des caprices de la mer ? ou sur
» un avis du ciel ? Est-ce la persécution de la for-
» tune qui te réduit à oser aborder ce séjour de
» trouble, ces tristes demeures inconnues au so-
» leil, et ce chaos de ténèbres. »

» Pendant le cours de ces paroles, le dieu du
» jour assis sur son char étincelant avait déjà four-
» ni dans les cieux la moitié de sa carrière, et peut-
» être l'entretien des deux amis aurait vu s'écouler le
» temps accordé au héros pour son voyage ; mais la
» sibylle les interrompt par ce peu de mots : « Prin-
» ce, la nuit s'avance, cependant nous passons les
» heures à gémir. C'est ici que la route se partage
» en deux parties ; la droite conduit au palais de
» Pluton ; par elle, nous arrivons à l'Élysée ; la
» gauche voit les supplices des méchants, et les
» envoie au Tartare, dernier séjour de ces impies. »

---

[1] Dans la tragédie de Sophocle, traduite par La Harpe, Philoctète s'écrie, en parlant des Grecs :

Ils m'ont fait tous ces maux, que les dieux les leur rendent !

» Ici Déiphobe : « Ne te mets point en colère, gran-
» de prêtresse ; je me retire, je vais rejoindre la
» foule des ombres, et rentrer dans nos ténè-
» bres. Adieu, prince, notre gloire, poursuis ton
» entreprise, et sois plus heureux que ton ami. » En
» achevant ce peu de paroles, il se détourne et s'é-
» loigne. »

L'entretien de l'âme d'Agamemnon avec Ulysse a suggéré à Virgile l'idée de son épisode ; comme Déiphobe, le roi des rois a été aussi assassiné par une barbare épouse ; ce dernier inspire plus d'intérêt que le fils de Priam coupable d'une lâcheté, ou du moins de la plus insigne faiblesse, et qui semble avoir mérité son sort, en s'associant au crime de Pâris, en épousant cette femme perfide que Virgile appelle *Trojæ et patriæ communis Erynnis,* la furie de Troie et de sa propre patrie[1]. Déiphobe lui-même s'accuse en retraçant

---

[1] Telle est l'opinion de Quintus de Smyrne, comme on peut le voir par ce passage du treizième chant de la Guerre de Troie : « Ménélas tue de sa main Déiphobe assoupi par le sommeil et l'excès du vin, à côté d'Hélène qui s'enfuit éplorée et se cache au fond du palais. Le fils d'Atrée satisfait de voir couler le sang de son rival : « Tu expires sous mes coups, dit-il, et l'aurore n'éclairera pas ton réveil. Ame vile, en vain tu te glorifies de ton union avec la fille de Jupiter ; ta mort vient de rompre ces nœuds sacriléges. Que n'ai-je

les nouveaux crimes de son épouse, *scelus exitiale Lacœnæ*. Les infortunes du premier des Atrides ont un autre caractère. Ramené par la victoire au milieu de la Grèce triomphante, honoré des acclamations de tout un peuple, il est égorgé par une épouse adultère et par Égyste, son complice. Autour du roi des rois le sang de ses amis, frappés par le glaive, coule à longs flots, et c'est sur les traces de ce sang généreux, aux cris de Cassandre immolée la première, qu'il tombe, à l'exemple de Priam, comme le taureau du sacrifice, au pied de l'autel de ses dieux domestiques. Voilà l'horrible catastrophe qui l'arrache aux caresses de son petit Oreste qu'il n'a pu embrasser assez long-temps pour rassasier sa tendresse! Certes, l'Odyssée présente ici l'une des scènes les plus déchirantes de la tragédie. Les réflexions contre les femmes que laisse échapper l'auguste victime si cruellement autorisée à maudire le sexe qui a produit un monstre pareil à Clytemnestre, nous paraîtraient violer les bienséances de l'épopée, mais Homère pousse l'amour de

---

eu le plaisir de rougir ma lance du sang de Pâris! Mais l'infâme ravisseur a déjà subi la peine due à son crime; et toi, non moins coupable que lui, tu ne pouvais éviter le même sort. Non, ni la distance des lieux, ni l'obscurité de la nuit ne sauraient dérober les méchants aux poursuites de Thémis. »

la vérité jusqu'à l'excès; et il n'a cru que servir d'interprète à la nature en exprimant l'indignation d'Agamemnon, dont la prévoyante amitié donne des conseils à Ulysse même contre la vertueuse Pénélope : les passions extrêmes sentent et parlent comme Atride le fait dans cette circonstance.

Ces réflexions, en faveur d'Homère, n'empêchent pas que l'épisode, peut-être un peu long, de Déiphobe, ne concoure au but général de Virgile. En effet, quelle gloire cet épisode fait rejaillir sur le prince troyen! Au milieu de tous les périls, au milieu des flammes de Troie et des fureurs de la Grèce victorieuse, le dernier défenseur de Priam et d'Ilion, le fils sublime d'Anchise, à encore rempli tous les devoirs de la piété envers les mânes d'un prince de la famille des rois de l'Asie, et c'est Déiphobe même qui lui rend ce témoignage dans le séjour des morts! Homère, en fournissant à Virgile l'idée originale de visiter l'empire de Pluton pour y retrouver l'image de la terre, et une ombre de la félicité des cieux, ne lui a pas donné l'exemple de la savante gradation que nous venons de parcourir depuis l'arrivée des Troyens sur les côtes de l'Hespérie jusqu'à la présence d'Énée au Tartare.

Cette gradation est son titre à la supériorité; mais les scènes que l'Odyssée nous présente, et que le poëte latin a souvent imitées sans les égaler, ont plus de rapidité, souvent plus de grandeur. Ulysse, en y jouant un rôle plus digne d'un héros, montre aussi pour sa mère Amyclée, pour le vieux Laërte son père, pour son fils Télémaque, pour la chaste Pénélope, une tendresse pleine de charmes ; l'inquiétude où il est sur le sort d'une famille qu'il redemande aux dieux, depuis tant d'années, avec la douce patrie, rend sa situation plus dramatique, et lui inspire une éloquence du cœur plus naïve et plus touchante que les paroles d'Énée.

C'est le même genre de beautés qui donne tant de prix à l'imitation du sixième livre de Virgile, par Fénélon.

Énée ne fait qu'exécuter les ordres d'Anchise en descendant aux Champs Élysées ; à la vérité, sa prière à la sibylle respire la tendresse filiale ; mais ce sentiment éclate bien mieux que par des paroles isolées, dans la conduite de Télémaque, qui, après avoir en vain demandé Ulysse de contrée en contrée, ne peut résister, comme nous l'avons vu, au désir ardent qui le presse d'aller chercher un père adoré jusque dans ce séjour. Une description embellie par le contraste des images sombres et riantes à la manière d'Homère, nous conduit à la caverne de l'Achéron. Minerve et Jupiter secondent, à son insu, la résolution du jeune héros. Ici quelques traits empruntés à Virgile, et surtout l'heureuse idée de faire interpréter par Télémaque, comme des présages favorables, le tremblement de la terre, et les feux menaçants du ciel. Télémaque entre seul, et l'épée à la main, dans les ténèbres horribles qui défendent l'entrée de la caverne; c'est un avantage qu'il a sur Énée auquel il faut un guide pour le conduire et même pour le rassurer. Sur le bord du fleuve des enfers, le fils d'Ulysse, ou plutôt Fénélon, qui pense au duc de Bourgogne menacé du malheur d'être roi, s'arrête volontairement à écouter l'ombre d'un souverain de Babylone, déjà châtié dans son orgueil par ses flatteurs et ses esclaves d'autrefois, en attendant le jugement de Minos. Aucun obstacle ne retient le jeune Grec; Caron même, Caron lui indique sa route; Télémaque s'avance saisi d'une horreur divine, en observant le profond silence de ces lieux.

Voilà tout ce qui précède le moment où Télémaque aborde le noir séjour de l'impitoyable Pluton. Il n'y a pas là de quoi lutter avec la magnificence, avec l'art et l'habile progression des tableaux de Virgile. Voltaire n'en a rien imité; la rapidité de sa marche, et peut-être notre impatience française, l'ont privé de ces riches détails qui sont comme les détours du Méandre de l'épopée.

Le Dante se présente dans la lice avec Virgile : il n'est pas indigne d'y paraître. Un songe a transporté le poëte dans une forêt sauvage et ténébreuse, il y éprouve des angoisses pires que la mort. Trois monstres, une panthère, une louve cruelle et un lion dévorant, le menacent et le contraignent de rentrer dans la sombre solitude. Dans cette extrémité, un homme, dont un long silence paraît avoir affaibli la voix, le chantre de Mantoue, se présente à son ardent admirateur. Il se fait reconnaître : à son aspect le Dante, saisi de honte et de vénération, témoigne, par des vers aussi beaux que ceux d'Horace sur Homère, son enthousiasme pour le grand poëte auquel il demande secours et protection[1]. Virgile accueille la vive prière de son émule auquel il tend une main favorable, et lui propose de visiter le séjour des douleurs éternelles, et celui du désir et de l'espérance ; un autre guide conduira le Dante au royaume céleste[2].

---

[1] En louant son maître et son modèle, le Dante rapporte encore sa propre gloire à Virgile.

[2] Rien de plus précis, de plus pittoresque à la fois que les vers du poëte florentin sur l'enfer, le purgatoire et le paradis. « Je serai ton guide ; je te ferai sortir d'ici pour te conduire au royaume éternel où tu entendras les hurlements du désespoir, où tu verras les douleurs de ces anciens coupables dont chacun demande une seconde mort à grands cris ; je te montrerai encore les âmes satisfaites au milieu des flammes, parce qu'elles espèrent voir arriver le jour de leur réunion avec les races bienheureuses. Si ton ardeur veut s'élancer

En pardonnant l'invraisemblance d'avoir mis dans la bouche de Virgile les choses de la religion chrétienne, on est forcé de convenir de la vérité, de la vivacité des peintures, et des beautés de la scène entre les deux poëtes, qui parlent avec tant d'éloquence. Sur le déclin du jour, le Dante, ému au fond des entrailles, marche à la suite de son guide; mais bientôt, comme un homme qui, ne voulant plus ce qu'il voulait, change de dessein par des pensées nouvelles, et se rejette tout entier hors de la route commencée, il s'arrête au milieu de la montagne obscure. Effrayé d'une entreprise si hardie, il a résolu de ne pas aller plus avant. Virgile voit la faiblesse du Dante et lui rend le courage par la plus touchante des révélations : « J'étais, dit-il, parmi les ombres encore suspendues entre la crainte et l'espérance, lorsque je m'entendis appeler par une femme si accorte et si belle que je la priai de commander. Ses yeux brillaient d'une clarté plus vive que celle des étoiles ; bientôt elle vint me parler ainsi d'un ton suave et doux comme une voix angélique :

---

jusqu'à leur séjour, il viendra une âme plus digne que moi de t'y conduire : je te laisserai avec elle avant mon départ. Le souverain qui règne sur la partie céleste, ne veut pas que je serve de guide dans son empire, parce que l'ignorance m'a fait rebelle à sa loi. » (*Enfer*, chant Ier.)

« Ame tendre du poëte de Mantoue, dont la renommée dure encore dans le monde, et durera aussi long-temps que le mouvement céleste; mon ami, et non celui de la fortune, se sent arrêté sur cette plage déserte par des obstacles qui l'ont forcé à retourner sur ses pas. Je crains qu'il ne soit déjà perdu; je tremble d'être venue trop tard à son secours, d'après ce que j'ai entendu sur lui dans le ciel. Va, vole à sa délivrance avec tes magiques paroles, avec ton art suprême; sauve mon ami, tu m'auras consolée. Je suis Béatrix; c'est Béatrix qui t'envoie. Je viens d'un lieu où j'ai désir de retourner; l'amour m'a fait venir, l'amour me fait parler. Quand je serai revenue aux pieds de mon maître, je me louerai souvent de toi devant lui. » Virgile répond à ce discours par un vif empressement d'obéir aux ordres de la vertu, et aussi par des questions qui amènent ces tendres aveux de l'amante céleste. « Lucie, l'ennemie de tout être cruel, est venue me trouver auprès de l'antique Rachel : « Béatrix, ô louange du vrai Dieu! m'a-t-elle dit, n'iras-tu pas secourir celui qui t'a si ardemment aimée, qui est sorti pour toi des sentiers du vulgaire? n'entends-tu pas les cris de miséricorde que lui arrache la douleur? ne vois-tu pas la mort contre laquelle il se débat sur ce fleuve inconnu à l'océan? » Jamais un mortel ne fut aussi prompt à saisir son avantage, et à fuir son malheur, que moi à voler vers toi après avoir entendu ces mots. J'ai quitté mon siége glorieux, pleine de confiance dans la noble éloquence qui t'honore, toi et ceux qui savent l'entendre. » A ces mots, elle a tourné vers moi des yeux brillants de larmes ; voilà comment elle a redoublé mon zèle ; voilà comment je suis accouru à ton secours, ainsi qu'elle le voulait ; voilà comment je t'ai délivré du monstre qui te fermait le plus court chemin pour franchir cette montagne. Mais que fais-tu ? pourquoi, pourquoi demeurer ainsi ? pourquoi sembles-tu caresser encore une indigne faiblesse ? pourquoi n'as-tu pas la hardiesse et la franchise du courage, puisque trois femmes saintes ont souci de toi dans la cour céleste, et que ma voix te promet des avantages si précieux ? » Tel que des fleurs abattues et fermées par le froid de la nuit, aux premiers rayons du soleil qui les colore se relèvent tout ouvertes sur leur tige ; ainsi je sentis renaître mes forces affaiblies. Une ardeur si généreuse s'éveilla dans mon cœur que je m'écriai avec confiance : « Quelle pitié pour moi dans celle qui m'a envoyé ton secours ! Que tu fus bienfaisant d'accourir aux premières paroles prononcées par elle ! Ta voix m'a rendu la force et la résolution de revenir à ma haute entreprise. Marche, ta seule volonté gouverne à présent deux âmes ; tu es mon guide, mon seigneur et mon maître. »

Cette création est d'un prix inestimable en elle-même ; elle nous découvre des rapports du ciel avec la terre, et une tendresse divine que l'antiquité ne connaissait point. Quelle belle idée ! la pitié avertit l'amour ; l'amour, sous la forme d'une femme imposante et belle, vient implorer le génie pour le malheur. Cette femme, quelle est-elle ? Béatrix, l'objet des adorations du Dante sur la terre. On a reconnu ici une naïveté qui n'est point celle de l'Odyssée ; le sensible Virgile n'a pas un seul des accents du Dante ; Didon elle-même n'aurait pas su parler comme Béatrix. Béatrix est plus simple, et cependant chacune de ses paroles est une image ; voilà pourquoi elle fait entendre beaucoup de choses en peu de mots. Mais le Dante mérite un éloge au-dessus de tous ces éloges pour la pensée qui préside à cette scène. Nous sommes sur le seuil des enfers ; le rival d'Hercule, d'Ulysse, de Télémaque et d'Énée va pénétrer dans le séjour des morts sous les auspices de l'amour et du génie ! L'idée est vraiment sublime ; l'opposition qui la suit ne l'est pas moins. Aussi belle et plus touchante que Vénus qui se révèle en fuyant aux regards d'Énée, Béatrix a laissé derrière elle des parfums d'amour, de grâce et d'innocence ; et lorsque nous avançons avec le Dante encore tout rempli de la douce présence de cet ange de la terre remonté vers les cieux, le poëte nous fait lire

cette inscription écrite en caractères sombres sur
la porte des enfers :

> Per me si va nella città dolente ;
> Per me si va nell' eterno dolore ;
> Per me si va tra la perduta gente......
> Dinanzi a me non fur cose create ;
> Se non eterne ; ed io eterno duro :
> Lasciate ogni speranza, voi che'ntrate.

« C'est par moi que l'on marche à la cité des
larmes ; c'est par moi que l'on va dans l'abîme des
douleurs éternelles ; c'est par moi que l'on descend
vers les races condamnées...... Rien ne fut créé
avant moi que les choses éternelles, et moi je dure
aussi éternellement. Vous qui entrez ici, laissez sur
le seuil toute espérance. »

Il faut l'avouer, ici Virgile est vaincu ; ses monstres, le vieux Caron, et le terrible Cerbère, disparaissent comme de vains fantômes devant une inspiration du génie, semblable à l'une des paroles de l'éternel rapportées par Moïse, et dont la plus magnifique éloquence ne saurait atteindre la simplicité sublime. Mais il reste toujours à l'auteur de l'Énéide, le mérite d'avoir composé la vaste galerie de tableaux intéressants et variés par laquelle il nous conduit au Tartare.

> Énée alors regarde, et de ce sombre empire
> A gauche il aperçoit le séjour enflammé

Que d'un triple rempart les dieux ont enfermé.
Autour, le Phlégéton, aux ondes turbulentes,
Roule d'affreux rochers dans ses vagues brûlantes.
La porte inébranlable est digne de ces murs [1] :
Vulcain la composa des métaux les plus durs.
Le diamant massif en colonnes s'élance ;
Une tour jusqu'aux cieux lève son front immense :
Les mortels conjurés, les dieux et Jupiter
Attaqueraient en vain ses murailles de fer.
Devant le seuil fatal, terrible, menaçante,
Et retroussant les plis de sa robe sanglante,
Tisiphone bannit le sommeil de ses yeux :
Jour et nuit elle veille aux vengeances des dieux.
De là partent des cris, des accents lamentables.
Le bruit affreux des fers traînés par les coupables,
Le sifflement des fouets dont l'air au loin gémit [2].

---

[1] Ce vers ne rend pas bien l'effet du demi-vers de Virgile, dont la suspension fait image :

<blockquote>Porta adversa, ingens.</blockquote>

Virgile a emprunté ce début à Homère, mais en l'embellissant par des coupes savantes et pittoresques, surtout par la réunion des traits qui en font un tableau achevé. Hésiode environne le Tartare d'un mur de fer et de ténèbres trois fois plus épaisses que celles de la nuit. Mais que sont ces images auprès de la porte des enfers dans le Dante ?

[2] Où est l'harmonie imitative de Virgile ?

<blockquote>Tum sæva sonare
Verbera : tum stridor ferri, tractæque catenæ.</blockquote>

Le Dante l'emporte sur Virgile dans ce beau passage :

ÉNÉIDE, LIVRE VI.

Le fils des dieux s'arrête, il écoute, il frémit :
« O prêtresse, dit-il, quelles sont ces victimes?
» Qui prononça leur peine? et quels furent leurs crimes?
» Parlez, instruisez-moi.—Prince religieux,
» Répond-elle, gardez d'approcher de ces lieux :
» La vertu doit de loin voir le séjour des vices.
» Mais je puis des méchants vous tracer les supplices :
» Hécate à sa prêtresse a tout dit, tout montré.
» Rhadamanthe en ces lieux juge, absout à son gré :
» Terrible, il interroge, il entend les coupables,
» Les contraint d'avouer les forfaits exécrables
» Qu'ils ont cachés dans l'ombre, et qu'au sein de la mort
» Ne peut plus expier un stérile remord [1].

« Là, des soupirs, des pleurs, de profonds gémissements, résonnaient sous un ciel sans étoiles; en les entendant je commençai par pleurer. Dans le même lieu, des langages divers, d'horribles imprécations, des paroles de douleur, des accents de rage, des voix aiguës et rauques, et le choc tumultueux des mains, mêlé à cette discordante harmonie, produisaient un tumulte qui faisait tournoyer cette atmosphère, sans cesse chargée de ténèbres, comme le sable au souffle de l'ouragan. » (*Enfer*, chant III.)

[1] Le texte dit avec bien plus de force et de vérité d'observation :

« Le Crétois Rhadamanthe, arbitre suprême dans le séjour des supplices, entend et gourmande les mensonges du crime; il force les coupables, désabusés de la vaine joie de leur impunité, à révéler enfin les forfaits dont ils ont différé la tardive expiation jusqu'au moment où la mort les a surpris. »

» Tisiphone aussitôt, vengeresse des crimes,
» Prend ses fouets, ses serpents, et poursuit ses victimes;
» Tonne, frappe, redouble, et, lassant ses fureurs,
» Appelle à son secours ses effroyables sœurs [1]. »

Virgile en se servant des belles expressions : *Furto lætatus inani*, nous en rappelle d'autres qui ne sont pas moins belles : *Mala mentis gaudia*.

[1] La punition du crime est encore plus rapide dans le Dante, mais elle est moins dramatique. Le dernier trait de Virgile remet devant nos yeux les Euménides d'Eschyle, appelant Oreste en songe, et s'éveillant à la voix de Clytemnestre, qui les excite à la poursuite du parricide, dont elles ont un moment abandonné les traces. C'est une scène anticipée de l'enfer, que celle où l'une des Euménides dit au meurtrier : «A la place du sang de ta mère, il faut que je suce le tien à longs traits, et que de ta substance je tire un amer breuvage. Lentement consumé tu descendras chez les morts : là, tu subiras le châtiment des parricides. »

La tragédie d'Eschyle, qui met en action cette grande vérité sociale, qu'aucun crime n'échappe aux regards et à la poursuite de la justice humaine, inévitable comme la justice divine, a fourni une allégorie sublime à M. Prudhon, peintre qui avait le génie de son art.

Claudien a tracé ce portrait de Mégère :

« De son siège de fer l'infernale Mégère se lève ; Mégère, d'où viennent les coupables transports, les écarts honteux de l'esprit, et la colère qui s'exhale en torrents d'écume et de rage. La furie, au mépris de la nature et des lois, n'aime à boire que le sang d'un fils versé par la main paternelle, ou le sang répandu à loisir par deux frères impies. C'est

Elle parlait : soudain, avec un bruit terrible,
Sur ses gonds mugissants tourne la porte horrible;
Elle s'ouvre : « Tu vois dans ce séjour de deuil
» Quel monstre épouvantable en assiége le seuil.
» Plus loin, s'enflant, dressant ses têtes menaçantes,
» L'hydre ouvre en mugissant ses cent gueules béantes.
» L'œil n'ose envisager ces antres écumants.
» Enfin, l'affreux Tartare et ses noirs fondements
» Plongent plus bas encor que de leur nuit profonde
» Il ne s'étend d'espace à la voûte du monde [1].

---

ce monstre qui fit pâlir le visage d'Hercule, et souilla les armes du défenseur de la terre. » (*Invectives contre Rufin*, liv. Ier.)

Voici maintenant les furies du Dante :

« Tous mes regards s'attachaient à la tour couronnée de flammes, où je vis paraître debout trois furies infernales teintes de sang : leurs traits et leurs mouvements étaient d'une femme; des hydres verdâtres ceignaient leurs flancs; elles avaient pour cheveux des serpents qui tombaient sur leur front farouche. Mon guide qui reconnut les suivantes de la reine des pleurs éternels, me dit : « Regarde, voilà les féroces Érinnyes; à gauche, est Mégère; celle qui verse des larmes à droite, est Alecton; Tisiphone est au milieu. » Il se tut à ces mots. Elles se déchiraient avec leurs ongles sanglants, elles frappaient leur sein et poussaient des cris si perçants que, dans ma frayeur, je me serrai contre le poëte. » (*Enfer*, chant IX.)

[1] On peut voir ici comment Virgile ajoute par l'expression à Homère. Celui-ci dit seulement : « Abîmes profonds, aussi

» Là, de leur chute horrible encore épouvantés,
» Roulent ces fiers géants par la Terre enfantés.
» Là des fils d'Aloüs gisent les corps énormes;
» Eux qui, fendant les airs de leurs têtes difformes,
» Osèrent attenter aux demeures des dieux,
» Et du trône éternel chasser le roi des cieux.
» Là j'ai vu de ces dieux le rival sacrilége
» Qui, du foudre usurpant le divin privilége,
» Pour arracher au peuple un criminel encens,
» De quatre fiers coursiers, aux pieds retentissants,
» Attelant un vain char dans l'Élide tremblante,
» Une torche à la main y semait l'épouvante :
» Insensé qui, du ciel prétendu souverain,
» Par le bruit de son char et de son pont d'airain,
» Du tonnerre imitait le bruit inimitable!
» Mais Jupiter lança le foudre véritable,
» Et renversa, couverts d'un tourbillon de feu,
» Le char, et les coursiers, et la foudre, et le dieu :

éloignés de l'empire des morts que le ciel est au-dessus de la terre. »

Le poëte latin s'exprime ainsi :

> Tum Tartarus ipse
> Bis patet in præceps tantum, tenditque sub umbras
> Quantus ad æthereum cœli suspectus Olympum.

Hésiode n'égale pas non plus l'élégance de Virgile; les deux vers de Lucrèce sont très-pittoresques :

> Despectum præbet sub terras impete tanto
> A terris quantum cœli patet altus hiatus.

» Son triomphe fut court, sa peine est éternelle.
» Là, plus coupable encore, est ce géant rebelle,
» Ce fameux Tityus, autre rival des dieux,
» De la Terre étonnée enfant prodigieux :
» Par un coup de tonnerre aux enfers descendue,
» Sur neuf vastes arpents sa masse est étendue.
» De sa faim éternelle éternel aliment,
» Sur son cœur un vautour s'acharne incessamment :
» L'oiseau ronge à jamais sa poitrine profonde,
» Et contre lui toujours en vain sa rage gronde ;
» Il périt pour renaître, il renaît pour souffrir ;
» Joint le tourment de vivre à l'horreur de mourir ;
» Et son cœur immortel et fécond en tortures,
» Pour les rouvrir encor, referme ses blessures[1].

---

[1] Le texte porte :

> Rostroque immanis vultur obunco
> Immortale jecur tundens, fœcundaque pœnis
> Viscera, rimaturque epulis, habitatque sub alto
> Pectore, nec fibris requies datur ulla renatis.

La traduction de Delille, quoique remarquable par de beaux traits, me semble avoir rendu Virgile presque méconnaissable. Le premier vers français n'entre pas dans la période; le troisième est inutile et sans harmonie; les pronoms appliqués d'une manière confuse, forment une amphibologie perpétuelle ; le vautour n'est pas caractérisé comme dans le texte ; enfin, des antithèses à la manière de Pope, dans l'Essai sur l'homme, détruisent toute la force et toute la beauté des différentes images de l'original.

Homère n'a fourni que le fond de l'idée à Virgile dont on

« Rappellerai-je ici le superbe Ixion,
» Le fier Pirithoüs, et leur punition ?
» Sur eux pend à jamais, pour punir leur audace,
» D'un roc prêt à tomber l'éternelle menace [1].

---

peut aussi comparer les créations à la simplicité d'Hésiode (*Odyss.*, lib. 8, vers 575; *Théogonie*, vers 521.) Eschyle dit : « Mais bientôt viendra un chien ailé de Jupiter, un aigle altéré de sang, qui arrachera de ton corps de vastes lambeaux, et convive ininvité, se glissera au festin pour se repaître tout le jour de ton foie noir et brûlé. » (*Prométh.*, vers 1120.)

Lucrèce, en traitant comme un mensonge de la poésie le supplice de Tityus aux enfers, compare à ce supplice les tourments de l'homme incessamment déchiré par les soucis de l'amour qui ne lui laissent pas plus de relâche que le vautour de la fable n'en laissait à Prométhée. (Liv. III.)

[1] On reconnaît à ce vers, plus pressant peut-être que le texte, le talent de Delille. Tous les savants artifices que nous admirons dans Virgile, se trouvent dans la description du supplice de Sisyphe par Homère (*Odyssée*, vers 592). Lucrèce applique en très-beaux vers l'allégorie de cette fable aux ambitieux : « Sisyphe, dit-il, est vivant sous nos yeux; en effet, demander au peuple, avec l'avidité de la soif de Tantale, les faisceaux et les redoutables haches consulaires, solliciter un vain pouvoir que l'on n'obtient jamais, et supporter dans cette recherche ardente les plus durs travaux; n'est-ce pas pousser, avec un effort, au haut d'une montagne opposée, un rocher qui, parvenu au sommet, tombe de nouveau, et va rejoindre avec rapidité la rase campagne ? »

ÉNÉIDE, LIVRE VI.

» Tantôt, pour irriter leur goût voluptueux,
» S'offrent des mets exquis et des lits somptueux[1]:
» Vain espoir! des trois sœurs la plus impitoyable
» Est là, levant sa torche et sa voix effroyable,
» Leur défend de toucher à ces perfides mets
» Qui les tentent toujours, sans les nourrir jamais.
» Là sont ceux dont le cœur a pu haïr un frère;
» Ceux dont la main impie osa frapper un père;
» Ceux qui de leurs clients ont abusé la foi;
» Celui qui, possédant, accumulant pour soi,
» Aux besoins d'un parent ferma son cœur barbare,
» Et seul couva des yeux son opulence avare[2].
» Ce nombre est infini. Vous nommerai-je ceux
» Qu'un amour adultère a brûlés de ses feux,
» Et ceux qui, se rangeant sous les drapeaux d'un traître,
» Désertent lâchement la cause de leur maître[3]?
» Chacun d'eux dans les fers attend son châtiment;
» Et cette attente horrible est son premier tourment.
» Ne me demandez pas les peines innombrables
» Que partage le ciel à tous ces misérables:
» A rouler un rocher l'un consume ses jours;

---

[1] Le texte représente l'appareil d'une fête, des lits somptueux dont les appuis sont d'or, et des festins préparés avec une magnificence royale.

[2] Delille ajoute avec bonheur des traits à l'original, surtout dans le dernier vers de la traduction qui est d'une grande beauté.

[3] On redemande ici l'image : *Nec veriti dominorum fallere dextras.*

» L'autre toujours montant, et retombant toujours,
» Voyage avec sa roue. Un destin tout contraire
» De Thésée a puni l'audace téméraire :
» De ses longues erreurs revenu désormais,
» Sur sa pierre immobile il s'assied pour jamais ;
» C'est là son dernier trône : exemple épouvantable !
» Là sans cesse il redit d'une voix lamentable :
» Par le destin cruel que j'éprouve en ces lieux,
» Apprenez, ô mortels ! a respecter les dieux [1].

---

[1] Ce n'est point Thésée, mais Phlégyas qui parle ainsi. On lit dans l'Énéide travestie par Scarron :

> La leçon est bonne et belle,
> Mais en enfer à quoi sert-elle ?

J'ai cherché vainement une réponse à cette objection plaisante et pleine de sens.

Les Perses d'Eschyle contiennent de belles paroles de l'ombre de Darius qui vient prédire les malheurs de l'Asie, dus à l'orgueil et à la témérité de son fils :

« Vos maux ne sont pas à leur comble; ils vont s'accroître. Je vois, dans les champs de Platée, se former, sous le fer du Dorien, un amas sanglant de cadavres. Des montagnes d'ossements, sans parler, diront aux hommes jusqu'à la troisième génération : « Mortels, il ne faut pas s'enorgueillir à l'excès. L'insolence, en germant, porte l'épi du malheur; la moisson qu'on recueille est toute de larmes. » Témoins de cette justice, souvenez-vous d'Athènes et de la Grèce. » On ne peut s'empêcher de reconnaître ici la supériorité d'Eschyle ; en effet le discours de Darius est en quelque sorte un

ÉNÉIDE, LIVRE VI.

» Ils ont leur place ici ces lâches mercenaires
» Qui vendent leur patrie à des lois étrangères[1].
» La peine suit de près ce père incestueux
» Qui jeta sur sa fille un œil voluptueux,
» Et, jusque dans son lit portant sa flamme impure,
» D'un horrible hyménée outragea la nature.
» Ils sont jugés ici tous ces juges sans foi
» Qui de l'intérêt seul reconnaissaient la loi ;
» Qui, mettant la justice à d'infâmes enchères,
» Dictaient et rétractaient leurs arrêts mercenaires,

---

avis du ciel à la terre; cet avis utile à tous les hommes a pour but de corriger un roi, et d'éclairer un peuple ; la leçon doit produire d'autant plus d'effet qu'un grand malheur la rend plus éloquente, et qu'elle sort du milieu d'une situation dramatique.

Pindare avait dit : «C'est par l'ordre des dieux qu'Ixion enchaîné sur la roue qui l'entraîne sans cesse, crie aux mortels de récompenser leur bienfaiteur par une douce réciprocité de services. » (*Pythique* II, vers 37 et 72.)

Lord Byron a dit dans le Corsaire : « Il est un chaos obscur, une guerre intérieure de l'âme, dont tous les éléments se mêlent et se combattent confusément, lorsque soudain on entend le bruit tardif du remords qui s'écrie, semblable à une furie infernale : «Je t'avais prévenu. » Ah ! c'est lorsqu'il n'est plus temps. » (Chant II.)

[1] Delille a oublié cette belle image du texte :

      Dominumque potentem
Imposuit.

» Et de qui la balance inclinée à leur choix
» Corrompit la justice et fit mentir les lois[1];
» Tous ces profanateurs des liens légitimes;
» Tout ce qui fut coupable, et jouit de ses crimes[2].
» Non, quand j'aurais cent voix, je ne pourrais jamais
» Dire tous ces tourments, compter tous ces forfaits.
» Mais c'est trop de discours; ranime ton courage,
» Suis-moi : je vois d'ici ce magnifique ouvrage,
» Ce palais de Pluton, noble rival des cieux,
» Et du dieu de Lemnos chef-d'œuvre audacieux.
» Voici bientôt la porte où la branche divine
» Doit par sa riche offrande apaiser Proserpine. »

Virgile ne veut pas faire descendre le prince troyen dans l'éternelle demeure des coupables; il

---

[1] Voilà six vers pour rendre ce seul trait de l'original :

Fixit leges pretio atque refixit.

Mais ils sont beaux et conformes aux récits de l'histoire.

[2] Le texte dit :

Ausoque potiti.

Cette réflexion rappelle le dernier cri qui échappe du cœur brûlant de la malheureuse Phèdre, au moment où elle demande pardon à Minos son père, qu'elle croit voir prêt à inventer contre elle un nouveau genre de supplice :

Hélas! du crime affreux dont la honte me suit
Jamais ce triste cœur n'a recueilli le fruit!

se contente de la montrer de loin à ses regards ; en évitant ainsi de souiller la vertu par la présence et le commerce de tant de pervers[1], il a su prévenir encore un inconvénient grave, celui de prolonger une scène qui ne peut servir à prêter plus d'intérêt ou plus d'éclat au personnage principal, et le détournerait de son but. Remarquons toutefois, dans le poëte, la puissance d'un peintre rempli du sentiment de ses forces et certain de ne pas les épuiser même lorsqu'il paraît les prodiguer. Cerbère inspire plus de terreur que Caron ; Tisiphone fait pâlir à nos yeux la rage de Cerbère, et devient à son tour moins effrayante devant l'hydre aux cinquante gueules béantes. Maintenant voici devant nous les profondeurs du Tartare que Jupiter lui-même ose à peine regarder du haut de l'Olympe! L'empire de Pluton nous apparaît avec ces légions de coupables accourues de toutes les contrées au rendez-vous commun de tous les crimes de la terre! La gradation finit d'une manière sublime.

Virgile doit sans doute à Homère plus d'un trait

---

[1] Nulli fas casto sceleratum insistere limen.

« Il n'est permis à aucun mortel pur de s'arrêter sur le seuil du séjour des crimes. » Ce trait, placé à dessein, est un artifice du poëte pour passer rapidement sur la description des enfers.

de sa description des supplices de l'enfer; mais quelle métamorphose de génie il fait subir à ses larcins! Hésiode, auquel le poëte latin doit davantage qu'à Homère, est d'une abondance, d'une énergie extraordinaire dans le supplice des géants, et surtout de Typhon. « Issu du commerce de la terre avec le Tartare, et dernier fils de sa mère, ce monstre, dont les pieds et les mains avaient une force plus qu'humaine, portait cent têtes semblables à celles d'un serpent ou d'un dragon horrible; leurs yeux jetaient du feu; elles laissaient échapper de leurs gueules des langues horribles, et vomissaient des flammes. Toutes ensemble faisaient un bruit qui retentissait jusqu'aux cieux; tantôt elles poussaient des mugissements comme un taureau en fureur, tantôt des rugissements aussi terribles que ceux d'un lion, tantôt des hurlements pareils à ceux d'un chien dévorant. Typhon aurait sans doute causé une révolution funeste dès sa naissance; on l'aurait vu se rendre maître des dieux et des hommes si Jupiter, leur père commun, n'eût prévenu ce danger. Il fit gronder son tonnerre à coups redoublés; les hauteurs des cieux, l'océan, la terre entière et ses profonds abîmes y répondirent par un horrible fracas.... L'Olympe et ses dieux, Pluton et les Titans qu'il retient aux enfers, entendirent avec effroi la foudre qui précipitait le monstre dans le Tartare. » Cette scène, qui est beaucoup plus étendue dans Hésiode, égale en verve mais non pas en sagesse les peintures de l'Iliade ; Virgile n'a ni cette audace ni ce luxe ; mais combien il mériterait de reproches s'il se fût appliqué à traduire tout le passage d'Hésiode, même dans les plus beaux vers du monde. Quelle faute de mesure il aurait commise ! Au contraire, combien nous devons le louer de n'avoir pris dans un si riche tableau que le petit nombre d'images dont il avait besoin pour nous montrer la grandeur de la chute des impies !

La fable de la guerre des géants a fait jaillir de belles fictions de la pensée de Valérius Flaccus :

> Metus ecce deum, damnataque bello
> Pallene; circumque vident immania monstra
> Terrigenum cœlo quondam adversata gigantum,
> Quos scopulis trabibusque parens miserata jugisque
> Induit, et versos exstruxit in æthera montes.
> Quisque suas in rupe minas pugnamque metusque
> Servat adhuc; quatit ipse hiemes et torquet ab alto
> Fulmina crebra pater; scopulis sed maximus illis
> Horror abest, sicula pressus tellure, Typhœus.
> (Livre II.)

« Mais voici l'effroi des dieux, ces champs de Phlégra, condamnés pour une guerre impie; tout autour, les Grecs reconnaissent des monstres énormes, ces géants, fils de la terre, et conjurés contre le ciel; par pitié pour eux leur mère les a transformés en montagnes ; c'est ainsi que hérissés de forêts et de rochers ils regardent encore le ciel. Chacun d'eux conserve sur son front endurci ses menaces, ses combats, ses terreurs. Le père des dieux lui-même frappe sans cesse du haut du ciel leurs cîmes orageuses, en y lançant la foudre à coups redoublés ; mais il manque à l'horreur de ces montagnes maudites, le prodige de sa race, le redoutable Typhée, incessamment accablé sous le poids de la Sicile. »

Nouvelle imitation d'Hésiode à quelques égards, le Salmonée de Virgile atteste encore le jugement qu'il apportait dans ses emprunts ; il s'est bien gardé d'adopter la magnificence extraordinaire du modèle, mais surtout de tomber dans la folle exagération d'incendier et de faire dissoudre la terre par les feux redoublés de la foudre qui avait renversé l'audace de Typhon [1].

---

[1] Les vers de Virgile sur Salmonée sont un chef-d'œuvre de précision, d'éloquence, d'harmonie imitative et de poésie d'expression. On ne peut s'étonner assez que Manilius ait osé recommencer le tableau du maître et substituer, à une poésie si achevée, la pâle et froide copie dont voici le sens :

« C'est sous ce signe que naquit sans doute Salmonée, qui, faisant rouler un char à quatre chevaux, sur un pont d'airain, croyait imiter le bruit du ciel, et avoir montré

Virgile dans un nouveau portrait du géant d'Hésiode est moins énergique et moins hardi qu'Eschyle dans sa tragédie de Prométhée. A la fin de cette pièce, Prométhée, plein d'un orgueil coupable et sublime, sourd comme les flots aux conseils de Mercure, qui lui conseille de céder aux avis du malheur, n'a point voulu fléchir sous le pouvoir des dieux. Attaché sur son rocher, il brave le tyran Jupiter, et meurt foudroyé, mais inflexible et sûr de son immortalité. Prométhée ressemble au juste d'Horace que les ruines du monde frapperaient sans effrayer sa constance.

Le Capanée d'Eschyle est aussi plus fièrement dessiné que le Salmonée de Virgile ; on aime à trouver dans les Phéniciennes d'Euripide, cet autre portrait du même audacieux : « Comment vous raconter l'excès du délire de Capanée ? Il arrivait portant une longue échelle, et proférait ces orgueilleuses paroles : que même le feu sacré de Jupiter ne l'empêcherait pas de s'emparer de la citadelle et de la ville. En parlant ainsi, et quoiqu'on fît pleuvoir des pierres sur sa tête, il montait cependant, et, le corps ramassé sous son bou-

---

Jupiter lui-même à la terre ; mais il reconnut qu'on n'imitait pas la foudre ; et suivant dans sa chute le trait vengeur du dieu, il apprit de la mort à connaître Jupiter. »

clier, il franchissait les degrés polis de l'échelle ; déjà il atteignait les créneaux de la muraille, soudain Jupiter le frappe avec la foudre, dont le bruit nous fait tous trembler de terreur. Du haut des degrés tournent lancés dans l'air les membres dispersés du coupable ; ses cheveux montent vers l'Olympe, son sang coule vers le sol, ses mains, ses pieds roulent comme la roue d'Ixion, et son cadavre enflammé tombe sur la terre. »

Le Dante se rapproche plus du Prométhée d'Eschyle dans le Capanée que nous trouvons au quatorzième chant de l'Enfer. Dante dit à son guide :

« Quel est ce pécheur superbe qui semble ne pas s'inquiéter de ces flammes, et que je vois étendu ici, les yeux hagards et pleins d'un dédain si farouche que la pluie de feu ne peut l'émouvoir? Mais lui, en entendant la question que j'adressais à mon guide, s'écria : « Tel je fus vivant, tel je suis mort... Que Jupiter appelle Vulcain à son aide comme aux champs de Phlégra ; qu'il me foudroie de toute la force de son bras, jamais il ne pourra tirer de moi qu'une vengeance imparfaite en sa joie. »

On lit encore dans le même poëte : « Semblables à Montereggione couronné de tours, les bords qui environnent le dernier abîme, voyaient s'élever au-dessus d'eux, comme des citadelles menaçantes, ces horribles géants que Jupiter menace encore du haut du ciel quand il lance le tonnerre[1]. »

Avec quel goût Virgile a rejeté la monotonie et l'horreur des descriptions dans lesquelles le Dante, animé par des passions sombres, plein de fanatisme politique et religieux, dépasse toutes les bornes de la raison, et méconnaît la nature humaine qui ne peut pas supporter long-temps de tels spectacles même dans un tableau sublime. Voyez le supplice de Tityus; il peut nous glacer d'effroi, mais il n'est point bizarre et hideux. Considérez-vous ce tableau sous le rapport d'un fait physique? Vous trouvez la plus vive peinture d'un immense vautour acharné sur sa proie, et cachant sa tête dans la vaste poitrine d'un cadavre pour aller chercher la dernière fibre à dévorer. Voulez-vous examiner le récit de Virgile sous le rapport de la vérité morale dont il offre une vivante image? Le vautour de Prométhée c'est le remords. Ainsi que l'oiseau vengeur de la fable, le remords ouvre le cœur humain; il le déchire, il le perce comme avec un glaive aigu; il cause des douleurs semblables à celles d'un ulcère caché que l'art ne peut

---

[1] Le Mansfred de lord Byron rassemble en lui le Prométhée d'Eschyle, et le Satan de Milton, fondus ensemble avec habileté dans une imitation pleine d'audace et d'originalité.

ni voir ni guérir, et dont la plaie s'envenime sans cesse. Chaque jour ces douleurs descendent plus avant; elles envahissent les entrailles qu'elles font tressaillir et frissonner; elles remontent au siége de la pensée qu'elles remplissent de troubles, et d'où elles gravent leur empreinte ineffaçable sur le front de l'homme, dans ses regards, et sur tout son visage; enfin, comme les fibres du cœur de Prométhée, elles renaissent d'elles-mêmes pour le supplice du coupable, et ne lui donnent aucun repos jusqu'au moment où elles le cèdent à la mort. Voilà cependant tout ce que Virgile a mis dans quatre vers; voilà un exemple de ce que peut la poésie, lorsque habile et savante dans son choix, elle embrasse les principales idées d'un sujet pour les imprimer à jamais dans la mémoire à l'aide d'une allégorie.

Pirithoüs, Ixion, les Lapithes, sont également condamnés, pour la témérité de leurs désirs, à une peine qui retrace l'ardeur et l'illusion de leurs coupables et décevantes espérances; mais j'aurais encore mieux aimé voir ce châtiment appliqué à un nouveau Sardanapale, à quelque Assuérus ivre d'orgueil et de faste, à un Aman qui avait coutume de boire dans des coupes d'or le sang et les larmes du peuple. Le Tantale de l'Odyssée, au milieu des eaux qui le fuient, des fruits délicieux qui lui échappent sans cesse, lorsqu'il croit les saisir, est la plus vive image de la soif et de la faim toujours excitées, toujours abusées [1]. Virgile, en imitant Homère, a fait un tableau sublime. Quel supplice que celui de ces malheureux! au-dessus de leur tête, un rocher toujours près de tomber; devant leurs yeux, une table servie avec le luxe des Lucullus de la royauté; à leur côté, une furie qui leur défend de toucher à ce que leur regard dévore! Valérius, bien inférieur à Virgile, ne lui a pas moins fait un larcin de génie, en comparant les femmes de Lemnos transportées de rage par Vénus, et assises à côté de leurs époux, aux furies qui assiégent la table de Pirithoüs et de Thésée aux enfers. Valérius a beaucoup augmenté la beauté de l'idée virgilienne. « La déesse achevant d'égarer la raison de ces sœurs d'Alecton ou de Mégère, les pousse dans la chambre de leurs époux, et fournit des glaives à leur fureur qui hé-

---

[1] Le Dante, suivant les traces d'Homère, fait dire à maître Adam défiguré par une affreuse hydropisie : « Vivant, j'ai possédé ce que j'ai voulu, et aujourd'hui je soupire après une goutte d'eau; les ruisseaux qui descendent du Casentin dans l'Arno, par des canaux frais et délicieux, sont toujours devant mes yeux, et ce n'est pas en vain : leur image me tourmente d'autant plus que le mal dont je suis atteint, devient plus insupportable. La sévère justice qui me châtie puise contre moi, dans les lieux où j'ai péché, de nouveaux motifs de douleur. » (*Enfer*, chant XXX.)

sitait encore. Elles franchissent le seuil, et attaquent, tels qu'ils se trouvent, ces infortunés époux autrefois si chéris; les uns ensevelis dans le vin et le sommeil; les autres se levant avec des flambeaux pour recevoir leurs compagnes et leur donner la main; d'autres veillant encore et regardant cet affreux spectacle; tous tremblent, et la crainte les empêche d'essayer la fuite ou de prendre les armes contre leurs ennemies, tant la déesse irritée les fait apparaître terribles, tant leur voix résonne avec un accent surnaturel et inconnu à leurs victimes [1]. Ils restent les yeux immobiles, comme s'ils voyaient en face le bataillon des Euménides, ou que Bellone fît étinceler le glaive devant eux. Une sœur, une épouse, et plus près encore du cœur, une fille, une mère dénaturée, voilà ce qui les glace d'effroi! Ils se laissent égorger par des femmes, ces guerriers que n'ont pu dompter ni les fureurs du Thrace, ou des Sarmates, ni les menaces de la mer [2]! »

On ne peut pas lire le Tartare de Virgile sans reconnaître à quel point il était rempli d'Homère,

---

[1] On retrouve ici une imitation de la sibylle, imitation agrandie peut-être par la situation, mais bien inférieure sous le rapport du style.

[2] Livre II, de l'*Argonautique*.

d'Hésiode et de Platon[1]; de même on ne saurait étudier l'Enfer du Dante sans trouver sans cesse les traces du commerce intime de ce grand poëte avec Virgile. Ici se présente une comparaison naturelle qui montre une singulière progression des forces créatrices du génie. Virgile a fait sortir de l'évocation des morts par Ulysse, et de quelques souvenirs des deux écrivains que j'ai nommés, le chef-d'œuvre du sixième livre; Dante, plus étonnant peut-être, a trouvé dans ce livre le germe des créations prodigieuses et des beautés de toute espèce qui sont répandues dans ses trois poëmes, ou plutôt dans les trois actes de sa divine comédie.

Nous avons vu le Dante surpasser, par une idée sublime, toutes les merveilles de ses devanciers dans la peinture du vestibule des enfers ; regardons maintenant l'intérieur de cet affreux séjour. Encore tout effrayés de la terrible inscription de la porte fatale par laquelle le genre humain doit passer tout entier, nous entrons, et nous voilà au milieu des moins malheureux de la race maudite! Déjà des soupirs, des plaintes, des gémissements, puis des accents de rage, d'horribles imprécations,

---

[1] *Voyez* la belle traduction du Phédon, par M. Cousin, professeur de philosophie à la faculté des lettres de Paris, page 319 et suivantes.

et un bruit semblable à la tempête qui agite une atmosphère de ténèbres! A qui le ciel impose-t-il ces châtiments? aux âmes sans vertus et sans vices. « Elles sont mêlées avec ces anges dégénérés qui, dans la grande querelle des cieux, ne furent ni rebelles, ni fidèles à Dieu, mais uniquement occupés d'eux-mêmes; le ciel les a rejetés pour ne rien perdre de sa beauté; le profond enfer n'a pas voulu les recevoir, parce que les anges coupables n'auraient tiré aucun honneur de leur compagnie; la cause du désespoir de ces infortunés vient de ce qu'ils n'ont pas l'espérance de la mort. Leur vie est si obscure et si basse que tout autre sort leur fait envie. Le souvenir de leur existence ne fatigue pas le monde ; la miséricorde et la justice les dédaignent également ; ne parlons plus d'eux, regarde, et passe. » Dans quel poëte, dans quel moraliste a-t-on vu des vérités plus importantes à l'homme et à la société, exprimées dans un langage plus simple et plus hardi ? Après ce premier châtiment qui donne une idée immense de la fécondité de l'enfer en supplices, nous entendons blasphémer les malheureux qui sont morts dans la colère de Dieu, et que Caron appelle aux brasiers éternels : cette grande et terrible image est bien supérieure au concours des âmes de Virgile sur les bords du Styx. Les enfants morts sans baptême, et les grands hommes nés depuis la religion du Christ, sont assez singulièrement réunis au-delà du fleuve, dans le cercle des Limbes; mais ce chant (le quatrième), renferme des beautés que Virgile aura peine à égaler dans ses Champs-Élysées. Les graves et hautes pensées que font naître toutes les ombres illustres qui nous apparaissent ensemble, ou tour-à-tour, remplissent bien les conditions de la sévère épopée qui doit agrandir les âmes et exciter en nous un ardent amour de la gloire et de la vertu.

De ce séjour presque paisible, nous passons au second cercle de l'abîme, c'est là que commence l'enfer, à proprement parler. Grand peintre et grand moraliste à la fois, le Dante y fait d'abord entendre des voix plaintives, des gémissements et des pleurs. Là, privé de toute clarté, l'air mugit comme une mer orageuse battue par des vents opposés. L'ouragan infernal qui ne s'arrête jamais, emporte avec lui les âmes, les tourmente, et les froisse dans un choc éternel. Quand il les a poussées au bord escarpé de l'abîme, alors se font entendre les cris, les imprécations et les blasphèmes. Les âmes condamnées à ce supplice sont les âmes charnelles qui ont soumis leur raison aux volontés des sens. L'allégorie est aussi juste que belle et facile à saisir; voilà bien ces tempêtes du cœur de l'homme subjugué par la passion qui aveugle, agite, déchire, et réduit au désespoir ses victimes, sans leur laisser un moment de repos; c'est ainsi que Didon a été conduite à la mort, et Phèdre précipitée aux enfers. Après avoir créé ces vives images, il restait au Dante la gloire de surpasser Virgile même dans la peinture naïve de la tristesse, et de la mélancolie de l'amour; c'est ce qu'il a fait dans l'épisode de Françoise de Rimini.

Les femmes et les héros de l'antiquité que l'amour a vaincus, passent sous les yeux du Dante : « Poëte, mon guide, s'écrie-t-il, je voudrais parler à ces deux ombres qui vont ensemble et paraissent si légères au souffle du vent. « Tu verras, me répondit Virgile, quand elles seront plus près de nous. Prie-les alors au nom de cet amour qui les conduit; elles viendront. » Aussitôt que le vent les eût amenées vers nous, j'élevai la voix : « Ames infortunées venez à nous, si rien ne s'y oppose. » Comme deux colombes invitées par le désir, les ailes étendues et immobiles volent dans les airs au doux nid où les appelle la même volonté; telles ces deux ombres sortirent de la troupe où est Didon, et vinrent à nous à travers cette atmosphère malfaisante, tant le son de ma voix avait été affectueux. « O mortel bienfaisant et sensible qui viens nous visiter dans ces épaisses ténèbres, nous qui avons teint la terre de notre sang, si le roi de l'univers était notre ami, nous le prierions pour ton repos, puisque tu as pitié de nos malheurs. Ce que tu veux entendre ou nous dire, nous le dirons ou nous l'entendrons volontiers, tandis que le vent se tait comme il le fait en ce moment. La contrée qui m'a vu naître est voisine de la mer où le Pô descend pour s'y reposer avec les fleuves qui le suivent. L'amour qui s'attache à tous les cœurs bien nés enflamma celui-ci pour la beauté qui me fut bientôt ravie par un coup que je ressens encore; l'amour qui ne nous dispense jamais d'aimer qui nous aime, m'enflamma d'une telle envie de plaire à cet infortuné, qu'ici même, comme tu vois, ce désir ne m'abandonne pas; l'amour nous a conduits à une seule mort. Le séjour de Caïn attend le cruel qui nous ôta la vie. » C'est ainsi que nous parla cette ombre malheureuse. En l'écoutant, je courbai la tête, et je la tins si long-temps baissée que le poëte me dit enfin : « Que penses-tu ? » Je lui répondis : « Hélas ! combien de douces pensées, combien de désirs ont conduit ces infortunés à leur fin douloureuse ! » Puis je me retournai vers eux, et je leur dis : « Françoise, tes souffrances m'arrachent des larmes de tristesse et de pitié; mais, dis-moi : Dans le temps de vos premiers soupirs, à quoi et comment l'amour vous permit-il de connaître vos désirs encore mystérieux ? » Elle reprit : « Il n'est pas de plus grande douleur que de se rappeler les jours de ses félicités au milieu de ses misères, ton maître le sait; mais si tu brûles de connaître la première origine de notre amour, je ferai comme le malheureux qui pleure et qui parle pourtant, etc. »

Il n'y a pas dans toute l'antiquité grecque et romaine une peinture aussi naturelle, aussi vive, aussi tendre, aussi pleine de pudeur que cette image d'une passion qui était encore un mystère entre les deux âmes dont une simple lecture a tout-à-coup fait éclater l'ardeur mutuelle. On s'étonne de trouver dans l'enfer ce couple aimable; mais, d'un côté, le Dante condamne au supplice de Caïn, le barbare qui a donné la mort aux deux victimes d'une passagère et pardonnable erreur; et, de l'autre, en achevant de caractériser par un frappant exemple les dangers de cette passion dont les douces prémices peuvent entraîner soudain de si terribles conséquences, il crée dans le cercle où les peines sont déjà bien sévères, une espèce d'exception de bonheur pour les deux amants qu'il unit à jamais comme deux colombes que la mort même n'a pu séparer. Ce sont des infortunés sans doute, mais ce ne sont pas des damnés, puisqu'ils sont, puisqu'ils seront toujours ensemble[1].

Un autre cercle punit les avares et les prodigues :

---

[1] Cette réflexion est de Ginguené.

là Virgile profère ces paroles : « Juge, ô mon fils, quelle est la frivolité passagère de ces biens qui sont confiés aux mains de la fortune, et auxquels la race humaine s'attache avec tant de fureur; tout l'or qui est ou qui fut jadis sous le globe de la lune, ne pourrait procurer à ces âmes fatiguées un seul moment de pause et de relâche. » Telle est la transition qui nous conduit à une admirable peinture de la fortune. « Celui dont la science s'élève au-dessus de tout, créa les cieux, et leur donna des guides qui en font briller chaque partie vers la partie qu'elle doit éclairer, et distribuent également la lumière; de même aux splendeurs mondaines il donna une conductrice générale qui les gouverne; elle fait passer, quand le temps est venu, les biens fragiles de peuple en peuple, d'une race à une autre race, sans que la prudence humaine puisse mettre obstacle à ces mutations. Ceux-ci commandent, ceux-là languissent, également soumis à ses arrêts qui sont cachés comme le serpent sous l'herbe. Tout votre savoir ne peut rien contre sa volonté; elle prévoit, juge, et poursuit son règne comme les autres intelligences divines. Ses transformations n'ont pas de trêve. La nécessité la force à un mouvement rapide, tant sont fréquentes les vicissitudes qui se succèdent. Telle est la déesse que blasphèment et maudissent à tort ceux qui devraient la bénir; mais elle a su se rendre heureuse et ne les entend pas. Joyeuse comme toutes les créatures supérieures, elle fait tourner sa sphère et jouit de son bonheur! »

Du lieu des supplices des vindicatifs [1], que le poëte n'a point caractérisés d'une manière précise et digne de son mâle pinceau, nous apercevons déjà la ville des plus grands coupables à la lueur de ses tours enflammées comme si le feu les dévorait. Là, un obstacle plus redoutable que le courroux de Caron, et la rage de Cerbère, des millions d'anges rebelles précipités des cieux, et gardiens de la plus effroyable des cités, veulent arrêter les deux voyageurs. Le Dante éprouve un moment horrible d'inquiétude et de terreur ; il tremble de ne plus revoir la terre. Virgile, lui-même, partage un instant l'abattement de son disciple, mais il se relève bientôt ; son courage promet de surmonter toutes les difficultés qui s'opposent à leur passage.

Les deux poëtes sont toujours en présence de la cité des douleurs qu'enferme dans ses replis un marais d'une odeur insupportable. Tout-à-coup voilà que sur le faîte d'une tour couronnée de flammes apparaissent les trois furies, les mains teintes de sang [2]. Elles poussent des cris si féroces

---

[1] Chant VIII.

[2] On a vu plus haut leur portrait dont le fier et sombre

et si aigus, que le Dante effrayé se presse contre son guide : « Appelons Méduse, disent-elles en se penchant vers le poëte, nous le changerons en pierre. » Virgile n'a que le temps de dire à son fils adoptif: « Retourne-toi, ferme les yeux; si la Gorgone venait à se montrer, et que tu la visses, il n'y aurait plus pour toi de retour à la lumière. » Mais déjà ils entendent, à travers les ondes ténébreuses du Styx, un bruit qui semait l'épouvante et faisait trembler les deux rivages ; tel, sous un ciel embrâsé, l'ouragan bat les forêts sans relâche, déchire les branches, emporte les fleurs, s'avance avec orgueil parmi des tourbillons de poussière, et met en fuite les animaux et les bergers. Un ange annoncé par le bruit terrible, traverse le Styx à pied sec, il écarte de son front avec sa main gauche l'air épais qui l'environne ; mille âmes coupables se dispersent devant lui. Il arrive avec un superbe dédain, frappe de sa baguette la porte infernale qui s'ouvre sans résistance. « Démons chassés du ciel, race méprisée, dit-il sur l'horrible seuil, quelle est cette arrogance qui se révolte contre la volonté que rien ne peut limiter, et qui a tant de fois accru vos tourments ? Quel plaisir trou-

---

Michel-Ange, le Dante de la peinture, pourrait seul représenter les affreuses beautés.

vez-vous à vous heurter ainsi contre les destins ? » Toutes ces fictions sont plus grandes, plus hardies, plus dramatiques même que celles de Virgile; c'est à force de les méditer, que Milton est parvenu à surpasser quelquefois le poëte dont il agrandit les créations, en lui laissant ses trop nombreuses monstruosités.

Dans le cercle où Dante punit les hérésiarques (il aurait dû dire les incrédules puisqu'il place parmi eux Épicure et tous ses sectateurs qui font mourir l'âme avec le corps); nous trouvons Farinata de la famille des Uberti, espèce de Salmonée qui a un grand mépris pour l'enfer; son entretien avec le Dante contient des choses élevées, hardies même, mais s'attendrait-on à trouver ici une scène aussi touchante que celle qui se passe entre le Dante et Guido Cavalcanti, père d'un jeune ami du poëte? On y reconnaît d'heureux souvenirs de la surprise, des alarmes, des tendres sollicitudes et des vives affections de l'Andromaque de Virgile au tombeau de son époux; les questions de ce père infortuné ont les formes et l'accent de celles de la veuve d'Hector, et rappellent le trait fameux : *Hector ubi est?* où est mon Hector?

Je cherche vainement parmi les poëtes de l'antiquité quelle est la source de l'allégorie gigantesque, mais quelquefois sublime du Temps, sous la forme d'un géant debout dans les flancs du mont

Ida. Il tourne le dos à Damiette, c'est-à-dire à l'Orient, où il n'a plus rien à voir, et regarde Rome devenu le centre et le spectacle de l'univers. Sa tête est d'or, sa poitrine et ses bras sont d'argent, le reste du tronc est d'airain, excepté le pied droit sur lequel ce monstre s'appuie, et qui est d'argile. J'ai rapporté la scène filiale et paternelle entre le Dante et Brunetto Latini, où le maître et l'élève se montrent dignes l'un de l'autre par un attachement sans bornes, et nous donnent, avec l'épisode précédent, une nouvelle preuve de l'attention du poëte à jeter de l'intérêt et de la variété dans la sombre monotonie d'un pareil sujet.

Il est remarquable que le Dante punisse le crime de Jason, et accorde des regrets à la malheureuse Hypsiphyle, oubliée par Virgile dans le champ des pleurs. On ne peut s'empêcher de sentir combien le caractère, la gloire, la constance et le crime du héros se trouvent habilement réunis dans le portrait tracé par le Dante. « Regarde la grande ombre qui vient à nous, et à qui la douleur n'arrache aucune larme; cette âme retient encore sa dignité royale. C'est Jason dont la valeur et la prudence ravirent à Colchos la toison d'or. Il passe à Lemnos, lorsque des femmes enflammées de jalousie et de colère venaient de donner la mort à tous les habitants mâles de l'île; là, avec des signes d'amour et des discours artificieux, il séduit la jeunesse d'Hypsiphyle, qui, auparavant, avait si noblement trompé ses compagnes ; ensuite il l'abandonne, mère et veuve à la fois. Telle est la faute qui le condamne à ce supplice dans ce lieu où l'on venge encore le malheur de Médée. »

Plus juste et plus audacieux que Virgile, le Dante, au lieu de flatter des monstres, déclare une guerre violente à l'avarice, à la corruption, à l'ambition démesurée de quelques pontifes romains; et dans cette guerre il frémit de courroux comme l'ardent Lucile, et manie comme lui le glaive étincelant, ou imprime sur le front des coupables ces marques de feu dont parle Properce, au sujet de Cléopâtre, la honte éternelle du sang de Philippe.

On croit entendre Juvénal dans cette exclamation que termine un trait si profond : « Vieillard avare, tu as été justement puni, garde bien cette richesse mal acquise et avec laquelle tu as osé braver la puissance des rois. Ah! si je n'étais retenu par le respect des augustes clés que tu as tenues pendant ta vie de délices, j'userais de paroles plus graves pour punir cette avarice qui assiége le monde, en foulant aux pieds les bons pour élever les méchants ! Il pensait à toi et à tes pareils, le pasteur évangélique, quand il s'écria en voyant celle qui est assise sur les eaux, faire la prostituée avec les rois..... « Vous vous êtes fait à vous-mêmes des dieux d'or et d'argent, et il n'y a de différence entre vous et l'idolâtre, sinon qu'il n'adore qu'une divinité, tandis que vous en adorez cent. Ah! Constantin, de combien de maux fut la source, non pas ta conversion, mais la dot que reçut de toi pour récompense le premier pontife qui devint riche de tes présens! »

L'auteur de ces mordantes apostrophes de la vertu indignée contre les corrupteurs de la morale du Christ, contre les déserteurs de la pureté évangélique, et des maximes de la religion qui nous enseigne à chérir la pauvreté comme une douce compagne, savait jeter au milieu de ses tableaux les traits les plus propres à nous émouvoir; il unissait à un génie ardent et sublime une tendresse de cœur qui est rare dans les hommes de sa trempe. Voyez comme il parle de l'affection de Virgile pour lui! « Des monstres accourent les ailes étendues vers le Dante; leurs bras vont le saisir; mais tout-à-coup, dit-il, comme une mère qui, éveillée par le bruit de l'incendie, voit les flammes rapides approcher d'elle, prend son fils, s'enfuit sans s'arrêter, et, plus occupée de lui que d'elle-même, peut à peine se couvrir d'un seul vêtement, le poëte m'enlève dans ses bras, et descend légèrement le long du rocher qui sépare les deux vallées. L'eau qui se précipite pour donner le mouvement à un moulin n'est pas si rapide quand elle approche de la roue, que la marche de mon maître qui me portait sur son cœur plutôt comme un fils que comme un compagnon. » Cette comparaison sert de prélude au supplice des hypocrites, bientôt suivi de l'heureux début du vingt-quatrième chant qui a toute la grâce et toute la naïveté d'une pastorale de Théocrite[1]. C'est cependant l'auteur de ces riantes peintures qui retrace avec tant de vigueur et d'originalité un châtiment horrible. «Devant cette cruelle armée de serpents qui fourmillent dans la vallée, les ombres des coupables courent nues, épouvantées sans espérer un refuge; elles courent les mains liées derrière le dos avec des couleuvres, dont la tête et la queue leur percent les reins, et se renouent ensemble devant eux. Un serpent s'élance sur l'un de ces pervers, et le pique à la gorge; soudain l'infortuné s'enflamme, et tombe bientôt réduit en poussière; mais à peine est-il consumé, ses cendres se rassemblent d'elles-mêmes, et l'ombre se relève telle qu'elle était auparavant. » Mais nous ne devons voir ici qu'un essai des forces du Dante qui invente de nouvelles peines pour les concussionnaires contre lesquels il paraît animé du plus grand courroux, si l'on en juge par le

---

[1] M. Terrasson, dans une traduction du Dante où brille plus d'un genre de mérite, a fort heureusement rendu ce passage.

supplice de trois ombres qui s'élèvent du fond de la vallée où ces coupables subissent la vengeance du ciel. La description de leur cruelle métamorphose que Rivarol met presque au-dessus du Laocoon de Virgile, et que Ginguené admire beaucoup, offre tour-à-tour dans les images une énergie et une nouveauté, dans le style des créations, dans l'idéal une audace, et pourtant un mélange de vérité qui ravissent le lecteur ; mais j'aurais souhaité que le savant auteur de l'histoire littéraire de l'Italie nous révélât un défaut assez grave dans le sujet de l'admiration passionnée de Rivarol. Pour l'approuver sans réserve, il faudrait que nous vissions, dans les trois damnés du Dante, des coupables convaincus de l'un de ces grands crimes qui perdent les nations ; autrement le poëte aura méconnu le cœur humain en voulant nous associer à une vengeance qui nous révolte comme une injustice parce qu'il n'y a aucune proportion entre le délit et la peine.

Les nouveaux efforts que le poëte demande à son génie infatigable pour punir les traîtres à la patrie, viennent à l'appui de cette observation, mais ils attestent en même temps la puissance d'un athlète capable de grandir à chaque pas de sa course, et d'arriver au but de son immense carrière, comme le proscrit de Junon au terme de ses glorieux exploits.

L'épisode d'Ugolin que nous allons contempler

est vraiment le dernier des travaux d'Hercule : « Je vis, continue le poëte, deux ombres placées dans une seule fosse : l'une des têtes couvrait l'autre ; et comme un homme affamé mange du pain, de même la première déchirait avec ses dents le crâne et la cervelle de la seconde. « O toi ! lui dis-je, qui montres par tant de férocité ta haine pour celui que tu dévores, dis-m'en la cause, afin que si tu as raison de le haïr, sachant qui vous êtes, et quel fut son crime, je puisse, de retour au monde, venger ta mémoire si ma langue ne se dessèche pas auparavant. »

« Le coupable détourna sa bouche de cette horrible pâture, et s'essuyant avec les cheveux de la tête dont il avait rongé le crâne, il me dit : « Tu veux que je renouvelle une douleur de désespoir, et dont la seule pensée m'oppresse le cœur, avant que je commence à parler ; mais si mes paroles doivent être un germe qui porte pour fruit l'opprobre du traître que je déchire, tu me verras parler et pleurer en même temps. Je ne sais qui tu es, ni de quelle manière tu es descendu ici-bas ; mais tu me parais Florentin à ton langage : tu dois savoir que je suis le comte Ugolin, et celui-ci l'archevêque Roger. Je t'apprendrai maintenant pourquoi tu le vois condamné à un tel voisinage. Je n'ai pas besoin de dire que m'étant fié à lui, je fus pris et mis à mort par l'effet de ses perfides conseils ;

mais ce que tu ne peux avoir appris, mais combien ma mort fut cruelle, tu vas l'entendre, et tu sauras alors s'il m'a offensé.

» Dans la tour obscure qui a reçu de moi le nom de la *Tour de la Faim*, et où tant d'autres ont dû être enfermés depuis, une ouverture étroite m'avait déjà laissé voir plus de clarté, lorsqu'un songe affreux déchira pour moi le voile de l'avenir. Il me sembla que celui-ci, devenu maître et seigneur, chassait un loup et ses louveteaux vers la montagne qui empêche Pise et Lucques de s'apercevoir l'une l'autre. Il avait envoyé en avant les Gualandi, les Sismondi et les Lanfranchi, avec des chiennes maigres, avides et dressées à la chasse. Après avoir couru peu de temps, le père et ses petits me parurent fatigués, et je crus voir les dents aiguës de sa meute affamée leur ouvrir les flancs. Quand je m'éveillai vers le matin, j'entendis mes enfants, qui étaient auprès de moi, pleurer en dormant et demander du pain. Tu es bien cruel, si déjà tu n'es ému en pensant à ce que mon cœur m'annonçait ; et si tu ne pleures pas, qu'est-ce donc qui peut t'arracher des larmes ?

» Déjà ils étaient debout ; l'heure approchait où l'on apportait notre nourriture, et chacun de nous, à cause de son rêve, doutait de la recevoir. J'entendis qu'on fermait la porte au bas de l'horrible tour. Alors je regardai mes fils sans dire une parole. Je ne pleurais point ; je me sentais en dedans pétrifié. Ils pleuraient, eux ; et mon petit Anselme me dit : « Comme tu nous regardes, mon père ! Qu'as-tu ? » Je ne pleurai point encore ; je ne répondis point pendant tout ce jour, ni la nuit suivante, jusqu'au retour du soleil. Lorsque quelques rayons pénétrèrent dans cette prison douloureuse, et que je vis sur quatre visages les propres traits du mien, transporté de douleur, je me mordis les deux mains. Eux, pensant que j'y étais porté par la faim, se levèrent tout-à-coup et me dirent : «Mon père, nous souffrirons beaucoup moins si tu veux te nourrir de nous. Tu nous as revêtus de ces chairs misérables ; dépouille-nous en aussi. » Alors je me calmai pour ne pas augmenter leur peine. Ce jour et le suivant nous restâmes tous en silence. O terre impitoyable ! pourquoi ne t'ouvris-tu pas ? Quand nous fûmes parvenus au quatrième jour, Gaddo se jeta étendu à mes pieds, en me disant : « Mon père, que ne viens-tu me secourir ? » et il mourut ; et je vis, comme tu me vois, les trois qui restaient, tomber ainsi l'un après l'autre, du cinquième au sixième jour. Je me mis alors à me traîner en aveugle sur chacun d'eux, et je ne cessai de les appeler trois jours entiers après leur mort. La faim acheva ensuite ce que n'avait pu la douleur. » Quand il eut dit ces mots, roulant les yeux, il reprit le malheureux crâne entre ses dents qui pénétrèrent jusqu'à l'os comme celles d'un chien dévorant.

» Ah! Pise, opprobre des nations répandues sur le beau pays où l'on parle un si doux langage, puisque tes voisins sont trop lents à punir, que Gorgone et Caprée s'arrachent de la mer, et que, venant former une digue à l'embouchure de l'Arno, elles le forcent à engloutir tous tes habitants jusqu'au dernier. Si le comte Ugolin était accusé d'avoir livré tes châteaux, tu ne devais pas attacher ses enfants à la croix de leur père; leur enfance, ô nouvelle Thèbes! faisait leur innocence. »

Ici sans être obligé de demander pardon pour des créations fantastiques que la raison admet avec peine, malgré des beautés quelquefois sublimes, sans être inférieur à Virgile pour la vérité, le Dante a porté la terreur et la pitié beaucoup plus loin que son maître ne l'a fait même dans l'épisode de Laocoon. Quelle comparaison des douleurs extrêmes, mais bientôt finies du grand prêtre de Neptune, avec les angoisses d'Ugolin qui durent pendant neuf jours tout entiers, en augmentant sans cesse d'intensité ! Les fils de Laocoon n'ont que des regards éloquents pour interprètes; le plus petit des enfants d'Ugolin, effrayé de lire dans les yeux de son père des expressions de douleur, de rage, d'effroi, de pitié, que la nature révèle même à la faiblesse de son âge, nous fait frémir par ces simples paroles : « Comme tu nous regardes! qu'as-tu mon père?» Nous ignorons si les fils de Laocoon plaignent leur père déchiré comme eux par des morsures horribles et empoisonnées ; mais ceux d'Ugolin, en le voyant mordre ses propres mains, prennent ce transport de la douleur pour la rage de la faim, et veulent lui servir de pâture ! Les termes manquent pour caractériser ce genre de sublime qui fait intervenir, malgré nous, le crime de Térée, et le festin de Thyeste entre Ugolin et sa famille. Avant de mourir avec eux, Laocoon a eu la force de voler à la défense de ses fils, et au-devant des dragons qui les ont enlacés ; à demi consumé par la faim, muet et désarmé, Ugolin, devant un autre monstre bien plus inexorable que les monstres fabuleux de Virgile, ne peut rien pour le plus jeune de ses fils qui meurt étendu à ses pieds en disant d'une voix affaiblie : «Mon père, pourquoi ne viens-tu pas à mon secours?» Peut-être, nous l'espérons du moins, le grand prêtre et ses fils ont exhalé ensemble leurs âmes innocentes ; mais Ugolin a vu tomber les siens un à un devant lui ! Hécube contemplant le corps mutilé de son fils Polydore rejeté par les flots sur le rivage, Niobé, en face de ses enfants immolés par les flèches de Diane, ne sauraient, dans l'expression de leur plus exacte douleur, approcher du désespoir d'Ugolin dans les ténèbres, hurlant et rampant sur les cadavres de ses fils, les appelant encore trois jours après leur mort, et jusqu'au dernier moment où la faim vient mettre un terme à son affreuse existence!... Et comme l'apostrophe du poëte à la ville de Pise termine heureusement le récit! Elle est si bien tirée des entrailles du sujet, qu'on croit entendre en elle le dernier cri de la fureur paternelle.

Il faut avouer, avec Guinguené, que cet épisode devait terminer le premier acte de la divine comédie. En effet, cette fin du poëme serait sublime ; mais peut-être aucun poëte n'était-il capable comme le Dante de ne pas dégénérer de lui-même après une si haute création. Le supplice de ces trois damnés dont les corps sont gouvernés sur la terre par un démon qui ne leur laisse aucun repos, tandis que leurs âmes subissent aux enfers le châtiment de leurs forfaits [1], me paraît digne du parallèle avec les

---

[1] L'idée du Dante a quelque analogie avec un passage de Valérius Flaccus. « Les plaintes de ceux à qui le crime arrache la vie, montent jusqu'au trône du redoutable Jupiter, lui découvrent le secret de leur mort cruelle; alors le Dieu leur rouvre les portes du séjour des morts, et leur permet de revenir sur la terre. L'une des trois furies les accompagne; ils parcourent ensemble la terre et les mers; chaque victime s'attache à son coupable, invente des châtiments pour le punir, et l'assiége de mille terreurs. » (Chant III, vers 383 et suivants.)

grands traits de la scène précédente. Rivarol a caractérisé, par un mot plein d'énergie, la dernière invention du Dante cent fois plus terrible dans ses vengeances que les iambes furieux du brûlant Archiloque : frapper ainsi des coupables vivants, c'était montrer la main de Dieu au festin de Balthazar.

Aucun des préludes et des épisodes, si heureusement imaginés par Virgile, ne précède l'enfer de la Jérusalem délivrée. La conjuration des démons, que Satan arme contre les soldats de Godefroi, n'offre que quelques traits sublimes d'une esquisse dont Milton a fait un tableau d'une dimension immense. Le conseil infernal a bien quelque grandeur, mais il ne dure qu'un moment; on n'y entend qu'un seul discours qui envoie tous les démons à la fois sur la terre; et tout ce bruit qui aboutit à la séduction des Chrétiens par la jeune Armide, ne rappelle que trop à la pensée le vers d'Horace :

Desinit in piscem mulier formosa superne.

Un orage excité par Satan pour arrêter la victoire des Chrétiens, une sédition allumée dans le camp même de Godefroi accusé de la mort de Suénon par Argillan, qu'inspire le démon Belphégor, le même génie réveillant la fureur de Soliman qui attaque les Croisés, pendant la nuit, voilà, dans la Jérusalem délivrée, tous les exploits des princes de l'enfer. Bientôt le poëte se lasse de ces acteurs merveilleux dont la présence est si peu utile à son épopée, et nous voyons descendre du ciel l'archange Michel qui vient précipiter les coupables dans leur sombre demeure, sans éprouver même une ombre de résistance. Certes, on peut dire, en comparant l'enfer de la Jérusalem à celui du Paradis perdu, qu'il y a ici la distance de la terre au ciel entre les deux poëtes.

Fils de Virgile comme le Dante dont il est également le disciple et l'émule, quelquefois autant au-dessus de ces deux grands maîtres, que la Bible au-dessus de l'Iliade, Milton a créé aussi un enfer; mais au lieu de nous y conduire par de longs et savants détours, il nous montre tout-à-coup le prince des anges rebelles en possession de son affreux empire :

> Séjour des feux vengeurs, épouvantable abîme,
> Où les peines sans fin se mesurent au crime,
> Et tiennent accablé sous cent chaînes d'airain
> L'insensé qui brava le pouvoir souverain.
> Jeté du haut des airs en ces cachots funèbres,
> Durant neuf fois le temps où règnent les ténèbres,
> Durant neuf fois le temps qui mesure le jour,
> Dans la profonde horreur de son nouveau séjour,
> Au milieu de sa noire et hideuse phalange,

Resta, muet d'effroi, l'audacieux archange :
Malheureux, il roulait dans ce gouffre éternel,
Foudroyé mais vivant, souffrant mais immortel :
Conservé pour subir la céleste justice,
Le refus de la mort est son plus grand supplice [1].
De ses maux à venir, de ses biens d'autrefois
Il sent peser sur lui l'insupportable poids.
Il se soulève enfin, et de l'abîme immense,
Jette un coup d'œil sinistre, où sont peints la vengeance,
L'effroi, le désespoir sur lui-même acharné,
Et la haine inflexible, et l'orgueil obstiné ;
De regrets sans remords indomptable victime
Expiant à la fois et méditant le crime.
  D'aussi loin que d'un ange aperçoivent les yeux,
Il regarde, il parcourt cet océan de feux,
Qui, brûlant tristement sous ces voûtes funèbres,
Sans répandre le jour, laissent voir les ténèbres ;
Il ne découvre au loin que de brûlants tombeaux,
Que des champs de douleur, des régions de maux,
Du deuil, de la souffrance inconsolable asile ;
L'espoir présent partout, à jamais s'en exile [2] ;
Partout règnent l'effroi, l'horreur, l'obscurité,
Et des méchants punis l'affreuse éternité.
Point de trêve aux tourments : un torrent de bitume
Sans cesse alimenté, sans cesse se rallume.
Séjour bien différent des délices du ciel.

---

[1] Cette pensée est bien faible auprès de celle du poëte italien dans le chant III de l'Enfer.

[2] Milton a eu tort de rappeler, par une si froide imitation, la fameuse inscription de la porte de l'enfer du Dante.

« C'est là que découvrant d'abord tous les compagnons de sa chute renversés par les vagues et les tourbillons de la tempête enflammée, il aperçoit étendu à ses côtés le complice qui est le premier après lui dans le pouvoir comme dans le crime, l'affreux Belzébut! Il l'apostrophe en ces mots : « Si tu es celui...... mais quelle chute est la tienne, et que tu parais changé! Que tu es différent de l'ange qui, dans les heureuses régions de la lumière, éclatait au milieu de dix mille substances brillantes! Si tu es celui qu'une même ligue, les mêmes pensées, les mêmes conseils, la même espérance, le même danger, unissaient à moi dans une hardie et glorieuse entreprise, et que maintenant unit à moi une même misère, tu vois dans quel abîme nous souffrons, et de quel lieu élevé nous sommes tombés. C'est par son tonnerre qu'il a prouvé combien sa force soutenait la nôtre.... mais quelle que soit la puissance de ses armes, et, dût-il en employer encore de plus terribles contre nous, je ne me repens pas..... Qu'avons-nous perdu? le champ de bataille. Il nous reste une inflexible volonté, une insatiable ardeur de vengeance, une haine immortelle, et un courage qui ne peut ni céder ni se soumettre; n'est-ce donc pas là être invincibles[1]? »

---

[1] Parny se montre digne de Milton dans ces beaux vers :
Tout ce que peut l'ennui de l'esclavage,

Mais Belzébut, le terrible Belzébut, est ébranlé devant la victoire du Tout-Puissant, il tremble devant les supplices éternels! Satan qui le connaît, et sait comment réveiller en lui l'audace et la constance, lui répond en véritable chef d'une conspiration : « Chérubin tombé, soit qu'on agisse, soit qu'on souffre, c'est la perte du courage qui fait la misère. » Et tout-à-coup profitant du moment où le vainqueur a déjà rappelé les ministres de sa vengeance, il montre à Belzébut une plaine aride, déserte, horrible, séjour de désolation privé de toute lumière, si ce n'est de celle que répand la pâle et affreuse lueur des flammes; c'est là qu'il veut aller, loin des fureurs d'une mer de feu, chercher quelque repos, ou plutôt délibérer avec les autres complices de son crime sur une nouvelle attaque contre l'Éternel.

Au moment où Satan vient de ranimer par ces paroles la rage de son digne rival, Milton achève

---

Un juste orgueil par l'orgueil accablé,
La valeur calme, et l'audace et la rage,
Nous l'avons fait : les tyrans ont tremblé;
Ils pâlissaient sur leur trône ébranlé :
La foudre seule a vaincu le courage.
Mais aux vaincus il reste la fierté,
L'horreur du joug, le cri de liberté,
La haine enfin consolante et cruelle,
La haine active, implacable, éternelle.

ÉNÉIDE, LIVRE VI.

de le peindre ainsi dans des vers dont Delille a peut-être surpassé la beauté :

> Sur la vague brûlante il élève sa tête ;
> Ses regards sont l'éclair et sa voix la tempête.
> Sur la face des eaux, du superbe guerrier
> S'avance et s'élargit l'immense bouclier ;
> Vingt stades sont couverts de sa flottante masse.
> Tels on peint des Titans la gigantesque race,
> L'énorme Briarée, et ces vastes Typhons
> Que Tarse renfermait dans ses antres profonds.
> Telle de l'océan l'énorme souveraine,
> Le géant de la mer, l'effroyable baleine,
> De loin paraît une île aux yeux des matelots,
> Quand le monstre assoupi sommeille sur les flots.

Combien les géants de l'antiquité, même quand ils sont debout en face de l'Olympe, paraissent inférieurs à ce géant de la Bible, si grand au milieu de sa chute, et pressé par la main souveraine qui châtie sa révolte ! Quelle progression dans les tableaux de Milton ! L'archange qui a osé lever l'étendard contre les cieux, l'orgueilleux que la foudre n'a pu corriger, le téméraire qui médite avec une nouvelle fureur le projet de renverser le trône de Jéhovah, retenu par des chaînes sur le lac de feu, loin d'avoir la force d'en sortir, ne pourrait pas même dresser la tête au-dessus des flots. Tout-à-coup, Dieu l'a permis, il élève hors de l'étang son vaste corps. Ses mains, qui font ondoyer derrière lui les pointes aiguës des flammes, forment entre elles et Satan une horrible vallée. Enfin étendant les ailes, et s'appuyant sur l'air épais que charge ce poids inconnu, il dirige son vol vers cette terre de désolation, si l'on peut appeler terre ce qui, quoique solide et brûlant, ressemble à un lac de feu liquide, ou à quelques débris de rocher sombres et fumants que les entrailles de l'Etna viennent de vomir. Tel est le lieu où les pieds maudits de Satan et de Belzébut trouvent enfin un appui ; les deux complices se glorifient d'y être descendus par la seule puissance de leurs propres forces, et non par la permission de leur souverain qu'ils méconnaissent. Ce terrible lieu arrache à l'archange des exclamations qui nous ouvrent le fond de ce cœur qui est un abîme.

« Est-ce ici la région, la terre qui nous tiendra lieu du ciel? Est-ce donc cette triste obscurité qu'il nous faut changer contre la sérénité de la céleste splendeur? Eh bien soit ! ici du moins nous voilà le plus loin qu'il est possible de notre égal suivant la justice, de notre souverain par la force. Adieu, campagnes heureuses; adieu, éternelle demeure de la joie. Je te salue, séjour de l'horreur; je te salue, monde infernal ; et toi, profond abîme, reçois ton nouveau possesseur. Il t'apporte un esprit que rien ne peut changer, ni le temps, ni le lieu..... Ici du moins nous serons libres....... régner dans l'enfer vaut mieux que servir dans le ciel. »

Assurément il est impossible de développer d'une manière plus hardie et plus dramatique un grand caractère ; le Prométhée d'Eschyle en est sans doute le type ; admirons Eschyle, mais honneur au génie qui transforme ainsi ses modèles !

Semblable dans sa marche à un astre qui grandit si rapidement une fois qu'il a paru à l'horizon, Satan s'avance sur les rivages de la mer de feu où ses légions, dans le premier étonnement de leur chute, gémissent pêle-mêle renversées sur les flots. Il les appelle d'une voix qui se fait entendre dans toute la vaste profondeur des enfers. Aux derniers mots de sa harangue : « Qu'on se réveille, qu'on se lève, où qu'on reste éternellement tombé [1], » les rebelles sont saisis de honte ; ils s'élancent soutenus sur leurs ailes et descendent vers le terrain de soufre brûlant, pareils aux flots de barbares que le nord vomit jadis sur l'occident. Aussi prompts que l'éclair, se rendent au lieu où était leur général, tous les chefs de tant de bataillons, fiers capitaines, semblables à des dieux, surpassant par leur taille et leur forme extérieure, tout ce que dans la sienne l'hom-

---

[1] Parny a dit avec une haute concision :

Debout, debout tout à l'heure, ou jamais.

me peut avoir de dignité ; princes majestueux, puissances assises autrefois sur des trônes, et dont il n'est plus parlé dans les registres du ciel, où leurs noms ont été effacés après leur révolte. » Ces images sont d'une grandeur fantastique en apparence, mais elles cachent une vérité. Voyez une armée française le soir d'une déroute ; regardez-la deux jours après, ralliée d'elle-même ou plutôt par un homme de génie ; voilà le modèle du tableau inventé par Milton.

J'emprunterai ailleurs aux récits du poëte une comparaison avec le signal donné à l'armée infernale, qui se réunit autour de son prince ; mais quelle fierté de pinceau dans le nouveau portrait de l'archange, semblable au soleil voilé par des nuages, ou obscurci par la lune dont la présence cause, dans une sombre éclipse, un désastreux crépuscule à la moitié des nations, et prédit aux monarques de fatales révolutions ! Également voilé dans sa splendeur, l'archange brille encore au milieu des autres puissances de l'enfer. Son front cicatrisé est rempli de sillons creusés par les feux du tonnerre. L'inquiétude réside sur ses joues flétries ; mais sous ses noirs sourcils, un courage intrépide, un orgueil réfléchi veillent à sa vengeance ; il a des yeux cruels, et cependant il paraît touché de remords, et de compassion à l'aspect de ses complices et de leurs malheurs ! Il s'apprête à parler, mais malgré l'obstination de son cœur inflexible, trois fois il veut commencer, et trois fois, quelle que soit la honte qu'il en éprouve, les larmes s'échappent de ses yeux. Enfin il se fait entendre : « Plus d'espérance de paix. Quelqu'un pourrait-il songer à se soumettre ? Non, non, ne pensons qu'à la guerre ouverte ou cachée. La guerre est notre seul parti ; que notre unanime résolution soit la guerre. » Nous admirons dans Virgile l'affreuse assemblée des Cyclopes appelés sur le rivage de la mer par les cris de Polyphème ; mais les milliers d'épées étincelantes que les chérubins élèvent dans les airs autour de Satan, et leurs cris de rage contre le Très-Haut, ont un bien plus grand caractère que les fureurs inutiles des Cyclopes et de leur chef. Que l'affreux conseil de ces derniers sur le rivage de leur île produit peu d'effet auprès des anges déshérités qui menacent encore le ciel, et portent le défi de la guerre au Dieu dont ils croient avoir balancé la puissance ! Combien la rage immortelle de Satan est plus redoutable que la colère impuissante de Polyphème !

Jamais l'épopée antique ne donna au fier Atride un cortége aussi magnifique que celui du prince des ténèbres. Les rois soldats de l'Iliade s'assemblent dans une tente qui suffit à leur réunion ; il faut aux puissances de l'enfer un vaste temple, plus grand, plus superbe que les plus hardis monuments de la puissance humaine, un temple presque digne des cieux et qui peut à peine contenir une armée dont les légions s'avancent en bandes de cent mille soldats. A la vérité Homère ne commet pas la faute de réduire tout-à-coup à la taille des Pygmées les géants dont il vient de nous faire admirer la hauteur ; mais aussi le conseil d'Agamemnon ne nous offre que des mortels plus ou moins héroïques, tandis que celui de Satan se compose de mille et mille dieux assis sur des siéges d'or.

Dans les délibérations des princes d'Argos et de Mycène, le roi des rois souvent timide et prêt à donner l'ordre de la fuite, reçoit devant les chefs ses rivaux, des injures et des menaces ; son pouvoir est balancé par le jeune Achille, qui emporte avec lui dans sa retraite la gloire et la fortune des Grecs. Satan paraît sur un trône d'or et dans une royale majesté au milieu de tant de puissances et de dominations frappées de terreur et de respect par sa présence. Il doit sa grandeur à son génie, à une constance, à une audace qui surpassent l'attente des plus fiers complices de la révolte dont il est l'auteur. Du sein même du désespoir il enfante les plus hautes espérances ; du fond de l'abîme il aspire à la souveraineté des cieux ! Son orgueil, son habileté à lire dans les cœurs lui inspirent les paroles d'un maître qui se sent affermi contre les conspirations par les périls qui l'environnent. Satan règne sans rival, parce que, semblable au rocher de Prométhée, son trône sublime est exposé à toute la colère du ciel, et que, de l'aveu unanime, lui seul est capable de l'affronter.

Après le discours de Satan à son conseil, discours mesuré, mais dans lequel éclatent pourtant quelques signes de l'orage et du tumulte de son cœur de damné, on entend les cris de l'affreux Moloch, déterminé à ne plus être, plutôt que d'être inférieur à l'Éternel ; cette résolution le rend intrépide : il ne craint ni dieu, ni enfer, ni pis que l'enfer. La guerre ouverte, voilà son avis. La fureur, l'ironie amère, la dérision cruelle, l'orgueil indompté, le sentiment de sa force première, une haine irréconciliable pour l'esclavage, et surtout la vengeance, son dernier espoir, bouleversent le cœur de ce conjuré. Auprès de ses transports, la colère de Junon, les défis du Prométhée d'Eschyle à Jupiter, ne sont que de vains emportements. Comparés à Moloch, le Cassius de Shakespeare, le Cinna de Corneille, le Manlius de La Fosse, et son inflexible complice, ne font que bégayer le langage des conspirateurs furieux. Je laisse de côté les autres membres du conseil infernal dont Belzébut, témoin de l'effet des lâches conseils sur les esprits, amène le dénouement par un de ces avis mitoyens qui emportent souvent tous les suffrages dans les assemblées. Suivant lui, il faut renoncer à l'attaque du ciel pour se jeter sur la terre, la ravager et l'occuper. Cette proposition, par laquelle Belzébut remplit son double but, celui de rejeter loin de lui des périls qu'il n'a peut-être plus la force de braver, et celui de flatter la pensée de Satan qui s'est découvert à son complice, plaît à tous; mais qui osera se charger de l'entreprise? A cette question de Belzébut tous les démons gardent le silence; c'est alors que Satan achève de justifier son insatiable ambition ; c'est lui qui va se dévouer pour tout l'enfer, et découvrir le nouveau monde promis au genre humain qu'il veut détruire. Voilà comment il terrasse tous ses rivaux! voilà comment finit le conseil des démons! « Au milieu des pairs de la cour infernale, marche le souverain monarque qui semble seul l'antagoniste des cieux, non moins que le redoutable empereur des enfers. Dans sa pompe extérieure, imitant celle de la divinité, il est entouré d'un globe de séraphins de feu, qui font briller leurs enseignes et leurs armes terribles. »

Dans son vol impétueux, Satan arrive enfin aux portes des enfers; il trouve assis sur le seuil le Péché et la Mort sous des formes effroyables, tantôt empruntées à Hésiode, à Virgile, à la Bible, et tantôt à une imagination qui s'était allumée à tous ces grands foyers d'inspiration. La raison peut blâmer cette scène sous plusieurs rapports, mais elle a une grandeur et quelquefois une énergie de sens qui étonnent.

Les proportions physiques et morales, la nature vraie et la nature idéale du prince des ténèbres, s'accroissent d'une manière prodigieuse à nos yeux dans son voyage à travers la nuit et les vagues du chaos. Sans doute Homère est grand avec plus de raison, mais une fois entré dans un monde idéal un homme de génie avait le droit d'enfanter des choses extraordinaires, et Milton pouvait seul les prodiguer avec une telle fécondité. Il marche de prodiges en prodiges; après de brillantes métamorphoses qui forment une heureuse opposition avec l'imposante attitude que le dieu du mal, comme il s'appelle lui-même, avait à la tête des dominations de l'enfer, l'archange reparaît tout entier dans son apostrophe au soleil. L'éclat de cet astre dont naguère il effaçait la splendeur, assis sur l'un des trônes du ciel, en rappelant au coupable sa gloire et sa chute, semble réveiller ses remords. Aux paroles échappées de sa bouche on dirait que Satan désarmé va se repentir; mais bientôt l'orgueil indigné rallume la passion de la vengeance dans son cœur indomptable. Quand Dieu pardonnerait, Satan ne pourrait long-temps accepter le pardon; il se rend avec joie à cet odieux témoignage et s'écrie :

> Fuyez, lâches remords; vengeance, je t'appelle :
> Que du monde entre nous l'empire soit égal;
> Qu'il soit le dieu du bien, je le serai du mal.
> C'en est fait; je lui voue une éternelle guerre.

Voilà le vrai conspirateur, acharné sur sa proie, étouffant les cris de sa conscience ou la voix de sa raison, prisonnier dans son crime comme dans un labyrinthe inextricable, courant à sa ruine par une pente rapide, et ne pouvant plus s'arrêter jusqu'à ce qu'il tombe dans l'abîme !

Nous retrouvons une dernière fois Satan. Après avoir corrompu l'Innocence et violé son divin séjour, il est sur le seuil des enfers en présence de ses deux horribles enfants, le Péché et la Mort, qui, prêts à s'élancer vers la terre qu'il vient de livrer à leurs ravages, ont bâti sur l'abîme un pont par lequel le genre humain doit passer tout entier; image effrayante et sublime d'une loi éternelle de l'univers créé. Satan vole au Pandémonium pour annoncer sa victoire; mais, au milieu des chants d'allégresse, une puissance inconnue métamorphose en serpents tous les princes de l'enfer ; Satan seul conserve du moins ses proportions colossales. Il devient un dragon plus monstrueux que le Python de la fable. Monarque encore, il entraîne avec lui cette foule rampante jusque dans la plaine où l'armée infernale était rangée en bataille, dans l'espérance de voir le triomphe de son

général. Soudain, quelle grande attente déçue !
quelle punition pour l'orgueil ! l'horreur saisit les
rebelles, et, par l'effet d'une affreuse sympathie,
ils prennent tous la honteuse forme qui vient d'exciter leur douleur et leur mépris !

La nature du sujet et la nécessité de nous dissimuler le triomphe de Satan qui aurait paru le
vainqueur de l'Éternel, semblent avoir condamné
Milton à cette étrange fiction ; elle blesse l'esprit
du lecteur échauffé jusqu'ici par de grands prodiges ; elle a surtout l'inconvénient d'effacer l'impression d'une image sublime. En effet, au moment où le poëte nous représente le Péché et la
Mort comme deux monstres qui vont porter la ruine et la désolation dans le monde que Dieu avait
créé si beau et si parfait, la terre semble être un
lieu maudit comme le prince affreux qui vient y
exercer l'empire, et le pont que ses enfants ont
bâti sur l'abîme n'est qu'un passage entre deux
enfers !

Nul doute que la Divine comédie et le Paradis
perdu n'aient élevé l'épopée antique à une hauteur qu'elle n'avait point avant eux ; mais il
reste à Virgile une gloire immense, celle d'avoir
donné la naissance au Dante et à Milton. Après
ces deux grands poëtes, il en est un troisième qui
semble avoir mieux connu, mieux représenté le
Satan de la Bible, que tous ses autres peintres. Il

n'est pas un ami de ces belles fictions si instructives, sous des formes pleines d'attrait, qui ne se rappelle l'admirable scène de la séduction d'Ève par le prince des enfers transformé en serpent. La malice, les desseins couverts, la marche oblique, les savants détours, l'art de saisir l'entrée favorable du cœur, les précautions oratoires, la modération du langage, la douceur de l'accent, l'éloquence insinuante, et par-dessus tout la flatterie du respect, de l'admiration, de l'amour, mêlée aux apparences de la bonne foi qui la rend si puissante, se trouvent réunis dans cette création de Milton. Jamais allégorie aussi juste, aussi vive, ne nous montra plus à découvert la marche habile des passions qui viennent nous surprendre, et comment elles dominent bientôt le cœur qu'elles sont parvenues à occuper tout entier. L'idée de Milton est d'autant plus belle, que la métamorphose de Satan, naguère plus humble que la Discorde d'Homère, et bientôt élevant sa tête jusqu'aux cieux tandis qu'il marche sur la terre, est une autre allégorie de la grandeur des périls et de l'énormité des fautes où peuvent nous jeter ces mêmes passions qui ont de si faibles commencements. Nous connaissons le tentateur créé par Milton ; voici celui de Bossuet :

« Ah ! mes frères, qui pourrait vous dire toutes les profondeurs de Satan, et par quels artifices le serpent s'insinue? Votre cœur est-il déjà effleuré par quelque commencement d'amour? il souffle cette petite étincelle jusqu'à ce qu'elle devienne un embrâsement; il vous pousse de la haine à la rage, de l'amour au transport, et du transport à la folie..... Il voudrait bien, mes frères, vous rendre d'abord aussi méchants que lui, s'il pouvait : car que désire ce vieil adultère, sinon de corrompre l'intégrité des âmes innocentes, et de les porter, dès le premier pas, à la dernière infamie? mais vous n'êtes pas encore capables d'une si grande action, il vous faut y mener pas à pas. Il s'accommode à votre faiblesse, il use avec vous de condescendance. Ah! ce ne sera, dit-il, qu'un regard; après, tout au plus, qu'une complaisance et un agrément innocent. Prenez garde, le serpent s'avance; vous le laissez faire, il va mordre. Un feu passe de veines en veines, et se répand par tout le corps. « Il faut l'avoir, il faut la gagner. C'est un adultère : n'importe. Eh bien, je la possède, est-ce pas assez? Il faut la posséder sans trouble. Elle a un mari ; qu'il meure. » David, David, le malheureux David! et qui ne sait pas son histoire!—Judas : inspirons-lui le dessein de se porter à vendre son maître. Le crime est horrible! allons par degrés : qu'il le vole premièrement; après, qu'il le vende. Voilà l'appât, l'avarice : il y a donné, il est à nous. Poussons, poussons de l'avarice au larcin, du larcin à la trahison, à la corde, au désespoir! » Ici Milton languit auprès de Bossuet, comme le magnifique Homère auprès des grandes inspirations de Moïse; de même le modèle de la fatalité antique, l'Œdipe roi, de Sophocle, n'inspire pas une aussi profonde terreur du crime que le Satan de l'orateur sacré.

L'enfer et le Satan de Klopstock sont trop servilement copiés de Milton, et quand le poëte allemand veut innover, le jugement l'abandonne; c'est ainsi, par exemple, que Satan est frappé d'impuissance, bravé par un sujet rebelle, et détrôné dans l'opinion par Adramélec qui, plus terrible et plus influent que son maître, veut détruire les mondes, anéantir les esprits pour anéantir Satan, et régner à sa place comme à celle de l'Éternel lui-même. Milton se montre à la fois plus sensé dans le dessein général de son enfer, et dans la conduite de la conspiration; son archange tombé est toujours le roi des enfers et l'âme de la révolte, comme Dieu est l'âme du monde.

Une faible imitation des formes de l'antiquité trahit encore l'impuissance de Klopstock dans l'apparition de Satan à Judas, sous les traits de son propre père; mais voici des beautés qui compenseront les fautes. Au moment des fureurs de Judas dont le cœur est devenu un enfer, Jésus et Jean s'éveillent et gagnent la montagne des Oliviers où ils trouvent les disciples endormis. Jésus prend la main de Lebbée, et lui dit, comme s'il parlait à la pensée de cet ange de la pitié toujours occupé de son divin ami : « Sois tranquille sur le sort de ton maître, vertueux Lebbée; contemple-le, il vit encore. » Le disciple se lève promptement, l'embrasse en répandant des larmes de joie, court réveiller les autres disciples, et les conduit vers Jésus qui, les voyant rassemblés autour de lui, leur parle ainsi : « Venez, troupe sainte, venez, nous passerons ensemble dans l'allégresse, avant de nous dire le dernier adieu, ce jour qui luit encore pour nous. Venez, Saron nous est encore ouvert, et le ciel qui est au-dessus de nos têtes, distille encore des nuages du matin une rosée fertile sur les campagnes bénies. Le cèdre céleste planté par mon père, nous couvre de ses ombres rafraîchissantes : l'empreinte de la divinité brille encore sur la face de l'homme qui marche égal aux immortels. Mais bientôt tout sera détruit; bientôt le ciel se couvrira d'un voile sombre et de nuages effrayants; bientôt la terre sera ébranlée jusque dans ses fondements; bientôt les hommes porteront sur moi leurs mains meurtrières; bientôt vous me fuirez tous! Sèche tes larmes, ô Pierre, et toi, disciple chéri, modère ton affliction; lorsque l'époux vit encore, l'épouse suspend sa douleur. Consolez-vous; vous me reverrez; oui, vous me reverrez, et vous éprouverez à ma vue les transports d'allégresse d'un fils unique qui voit sa mère se réveiller d'entre les morts. » Après ce discours, tous les disciples, Judas seul excepté, suivent leur maître. Judas, caché sous l'épaisseur de la forêt, avait entendu de loin les paroles de Jésus, il reste seul, et c'est alors qu'il laisse éclater les doutes qui ne sont que des remords d'un moment ; les imprécations, filles de la rage d'un méchant qui maudit les dieux, la nature, les hommes et lui-même ; cette crédulité qui vient de la corruption du cœur ; puis de nouvelles imprécations, et enfin le fatal entraînement du coupable qui embrasse à jamais son crime comme le seul moyen d'accomplir ses violents désirs.

L'opposition entre le calme du juste qui va mourir, et les bouleversements de l'âme de son meurtrier, méritait d'être remarquée.

Dans le Sanhédrin où Caïphe inspiré par Satan demande la mort de Jésus, on doit noter les deux discours du faux sage, de l'hypocrite, et du furieux auquel Klopstock a donné le nom de Philon. Peut-être aucun des damnés de Milton n'est-il animé d'une rage aussi infernale que celle de cet ennemi du Christ. A la vérité le poëte allemand oublie qu'il ne faut pas frapper si fort quand on veut frapper si long-temps, et que l'effet des imprécations est en raison inverse de leur durée.

Jusqu'à présent Satan joue un rôle assez insignifiant ; les efforts de ses complices ont été confondus par l'éloquence d'un seul homme ; la résolution de faire mourir le Christ est bien loin de la pensée du peuple, quand Judas vient murmurer à l'oreille de Caïphe les paroles de la trahison. Satan a disparu en ce moment, sans qu'on sache ce qu'il est devenu, mais nous croyons le revoir en quelque sorte sous les traits de Judas, sa plus affreuse image. A peine Judas a rendu aux prêtres l'argent maudit qui était le prix du sang innocent, le désespoir s'empare de lui ; il fuit loin de Jérusalem, loin de tous les regards, et veut se donner la mort, mais il voudrait aussi anéantir son âme, pour échapper aux supplices éternels. Enfin, il ajoute le suicide à tous ses autres crimes ; mais tout-à-coup, après s'être étranglé, il ressuscite et plane dans les airs avec un nouveau corps. Un seul trépas ne suffisait pas à un tel coupable, et Klopstock va le punir à la manière du Dante.

Abandonné par son ange Ithuriel, livré par lui à un ministre céleste de la mort, Judas est en face de la croix ; divins témoins d'un sacrifice sublime, tous les anges regardent le disciple apostat et traître. Plus obscur que la nuit qui couvrait le monde épouvanté comme si la foudre eût grondé sur sa tête, et fait trembler la terre sous ses pieds, le coupable arrêté dans un nuage suspendu dans les airs, suit tous les mouvements que l'ange exterminateur lui prescrit avec un glaive flamboyant; Obbadon lui montre Béthanie, la chaumière de Caïphe, son propre cadavre encore étendu à Gethsemane, et Jésus sur le bois infâme; à cet aspect Judas implore à grands cris la faveur d'une seconde mort pour ne pas paraître devant le juge suprême; mais au lieu d'exaucer cette prière de la peur tournée en rage, Obbadon, fidèle aux ordres de l'Éternel, montre au pervers toutes les splendeurs du royaume céleste. Ce spectacle, qui lui fait éprouver les horreurs du désespoir, est le prélude de sa descente au gouffre béant des enfers qui vont le dévorer.

Que de longueurs, que de faiblesse dans ce morceau, comparé au moment où le Christ de Milton, sur son char de feu, et debout à l'extrémité des cieux, précipite à coups de foudre Satan et toutes ses légions jusques au fond du séjour qu'ils n'atteindront qu'après avoir roulé, pendant neuf jours et autant de nuits, comme des tourbillons enflammés, dans l'espace immense qui sépare la voûte étoilée des profondeurs de l'abîme! Quelle faute encore dans le poëte allemand, d'avoir annoncé deux fois d'avance l'idée admirable du spectacle des cieux offert à Judas en présence des enfers! Pourquoi son horreur à l'aspect de cet affreux séjour est-elle exprimée avec si peu d'énergie? Le désordre de l'âme du pervers, dans tout l'effroi de son crime et de son supplice, demandait une peinture extraordinaire dans laquelle le poëte aurait épuisé tous les efforts de son génie; il n'y a pas même ici ce que l'on a pu remarquer après la condamnation d'un criminel, lâche, féroce et pourtant effrayé. Je vois bien les ténèbres répandues autour du coupable, mais où sont les signes de la vengeance céleste qui devraient être écrits sur son front; où sont l'égarement des yeux, la décoloration et le tremblement des lèvres, la mort imprimée sur la face, et cet air de cadavre que la pâleur, l'altération des traits, un renversement universel donnent au criminel qui n'a plus qu'un moment à vivre pour entrer dans son affreuse éternité?

Nous venons de contempler les œuvres de Satan, mais nous voudrions le voir lui-même. Qu'est-il devenu pendant et après le triomphe de ses attentats? Klopstock va nous le dire.

Le martyr du genre humain nous apparaît étendu sur sa croix; au milieu de souffrances qui n'ont jamais eu, qui n'auront jamais d'égales, il achève de mourir en demandant, au nom du sang qui coule de ses blessures, au nom de son agonie, que les angoisses de la mort soient désormais adoucies, que le ciel soit accordé aux pauvres, aux malheureux, aux victimes de l'injustice, aux amis fidèles, aux infortunés que la calomnie a poursuivis et flétris, à tous ceux qui pardonnent à leurs ennemis, aux cœurs bienfaisants et modestes qui ont regardé leurs semblables comme leurs frères!... Assurément, même comme fiction, cette prière qui embrasse toutes les misères et toutes les vertus de l'homme, cet amour immense du genre humain qui éclate parmi des souffrances mesurées à la grandeur de la victime, surpasseraient de beaucoup les sublimes paroles de Socrate mourant, le sourire sur les lèvres, au milieu de ses disciples, et soutenu par la sublime espérance de l'immortalité.

« Après sa dernière invocation, le Christ détourne du tombeau ses regards attendris, et les porte d'une manière effrayante du côté de la mer Morte où étaient couchés Satan et Adramélec. La terreur suit ses regards, vole et ébranle la terre jusque dans le fond ténébreux de ce triste gouffre... Les deux réprouvés sentirent alors tout le poids de leur misère. A mesure que le Rédempteur versait son sang sur la croix, les jugements du Messie s'appesantissaient sur les enfers, mais surtout sur la tête impie de Satan et d'Adramélec. » C'est une faute contre la vérité des mœurs et contre la tradition, que d'avoir prêté des regards terribles au Christ crucifié par les Juifs; Jésus sur sa croix n'a menacé personne, il n'a pas même maudit Sa-

tan; il a oublié les injures du mauvais larron pour
accorder les cieux au repentir et à la foi de l'autre
compagnon de son supplice; enfin ses derniers regards sont allés mourir sur sa mère et sur le disciple fidèle; et, après les avoir confiés l'un à l'autre
par ces touchantes paroles : « Mère, voilà ton fils;
disciple, voilà ta mère, » il a rendu le dernier soupir en remettant, comme un simple mortel, son
âme entre les mains du Dieu de l'univers. Un poëte devait conserver avec un respect religieux une
scène si belle et consacrée par l'admiration des
siècles. Aussi Klopstock la retrace-t-il avec une
fidélité parfaite, mais il n'en a pas moins altéré
d'abord le caractère du sujet par une fiction dé-
placée. Cette inadvertance n'empêche pas que la
discorde et les fureurs des deux archanges tombés
ne forment un beau dénouement aux projets de
l'enfer à jamais confondus par le Christ victorieux
sur la croix.

On peut juger, par une admirable peinture de
Satan empruntée à Ézéchiel, et embellie par son
interprète[1], ce que serait devenu un enfer tout
entier de la main de Bossuet. Si celui que nous a
tracé la main de Fénélon n'a point la vigueur inculte et sauvage de son rival de gloire, on y reconnaît du moins le grand moraliste qui veut faire

---

[1] *Voyez* le sermon sur les démons.

servir la croyance des supplices éternels au bien de l'humanité. L'auteur du Télémaque n'a pas écrit sur la porte du Tartare la terrible inscription du Dante ; mais en plaçant sur le vestibule un tyran d'Asie, devenu le jouet de ses flatteurs qui insultent à son malheur, et se vengent sur lui de toutes les misères de leur ancienne servitude, il commence d'une manière dramatique une scène consacrée presque tout entière à la leçon des rois. On croit entendre à tout moment résonner aux oreilles des maîtres de la terre cette sentence de Virgile : « Apprenez à respecter la justice et à craindre le courroux des dieux. » Fénélon ne tarit pas en punitions contre les princes livrés à la mollesse, à l'ambition, à une magnificence fondée sur la ruine des peuples, à l'amour insensé d'une gloire achetée de leur sang, au mépris des lois, et à la passion du pouvoir absolu qui fait des monstres d'orgueil et de tyrannie. Il condamne aux peines du Tartare plusieurs monarques regardés comme d'assez bons rois sur la terre, mais qui avaient eu la faiblesse de se laisser gouverner par des hommes méchants et artificieux. Il semble qu'en jugeant les princes pour instruire un héritier de la couronne, le sage instituteur avait toujours présent à la pensée ces paroles de Bossuet, qu'il cherchait à graver bien avant dans le cœur de son élève : « Ce sont de ces vertus comme on en trouve beaucoup dans les enfers. »

Fénélon poursuit les tyrans avec une juste sévérité ; mais qu'il est éloigné d'exhaler contre eux des imprécations semblables à celles contenues dans la parabole d'Isaïe, dont les paroles de feu représentent d'une manière si terrible l'allégresse d'Israël insultant à la ruine du roi de Babylone. « Comment s'est arrêté tout-à-coup l'exacteur impitoyable? Comment les tributs ont-ils cessé? Le seigneur a brisé la verge des impies, le sceptre dominateur qui frappait les nations d'une plaie incurable, qui soumettait les peuples dans sa colère, et les persécutait sans relâche.

» Toute la terre s'est reposée d'abord et a fait silence ; puis elle s'est réjouie, et a poussé des cris d'allégresse.

» Les sapins et les cèdres du Liban ont applaudi à ta chute. Tu dors, ont-ils dit, et désormais personne ne s'élevera pour nous abattre.

» A ton approche l'enfer a été troublé au fond de ses abîmes ; il a suscité contre toi ses géants de grandeur ; les rois de la terre, les princes des nations se sont élancés de leurs trônes, et tous t'ont adressé ces paroles : « Eh quoi ! tu es blessé comme nous, et voilà que tu nous ressembles ! ton orgueil est tombé dans l'abîme avec ton cadavre ; la pourriture est ta couche, les vers te servent de vêtement ; qui t'a précipité du ciel, astre brillant du matin ?

» Tu disais dans ton cœur : Je monterai par-dessus les cieux, je placerai mon trône au-dessus des astres, je m'asseoirai près de l'aquilon.

» Je m'éleverai par-delà les nues, je serai semblable au Très-Haut; mais tu as été jeté dans l'enfer au plus profond de l'abîme.

» Ceux qui te verront se pencheront vers toi, et te regardant de loin : « Est-ce là cet homme qui a troublé la terre et renversé les royaumes?

« Qui a fait du monde un désert, détruit les villes, et refusé d'ouvrir aux vaincus les prisons qu'il avait fermées sur eux?

» Les rois des nations se sont endormis dans leur gloire, chacun d'eux repose dans sa dernière demeure.

» Pour toi, jeté hors du sépulcre, comme un tronc inutile, souillé de sang, enveloppé dans la foule de ceux qui ont été tués par le glaive et précipités dans les abîmes ainsi qu'un cadavre pourri, tu n'auras point de compagnon après ta mort, tu ne partageras point la sépulture commune des rois, parce que tu as ruiné ton pays, massacré ton peuple. La race des méchants ne sera plus nommée sur la terre[1]. »

On sent, à la seule lecture de ce morceau qui

---

[1] *Isaïe*, chap. XIV.

rappelle l'imitation hardie du Dante, de Milton et de Bossuet, on sent que ces écrivains étaient profondément nourris de la Bible, et que la trempe vigoureuse de leur génie était plus d'accord avec ses mâles et sublimes beautés que le talent suave du tendre Fénélon, qui d'ailleurs se livrait un peu trop à sa facile abondance. Guidé par Virgile, et averti par son propre goût, Fénélon ne s'amuse point à décrire un grand nombre de supplices, il ne veut pas arrêter long-temps sur un tel spectacle les regards du jeune héros pressé du désir de retrouver Ulysse ; cependant sa courte description de l'enfer a des longueurs et des répétitions qui sont de véritables négligences. Il dit deux ou trois fois la même chose et toujours avec trop de paroles. Il maudit les hypocrites qu'il appelle des impies, mais ses traits sont faibles et languissants. On ne reconnaît point en lui la vigueur qui étincelle dans ce beau vers de Perse :

Virtutem videant intabescantque relicta [1].

Fénélon, en se répétant un peu plus loin, prouve lui-même la mollesse de sa touche dans la premiè-

---

[1] Qu'ils contemplent la vertu et qu'ils sèchent de douleur de l'avoir abandonnée !

re esquisse du même sujet. En général, l'auteur du Télémaque est ici faible et diffus, et il décolore tout ce qu'il imite de l'Énéide.

L'enfer décrit par Voltaire présente d'abord des pensées philosophiques qui manquaient à Fénélon, plus tolérant de cœur que d'esprit. Le poëte emprunte au prosateur la punition des méchants rois et celle de leurs conseillers; mais, contemporain de la régence, il épargne, dans les princes, la mollesse et le goût des voluptés, sans penser qu'elles sont au nombre des plus grands fléaux des peuples, et que tôt ou tard elles perdent les rois et les empires. Le petit-fils de Louis XIV avait bien plus besoin de la juste sévérité de Fénélon que des complaisances d'un épicurien. Mais la raison, la philosophie et la religion même, ne pourront jamais citer qu'avec éloge ces admirables vers que sans doute personne n'eût osé mettre au jour, ni sous la vieillesse du grand roi, ni même au temps où l'aigle de Meaux épouvantait de la justice de Dieu le plus magnifique et le plus puissant monarque de la terre :

> Ne crois point, dit Louis, que ces tristes victimes
> Souffrent des châtiments qui surpassent leurs crimes;
> Ni que ce juste Dieu, créateur des humains,
> Se plaise à déchirer l'ouvrage de ses mains.
> Non, s'il est infini, c'est dans ses récompenses :
> Prodigue de ses dons, il borne ses vengeances.

Sur la terre on le peint l'exemple des tyrans;
Mais ici c'est un père, il punit ses enfants;
Il adoucit les traits de sa main vengeresse.

Peut-être pourrait-on penser que ces maximes nous montrent le philosophe du dix-huitième siècle derrière saint Louis, et qu'elles ne conviennent ni au temps ni aux lumières de ce roi ; mais saint Louis habite les cieux; l'Éternel lui-même a révélé au vertueux prince les secrets de sa miséricorde, et l'étendue de sa bonté qui n'a pas plus de bornes que sa puissance. Dieu donne, par la bouche de saint Louis, une leçon de justice et de clémence à la terre; dans tous les temps une telle conception sera sublime. On doit regretter que Voltaire n'ait tracé qu'une esquisse de l'enfer ; si ce tableau répugnait au caractère de son esprit, du moins pouvait-il donner plus de grandeur et de solennité à la condamnation de Jacques Clément; là, Voltaire devait être peintre, et grand peintre, comme il l'a été au moment de l'apparition du Fanatisme sous les traits du duc de Guise, et lorsque le parricide, après avoir invoqué l'Éternel dans une ardente prière, marche tranquillement à son crime. Voltaire avait un talent éminemment dramatique ; ses tragédies le mettent souvent au rang d'Euripide, que les Grecs regardaient comme le plus tragique de leurs poëtes ; mais la Henriade, en général, manque de chaleur, et des grands moyens d'illusion qui donnent la vie à l'épopée. Figurons-nous Jacques Clément, tel que l'aurait représenté le Dante; cette seule supposition nous fera sentir ce qui manque à la pâle ébauche de l'émule des grands maîtres de la haute poésie.

Homère, Hésiode, Virgile, le Dante, Milton, Klopstock et la Bible, ont inspiré l'auteur des Martyrs; pourquoi s'est-il trop souvent restreint au rôle d'un copiste habile qui réduit ses modèles? Il pouvait avoir plus d'audace, témoin l'imitation suivante qu'il a faite de Milton, et qui conserve presque toute la beauté de l'original. Satan a traversé, d'un vol rapide, les régions maudites; la bouche embrâsée de l'abîme s'ouvre devant lui. Un fantôme s'élance sur le seuil des portes inexorables : c'est la Mort!

« Elle se montre comme une tache obscure sur les flammes des cachots qui brûlent derrière elle; son squelette laisse passer les rayons livides de la lumière infernale entre les creux de ses ossements. Sa tête est ornée d'une couronne changeante dont elle dérobe les joyaux aux peuples et aux rois de la terre. Quelquefois elle se pare des lambeaux de la pourpre ou de la bure, dont elle a dépouillé le riche et l'indigent. Tantôt elle vole, tantôt elle se traîne; elle prend toutes les formes, même celle de la beauté. On la croirait sourde, et toutefois elle entend le plus petit bruit qui décèle la vie ; elle paraît aveugle, et pourtant elle découvre le moindre insecte rampant sous l'herbe. D'une main elle tient une faux comme un moissonneur; de l'autre elle cache la seule blessure qu'elle ait jamais reçue, et que le Christ vainqueur lui porta dans le sein au sommet du Golgotha. »

« Au centre de l'abîme, dit encore M. de Chateaubriand, au milieu d'un océan qui roule du sang et des larmes, s'élève parmi les rochers un noir château, ouvrage du Désespoir et de la Mort. Une tempête éternelle gronde autour de ses créneaux menaçants. Un arbre stérile est planté devant sa porte, et sur le donjon de ses tristes murs repliés neuf fois sur eux-mêmes, flotte l'étendard de l'Orgueil à demi consumé par la foudre. » Quoique bâti avec les matériaux du Dante et de Milton, le palais de Satan n'en est pas moins une belle chose que surpasse encore cette autre imitation presque sublime : « A l'entrée du premier vestibule l'Éternité des douleurs est couchée sur un lit de fer : elle est immobile ; son cœur même n'a aucun mouvement ; elle tient à la main un sablier inépuisable ; elle ne sait et ne prononce que ce mot : Jamais. »

Intimidé par notre goût moderne, M. de Chateaubriand nous donne un abrégé de l'enfer qui n'offre pas les proportions épiques. L'auteur a oublié que dans les choses fantastiques l'imagination doit user de tous ses priviléges, et imposer à la raison elle-même par la hardiesse et la grandeur des fictions. Ni majesté, ni colère, ni terreur dans le conseil infernal des Martyrs. Que sont ses démons comparés aux fils de la Terre qui veulent escalader l'Olympe, aux Satan, aux Belzébut, aux Moloch, assez audacieux pour aspirer à détrôner l'Éternel? une troupe de pygmées en face d'une race de géants qui ont acquis une hauteur immense en passant des mains d'Homère dans celles de Milton. M. de Chateaubriand n'a pu éviter l'écueil que le poëte anglais a su tourner ; dans les Martyrs, le vaincu paraît être vraiment le victorieux ; le demi-succès de l'Éternel dans le silence imposé à la sibylle de Cumes à qui Satan prétendait dicter des oracles, ne semble qu'une vaine jouissance de rivalité auprès du triomphe et de l'ivresse du génie de la révolte et du mal, qui vient de faire fulminer par l'empereur l'édit de persécution contre les Chrétiens ; mais on retrouve l'énergie du Dante dans ces cris du prince des damnés : « Enfer, ouvrez vos abîmes pour recevoir les âmes que le Christ vous avait arrachées ! Le Christ est vaincu ; son empire est détruit ; l'homme m'appartient sans retour. » Ainsi parlait le prince des ténèbres. Sa voix pénétra dans les gouffres des douleurs où les réprouvés, croyant entendre de nouveau la fatale sentence, poussèrent des cris affreux au milieu des flammes. »

Le poëte (car M. de Chateaubriand mérite ici ce noble titre) ne doit qu'à lui le démon de l'homicide, nouvelle image de Satan, qui, une torche d'une main et de l'autre un glaive, s'arrête au-dessus de Rome et donne le signal du massacre des Chrétiens. Ce grand désastre, et une scène où un Hébreu apostat, debout sur les cendres de Néron, évoque le démon de la tyrannie pour répondre aux vœux du cruel et superstitieux Hiéroclès, instrument des fureurs de Satan, sont également dignes de l'épopée. Il faut encore louer, au chant vingt-troisième, la peinture de la rage du peuple contre les Chrétiens. L'affreuse maladie d'Hiéroclès abandonné même de ses esclaves, accueilli dans un hospice par les victimes de ses cruelles persécutions, enfin soulagé dans ses douleurs par la même main qui vient de panser les plaies d'un martyr; la mort effroyable de cet impie, sa présence devant le tribunal de Dieu qu'il a renié dans le temps, et qu'il ne reverra plus dans l'éternité; l'intercession de son ange gardien; le silence du coupable muet de terreur parce qu'il s'est jugé lui-même; les cris des anges rebelles qui demandent leur proie; l'arrêt prononcé dans le ciel; la chute de l'athée précipité dans l'enfer qui s'ouvre et se referme sur lui en prononçant : L'éternité !

l'écho de l'abîme qui répète : L'éternité ! sont des beautés d'un ordre bien supérieur à celles qui précèdent la seconde mort du Judas de Klopstock. Mais voici de nouvelles créations que l'on peut appeler les magnifiques adieux de la muse de l'auteur des Martyrs : « L'hostie était acceptée. La dernière goutte du sang du juste allait faire triompher la foi sur la terre. La cohorte des martyrs s'ébranle ; les divins guerriers s'assemblent au bruit de la trompette sonnée par l'ange des armées.... Tous portés sur une nue lumineuse, ils descendent pour recevoir l'heureux soldat à qui la grande victoire est réservée ; les cieux s'abaissent et s'entrouvent : les chœurs des patriarches, des prophètes, des apôtres, des anges, viennent admirer le combat du juste. Les saintes femmes, les veuves, les vierges, environnent et félicitent la mère d'Eudore, qui seule détourne ses yeux de la terre et les tient attachés sur le trône de Dieu. » A ce divin spectacle l'auteur oppose la défaite de tout l'enfer, et le supplice de Satan, représentés avec des couleurs plus fortes, plus terribles que celles du Dante et de Milton, et que le faible Klopstock a vainement cherchées sur sa palette.

Après avoir parcouru le cercle de toutes ces comparaisons, qu'il eût été facile d'étendre encore, nous allons nous délasser d'un pénible voyage et passer, avec le prince troyen, du Ténare aux Champs-Élysées.

« Ces devoirs accomplis, et le présent de la pié-
» té offert à la déesse, Énée aborde avec la sibylle
» de riantes campagnes, des vergers délicieux, de
» fortunés bocages, séjour de la félicité. Là, un ciel
» plus riche revêt le vaste horizon d'une lumière
» d'azur et de pourpre; les habitants de ces beaux
» lieux ont leur soleil et leurs étoiles. Les uns
» disputent de force ou d'adresse, et se livrent des
» combats innocents sur les pelouses fleuries, ou
» luttent ensemble sur un sable d'or. D'autres, réu-
» nis en chœur, frappent la terre en cadence et
» chantent des hymnes sacrés ; à leur tête, le divin
» prêtre de la Thrace, vêtu d'une longue robe, fait
» parler dans ses nombres harmonieux les sept voix
» de la lyre dont les cordes frémissent, tantôt sous
» ses doigts errants, tantôt sous son archet d'ivoi-
» re[1]. Non loin brillent Ilus et Assaracus, l'antique
» sang de Teucer, Dardanus le fondateur de Troie,
» race illustre et magnanime de héros, nés en des

---

[1] On lit dans la République de Cicéron : « Les mouvements de ces astres produisent sept tons distincts et séparés : ce nombre est le nœud de presque toutes les choses. Les hommes qui ont imité cette harmonie par les sons des cordes ou de la voix se sont ouvert une entrée dans ces lieux, ainsi que tous les autres, qui, par la supériorité de leur génie, ont, dans une vie mortelle, cultivé les sciences divines. » (Livre VI.)

»temps meilleurs. Au loin, paraissent des chars
»vides et des armes inutiles ; les lances reposent
»enfoncées dans la terre, et les coursiers, libres du
»frein, paissent à l'aventure dans la campagne.
»Tous ces guerriers, que le héros contemple, ai-
»maient jadis les chars et les armes, ils se plai-
»saient à nourrir de brillants coursiers; les mêmes
»goûts les ont suivis jusqu'au-delà du trépas.

»A droite et à gauche, Énée voit des ombres
»couchées sur des tapis de gazon; elles célèbrent
»avec joie, au milieu d'un festin, les louanges des
»dieux, à l'ombre d'un bois de lauriers où, après
»sa chute, l'Éridan roule ses ondes impétueuses.
»Sous les berceaux odorants de ce bois sont réunis
»les guerriers blessés en combattant pour leur pa-
»trie[1] ; les pontifes dont le cœur fut toujours chas-
»te et pur; les poëtes religieux qui ne firent enten-
»dre que des chants dignes d'Apollon; les inven-
»teurs des arts qui ont défriché la vie humaine ;
»les mortels qui ont mérité par des bienfaits de

---

[1] Le trait de Virgile est un peu froid peut-être. Scipion, vainqueur des Carthaginois en Espagne avec son frère Cnéus, dit avec plus de chaleur à Publius Scipion l'Africain auquel il apparaît en songe : « Sache bien que tous ceux qui auront défendu, agrandi, sauvé leur patrie, ont dans le ciel une place certaine et fixée d'avance, où ils doivent jouir d'une éternité de bonheur. »

» vivre dans la mémoire de leurs semblables ; tous
» ont le front couronné d'une bandelette plus blan-
» che que la neige. La sibylle s'adresse à ces om-
» bres répandues autour d'elle, mais surtout à
» Musée que leur foule environne, les yeux levés
» pour contempler sa taille majestueuse : «Dites-
» nous, âmes fortunées, dis-nous, poëte sublime,
» quelles régions, quels lieux habite Anchise; c'est
» pour lui que nous sommes venus ici, pour lui
» nous avons traversé les grands fleuves de l'Érè-
» be. » Le chantre immortel répond en peu de
» mots : « Ici nulle demeure certaine pour person-
» ne ; tantôt nous habitons ces bosquets couverts
» d'un épais ombrage, tantôt nous goûtons le re-
» pos sur des lits de verdure, au bord des ruisseaux
» qui renouvellent sans cesse la fraîcheur des prai-
» ries. Mais vous, si vous cherchez Anchise, fran-
» chissez avec moi cette éminence ; une pente fa-
» cile vous conduira vers lui. » A ces mots, il mar-
» che devant eux, et, du haut de la colline, il leur
» montre de brillantes plaines où le héros et sa
» compagne s'empressent de descendre.

» Anchise considérait alors au fond d'un vallon
» tapissé de verdure les âmes enfermées dans cette
» enceinte, et destinées à revoir un jour la lumiè-
» re des cieux. Il parcourait d'un œil de complai-
» sance la longue suite de ses descendans, peu-
» ple chéri dont il repassait en lui-même les for-

» tunes diverses, les mœurs et les exploits. A pei-
» ne il aperçoit Énée qui s'avance à travers la prai-
» rie, que transporté de joie, les yeux baignés de
» larmes, il tend les bras vers son fils, et laisse
» échapper ces mots de sa bouche paternelle : « Te
» voilà donc enfin ! Ton pieux amour, déjà si con-
» nu de ton père, a triomphé des obstacles d'un
» pénible voyage ! Il m'est donné de contempler les
» traits, d'entendre la voix de mon fils et de lui ré-
» pondre. Je l'avoue, j'attendais ta venue; ma ten-
» dresse, en l'espérant, comptait les jours et les
» heures, ma tendresse ne m'a point trompé. Ah !
» quelles plages lointaines, quelles vastes mers il
» t'a fallu parcourir ! Après combien d'épreuves et
» de périls je te revois, ô mon fils ! Combien j'ai
» redouté que les royaumes de Libye n'eussent
» quelques dangers pour toi[1] ! » — « C'est votre om-
» bre, ô mon père, votre ombre triste et sans cesse
» présente à mes yeux qui m'a contraint d'aborder
» ce séjour. Mes vaisseaux sont arrêtés au rivage de
» Tyrrhène ; souffrez, mon père, souffrez que ma
» main touche la vôtre, et ne vous dérobez point
» à mes embrassements. » Il parlait ainsi et des
» torrents de larmes inondaient son visage. Trois

---

[1] Ce reproche, ménagé avec tant de délicatesse par le cœur d'un père, devait être le seul souvenir de Carthage dans le sixième livre. C'est Virgile lui-même qui nous suggère cette réflexion.

» fois ses bras s'étendent pour presser contre son
» sein l'ombre divine; trois fois saisie elle échappe
» aux mains qu'elle abuse, semblable aux vents
» légers, à un songe qui s'envole au réveil.

» Cependant Énée voit dans l'enfoncement du
» vallon un bocage solitaire dont les rameaux ré-
» sonnent d'un doux frémissement; le Léthé coule
» devant ce paisible séjour. Là, voltigeaient autour
» des rives du fleuve, des races, des peuples d'om-
» bres légères. Telles dans les prairies, aux jours
» sereins de l'été, d'innombrables abeilles se re-
» posent sur les fleurs, se répandent autour des lis
» argentés, tandis que toute la plaine résonne de
» leur bourdonnement. Frappé de ce concours tu-
» multueux, le héros en cherche la cause inconnue
» pour lui; il demande quel est ce fleuve? quelle
» est cette foule empressée qui couvre ces rivages?
« Ces âmes, répond Anchise, attendent d'autres
» corps que le destin leur réserve; elles viennent
» sur les bords du Léthé boire avec ses eaux la sé-
» curité du présent et le long oubli du passé. Dès
» long-temps je désire te parler de ces âmes, les
» montrer à tes yeux, et faire passer devant nous
» la race de mes descendants, afin que tu sentes
» mieux avec moi le bonheur d'avoir enfin trouvé
» l'Italie. » — « O mon père, croirai-je que des âmes
» heureuses voudront reprendre d'ici leur vol vers la
» lumière du jour, rentrer dans les liens d'un corps

» fragile et paresseux? Malheureuses! d'où leur vient
» ce furieux amour de la vie? » — « Mon fils, je vais te
» l'apprendre, je ne veux pas te laisser dans l'attente
» de l'incertitude. » Alors Anchise commence et lui
» révèle ainsi dans leur ordre les mystères de la na-
» ture :

«D'abord un esprit caché dans leur sein, nour-
» rit de sa flamme et le ciel et la terre, les plaines
» liquides, et le globe lumineux de la lune, et l'as-
» tre brillant du jour; répandue dans les veines du
» monde, une âme universelle le fait mouvoir et se
» mêle à ce grand corps. C'est elle qui donne le
» souffle de la vie à l'homme et aux animaux qui
» peuplent la terre ou volent sous les cieux, et aux
» monstres qui nagent sous la brillante surface de
» la mer. Le feu éthéré anime nos âmes semblables
» à de purs rayons de l'essence divine tant qu'une
» enveloppe grossière ne rallentit pas leur essor,
» tant que leur vigueur n'est point émoussée par des
» organes terrestres, et des membres condamnés
» à mourir. De cette alliance naissent les craintes,
» les désirs, les douleurs, les joies; c'est ainsi que
» les âmes cessent de chercher à contempler les
» cieux, aveuglées qu'elles sont par les ténèbres
» de leur obscure prison [1]. Même à l'heure suprême

---

[1] Cicéron, liv. VI de la République.
« Dis plutôt, répondit-il, ceux-là vivent qui se sont échap-

ÉNÉIDE, LIVRE VI.

» où la vie nous abandonne, ces infortunées ne
» sont pas quittes de tous les maux, ni délivrées de
» toutes les souillures du corps, tant la tache qu'el-

---

pés des liens du corps et de cette prison. Ce que vous appelez la vie, dans votre langage, c'est la mort. »

Un peu plus loin Cornélius Scipion s'écrie : « Je vous en prie, ô mon divin et vertueux père, puisque c'est ici la vie, comme je l'apprends de Scipion, pourquoi languirai-je sur la terre? Pourquoi ne pas me hâter de revenir à vous? Il n'en peut être ainsi, répond Paulus à son fils; à moins que le dieu, dont tout ce que tu vois est le temple, ne t'ait délivré de ces chaînes du corps qui te retiennent, l'entrée de ces lieux ne saurait s'ouvrir pour toi. »

L'entretien finit par ces admirables paroles : « Occupe ton âme des meilleurs choses, il n'en est pas de meilleures que les veilles pour le salut de la patrie. L'âme agitée, exercée par ce noble travail, s'envolera plus vite vers cette demeure, sa maison natale; sa course sera plus prompte, si même lorsqu'elle est enfermée dans le corps, elle s'élance de sa prison, et, contemplant les choses du dehors, se sépare autant que possible de la matière, etc.»

Bossuet donnant à la même pensée ces formes originales qui le caractérisent, dit : « Qui pourra comprendre ces trois mouvements, par lesquels une âme enflammée et touchée de l'amour de Dieu, se déprend de ce corps de mort?»

Ailleurs : « Celui qui ne gémit pas comme voyageur, ne se réjouira pas comme citoyen. Il ne sera jamais habitant du ciel parce qu'il a voulu l'être de la terre; puisqu'il refuse le travail du voyage, il n'aura pas le repos de la patrie. (*Panégyrique de sainte Thérèse.*)

» les ont contractée dans un commerce intime avec
» lui est profondément invétérée. Voilà pourquoi
» viennent les jours du châtiment, pourquoi on ex-
» pie, par des supplices, les fautes du passé. Ici, les
» âmes suspendues dans le vide sont le jouet des
» vents ; là, elles lavent dans un gouffre immense [1],
» ou effacent dans les flammes le crime qui les a souil-
» lées. Nos mânes ont chacun leurs épreuves ; c'est
» après les avoir subies que nous sommes admis en
» petit nombre dans le vaste Élysée, dont nous ha-
» bitons enfin les riantes campagnes ; mais il faut
» que les temps soient accomplis, que le cours des
» âges ait extirpé en nous la contagion des vices cor-
» porels, et rendu à la pureté primitive le souffle éthé-
» ré et l'étincelle du feu céleste. Après que les âmes
» ont parcouru le cercle de mille années dans les
» demeures heureuses, un Dieu les appelle en foule
» au bord du fleuve d'oubli pour que, trempées
» dans ses ondes, elles désirent revoir la lumiè-
» re, et consentent à entrer dans de nouveaux
» corps. »

Le poëte vient de nous transporter aux Champs-
Élysées ; ce n'est plus la nuit profonde du Tartare ;

---

[1] Le Dante : « Il faut donc aider les ombres à laver les taches qu'elles ont apportées ici, afin que plus pures et plus légères, elles puissent s'élever vers les mondes étoilés. » (*Purgatoire*, chant XI.)

on n'entend plus les cris des victimes, le bruit des chaînes et les menaces des furies ; un air pur, un ciel serein, une paix éternelle, les concerts, les jeux et les danses, tout annonce le séjour de la félicité. Les vers de Virgile ont pris la couleur du sujet ; une douce facilité, une mollesse attendrissante, une harmonie suave, succèdent à la lugubre peinture de l'enfer. L'opposition est frappante dans le poëte latin ; Delille a voulu la rendre plus sensible encore, en disant :

> Ils avancent : au lieu de l'ardent Phlégéton
> Et des rocs que roulait son onde impétueuse,
> Des vergers odorans l'ombre voluptueuse,
> Les prés délicieux et les bocages frais,
> Tout dit : voici les lieux de l'éternelle paix !
> Ces beaux lieux ont leur ciel, leur soleil, leurs étoiles ;
> Là, de plus belles nuits éclaircissent leurs voiles ;
> Là, pour favoriser ces douces régions,
> Vous diriez que le ciel a choisi des rayons.

Il manque ici la traduction de ce beau vers :

> Largior hic campos æther et lumine vestit
> Purpureo ;

Mais peut-être Delille a-t-il eu raison de développer un peu le texte qui pouvait supporter quelques images de plus, comme paraissent le prouver une belle strophe de la seconde Olympique de Pindare[1], et surtout le début du Purgatoire du Dante. « Pour voguer sur une onde plus favorable, la nacelle de mon génie dresse ses voiles et laisse derrière elle cette mer si terrible. Je vais chanter le second règne où l'âme humaine se purifie et devient digne de s'élancer au ciel. Mais qu'ici la poésie morte renaisse[2], ô saintes muses! puisque je suis tout à vous[3]. » Cette exclamation du poëte est suivie d'une description presque magique : « La douce couleur du saphir oriental qui se condensait dans le riant horizon d'un air pur jusqu'au

---

[1] On peut encore appuyer cet exemple de l'autorité de Tibulle, qui, en rapprochant aussi plus immédiatement les Champs-Élysées de l'Enfer, a dit avec tant d'élégance et de charme :

Hic choreæ, cantusque vigent, passimque vagantes
    Dulce sonant tenui gutture carmen aves.
Fert casiam non culta seges, totosque per agros
    Floret odoratis terra benigna rosis.
Hic juvenum series teneris immista puellis,
    Ludit, et assidue prælia miscet amor.
Illic est, cuicumque rapax mors venit amanti,
    Et gerit insigni myrtea serta coma.
At scelerata jacet sedes in nocte profunda
    Abdita, quam circum flumina nigra sonant.
                    (Premier liv., Élég. IIIe.)

[2] Ma qui la morta poesia risurga.

[3] Ici Calliope et les filles de Pierius viennent mal-à-propos rappeler le mélange continuel du profane et du sacré.

premier cercle des cieux, rendit à ma vue tous ses plaisirs, aussitôt que je fus sorti de la sombre atmosphère qui avait attristé mes regards et mon cœur. Cette belle planète qui invite à l'amour, faisait sourire tout l'Orient, lorsque je me tournai vers l'un des pôles, et qu'il fit briller devant moi quatre étoiles qui n'ont été aperçues que de la première race des mortels. Le ciel paraissait jouir de leurs rayons[1]. »

Milton en remontant de l'enfer au paradis sur des ailes qu'anime une force nouvelle, salue la lumière céleste avec ravissement, et lui adresse une invocation d'autant plus touchante qu'il sent cette lumière et qu'il ne peut la voir, si ce n'est des yeux de la pensée : les années, les saisons, reviennent, mais jamais le jour ne revient pour lui. Tout ce morceau où le poëte se met en scène d'une manière si neuve, est plein d'accents du cœur.

Fénélon n'a point, comme Virgile et le Dante, marqué par la magie des sons le passage du Tar-

---

[1] J'ai supprimé ici quelques longueurs, quelques étrangetés du texte.

On lit encore au chant XIIe du Purgatoire :

« Ah! que ces routes sont différentes de celles des enfers! Ici on entre à travers des chants d'allégresse; là bas, on descend au milieu d'horribles lamentations. Nous franchissions déjà les escaliers sacrés, et il me semblait que j'étais plus léger que lorsque je marchais sur le terrain uni. »

tare aux Champs-Élysées[1]; la description qu'il nous donne de ce lieu de délices est d'abord un peu commune ; elle offre des longueurs et quelques traits d'un choix peu relevé ; mais on y trouve ensuite des pensées qui ne pouvaient naître que dans le cœur du Platon chrétien. «Le jour n'y finit pas, et la nuit, avec ses sombres voiles, y est inconnue ; une lumière pure et douce se répand autour des corps de ces hommes justes, et les environne comme d'un vêtement..... C'est plutôt une gloire céleste qu'une lumière..... C'est d'elle seule que les bienheureux sont nourris ; elle sort d'eux et elle y entre, et s'incorpore à eux comme les aliments s'incorporent à nous. Ils la voient, ils la sentent, ils la respirent ; elle fait naître en eux une source intarissable de joie. »

Voltaire passe brusquement, et sans aucun art, de l'enfer au paradis ; content de sa magnifique peinture du séjour de l'Éternel, il n'essaie pas même de nous représenter, par quelques riantes images, l'Élysée des Chrétiens.

---

[1] Pour trouver le modèle d'une heureuse opposition, il faut voir, dans le second livre du poëme, la riante métamorphose que l'arrivée du grand-prêtre Termosiris, et les accords de la lyre produisent dans l'affreux désert où Télémaque se trouve en proie aux persécutions du cruel Métophis, l'un des officiers du roi d'Égypte ; c'est précisément l'enfer qui devient un paradis.

Sans trop ressembler à Virgile et à Fénélon, M. de Chateaubriand dit sur le même sujet : « La lumière qui éclaire ces retraites fortunées, se compose des roses du matin, de la flamme du midi et de la pourpre du soir; toutefois aucun astre ne paraît sur l'horizon resplendissant; aucun soleil ne se lève, aucun soleil ne se couche dans des lieux où rien ne finit, où rien ne commence; mais une clarté ineffable, descendant de toutes parts comme une tendre rosée, entretient le jour éternel de la délectable éternité. »

On désirerait peut-être quelque chose de plus dans le tableau rapide des plaisirs de l'Élysée antique; Milton, moins pressé d'arriver au but, et d'ailleurs plus riche d'imagination que Virgile, suspend les douleurs des anges rebelles après le conseil infernal, par des amusements variés que Delille a représentés avec beaucoup d'élégance; le poëte anglais pouvait manquer aux convenances du sujet en comparant quelques-uns des complices de Satan, à des esprits dont la raison sublime médite sur le temps, sur l'éternité, sur les lois de la morale et sur les lois de Dieu; mais il a évité l'écueil avec habileté en faisant, de ces méditations même et des vaines discussions d'une folle sagesse, l'aliment de la témérité des coupables, et la cause de l'endurcissement de leurs cœurs.

Toute l'élégance virgilienne respire dans les

vers sur Orphée; toutefois l'auteur de l'épisode du quatrième livre des Géorgiques aurait pu peindre d'une manière plus éloquente l'un des créateurs de la poésie; Manilius l'a senti. « On voit aussi figurer parmi les constellations célestes, la lyre avec laquelle Orphée charmait tout ce qu'il atteignait de ses chants; par elle, cet homme divin se fraya un chemin à travers le peuple des ombres, et triompha des lois de l'empire des morts. De là les honneurs du ciel accordés à la lyre, où elle exerce le même pouvoir par la même cause. Jadis elle attirait les forêts et les rochers, maintenant elle conduit les astres, et entraîne le globe immense de l'univers qui décrit un cercle éternel[1]. » Musée, dont le nom était également sacré pour les Grecs, demandait aussi à Virgile quelques traits plus caractéristiques[2]. Mais les admirateurs et les amis des Grecs regrettent vivement de ne pas trouver Homère dans les Champs-Élysées de l'Énéide. Heyne allègue la crainte d'un anachro-

---

[1] *Astronomiques*, chant Ier, vers 322 et suivants.

[2] On se rappelle encore ici le Termosiris du Télémaque, composé avec des traits de Virgile et d'Horace, et dans lequel Fénélon a mis, sans y penser, toutes les grâces de sa personne, toute la suavité de son caractère, tout le charme de son éloquence.

nisme, pour motiver le silence de Virgile. Cette excuse ne peut servir à justifier l'auteur de la fiction des amours de Didon avec Énée, qui certes n'étaient pas contemporains. Virgile rend honneur à Hésiode, à Sophocle, à Théocrite, et ne prononce pas même le nom d'Homère. Lucrèce n'avait point donné l'exemple d'une omission de cette nature qui ressemble à l'ingratitude; Lucrèce est vraiment sur le trépied quand il célèbre le Grec immortel[1] assez hardi pour oser le premier regarder en face la Superstition qui, montrant son front du haut des régions célestes, planait, comme un monstre d'un aspect horrible, sur la tête des peuples épouvantés[2]. Le même poëte loue aussi avec transport le vieil Ennius et le grand Homère. L'ami de Mécène a rendu le plus noble hommage au chantre d'Achille, qu'il peint tantôt comme un fleuve de génie où tous les siècles iront puiser, tantôt comme un philosophe plus utile et plus éclairé que les sages de la Grèce. Le Dante a reconnu la faute de Virgile, et voulant qu'elle soit réparée pour le coupable même, il le choisit exprès comme interprète dans les magnifiques expressions de son enthousiasme pour le prince de l'épo-

---

[1] Épicure.

[2] Poëme de *la Nature des choses*, chant Ier, vers 63 et suivants.

pée : « Regarde alors, me dit Virgile, celui qui, un glaive à la main, précède les autres comme un roi; c'est Homère, le souverain des poëtes. Après lui, s'avance Horace le satirique; Ovide vient ensuite; Lucain est le dernier.... Soudain je vis cette illustre école se rassembler sous les ailes du maître des chants sublimes, qui vole comme un aigle au-dessus de la tête de tous ses rivaux [1]. »

Anchise est amené sur la scène de la manière la plus heureuse [2]. Il repassait dans son esprit toute sa race, il parcourait les grandes destinées d'un empire qui doit renaître de ses cendres pour donner un jour la loi au monde; c'est dans ce moment que la présence d'Énée le surprend, et excite en lui des transports de joie. Les discours du père et du fils sont vrais et touchants; mais leur entrevue ne nous émeut pas aussi profondément que celle d'Ulysse et de sa mère. Anchise sait l'arrivée prochaine d'Énée; il l'attend de jour en jour; il vient de lui apparaître dans un songe, et de lui ordonner de venir le visiter aux champs élysiens [3]. Anty-

---

[1] *Enfer*, chant IV.

[2] Homère n'a pas autant d'art; Antyclée survient comme par aventure, et sans que rien ne nous prépare à la voir; mais aussi elle se fait bientôt connaître, et d'une manière toute dramatique.

[3] V^e chant.

clée, après avoir pleuré pendant dix ans sur l'absence de son fils, a cessé de vivre ; aucun espoir pour elle de retrouver son cher Ulysse ; tout-à-coup le voilà devant elle. D'abord elle ne daigne ni lui parler, ni le regarder, et semble ne pas le reconnaître. Ce silence et cette froideur affligent Ulysse ; mais enfin, après avoir goûté au sang des victimes immolées, Antyclée le reconnaît, et veut savoir comment il est venu dans ce triste séjour. Ulysse apprend à sa mère qu'il n'a revu ni son Ithaque ni Pénélope ; il demande et reçoit des nouvelles de cette épouse chérie, de Laërte, de Télémaque, de sa patrie, objets de tous ses désirs depuis la chute d'Ilion. Quel intérêt dans un pareil entretien entre les deux personnages ! et comment retenir ses larmes lorsque cette tendre mère dit à son fils qui l'interpelle sur les causes de sa mort : « Non, les traits de Diane ne sont pas venus me surprendre et me frapper dans mon palais ; non, je n'ai point été attaquée par l'une de ces maladies dont la contagion sépare une âme de son corps lentement consumé : le désir de te voir, le regret de ton absence, mes vives inquiétudes sur ton sort, et le souvenir de ta tendresse, m'ont seuls fait perdre la vie. » Dans Virgile, le prince troyen semble se résigner sans peine à une privation cruelle lorsque l'ombre adorée d'un père échappe à ses embrassements. Ulysse éprouve le même malheur avec sa mère Antyclée; soudain une vive douleur s'empare de son âme. «O ma mère, s'écrie-t-il, pourquoi te dérober à mes caresses? Tu ne veux pas que pressés dans les bras l'un de l'autre, même aux enfers, nous puissions nous rassasier du plaisir amer de confondre nos larmes? Proserpine, ne m'as-tu donc envoyé qu'un vain fantôme pour redoubler ma tristesse et mes gémissements?»

Le Dante a, dans le Paradis, avec Caccia Guida, son trisaïeul, un entretien où les sentiments de la nature éclatent aussi vivement que dans la naïve Odyssée[1]. L'entrevue d'Arcésius et de Téléma-

---

[1] Soudain accourut un esprit céleste qui franchit toute cette ligne de lumière sans s'en écarter, et qui, pareil à un corps de feu dans un vase d'albâtre, m'adressa ces paroles : «O mon sang! ô grâce surabondante de Dieu! à qui aura-t-on jamais, comme à toi, ouvert deux fois la porte du ciel?.... O mon fils! la douce et longue attente que j'avais conçue en interrogeant le livre immuable, tu l'as donc enfin remplie dans cette sphère, où je te parle, grâce à la femme céleste qui t'a prêté des ailes pour voler jusqu'à nous!» Voici l'une des réponses du Dante : «Vous êtes mon père; vous m'élevez tellement que je suis plus que moi-même. Par vous, mon âme se remplit de sources d'allégresse, et jouit d'elle-même avec un excès de bonheur qu'elle peut supporter sans se briser.» Caccia Guida, après avoir fait des antiques mœurs de Florence une peinture d'une naïveté qui rappelle celle d'Homère et de Théocrite, prédit au Dante

que respire la tendresse que nous avons trouvée
dans les personnages d'Homère, avec un charme
particulier à Fénélon, qui semble ici doué des grâces
de Platon et de la profonde sensibilité d'Euripide.

---

les orages de sa vie, et ajoute à ses prédictions des conseils
qui nous révèlent les nobles sentiments du poëte. « Écarte de
toi tout mensonge, révèle la vision entière, et laisse se plaindre ceux qu'elle pourra toucher à l'endroit sensible..... Le
cri que tu jetteras sera comme le vent qui frappe avec plus
de force les plus hauts sommets, et ce ne sera pas là ta
moindre gloire. »

Sans doute cette longue scène, qui continue encore quelque temps, occupe beaucoup de place, mais elle n'en offre
pas moins un modèle de composition, de vérité, de naturel
et d'éloquence. Partout le cœur y répond au cœur avec un
abandon qui représente mieux les épanchements d'un père et
de son fils, que la trop juste mesure de la sensibilité de Virgile
dans la même situation. Ajoutons une dernière réflexion. La
sibylle de Cumes est muette pendant l'entrevue des deux
princes troyens; Béatrix, présente à l'entretien de Caccia
Guida et du Dante, enhardit celui-ci à prendre la parole;
c'est Béatrix qui l'excite à montrer librement sa soif ardente
de la vérité; c'est elle qui, au moment de silence où Caccia
Guida se recueille en lui-même, dit à son poëte, ébloui de
la lumière d'amour qui brille dans les regards de la compagne des anges : « Tourne-toi encore vers ton père, et apprends que le paradis n'est pas seulement dans mes yeux. »
Enfin l'ombre de Caccia Guida disparaît, et le nouvel éclat
dont resplendit Béatrix, révèle au Dante qu'il est monté avec
elle dans une autre planète. » (Chant XV—ch. XVIII.)

L'affection paternelle du vieillard se décèle par les plus douces paroles; ses leçons portent l'empreinte de la plus haute sagesse; elles pénètrent comme une flamme divine dans le cœur de Télémaque, dont les larmes coulent au souvenir d'Ulysse nommé par Arcésius; il veut embrasser une personne si chère, plusieurs fois il l'essaie inutilement; il voit Arcésius, il l'entend, il lui parle et ne peut le toucher[1]; et c'est après ses efforts pour contenter sa tendresse, qu'il adresse des questions à son aïeul.

Le sujet qui interrompt l'échange des témoignages de l'affection la plus tendre entre Anchise et son fils, est une transition adroitement choisie; en effet, quel spectacle plus propre à exciter une vive curiosité que celui de toutes ces âmes réunies dans un bosquet particulier, et errantes sur les bords d'un fleuve nouveau pour nous? Elles ont passé les marais stygiens qui arrêtent si long-temps les ombres privées de la sépulture; elles sont en

---

[1] Une vive comparaison nous montre ici l'ardeur des désirs et la vivacité des regrets de Télémaque trompé dans son attente, et complète une scène à laquelle il manque quelque chose dans Virgile. Un cœur sensible ne nous laisse jamais rien oublier de ce qu'il faut dire et faire en pareille occurrence; cette vérité doit être toujours présente à un interprète de la nature.

possession des Champs-Élysées ; que veulent-elles ? que peuvent-elles désirer ? La réponse d'Anchise, en préparant habilement la grande scène que nous allons voir, amène les nouvelles questions d'Énée, qui échappent comme des cris du cœur à un autre Ulysse éprouvé par cette foule de vicissitudes et de peines dont se compose la trame de la vie. A propos du trait *quæ lucis tam dira cupido?* Heyne admire les progrès de la philosophie au temps de Virgile, et trouve indigne d'un héros le passage suivant de l'Odyssée, que Platon blâme aussi comme ne pouvant que rendre la mort effroyable aux jeunes gens, et les disposer à tout souffrir pour l'éviter. Ulysse dit au fils de Thétis, qui l'interroge : « Je n'ai point encore revu ma patrie, et toujours le malheur m'accompagne. Mais quel mortel plus heureux que toi, illustre Achille ? Vivant, nous t'honorions presqu'à l'égal des dieux ; et maintenant tu règnes sur le vaste séjour des ombres. » — « Noble Ulysse, répond Achille, ne me console point de la mort : j'aimerais mieux gagner mon salaire au service d'un simple laboureur qui n'aurait qu'une chétive existence, que de régner sur le peuple entier des ombres. » Je crains bien que Heyne n'ait pas compris, et que Platon n'ait jugé Homère avec une injuste sévérité. Peintre de la vérité avant tout, Homère nous montre d'abord l'homme dans Achille ; il lui donne cet amour de la vie que la nature a mis en nous comme un préservatif contre les conseils de la douleur et les inspirations du désespoir. Ensuite savez-vous pourquoi le fils de Thétis éprouve un si grand mépris pour l'oisive et silencieuse royauté des ombres? c'est qu'elle lui rappelle à tout moment, par un douloureux contraste, les travaux de sa carrière. En voulez-vous la preuve? écoutez comment il vous révèle tout-à-coup les nobles pensées qui l'occupent : «Que fait mon généreux fils? le voit-on marcher au premier rang des guerriers? Parle-moi du vertueux Pélée, si tu en as appris quelque chose. Mon père jouit-il toujours de la même autorité chez les Mirmidons; ou bien les peuples ont-ils du mépris pour lui parce que la vieillesse fait trembler ses pieds et ses mains? Hélas! son défenseur ne voit plus la lumière du soleil! Ah! si je revenais un moment dans la maison de mon père tel que tu m'as vu, lorsque je massacrais un peuple belliqueux sur les remparts de Troie, comme je ferais sentir ma force et ces mains invincibles aux insensés qui violent en lui la majesté royale, et le dépouillent de ses honneurs! » Ulysse satisfait la curiosité d'Achille qui s'écarte à grands pas dans la prairie, et plein de joie d'avoir entendu les exploits de son fils. Assurément Platon a eu des craintes chimériques; le héros d'Homère n'inspirera jamais de basses pensées à personne. Au reste, la scène entière offre de ces beautés simples et sublimes qu'on ne trouve que dans les génies du premier ordre ; l'art qui les imite leur ôte presque toujours leur naïveté par un excès de délicatesse qui craint de tomber dans le bas en restant fidèle au vrai.

Pythagore, Platon et les traditions antiques, ont inspiré à Virgile la grande idée de l'âme du monde, qui nourrit de son souffle tous les corps célestes [1] et l'univers entier. Mais pour sentir la divine précision des vers du poëte, il faut la comparer à l'admirable prose de Cicéron sur le même sujet : « Devant toi neuf cercles, ou plutôt neuf globes enlacés composent la chaîne universelle ; le plus élevé, le plus lointain, celui qui enveloppe tout le

---

[1] Plutarque est peut-être le meilleur traducteur et le plus habile interprète de Virgile, lorsque, pour caractériser la beauté des monuments du siècle de Périclès, il en fait, comme un Grec d'Athènes, cet éloge qui conviendrait bien mieux aux immortelles créations de la Divinité : « Chacun d'iceux, dès lorsqu'il fut parfait, sentait déjà son antique, quant à la beauté ; et néantmoins quant à la grâce et vigueur, il semble jusques aujourd'hui qu'il vienne d'être fait et parfait, tant il y a je ne sais quoi de florissante nouveauté, qui empêche que l'injure du temps n'en empire la vue, comme si chacun desdits ouvrages avait au-dedans un esprit toujours rajeunissant, et une âme non vieillissante, qui les entretient en cette vigueur. »

reste, est le souverain dieu lui-même qui modère et contient tous les autres. A lui sont attachés ces astres qui roulent avec lui d'un mouvement éternel; plus bas, paraissent sept étoiles qui sont emportées d'une course rétrograde, en opposition à celle des cieux ; une d'elles est le globe lumineux que sur la terre on appelle Saturne ; ensuite vient cet astre propice et salutaire au genre humain, qu'on nomme Jupiter; puis cette étoile de feu, et redoutée des nations, que vous appelez Mars; ensuite, presque au centre de cette région, domine le soleil chef-roi, modérateur des autres flambeaux célestes, intelligence et principe régulateur du monde, qui, par son immensité, éclaire et remplit tout de sa lumière [1]. » Non moins sublime, et plus avare de paroles que Cicéron, le Dante définit ainsi le soleil, à la manière de la Bible : « Le plus grand ministre de la nature, qui imprime au monde la

---

[1] Livre VI, de *la République,* songe de Scipion. On y trouve aussi, sur les âmes que Virgile fait descendre du ciel et anime du feu éthéré, ces détails qui semblent être un commentaire du poëte : les hommes sont nés sous la condition d'être les gardiens fidèles du globe que tu vois au milieu de cet horizon céleste, et qu'on nomme la terre : leur âme est tirée de ces feux éternels que vous appelez constellations, étoiles, et qui, substances mobiles et sphériques, animées par des esprits divins, fournissent, avec une incroyable célérité, leur course circulaire.

vertu du ciel, et mesure le temps avec sa lumière[1]. »

La théorie de l'âme universelle avait été consacrée avant les siècles de Pythagore et de Platon, dans un hymne attribué à l'ancien Orphée de Thrace, et conservé par le sage de Sunium. Cet hymne offrit à Pope de beaux développements pour son Essai sur l'Homme [2]. Klopstock respire une espèce d'inspiration dans le même sujet, où les formes trop symétriques de l'auteur anglais lui donnent plutôt l'air d'un philosophe occupé d'argumenter, que d'un peintre émule de Virgile [3]. Parmi les poëtes modernes qui ont voulu exposer le système du monde, et représenter le dieu

---

[1] *Paradis,* chant X.

[2] *Voyez* la traduction de l'*Essai sur l'Homme,* par Fontanes :

> La nature est un corps qui pour âme a Dieu même ;
> La matière et l'esprit, tout existe dans Dieu ;
> Comme la vie et l'air il circule en tout lieu.

Mais en imitant l'énumération des attributs de Dieu qu'Orphée, ou peut-être Onomacrite, appelle Dieu-soleil, Dieu-lune, Dieu source de la mer, Dieu roi du monde et créateur de toutes choses, Pope tombe, dès le début de son poëme, dans un abus d'antithèses qui conviennent mal aux grandes choses, et enlèvent au style le mérite d'une éloquente simplicité.

[3] *Messiade,* chants Ier et VIIIe.

qui en est l'âme, peut-être Voltaire mérite-t-il le prix, parce qu'en retraçant des vérités éternelles que la science a dérobées au sanctuaire de la Divinité, il se montre à-la-fois simple, élevé, précis et magnifique.

C'est au Phédon et à la République de Platon que Virgile emprunta la description du lieu où les âmes se purifient de leurs souillures; mais, après avoir pris les plus beaux traits de l'original, il les revêtit d'un style si riche de sens et d'images, que Tacite lui-même n'aurait pu dire autant de choses avec le même nombre de paroles. Aussi regrette-t-on que le poëte ne se soit pas approprié cette fiction morale de Platon : « Les mortels qui ont commis des fautes expiables quoique fort graves, comme de s'être emportés à des violences contre leur père et leur mère, ou d'avoir tué quelqu'un dans un accès de colère, et qui ont fait pénitence de ces fautes pendant toute leur vie, passent un an au Tartare, d'où ils sont jetés près du lac Achérusiade. Là, ils poussent de grands cris, appellent les victimes de leurs fureurs, et les supplient de leur permettre de descendre dans le lac; si les victimes se laissent fléchir, les coupables descendent dans le lac, et sont délivrés de leurs maux; sinon, ils sont de nouveau entraînés au Tartare, jusqu'à ce qu'ils aient obtenu leur pardon. »

On retrouve la croyance du purgatoire consacrée dans l'Inde comme elle l'est par Virgile, par Bossuet et Massillon. Le prêtre, avant d'immoler un coupable, lui demande, non-seulement son consentement, mais encore sa protection dans le ciel, par une allocution extrêmement touchante; et au moment du sacrifice, dit la tradition écrite, les dieux se rassemblent dans la victime; elle devient pure de tout péché; son sang se change en ambroisie; et le repos éternel, l'oubli des agitations terrestres, le bien suprême sont désormais son partage. [1] Platon n'accorde ces récompenses qu'aux hommes vertueux dont l'âme, entretenant un divorce perpétuel avec son corps, a mené une vie sainte ou purifiée par la philosophie. Également magnifique en promesses, Scipion l'Africain dit à l'héritier de sa gloire[2], en l'invitant à élever et à fixer ses regards sur la patrie éternelle, où il veut monter par de nouveaux efforts de vertu : « Redouble de courage, ô mon fils! et sache bien que tu n'es pas mortel, mais ce corps seulement; car tu n'es pas ce que déclare cette forme extérieure. L'individu est tout entier dans l'âme, et non dans cette figure que l'on peut désigner du doigt. Apprends donc que tu es Dieu ; car il est Dieu celui qui vit,

---

[1] *Asiat. Res.* V, 371, 393.
[2] Publius Cornélius Scipion.

qui sent, qui se souvient, qui prévoit, qui régit et modère ce corps confié à son pouvoir, de même que le Dieu suprême régit et modère le monde [1]. »

Virgile s'est élevé bien haut dans l'admirable description que nous venons de parcourir; il ne restera pas au-dessous de lui-même, dans les apparitions magiques qui nous attendent. Toujours grand, sage, naturel, brillant et rapide, peut-être cependant pourrait-on l'accuser d'avoir prêté à Anchise les expressions d'un poëte habile qui pense à sa gloire en polissant ses vers ; mais outre que rien ne sent l'ambition des effets dans le discours d'Anchise, à qui permettra-t-on la perfection idéale de la langue des dieux, si ce n'est à un mortel admis dans les Champs-Élysées, et presque semblable aux habitants de l'Olympe? Suivant les apparences, Virgile se donnait à lui-même cette excuse, car sa poésie va devenir plus riche encore ; mais en même temps échauffé par l'enthousiasme de la gloire nationale, il sera plus dramatique en appelant devant nous à leur tour les héros qui doivent être la postérité du peuple troyen. Une seule fois seulement il refroidira la scène et détruira l'illusion par l'exagération d'éloges qui nous laisseront apercevoir, à la place d'Anchise, le flatteur

---

[1] Livre VI, *de la République de Cicéron.*

qui se ment à lui-même pour tromper son siècle et l'avenir au profit d'un maître.

« Ainsi parlait Anchise, et, conduisant au milieu
» du peuple bruyant des ombres le prince et la
» prêtresse, il gagne avec eux une éminence d'où
» sa vue peut embrasser le long essaim de héros
» qui sont en face de lui, et distinguer les traits de
» chacun d'eux à mesure qu'il se présente [1]. « Main-
» tenant connais, dit-il à son fils, la gloire qui at-
» tend la postérité de Dardanus, quels rejetons l'I-
» talie doit nous donner, quelles âmes généreuses
» doivent ressusciter la splendeur du nom troyen;
» écoute mes paroles, je vais t'annoncer la gran-
» deur de tes destinées.

» Vois-tu, ce jeune prince appuyé sur un scep-
» tre? Le sort le place sur le seuil des portes de
» la vie; appelé le premier à saluer la lumière,
» il sortira de notre sang mêlé à la race italique.
» Sylvius est son nom ; Sylvius, nom cher aux
» Albains. Fruit tardif de tes vieux ans, rejeton
» posthume de ton hymen avec Lavinie, il s'élè-

---

[1] Dans son sermon sur la loi de Dieu, Bossuet se place ainsi sur une haute montagne d'où, par un bienfait de la puissance suprême, il découvre d'une même vue la terre et la mer, et la multitude infinie des peuples et des nations, avec leurs mœurs différentes et leurs humeurs incompatibles. Il y a là un magnifique tableau du monde, et de la vie du genre humain.

» vera dans les bois sous les regards maternels;
» il sera roi, et père d'une famille de rois qui fera
dominer mon sang sur Albe-la-Longue. Près de
» lui, contemple Proças, l'honneur de la nation
» troyenne, Capis, Numitor, et cet autre Sylvius
» portant comme toi le nom d'Énée, et comme toi
» illustre par les armes et la piété, si jamais il mon-
» te sur le trône des Albains. Quels guerriers!
» quelle force! quelle audace éclatent en eux! Par-
» mi ces autres héros dont la tête est ombragée du
» feuillage civique, ceux-ci bâtiront Nomente, Fi-
» dènes et les murs de Gabie; ceux-là viendront
» asseoir sur le sommet d'un rocher les tours de
» Collatie; les mêmes mains élèveront encore les
» forts d'Inuus, Cora, Bola et l'opulente Pométie,
» cités un jour célèbres, maintenant lieux incultes
» et sans nom.

» Bientôt s'associera au règne de son aïeul, Ro-
» mulus, enfant de Mars ; Ilia, le sang d'Assaracus,
» sera la mère de ce prince. Vois-tu ces deux ai-
» grettes s'élever au-dessus de son casque, et com-
» ment sur les traits d'un mortel le maître des dieux
» imprime déjà sa majesté. Le voilà, mon fils, ce
» roi sous les auspices duquel la superbe Rome
» étendra son empire jusqu'au bout de la terre, et
» fera monter ses grands hommes jusqu'au ciel.
» Seule elle enfermera sept collines dans ses vastes
» remparts, heureuse et fière d'avoir donné le jour

» à tout un peuple de héros. Ainsi la déesse que
» Bérécynthe adore, le front couronné de tours,
» traverse en pompe sur son char les cités phry-
» giennes; glorieuse d'avoir produit la famille des
» dieux, elle embrasse avec joie ses nombreux en-
» fants, tous habitants de l'Olympe, tous assis sur
» les hauteurs de l'empyrée.

» Tourne à présent, tourne ici tes regards :
» contemple ces races illustres, et les Romains
» de ton sang. Regarde César et toute la postérité
» d'Iule qui doit paraître sous les voûtes des cieux.
» Voilà, voilà ce héros que te promettent si souvent
» les destins, César Auguste, le fils d'un Dieu; Au-
» guste, qui fera renaître l'âge d'or dans le Latium,
» dans les champs où régna le vieux Saturne. Il éten-
» dra son empire sur les Garamantes et les Indiens,
» au-delà des signes célestes, au-delà des routes du
» soleil et de l'année, jusqu'aux lieux inaccessibles
» où, colonne du ciel, Atlas soutient et fait tourner
» sur ses épaules la voûte couronnée d'étoiles. Dans
» l'attente de ce vainqueur, déjà la mer Caspien-
» ne, déjà les ondes Méotides frémissent de terreur;
» au récit des oracles divins qui l'annoncent, déjà
» les sept bouches du Nil se troublent d'épouvante.
» Non, jamais Alcide ne parcourut tant de contrées,
» quoiqu'il ait percé de ses traits la biche aux pieds
» d'airain, rendu la sécurité aux bois d'Érymanthe,
» et fait trembler le marais de Lerne au bruit de

» son arc redoutable. Jamais il ne vit tant de pays
» divers, ce Bacchus victorieux, qui conduit avec
» des rênes de pampre et fait voler des hauteurs de
» Nysa son char traîné par des tigres dociles à la
» voix de leur maître. Tels sont nos descendants,
» et nous balancerions encore à nous immortaliser
» par nos exploits! et quelque crainte empêcherait
» les Troyens de prendre possession de l'Ausonie!

» Mais quel est à l'écart ce vieillard couronné
» d'olivier, qui porte dans ses mains les choses sa-
» crées? A sa chevelure, à sa barbe blanchie par les
» années, je reconnais ce monarque romain, pre-
» mier fondateur de la ville éternelle par le pouvoir
» des lois, et envoyé des humbles toits de Cures,
» sa modeste patrie, au gouvernement d'un grand
» peuple. Successeur de ce roi, Tullius interrom-
» pra le long repos de Rome, et réveillera l'ardeur
» des combats dans les cœurs endormis par la
» paix, et désaccoutumés du triomphe. A côté de
» lui paraît l'orgueilleux Ancus, déjà trop enclin
» à se réjouir des caresses de la faveur populaire.
» Vois-tu les rois Tarquins, l'âme superbe de
» Brutus, le vengeur de Rome, et les faisceaux
» reconquis sur les tyrans? Brutus reçoit le pre-
» mier le pouvoir consulaire avec les haches inexo-
» rables du licteur; ses deux fils veulent susciter
» de nouvelles guerres à leur pays, et, quoique
» père, sa voix les appelle au supplice pour le sa-

» lut de la noble liberté ! Malheureux! quel que soit
» le jugement de nos derniers neveux sur un si
» grand sacrifice, la nature sera vaincue en toi par
» l'amour de la patrie, et par le désir immense
» d'une gloire légitime et sainte !

» C'est peu, mon fils, remarque encore plus loin
» les Décius, les Drusus, le sévère Torquatus armé
» d'une hache sanglante, et Camille ramenant nos
» drapeaux reconquis sur la ville de Veies. Ces deux
» guerriers qui brillent à tes yeux sous une armure
» semblable, leurs âmes sont unies par la concorde
» pour tout le temps qu'elles resteront cachées dans
» cet asile; mais hélas ! quelle affreuse guerre doit
» éclater entre elles, si jamais elles atteignent le
» seuil de la vie ! Quels combats, quelles scènes
» de carnage, quand le monde verra le beau-
» père descendu du sommet des Alpes et du ro-
» cher d'Alcide, combattre en face du gendre ac-
» couru avec les forces de l'Orient ! Ah ! mes fils,
» n'accoutumez pas vos courages à ces horribles
» querelles ! ne tournez pas vos glaives contre le
» sein de la patrie ! Toi, qui descends de l'Olympe,
» sois le premier à épargner ta mère; jette loin de
» toi ces armes parricides, ô César ! ô mon sang !

» Celui-ci enchaînant Corinthe à son char de
» triomphe, ira suspendre au Capitole les dépouil-
» les de l'Achaïe; celui-là renversera les murs d'Ar-
» gos et de Mycènes, villes d'Agamemnon; destruc-

»teur du dernier rejeton du sang de l'invincible
»Achille, il vengera les Troyens ses aïeux, et Mi-
»nerve outragée dans son temple. Qui pourrait
»t'oublier, magnanime Caton, et toi généreux Cos-
»sus? qui pourrait taire le nom de Gracchus? et
»ces deux foudres de guerre, les deux Scipions,
»fléaux de la Libye? Te passerai-je sous silence,
»toi, Fabricius, puissant par ta pauvreté; et toi,
»illustre Serranus, semant toi-même les champs
»paternels? Où m'entraînez-vous quand je succom-
»be, noble famille des Fabius? Je te salue, ô le plus
»grand de toute cette race, heureux temporiseur,
»qui seul rétabliras la fortune des armes romaines!

»Que d'autres soient plus habiles à faire res-
»pirer l'airain avec souplesse, à tirer du marbre
»des figures vivantes; qu'ils plaident des cau-
»ses avec plus d'éloquence; que leur compas ex-
»celle à décrire les mouvements du ciel, à mesu-
»rer le cours des astres; toi, Romain, souviens-toi
»de commander au monde; impose aux vaincus
»les conditions de la paix; épargne les peuples
»soumis, et confonds les superbes; voilà tes arts
»et ta gloire. »

»Ainsi parlait Anchise aux voyageurs étonnés
»de tant de merveilles; il ajoute : «Voici Marcellus;
»de quel air il s'avance tout chargé de dépouilles
»opimes! comme son front victorieux s'élève au-
»dessus d'une foule de guerriers! Lui seul, appui

» de Rome au milieu d'un horrible désordre, sou-
» tient notre fortune chancelante; ses rapides es-
» cadrons terrassent l'audace de Carthage, domp-
» tent le Gaulois rebelle ; et Rome admire en lui le
» troisième guerrier qui ait suspendu les armes d'un
» roi vaincu à la voûte du temple de Jupiter. »

» Dans ce moment Énée voit marcher à côté du
» héros, un jeune homme non moins distingué par
» sa beauté que par l'éclat de ses armes; mais son
» front est triste, et ses yeux abattus sont baissés
» vers la terre. « O mon père! dit le prince troyen,
» quelle est cette ombre qui accompagne les pas de
» ce grand citoyen ? serait-ce son fils, ou quelqu'un
» de ses illustres descendans? Quel cortége, quel
» murmure autour de ce jeune guerrier! Quelle res-
» semblance entre Marcellus et lui! Mais la sombre
» nuit du trépas l'environne d'un nuage. »

» A ces mots, Anchise laissant échapper quel-
» ques larmes : « O mon fils, ne m'interroge pas sur
» l'objet éternel de la douleur de tes neveux ; les
» destins ne feront que montrer ce prince à la ter-
» re, et ne lui permettront pas d'y rester plus long-
» temps. Rome vous eût paru trop puissante, ô dieux
» immortels, si elle eût conservé un don si pré-
» cieux! Combien de gémissements vont retentir
» du champ de Mars jusque dans la vaste cité de
» Quirinus ! Quelles douloureuses funérailles tu
» verras, ô dieu du Tibre, quand tu viendras bai-

» gner dans ton cours son récent mausolée! Non,
» jamais enfant du sang troyen n'élèvera si haut les
» espérances de ses aïeux; jamais la terre de Romu-
» lus ne s'applaudira d'un plus digne rejeton! O pié-
» té! ô candeur des premiers âges! ô bras invincible
» dans les combats! personne n'eût impunément
» affronté la rencontre de ce guerrier, soit qu'il
» fondît à pied sur les ennemis, soit qu'il pressât
» de l'aiguillon les flancs d'un coursier blanchi
» d'écume. Ah! jeune infortuné, si tu peux triom-
» pher de la rigueur des destins, tu seras Marcel-
» lus. Donnez-moi à pleines mains des lis et des
» roses, que je couvre sa tombe de brillantes fleurs,
» que j'offre du moins ces tributs à l'ombre de mon
» petit-fils, et que je lui rende, hélas! ces trop
» vains honneurs pour le consoler. »

» C'est ainsi que s'égarant tous les trois dans le
» vaste Élysée, ils parcouraient ses campagnes dont
» l'air est si pur. Après en avoir fait admirer à son
» fils tous les prodiges, et embrasé cette âme gé-
» néreuse de l'amour de la gloire promise à son
» nom, Anchise lui raconte les guerres qui l'atten-
» dent, lui fait connaître les peuples de Laurente,
» la ville de Latinus, les moyens de prévenir ou
» d'affronter les orages qui le menacent.

» Il est aux enfers deux portes du sommeil; l'une,
» de corne transparente, donne un facile passage
» aux ombres véridiques; l'autre est formée d'un

» pur ivoire et brille d'une éclatante blancheur : c'est
» par elle que les dieux Mânes nous envoient les
» songes trompeurs. Anchise, en poursuivant ses
» entretiens, accompagne la sibylle et son fils, et
» les fait sortir par la porte d'ivoire. Le héros vole
» à ses vaisseaux et rejoint ses compagnons. Bien-
» tôt, en côtoyant le bord de la mer, il se rend au
» port de Caiette ; on jette l'ancre du haut de la
» proue, et les poupes immobiles reposent le long
» du rivage. »

Contre sa coutume, le fécond et brillant Tite-Live, dans l'énumération des premiers rois auteurs de la race romaine, est presque aussi sec que les généalogies de la Bible ; Virgile au contraire caractérise ces princes avec autant d'élégance que de précision. Il faut remarquer toutefois, qu'en ayant l'air de prendre les personnages au hasard comme ils se présentent, il les choisit au contraire avec beaucoup de goût, sans cesser de profiter de l'heureux désordre qui lui sert à éviter l'exactitude d'un récit historique. Tantôt sa muse nous les offre l'un après l'autre, tantôt elle les jette dans un groupe qu'ils forment en ce moment sous ses yeux ; plus loin elle fait voir seule la grande figure de Romulus déjà revêtu de gloire et de majesté, et pareil à un Dieu, que l'Olympe doit envoyer sur la terre pour fonder la ville éternelle. Les expressions mêmes de Virgile, et le soin qu'il a pris de placer le Dieu en face de son ouvrage qui s'élève tout-à-coup devant lui, nous suggèrent cette illusion. Aucuns des écrivains anciens ou modernes n'ont pu, dans leurs plus magnifiques peintures des grandeurs du peuple-roi, égaler l'effet que produit sur notre imagination étonnée, la comparaison établie par Virgile entre Rome, mère des héros, et Cybèle, mère des dieux, toutes les deux parcourant le monde sur un char de triomphe, l'une comme reine de la terre, l'autre comme reine du ciel. Ce n'est pas sans art que le poëte, après avoir fait apparaître devant nous par une seule et grande image toute la suite des héros de Rome, qui semble remplir l'intervalle entre Romulus et Auguste, nous montre l'empire au faîte de la splendeur, et l'accomplissement des oracles de Jupiter. La progression des tableaux, la facilité avec laquelle Virgile se surpassant lui-même, recule toujours la borne du sublime qu'il nous paraissait avoir atteinte, inspirent l'admiration.

Courtisan trop dévoué, le poëte consacre ici des fables ridicules et accréditées par la politique d'Auguste, dupe lui-même des plus honteuses superstitions. Suivant des bruits répandus à dessein, des signes célestes avaient, plusieurs mois avant sa naissance, prédit dans Rome que la nature enfantait un roi pour les Romains; et, par la même précaution que celle d'Hérode contre le

Christ, le sénat avait défendu de laisser vivre aucun des enfants qui viendraient au monde dans l'année de cette prédiction. D'après les mêmes fables, Atia, mère d'Auguste, quelque temps avant d'accoucher, rêva que ses entrailles s'élevaient jusqu'aux astres et embrassaient la vaste étendue de la terre et du ciel. De son côté, Octavius vit en songe le flambeau du soleil sortir des flancs d'Atia, son épouse. Au moment où Auguste reçut le jour, un oracle déclara qu'il était né un maître à l'univers. Ainsi donc toutes les exagérations poétiques de Virgile sont des allusions de la flatterie, et cachent le dessein de servir l'ambitieuse politique du prince. Il faut pourtant convenir que ce dessein est déguisé avec beaucoup d'adresse, et que le talent a préparé ici quelques excuses pour la pudeur. On loue Auguste d'avoir ramené l'âge d'or en Italie; le retour de la paix ne semblait-il pas l'âge d'or pour un peuple à peine retiré d'un abîme de malheurs? On accorde à Auguste l'honneur d'avoir agrandi l'empire en Europe, en Afrique et en Asie; Rome était fière de cet accroissement de richesse et de domination. Virgile assure aussi qu'Auguste avait parcouru plus de contrées qu'Hercule et Bacchus; nous pouvons admettre cette assertion sans trop d'efforts; et toutefois le poëte mérite de graves reproches.

Qui donc avait commencé, si jeune encore, par

rendre à l'Italie le siècle de fer en surpassant les proscriptions de Marius et de Sylla? Qui donc se montra plus altéré de sang, plus insatiable de vengeance qu'Antoine et que Lépide pendant la longue durée *de leur concorde impie, affreuse, inexorable?* n'est-ce pas le divin Auguste, Auguste réduit à cacher sous un autre nom celui d'Octave, qui rappelait sans cesse les fureurs du triumvir? Anchise voit d'un seul coup d'œil toute la vie de ce bourreau des Romains ; il voit Octave derrière Auguste ; et, loin qu'il pût penser à proposer un tel prince pour modèle, en le célébrant comme l'honneur de la race de Dardanus et l'espérance de la terre, son cœur lui dicterait au contraire cette ardente prière : « Dieux ! ne laissez jamais naître ce prodige d'ambition, de fourberie et de cruauté; ses crimes nous feraient payer trop cher ses bienfaits. » Voilà le langage qu'on devrait attendre de l'héroïque vieillard qui ne voulait pas survivre à sa patrie, de ce roi paternel qui, ayant aussi des entrailles pour la postérité du peuple de Priam, et se figurant déjà Rome et le monde entre les coupables armées de César et de son rival, s'écriera bientôt dans un transport sublime : « Jette le premier, jette au loin ces armes parricides! ô César! ô mon sang ! » La supposition de Virgile est une infidélité sans excuse à la morale, au bon sens, et à l'observation des mœurs. On peut d'autant moins pardonner cette faute à un poëte ordinairement si judicieux, qu'il l'aggrave par des hyperboles et des rapprochements également indignes de sa candeur et de sa raison.

Isaïe a été plus modeste en prédisant la venue du libérateur de Babylone, que Virgile en annonçant l'apparition d'Auguste; et cependant quelle distance d'Auguste à Cyrus! C'est à l'arrivée lointaine d'Alexandre, le premier des conquérants peut-être, que l'on pouvait faire trembler ainsi l'Europe, l'Afrique et l'Asie. Cette fiction poétique convenait encore à César qui avait vaincu en personne, et triomphé comme un grand capitaine dans trois parties de la terre; elle rapetisse Auguste, qui, presque toujours, n'a vaincu que par ses lieutenants.

Le mauvais génie du poëte, c'est-à-dire l'adulation qui l'aveugle dans cette circonstance, l'a poussé encore à placer son héros entre les deux premiers fondateurs de Rome, l'un par la guerre, l'autre par les lois. Mais le vaincu de Brutus à la bataille de Philippes, mais le vainqueur dont le courage fut si douteux à la journée d'Actium, avait-il le talent de la guerre comme le premier des princes dont on n'a pas craint pour lui le dangereux voisinage? Mais le jeune ambitieux qui se fraya le chemin du pouvoir par la fourberie et le parjure, mais celui qui usurpa la domination par le crime, mais le prétendu restaurateur de la religion, qu'aucune crainte du ciel, aucun respect des lois, n'avaient retenu dans ses attentats les plus inouïs, pourrait-il être placé auprès du sage et vénérable Numa, envoyé du sein de la pauvreté, par l'ordre des destins, pour prendre les rênes d'un grand empire, mêler au gouvernement des hommes le ministère des choses saintes, et rendre inviolable à ses voisins, touchés de la voir si occupée des dieux, la ville de Romulus qu'ils regardaient auparavant comme un camp assis au milieu d'eux[1]? La flatterie déshonore les vers de Virgile sur le dieu Auguste; la vérité donne une beauté divine au portrait de Numa qu'Ovide célèbre aussi dans le troisième livre des Fastes, avec un mélange de grandeur et de naïveté, qui sent l'école grecque. Aujourd'hui même la philosophie louerait-elle autrement qu'Ovide un prince sage et pieux comme Numa? « Les Romains étaient trop enclins à la guerre; son premier soin fut d'adoucir leurs mœurs par le respect et la crainte des dieux. De là naquirent ses lois pour empêcher que le plus fort n'eût un pouvoir sans bornes; de là l'institution des cérémonies d'un culte pur. Ainsi le peuple dépouilla sa férocité; la justice l'emporta sur les armes, et l'on rougit d'en venir aux mains avec ses concitoyens. »

---

[1] Tite Live, liv. Ier, § 21.

On regrette que Virgile ait gardé le silence sur le vertueux Servius Tullius, que Tite Live honore en ces termes : « Il régna quarante ans avec tant d'éclat, que la concurrence d'un tel roi eût été dangereuse pour son successeur, quelque bon et sage prince qu'il pût être. Au reste, ce fut pour Servius un surcroît de gloire d'avoir été le dernier de nos monarques légitimes. Encore cette autorité si douce et si modérée, Servius mécontent de ce qu'elle résidait en lui seul, allait, suivant quelques auteurs, la déposer, si un crime de famille ne l'eût arrêté dans le projet de rendre la liberté à sa patrie[1]. »

Le même historien a retracé aussi le sacrifice de l'inflexible Brutus; mais le prosateur raconte froidement ce que le poëte nous peint avec des traits de feu. Les tyrans ont disparu; voilà Brutus le vengeur, voilà le sublime insensé qui a fait pâlir, en se révélant, l'orgueil du superbe Tarquin ! Rome entière environne son libérateur. Au milieu des acclamations universelles, elle lui donne le pouvoir consulaire et les haches cruelles, signes effrayants du droit de vie et de mort. A peine il les

---

[1] Premier livre. Juvénal a dit de Servius : « Fils d'une esclave, il mérita le diadême, les faisceaux de Romulus, et fut le dernier de nos bons rois. » (Satire VIII.)

a reçus que nous voyons ses fils, ses propres fils, placés sous l'instrument fatal[1]! Qu'ont-ils fait? ils ont voulu donner une nouvelle guerre à leur patrie. Leur père veille; il les voit, et soudain il s'écrie : Au supplice les coupables! Eh qui donc lui donne la force de prononcer ce terrible arrêt? Vous le saurez bientôt. La voix du consul retentit encore au-dedans de nous, quand tout-à-coup nous entendons sortir de la bouche du poëte cette exclamation qui semble un cri échappé du cœur de Brutus : « Malheureux! quel que soit le jugement de nos descendants sur un si grand sacrifice, la nature sera vaincue en toi par l'amour de la patrie, et par le désir immense d'une gloire légitime et sainte. »

Plusieurs commentateurs ont pensé avec Rowe, continuateur de Plutarque, que Virgile devait s'arrêter à ces mots *vincet amor patriæ,* et que le trait *laudumque immensa cupido,* déprécie ou rabaisse le

---

[1] Un vers de Juvénal, sur les fils de Brutus, exprime directement la pensée que Virgile fait naître en nous par le seul arrangement des mots :

> At illos verbera justis
> Afficiunt pœnis, et legum prima securis.

« Ils furent punis d'un juste supplice par les verges du licteur, et par la hache des lois qui frappait pour la première fois. »

prix du dévouement sublime de Brutus. Sans nier la force de l'objection, je crois pouvoir répondre que l'expression *laudum* employée par Virgile veut dire le tribut accordé à de grandes vertus, à une grande action, à un service immortalisé par la reconnaissance des hommes. D'ailleurs le trait que l'on blâme étant placé à côté de *vincet amor patriæ*, ne laisse aucun nuage sur la pensée du poëte ; la voici, je pense, tout entière. La patrie présente a inspiré la résolution de Brutus ; la patrie lui dit en secret : « Si tu épargnes tes fils, tu encourages d'autres traîtres à me vendre aux tyrans ; si tu condamnes tes fils, je suis libre à jamais. » Pour soutenir un courage si difficile dans un père, elle ajoute : « Vois toutes les races romaines jusqu'à la dernière, entourant de leurs bénédictions le vengeur de Lucrèce, l'auteur et le gardien de la liberté. »

Voltaire a merveilleusement réuni dans sa tragédie toute la puissance des causes dont l'enchaînement dictait impérieusement à Brutus la mort de ses fils que sa vertu ne pouvait épargner sans trahir la patrie et la liberté ; mais il faut surtout admirer l'art avec lequel le poëte a choisi la place des déchirements de la douleur paternelle. Le Romain qui, invité au pardon par Proculus, répond à ces mots : « *Vous êtes père enfin.—Je suis consul de Rome;* » le magistrat inflexible qui vient de prononcer un arrêt semblable à la foudre des dieux, redevient père au moment de la cruelle séparation, et adresse au coupable les plus déchirants adieux. Enfin la patrie est satisfaite, Titus est mort; son père devine la fatale nouvelle qu'on ose à peine lui annoncer, et s'écrie :

> Rome est libre, il suffit, rendons grâces aux dieux.

Ce cri, d'une vertu plus qu'humaine, est la révélation du génie de Brutus, et le commentaire sublime du vers de Virgile :

> Vincet amor patriæ laudumque immensa cupido.

On ne conçoit pas que Virgile ait osé placer César et Auguste entre les Décius qui se dévouèrent pour leur patrie[1], et Camille si généreux envers elle, entre le sévère Torquatus qui sacrifia son propre fils victorieux au maintien de la discipline militaire, et le héros libérateur et vengeur de Rome. Brutus est un juge inexorable pour les deux

---

[1] Virgile ne fait que nommer les Décius; Juvénal a dit de cette famille illustre : « Les grandes âmes des Décius étaient plébéiennes, leurs noms étaient plébéiens; cependant tous deux offerts en sacrifice à la place de nos légions, de nos alliés, de tout le peuple romain, suffirent pour victimes aux dieux Mânes et à la Terre. Les Décius étaient d'un plus grand prix devant Pluton et Cybèle que le peuple sauvé par ces héros. »

ambitieux qui ont déchiré le sein de la patrie. L'exclamation d'Anchise, destinée à excuser César et à flatter Auguste, en rejetant le crime de la première guerre civile sur Pompée, ne peut effacer l'impression que nous avons reçue d'abord, et, malgré tous les ménagements du poëte, nous citons César et Auguste au tribunal de Brutus[1].

Le jeune Lucain n'est point tombé dans les contradictions de Virgile; aussi pour entendre la raison, la vérité, la morale et l'éloquence tonner contre les auteurs de la guerre civile, il faut écouter les belles paroles qu'il met dans la bouche d'un soldat récemment tué à la bataille de Philippes, et rappelé du Tartare par l'Hémonide Érictho, avide de l'interroger sur ce qui se passe dans le royaume de Pluton :

---

[1] Dans les dialogues de Fénélon, Socrate ne peut plus souffrir chez les morts le coupable et séduisant Alcibiade qu'il avait tant aimé. Ailleurs, le sage instituteur du duc de Bourgogne termine ainsi un dialogue de Caton avec César, qui, troublé des reproches que le héros d'Utique lui fait d'avoir mis sa patrie aux fers, demande à son juge comment on peut quitter avec sûreté la tyrannie : « Va le demander à Sylla, et tais-toi. Consulte ce monstre affamé de sang, son exemple te fera rougir. Adieu; je craindrais que l'ombre de Brutus ne fût indignée, si elle me voyait parlant avec toi. »

«Je n'avais pas encore pu regarder les tristes fuseaux des Parques, lorsque tu m'as rappelé du séjour du silence ; mais ce que j'ai pu savoir, c'est qu'une discorde affreuse agite les mânes des Romains, et que des armes impies ont interrompu l'éternel repos.

» Les uns ont quitté les demeures de l'Élysée, les autres le sombre Tartare, et la fureur de ceux-ci a manifesté ce que nous préparent les destins. La tristesse régnait sur le visage des ombres fortunées ; j'ai vu les Décius, le fils et le père, ces grandes victimes expiatoires de la patrie dans la guerre ; j'ai vu Camille et les Curius pleurer sur Rome. Sylla se plaint de l'inconstance de la fortune ; Scipion donne des larmes à son fils infortuné qui va périr dans les déserts de la Libye.

» Le plus grand ennemi de Carthage, le vieux Caton, gémit sur les destins de l'héritier de ses vertus, qui mourra plutôt que de servir. Toi seul, ô premier consul de Rome, auteur de l'expulsion des tyrans, toi seul, entre toutes les âmes justes, laisses éclater sur ton front une joie menaçante. Plus loin, fiers d'avoir brisé leurs chaînes, triomphent l'audacieux Catilina, les farouches Marius et les Céthégus dépouillés de la pourpre consulaire. J'ai vu se réjouir ensemble les Drusus, noms chers à la multitude, et les Gracques immodérés dans leurs lois et trop hardis dans leurs projets.

» Malgré les fers pesans qui enchaînent leurs mains, les coupables font retentir d'applaudissemens les voûtes de leurs cachots ; la foule des méchants veut usurper les Champs élysiens. Le souverain de l'empire du silence ouvre les plus sombres prisons du Tartare ; il prépare des rochers escarpés, des chaînes aussi dures que le diamant pour le supplice du vainqueur.

» O jeune homme ! emporte avec toi la consolation de savoir que les âmes heureuses attendent dans leur sein ton père et sa famille, et conservent aux Pompées une place dans le climat le plus serein du royaume des justes. N'envie pas la gloire de vivre un moment de plus : bientôt va sonner l'heure qui confondra les ombres de tous les chefs de cette guerre.

» Hâtez-vous de mourir, et, pleins d'un juste orgueil, descendez fièrement de votre humble bûcher, en foulant aux pieds les mânes des dieux mortels de Rome [1]. »

Virgile marchait tout-à-l'heure sur des charbons ardents ; il évite de toucher la seconde guerre civile et les proscriptions, double crime d'Auguste ; il se hâte de nous distraire par des souvenirs de la gloire nationale qui répandent d'ailleurs une heureuse

---

[1] *Pharsale*, livre VI.

variété sur ses tableaux. Les vers sur la ruine d'Argos et de Pyrrhus renferment un sens qui ne pouvait fuir un esprit aussi cultivé que celui d'Auguste. Tout l'Olympe est maintenant passé du côté des Romains ; ils sont par Anchise et son fils sous la protection de Vénus ; par Romulus, sous celle de Mars ; Jupiter protège en eux le peuple auquel il a donné l'empire ; pour eux encore, Junon, qui devait céder la dernière, abandonne Mycènes ; et Minerve embrasse aussi leur cause parce qu'ils ont vengé son injure. Maintenant voici, dans un heureux désordre qui mêle ensemble plusieurs siècles et les plus grandes choses de la république, l'austérité des mœurs, la ruine de Carthage, la pauvreté, mère de la puissance romaine, et la charrue consulaire source de ses triomphes. La famille des Fabius, auxquels on pourrait appliquer la belle expression de Lucain sur les Décius, *lustrales bellis animas*, et surtout le temporiseur qui lassa le génie et la fortune d'Annibal, méritaient de Virgile un plus éloquent souvenir.

En payant son tribut d'admiration aux Grecs, l'auteur de l'Énéide ne fait qu'une légère diversion pour caractériser d'une manière sublime le génie de cette Rome qu'élevèrent si haut tant de grands hommes qui, depuis Romulus jusqu'à Auguste, avaient été imbus, dès le berceau, de la fatalité qui l'appelait à l'empire de l'univers. Dans la sévérité des règles de la composition, peut-être la revue des descendants d'Énée devait s'arrêter ici, mais Virgile en a jugé autrement. Les beaux vers que nous regardions comme les derniers traits du tableau, lui servent à rentrer dans son sujet, et à produire sur la scène un héros dont Jules César descendait par sa mère. Au nom seul de ce héros, Auguste a dû sentir d'abord la délicatesse de l'allusion, et la beauté de la transition du poëte à une situation si dramatique. Quel art d'avoir placé le jeune Marcellus, les délices futures de Rome, auprès du vieux Marcellus l'auteur de sa race, et la gloire du peuple romain ! il semble que le grand homme ait déjà voulu adopter le naissant émule de sa renommée. Cet épisode a touché Auguste, il a fait évanouir Octavie, mais il était également propre à émouvoir même les farouches enfants du dieu de la guerre, auquel Virgile vint enseigner la pitié. Supposons le peuple romain présent à la lecture du sixième livre de l'Énéide, comme il le fut à l'oraison funèbre prononcée dans le champ de Mars par le prince lui-même, en face du cercueil de son neveu, et au milieu du deuil universel ; dès les premiers vers, le poëte excitera la plus vive curiosité ; on le devinera avec une joie douloureuse ; on l'applaudira intérieurement sans oser l'interrompre ; on reconnaîtra à chaque trait l'illustre Marcellus dans l'héritier de ses vertus ; on s'attendrira sur la perte d'une si haute espérance; et lorsque Anchise ou son interprète s'écriera enfin : *Tu Marcellus eris*, Rome entière répétera cette exclamation qui était dans tous les cœurs; peut-être même tout un peuple entraîné par le mouvement d'Anchise, demandera-t-il des fleurs pour en couvrir le mausolée récent autour duquel le Tibre a entendu tant de gémissements, et vu couler tant de larmes.

La France a eu son Marcellus dans le royal élève tant pleuré par Fénélon : malgré sa résignation et sa piété, le vertueux archevêque sentit ses entrailles se soulever à la fatale nouvelle de la mort du duc de Bourgogne : « Dieu, dit-il, nous ôte toute espérance pour l'église et pour l'état; il a formé ce jeune prince, il l'a orné, il l'a préparé pour les plus grands biens, il l'a montré au monde, et aussitôt il l'a détruit. » Les autres expressions de la douleur de Fénélon sont déchirantes. Si dans sa retraite ce père, ce maître, ce citoyen, ce prélat désolé, a quelquefois relu l'épisode de Virgile, sans doute il l'a couvert de ses larmes, mais il n'aura pas eu la force d'en commenter les beautés, que lui seul pouvait comprendre et développer d'une manière digne du texte.

L'imitation du Marcellus de Virgile par Voltaire, a de la célébrité, mais elle est loin de produire l'illusion de l'original. Anchise qui a vu fleurir et tomber autour d'Hector de jeunes princes, l'orgueil et l'espérance de la famille de Priam, Anchise, aïeul du jeune Ascagne déjà promis à la gloire, pleure bien plus amèrement Marcellus leur image, que Louis XIV ne regrette le duc de Bourgogne; ou plutôt lorsque Virgile, témoin du deuil de la maison d'Auguste et des regrets de tout l'empire, voulut peindre les communes douleurs du prince et de la patrie, ses souvenirs et son cœur lui inspirèrent des paroles vivantes et des mouvements passionnés, que des traditions refroidies n'ont pu fournir au poëte occupé à retracer, sous les saturnales de la régence, l'affliction de Louis XIV et de la France.

Après tant de belles créations si bien enchaînées les unes aux autres et couronnées par un chef-d'œuvre d'éloquence, Virgile semble s'éteindre tout-à-coup comme le soleil, lorsqu'au bout de sa carrière il disparaît à nos regards, et ne laisse plus d'autres traces de lui sur l'horizon qu'un faible crépuscule. Mais le voyageur qui l'a vu dans son midi répandre des torrents de lumière du haut des cieux, n'insulte pas à la chute de l'astre un moment éclipsé, dont il attend le magnifique réveil; imitons cet exemple, et, pleins de reconnaissance pour le génie qui vient de prodiguer tant de merveilles sous nos yeux, arrêtons-nous devant elles pour les contempler encore dans une extase d'admiration.

Ce tribut ne saurait être de l'idolâtrie; en effet, si Virgile a produit des rivaux de sa gloire qui s'élèvent parfois au-dessus de lui comme Moïse au-dessus d'Homère, les plus sublimes efforts de ses imitateurs ne peuvent balancer l'ensemble et les perfections du sixième livre de l'Énéide.

Le Dante, en fécondant la fiction de la descente aux enfers au point d'en tirer toute une épopée, s'est condamné à la monotonie qui devait résulter de tant de scènes du même genre; mais il y a déployé, comme Ovide dans ses Métamorphoses, une étonnante variété de tableaux, de sentiments, de situations et d'intérêt; et cette variété, il en a trouvé la source dans la plus riche des imaginations, mais surtout dans un cœur passionné, sublime et tendre. Un premier mouvement d'effroi est tout ce qu'Énée nous semble éprouver à l'aspect de Tisiphone debout sur le seuil du Tartare; son apparente immobilité nous laisse ignorer s'il est pénétré d'horreur pour les crimes et de compassion pour les coupables. Après la touchante scène de la reconnaissance entre Anchise et lui, à peine interrompt-il par quelques paroles les récits de son père. Nous voyons dans Énée un spectateur attentif et tranquille; Dante est un acteur brûlant qui nous associe par une illusion complète à tout ce qu'il représente. Ainsi, chez lui, les souvenirs d'un amour de la terre qui s'est purifié dans le ciel, la pitié qui parle en faveur d'un mortel dans le cœur d'une femme assise parmi les anges, le culte du génie, l'enthousiasme de la gloire, le mépris pour les lâchetés de l'égoïsme personnifié d'une manière admirable, la haine de la tyrannie, la passion de la liberté, unie aux plus douces affections telles que la reconnaissance, la piété filiale et l'amitié, l'intelligence des choses divines, les ravissements d'un esprit qui, du fond de l'abîme, s'élève sur des ailes de feu vers le créateur des mondes, interviennent à tout moment au milieu des cris et du désespoir des damnés.

La même richesse, la même diversité règnent dans la seconde partie du drame consacré au Purgatoire, et combattent, autant que cela est possible, l'uniformité inhérente au poëme. Dante joue également ici une foule de rôles avec ses différents interlocuteurs; tour-à-tour riant, naïf, tendre, mélancolique et sublime, il est souvent l'un de ces magiciens qui remuent les cœurs à leur gré. Sans doute il ne choisit pas toujours bien ou ses victimes ou ses héros. Il damne ou sauve en juge passionné; ses arrêts sont souvent des vengeances. Sans doute encore il mérite des reproches dans l'économie de sa composition. Disciple de Virgile, et plein de ce grand poëte dont on pourrait dire que l'âme est répandue dans les veines de son fils adoptif, *mens magnos infusa per artus,* il n'a pas hérité de la mesure et du goût d'un si grand maître. Mais alors même qu'il s'égare sans choix dans de longs et fastidieux détours, il sait faire jaillir d'une situation aride une émotion vive qui nous plaît comme l'éclat inattendu de la fleur isolée qui parfume un lieu désert. Obligé malgré moi de passer sous silence les beautés de toute espèce que le Dante a semées dans son Purgatoire, je me contente de les indiquer aux amis des lettres, en leur promettant des plaisirs du cœur et de l'esprit dans l'étude de cette partie du poëme, et je vais revenir à la plus originale comme à la plus heureuse des fictions de notre auteur.

Le poëte, on s'en souvient, est remonté de l'enfer avec Virgile qui le conduit dans le séjour des épreuves où il doit voir Béatrix, pour s'envoler bientôt avec elle jusqu'aux demeures célestes ; mais, quoique voyageant sous les auspices du génie et de l'amour, ce qu'il y a de mortel en lui le retarde dans sa route, et les forces vont lui manquer au moment de traverser le cercle consacré à la purification des âmes par le feu. En vain un ange l'invite, en vain son maître le rassure, il hésite et tremble encore. C'est alors que Virgile lui dit : « Vois, mon fils, entre Béatrix et toi, il n'y a plus que cette muraille. » Aussitôt le faible Dante devient un autre homme, et entre dans les flammes; il y souffre de grandes douleurs ; mais, pour soutenir le courage d'un disciple si cher, l'excellent Virgile lui parle encore de Béatrix, et laisse échapper ces mots : « Il me semble déjà voir ses yeux [1]. » Comme ce trait convient dans la bouche de Virgile qui a souvent un cœur de femme! Comme il nous révèle la puissance de l'objet aimé! Quelle adresse à préparer l'arrivée de Béatrix! Toutefois nous devons l'attendre : Dante aperçoit alors la belle et jeune Lia qui chante, et se compose, avec des fleurs, une guirlande pour se plaire à elle-même quand ses traits seront réfléchis dans le miroir divin. En ce moment Virgile abdique son empire sur le Dante, et s'efface en quelque sorte pour céder la scène à Béatrix. Elle va venir; Virgile l'annonce une seconde fois par la plus riante des peintures; mais, semblable à une reine qui ne sort de son palais que long-temps après son brillant cortége, elle ne se montre point encore. Nous sommes dans le séjour des délices [2]. Ici de nouveaux enchantements, au milieu desquels paraît une femme jeune et charmante, appelée Mathilde; elle

---

[1] C'est bien le cas d'appliquer ici les vers de La Fontaine :

> Qu'un ami véritable est une douce chose
> Il cherche vos besoins au fond de votre cœur.

[2] Chant XXVIII.

chante aussi en cueillant les fleurs dont sa route est émaillée : Dante la prie de venir sur le bord du fleuve. Telle qu'une danseuse qui effleure le sol, et paraît à peine mettre un pied l'un devant l'autre, elle s'avance parmi ces fleurs de pourpre et d'or, les yeux baissés, ainsi qu'une vierge pudique, et s'approche assez pour que le poëte puisse entendre le doux accent de sa voix. Après quelques-uns des délais pleins de grâce que l'on trouve dans les femmes et dans la folâtre jeunesse, Mathilde apprend au Dante qu'il est dans le paradis et devant le Léthé. Elle continue ses chants remplis d'amour, et comme les nymphes solitaires qui, sous l'ombrage des forêts, tantôt y fuyaient les rayons du soleil, tantôt sortaient pour les revoir, elle suit légèrement le cours du fleuve ; à l'autre bord, Dante règle ses pas sur les petits pas de la vierge, qui lui dit tout-à-coup : « Mon frère, regarde et écoute. » Alors une lumière extraordinaire traverse toute la forêt; une douce mélodie parcourt cet air lumineux. Un autre spectacle se prépare : Dante invoque les Muses pour retracer un tableau où son imagination répand les plus riches couleurs sur des objets fantastiques. Enfin, au milieu d'une cour qui fait pâlir les pompes de la terre, apparaît, dans tout son éclat, ce personnage en partie allégorique et en partie réel, annoncé avec tant d'art et de charme dès le commencement du poëme, cette Béatrix, l'emblême des choses divines, mais qui retrace en même temps l'objet d'une passion dont ni la mort, ni le temps, ni l'âge n'ont pu effacer le souvenir. Ému par la vertu secrète qui se répandit autour d'elle, l'esprit du Dante, sans avoir besoin que ses yeux l'instruisissent davantage, sentit la grande puissance d'un ancien amour. Le poëte ajoute : « Aussitôt que mon âme eut été frappée de cette haute vertu qui m'avait blessé avant que je sortisse de l'enfance, je me retournai avec respect, je voulais dire à Virgile en son langage : « Je reconnais la trace de ma première flamme ; » mais Virgile nous avait privés de lui, Virgile, ce tendre père à qui elle m'avait donné en garde pour mon salut ; et l'aspect du séjour que perdit notre antique mère ne put m'empêcher de verser un torrent de larmes [1]. » Jusque là Dante n'a point encore osé

---

[1] Même en présence de Béatrix, même au milieu de la renaissance d'une passion rallumée dans le ciel par la beauté suprême, le cœur du Dante s'ouvre au regret amer que lui inspire l'absence de son maître chéri. Ce n'est pas là ce froid Énée qui semble quitter en même temps le séjour de la vertu, le théâtre de tant de merveilles, et l'entretien d'un père adoré, avec une parfaite indifférence. On dirait que toutes ces choses lui échappent, au sortir des Champs-Élysées, comme les visions d'un songe brusquement interrompu et qui ne laisse pas de traces.

nommer la femme divine ; c'est elle qui lui dit :
« Regarde, suis-je bien, oui, suis-je bien Béatrix? »
Dans le discours qu'elle adresse pour lui à des substances pures qui, par leurs chants, semblent demander son pardon, il y a des choses que le Dante seul a pu revêtir des couleurs de la poésie ; mais voici des sentiments où la simplicité de l'expression relève encore les pensées d'un ange : « Comblé des plus beaux dons de la nature, ce coupable aurait atteint le plus haut degré de vertu s'il eût suivi ses heureux penchants. Dès son enfance, je l'avais soutenu par l'innocent pouvoir de mes yeux ; je l'avais entraîné sur mes pas dans la droite voie : mais dès que je passai du seuil de la jeunesse à une seconde vie, il m'abandonna pour se livrer à d'autres. Parce que j'avais volé d'une prison au séjour des esprits, pour croître en vertu et en beauté, je devins moins chère et moins agréable à ses yeux. » Béatrix adresse ensuite des reproches à son amant dans un langage que la poésie ne connaissait pas avant le Dante :

« Ni la nature, ni l'art ne t'offriront jamais autant de plaisir que ce beau corps où je fus renfermée jadis, et qui maintenant n'est plus que poussière. Si mon trépas te ravit le bonheur suprême, quel être mortel devait ensuite t'attirer à lui et t'inspirer un désir ? Instruit par ta première blessure à connaître les objets trompeurs, tu devais élever ta pensée vers moi qui ne leur ressemblais plus. Ce n'était ni de jeunes femmes, ni d'autres vanités de si peu de durée qui devaient appesantir ton vol, et t'exposer à de nouveaux coups. » Le temps des dernières épreuves est arrivé; Mathilde entraîne le Dante vers le fleuve, l'y plonge tout entier, et le conduit plein d'espérance et de joie sur l'autre bord. Alors trois nymphes s'avancent en dansant, et adressent cette prière à Béatrix qui sans doute avait déjà prononcé dans son cœur les paroles du pardon : « Tourne, Béatrix, tourne tes yeux saints vers ce fidèle ami qui a fait un si long voyage pour te voir; accorde-nous la grâce de lui montrer sans voile ton noble visage, afin qu'il puissse distinguer cette seconde beauté que tu lui caches. » Le poëte ne nous dit pas que la prière est exaucée, mais il s'écrie avec l'enthousiasme de l'amour le plus ardent : « O splendeur d'une lumière éternelle! quel est celui qui, ayant pâli à l'ombre du Permesse, et puisé l'inspiration à la source profonde de ce fleuve[1], ne sentirait pas tomber son courage, en essayant de te reproduire telle que tu m'apparus au milieu d'un air pur et

---

[1] C'est surtout dans ce passage sublime, et plus encore dans le premier chant du Paradis, que la raison souffre avec peine le mélange du profane et du sacré, qui est le défaut perpétuel de la divine Comédie.

transparent, libre de tout voile, comme le ciel qui te couronne de lumière et t'abreuve d'harmonie ! »

A travers beaucoup de discussions sur la grâce, sur le libre arbitre, et sur d'autres sujets qui, non moins rebelles à la poésie, ont cédé à la puissance dominatrice du Dante, je trouverais encore des citations sans nombre dans son Paradis[1], qui m'a surpris par de singuliers rapports de pensées, de sentiments et d'expressions avec Fénélon. Je n'ai pas vu avec moins d'étonnement une allégorie sur la pauvreté, qui rappelle tellement les formes de Bossuet, qu'on la croirait tirée de l'un de ces sermons où, moins magnifique et plus familier que dans ses oraisons funèbres, il est souvent d'une éloquence plus pénétrante parce qu'elle va droit au cœur. Les nouvelles richesses que j'aurais pu recueillir ici attestent une puissance extraordinaire d'imagination. L'aigle inspiré qui prend la

---

[1] Chant XI. On voit, au chant VI, un tableau du triomphe de l'aigle, depuis la mort de Pallas, qui donna l'empire à Énée, et la défaite des trois Albains, source de la grandeur de Rome jusqu'à Charlemagne. Il est remarquable qu'en damnant Brutus et Cassius, et en louant Jules et Auguste dans un poëme où l'amour de la patrie éclate à chaque page, le Dante, malgré cette contradiction, n'ait voulu ni diminuer la gloire immense du premier des Césars, ni adopter l'apothéose du second.

parole, dans le Paradis, est l'image idéale et fidèle
de la poésie sublime du Dante à mesure qu'il
monte vers le Dieu dont il espère contempler les
splendeurs en face. Abîmé dans la contemplation
de la lumière divine, le poëte, ivre d'une curiosité
sublime, veut interroger son guide; mais Béatrix
l'a quitté : il lève les yeux et la voit sur le trône
qu'ont mérité ses vertus, et couronnée des rayons
éternels qui étaient réfléchis sur elle. Alors, prêt
à finir comme il a commencé, il rend à celle qu'il
a nommée l'amante du premier amour, des actions de grâce qu'il termine d'une manière digne
de lui par ce trait : « Conserve en moi les fruits de
ta munificence, et fais que cette âme que tu as
guérie, te soit encore agréable quand elle se détachera de son corps. » — « Ainsi je priai, dit le Dante;
Béatrix, tout éloignée qu'elle paraissait être, sourit, me regarda, et se retourna vers la source éternelle de la félicité. » Pouvait-on nous répéter avec
plus d'art et d'éloquence que Béatrix a conservé
toute la flamme de son amour, et qu'elle attend le
Dante à ses côtés dans le ciel[1]? Le poëte a presque
atteint les bornes de sa carrière, mais il n'a rien
perdu de ses forces. La vierge Marie et son touchant cortége, où l'on entend des enfants dont elle

---

[1] Chant XXXI.

est la mère dans le ciel comme sur la terre; Gabriel, paré de toutes les grâces d'une âme ou d'un ange; tous les esprits des bienheureux, et Béatrix, présente jusqu'au dernier moment, qui demandent à la reine de clémence, en faveur du Dante, une faveur inouïe que les saints intercesseurs lisent dans un seul regard des yeux de celle que Dieu chérit et vénère; les merveilleux efforts du génie, qui, ravi d'admiration devant cette chaîne d'amour qui embrasse l'univers et lui sert de lien, ébloui de la présence de Jéhovah, perdu dans l'océan de la lumière céleste, essaie en vain de nous donner, par des images hardies, une ébauche imparfaite des merveilles de sa vision, et tombe de défaillance sans pouvoir achever; telles sont les derniers adieux de la muse du Dante.

Le Tasse n'est digne ici d'entrer en parallèle ni avec Virgile, ni avec le Dante. On n'a point encore égalé la sublimité de Milton retraçant les horreurs de l'enfer et les merveilles de la création; il a vu des yeux du génie l'allégresse et la splendeur des cieux au retour du fils de l'Éternel après l'ouvrage des six jours; son Messie, armé de dix mille tonnerres, et vainqueur des légions rebelles du prince des enfers, est cent fois plus grand que le Jupiter de la fable qui ne triomphe des Titans qu'avec le secours de tous les dieux de l'Olympe; mais sa muse si hardie dans son vol, pour s'élever encore

jusqu'à la majesté de Jéhovah invisible au milieu
d'un océan de lumière, semble tout-à-coup épuisée ; il manque d'audace, d'imagination et de magnificence dans la peinture de la Jérusalem céleste. Les plaisirs qu'on y goûte ne sont ni assez variés, ni assez vifs, ni assez divins. Milton a prêté
à ses anges des formes plus magiques que celles
des dieux d'Homère ; il n'a pas su donner à l'union des âmes ces transports, cette effusion, ces
ravissements, ce bonheur intarissable que Fénélon
croyait déjà sentir ici-bas, et que sainte Thérèse
devançait par l'ardeur de ses désirs. L'éternel Hozanna revient trop souvent dans le Paradis ; et la
contemplation muette et profonde qui le suit toujours, nous laisse tomber dans la froideur, parce
que notre cœur a bientôt trouvé dans son impuissance les bornes de la volupté d'une adoration sans
mesure. Des essences surnaturelles pourraient seules suffire à l'excès et à la constance d'un bonheur
toujours le même et toujours nouveau. Rien de
plus difficile que d'imprimer le mouvement et la
flamme à la paix ineffable de l'Olympe chrétien ;
mais Milton n'a point lutté avec assez de courage
pour triompher des écueils du sujet. Au contraire,
le Paradis perdu est un chef-d'œuvre où, comme
dans un drame excellent, le lieu de la scène, la
fable, les témoins et les acteurs, excitent tour-à-tour l'admiration, la joie, le sentiment d'une féli-

cité parfaite, la reconnaissance, l'adoration, la crainte, la terreur et la pitié.

Après avoir créé l'univers, Dieu s'est arrêté pour contempler en paix la beauté de son ouvrage; tout-à-coup il interrompt son auguste repos. Quelle autre merveille allons-nous voir paraître? Un jardin qui sera l'abrégé des cieux, le séjour de deux anges de la terre et le berceau du monde. Dieu a conçu le genre humain dans sa pensée; Adam, notre premier père, s'est senti naître au souffle du créateur comme on sent l'existence pendant le sommeil qui participe de la vie et de la mort. Ses yeux s'ouvrent à la lumière. Ravi, accablé de tout ce qu'il voit, surpris de lui-même, de la flexibilité de ses membres, de la soudaine puissance de sa parole; interrogeant tour-à-tour le soleil, la terre, les fleuves, les montagnes et toutes les créatures, pour connaître leur inconcevable auteur, et apprendre à l'adorer; ne recevant aucune réponse, il s'assied sous un ombrage, et tombe dans une rêverie qui le conduit pour la première fois à une paisible suspension de ses facultés, « pendant laquelle, dit-il, je crus m'anéantir et retourner à l'état où la vie m'était inconnue. Mais un songe qui vint se placer sur ma tête, me remplit d'une agréable vision qui, rassurant mes esprits, me persuada que j'existais encore. Une forme divine s'approcha de moi, en me disant : «Lève-toi. Le séjour que tu dois

habiter t'attend, ô le premier de tous les hommes !
Appelé par tes vœux, je viens te conduire au jardin
des délices. » A ces mots, il me prit par la main,
m'éleva, et me transportant sur les fleuves et les
campagnes, glissant sur la terre sans y laisser de trace, il me mit à la fin sur le haut d'une montagne
couverte de forêts, et dans un jardin magnifique. »

Adam s'éveille, et trouve réalisés tous les présents d'un songe si merveilleux ; alors le guide céleste se révèle aux yeux du premier homme, et lui
donne non-seulement le paradis, mais toute la terre
dont les animaux viennent tour-à-tour saluer leur
maître. Ces prodiges de libéralité ne suffisent pas
au nouveau roi du monde ; il éprouve le vide de la
solitude au milieu des nombreux sujets qu'il ne
saurait élever jusqu'à lui ; il désire quelque chose
de plus parfait, parmi tant de créatures qui ne répondent pas aux besoins de son cœur. Familier
comme un père avec son fils, Dieu souffre la témérité des paroles d'Adam qui demande une autre
créature pareille à lui, sans soupçonner les dons
mystérieux que la bonté céleste médite de répandre sur la compagne de l'homme. Alors, surpris
par un second sommeil, Adam voit ses propres
flancs ouverts par l'Éternel qui en fait sortir une
créature dont la présence répand dans le monde
un esprit d'amour et de volupté. Toutes les beau-

tés de la création s'effacent devant sa beauté. Elle disparaît aux yeux d'Adam, et le laisse dans les ténèbres. Il se réveille pour la retrouver ou pour pleurer à jamais sa perte. Mais au moment où il espérait le moins la revoir, elle s'avançait vers lui conduite par le Créateur invisible et présent. La grâce suivait tous ses pas, le ciel était dans ses yeux. Transporté de joie, Adam s'écrie : « Voilà qui remplit tous mes désirs ; ô bienfaiteur suprême ! voilà le plus cher de tes dons. »

Vêtue d'innocence, parée de modestie, Ève, quoique poussée par la main divine, semble se détourner ; mais sa dignité tempérée par un penchant secret, par une soumission charmante de la volonté qui cède avec mystère, approuve enfin les transports d'Adam. Il la conduit au berceau nuptial, couverte d'une rougeur pareille à celle de l'aurore. Que d'enchantements réunis autour des deux époux ! Adam a désiré Ève avant de la connaître ; elle est sortie de lui, et presque de la place où battait son cœur ! Doués tous les deux d'une forme céleste, semblables pour s'attirer, différents pour mieux s'unir, pleins de ces contrastes qui sont des éléments d'harmonie, ils commencent la vie par la jeunesse, comme le monde qui vient d'éclore a commencé par le printemps. Leur amour est le premier amour de la terre, le premier penchant de

deux êtres créés exprès pour sentir et partager ses
délices. La beauté extérieure le fait naître, la beauté morale le nourrit et le purifie, l'innocence en
est le charme, la pudeur le voile, et la religion le
flambeau. Par leur union légitime et sainte dans
le paradis, Adam et sa compagne accomplissent
une volonté du ciel; la terre se pare de ses plus
riches couleurs pour applaudir à leur bonheur; les
oiseaux le célèbrent par des accords pleins de mélodie, et les astres le favorisent de leurs plus douces influences. Le triomphe d'Adam est la gloire
d'Ève, et leur hymen la source mystérieuse d'où
va sortir le genre humain, grâce à un dernier présent du Dieu de la nature qui donne à ses favoris
le pouvoir de communiquer à des races innombrables le souffle de vie qu'il a répandu sur eux.
Adam et Ève ne sortent du lit nuptial, aussi purs
et plus beaux peut-être qu'ils n'y sont entrés, que
pour tomber à genoux devant l'Éternel, et élever
jusqu'à lui l'hymne sublime de la reconnaissance.
A la vue d'un tel bonheur, Dieu s'applaudit comme après les travaux de la formation de l'univers;
il semble redoubler de tendresse pour les deux innocentes créatures; les yeux toujours ouverts sur
elles, il leur envoie d'agréables messages et des
hôtes célestes; enfin, dans l'excès d'une bonté sans
mesure, il se dépouille de sa splendeur et de sa
majesté, il s'accommode à la faiblesse de leur

nature pour venir leur parler face à face, comme un ami à son ami, suivant l'expression de Moïse, ou plutôt comme un père à ses enfants[1]. Telle est la félicité que deux êtres pareils à nous ont pu goûter, et qu'ils ont perdue !

Le germe de toutes ces choses était dans la Genèse; mais quelle imagination il a fallu pour le féconder! et quel magicien dans le poëte qui a pu tirer de pareils prodiges d'une pensée sublime, mais toute nue! Milton me semble un prophète qui commente Moïse et Dieu même. C'est avec la même puissance de génie, et avec plus d'habileté encore, que Milton développe le reste de sa fable, en conservant toujours à des scènes que j'appellerais idéales si elles ne reposaient pas sur la Genèse, le mérite d'être une image fidèle et dramatique de la vie humaine. Quelquefois cependant cette image, toujours vraie en elle-même, détruit l'illusion, parce qu'elle suppose certains raf-

---

[1] Bossuet a dit avec sa naïveté éloquente : C'est une chose admirable, que la miséricorde de notre Dieu ait porté cette majesté souveraine à se rabaisser jusqu'à nous, non-seulement par une amitié cordiale, mais encore quelquefois, si je l'ose dire ainsi, par une étroite familiarité. « Je viens, dit-il, frapper à la porte; si quelqu'un m'ouvre, j'entrerai auprès de lui, je souperai avec lui, et lui avec moi. » (*Sermon sur saint François de Paule.*)

finements de mœurs qui ne sauraient appartenir qu'à une civilisation extrême, et qui désenchantent le paradis. Mais en général Milton, observateur attentif de la nature, excelle à transporter des passions de son siècle, et des événements de sa propre vie, au berceau du monde; aussi leur a-t-il imprimé le caractère de vérité des choses profondément senties par un grand écrivain.

Les cieux de Klopstock attestent l'élévation de son génie; il est quelquefois plus sublime que Milton; mais il éblouit nos yeux, il fatigue notre pensée, il frappe notre imagination de stérilité par la profusion des richesses. Dès le début de son poëme, il nous jette à la tête des planètes, des globes sans nombre, des chemins bordés de mille soleils[1]. Klopstock trouve des traits d'une grandeur démesurée pour peindre l'Être des êtres, puis tout-à-coup il se livre à un luxe de développements qui

---

[1] Il serait injuste d'oublier ici M. de Châteaubriand. Imitateur judicieux, quoique fidèle, de la Bible, sa raison et son goût l'on averti que Dieu même a mis de l'ordre et de la mesure dans les magnificences de l'univers. L'auteur des Martyrs a donné aux élus des plaisirs sublimes; il continue et purifie dans les cieux tous les amours de la terre; il caractérise d'une manière admirable la grandeur de Jéhovah, mais il épargne sagement à notre faible vue la trop longue contemplation de la lumière éternelle.

détruisent l'effet qu'il avait produit en imitant la majestueuse simplicité de Moïse. Quelques hymnes en l'honneur de l'Éternel sont presque dignes du sujet ; les autres répandent, par leur prolixité, par la répétition des mêmes formes, une monotonie insupportable sur le poëme. Notre religion offre à l'esprit des obscurités qu'il ne faut pas chercher à éclaircir, sous peine de tomber dans la folie, fût-on un Bossuet ou un saint Jérôme; Klopstock aborde, discute, sans aucun soupçon du péril, les questions les plus ardues, les plus mystérieuses de la théologie. Commentateur imprudent, interprète sans mission, il s'expose à faire déraisonner les personnes divines de la manière la plus étrange. Nous allons voir surtout combien la tentation de commenter la brièveté des récits de la Bible sur la mort du Christ, et de faire de Jéhovah un personnage épique, comme le Jupiter d'Homère, a inspiré au poëte des fictions qui offensent autant le bon sens, les règles de l'art de composer, qu'elles font outrage à la majesté suprême.

Dieu descend du ciel avec tout l'appareil de la terreur : « On entend gronder autour de lui le bruit effrayant de mille tonnerres qui se succèdent sans interruption. Le sombre jugement, l'affreuse perdition l'environnent de toutes parts. Cette face sacrée, qui autrefois ne respirait qu'amour, ne respire à présent que vengeance. » S'agit-il de punir et de foudroyer un nouveau Satan? « Non, répond l'Éternel lui-même aux questions de l'ange Éloa épouvanté, le Messie s'est mis entre moi et la nature humaine, je vais le juger. » Suivi de Gabriel, l'Être des êtres passe, comme la foudre, à travers la voie lactée; sa fureur remplit d'effroi les habitants vertueux d'une région heureuse, qui ne connaissaient de lui que sa bonté inépuisable; arrêté sur le sommet du mont Thabor, Dieu contemple les crimes des hommes; il frémit de courroux; la terre tremble, elle va périr avec toutes les nations; mais instruit par un regard du Très-Haut, Éloa embouche la trompette du jugement, et fait entendre ces mots : « Si quelqu'un sous les cieux veut comparaître à la place du genre humain, qu'il se présente devant le souverain juge. » Cette supposition est ridicule, contraire à tout ce qui précède, et au pacte solennel entre Dieu et le Médiateur qui dans ce moment marchait vers le théâtre de son premier sacrifice.

Jésus souffre sur la montagne des Oliviers; Dieu voit sans nulle pitié les douleurs de l'innocence qui s'immole pour des races perdues; le sang coule avec la sueur de la mort sur le front de la victime; Dieu supporte, ou plutôt il prolonge, avec une patience inouïe, les souffrances de son fils; Jésus prie avec des déchirements de cœur, mais avec grandeur et résignation; son père paraît sourd à cette voix chérie; la troisième heure des épreuves du Messie arrive, Dieu, en le voyant couvert des ombres du trépas, ordonne enfin à un ange d'aller faire retentir aux oreilles de son fils des chants de triomphe sur la réconciliation de tant de saints rachetés par son sang. Cependant le jugement dure toujours, et, loin de s'attendrir, Dieu verse sans mesure et sans miséricorde au Rédempteur accablé, mais soumis comme un agneau sur l'autel, ce que les douleurs du corps et de l'âme ont de plus cruel. Tous les séraphins détournent la vue de ce spectacle, et s'enfuient; le jugement est prononcé, la terre recule de terreur; l'Homme-Dieu se relève en triomphateur, aux applaudissements de la maison céleste, et l'Éternel remonte vers son trône.

Le dernier moment du Christ approche; Éloa l'annonce à travers les mondes. Le Sauveur est sur la croix; il subit son supplice de douleur et de gloire à la vue des anges, des patriarches, au milieu de la foule innombrable des âmes futures, et devenues immortelles par son dévouement, au bruit des cantiques du ciel, devant sa mère et le disciple bien aimé sur lesquels tombent ses derniers regards : fiction permise par le sujet, fiction belle et sublime qui concourt au but du poëme. Mais que fait Jéhovah pendant cette scène grande et terrible? Il repose, environné de la nuit et de l'épouvante, au milieu d'une vaste solitude dont

ÉNÉIDE, LIVRE VI.

aucun des élus n'ose troubler le silence. L'un des anges de la mort, prosterné sur la dernière des marches du trône inaccessible, attend l'ordre fatal. La vue constamment fixée sur Golgotha, l'Éternel jette sur le Christ des regards étincelants; le Fils comprend que son père n'est point encore apaisé, malgré les flots de son sang qui coulent sur la terre. A cette pensée, le frisson de la mort pénètre au cœur de Jésus; mais il s'oublie pour ne penser qu'au salut du genre humain. Alors la prière, les larmes, les cantiques, montent en vain de tous côtés vers le juge suprême ; Klopstock prolonge si long-temps, par ses répétitions, le supplice du Rédempteur, que nous sommes tentés d'accuser de barbarie l'auguste témoin d'une agonie si douloureuse. Elle va cesser enfin ; l'ange, ministre de la mort, plus affreux et plus redoutable qu'elle, descend des cieux pour annoncer au Rédempteur que la colère de Dieu est infinie, et qu'il ne pardonnera qu'après le dernier soupir de la victime. Jésus élève ses regards mourants vers le ciel, et dit : « Mon Dieu, mon Dieu, pourquoi m'as-tu abandonné?..... Mon père, je rends mon âme entre tes mains; et il meurt. »

L'absence de la réflexion et de l'art, le défaut de mesure et de proportion, l'excès de l'abondance, la faiblesse qui ne sait pas se borner, ont conduit Klopstock à défigurer Dieu d'une manière déplorable ; il n'a pas senti que la raison ordonnait de laisser Jéhovah dans son sanctuaire ou de n'entr'ouvrir le Saint des saints que pour nous montrer la majestueuse tristesse de celui dont le premier attribut est d'être père et miséricordieux[1]. L'Éternel pouvait accepter l'hostie, et non contempler le sacrifice. Les fautes du poëte sont d'autant plus graves que la situation du Messie et son caractère à la fois tendre, élevé, plein de charme, rapproché de notre nature et au-dessus d'elle, toujours prêt à un dévouement sans bornes, le présentent à nous comme un opprimé sublime.

Après le Messie, ce que l'auteur a peint avec le plus de grâce et d'illusion, ce sont les anges Éloa et Gabriel, unis par la plus touchante amitié. Abdiel et Abbadona nous offrent des modèles de grâce et de naïveté qui appartiennent à l'école allemande, quelquefois si heureuse à mettre de l'imagination dans les choses simples. On doit encore remarquer l'ange de la pitié, le sensible Lebbée, dont voici un léger crayon : « Sa mère le mit au monde sous des palmiers...... Il versa plus de larmes en naissant que n'en versent communément les hommes, lors-

---

[1] De tous les titres augustes que Dieu se donne à lui-même dans les écritures, c'est celui de bon et de charitable, de père de miséricorde, de Dieu de toute consolation dont il se glorifie davantage. (Bossuet, *Sermon des anges gardiens.*)

que, par un instinct confus, ils éprouvent déjà le sentiment de leur mort, quoique encore éloignée. Toute sa jeunesse n'a été qu'un enchaînement d'affections tristes et douloureuses. Aucun de ses amis n'a eu occasion de répandre des pleurs, qu'il n'y ait mêlé les siens; il n'a pas cessé de gémir sur les maux de l'humanité[1]. » Saint Jean et Lebbée sont deux amis comme il n'en fut jamais. Un hymne chanté dans les cieux à la naissance de saint Jean, nous révèle les penchants, les vertus, l'immortelle destinée de cette âme privilégiée. On dirait que Klopstock s'était épris de la plus vive tendresse pour le fidèle ami du Christ, tant il le met en scène avec bonheur; mais c'est par un trait de gé-

---

[1] Klopstock donne aux hommes vertueux des anges gardiens dont il parle avec beaucoup de grâce; Bossuet qui les appelle les ambassadeurs de Dieu et des hommes, leur a consacré un sermon plein de traits admirables, et d'une application directe à la vie humaine. Bossuet est à-la-fois un grand moraliste et un grand poëte dans ce sermon. C'est là qu'on lit : « Apprenez, chrétiens, de quel prix sont les œuvres de miséricorde. Il manque, ce semble, quelque chose au ciel, parce qu'on ne peut pas les y pratiquer. Encore qu'on y voie Dieu face à face, encore qu'il y enivre les esprits célestes du torrent de ses voluptés; toutefois leur félicité n'est pas accomplie, parce qu'il n'y a point de pauvres qu'on assiste, point d'affligés que l'on console, point de misérables que l'on soulage. »

nie qu'il achève de le faire connaître. Au moment des adieux, où Jésus présente à ses disciples le pain et le calice qu'il avait consacrés, Jean, pénétré de douleur, se jette aux pieds de son maître, les baise en les arrosant de larmes qu'il essuie avec ses cheveux. « Fais-moi paraître à lui dans toute ma magnificence, dit Jésus en élevant les regards vers son père. » Le vœu est exaucé. Jean découvre à l'instant, dans le fond de la salle, une assemblée lumineuse d'esprits célestes, et brillants de splendeur;.... puis il se retourne du côté du Messie, et voit étinceler dans ses yeux tous les rayons de la majesté divine : il reste immobile de surprise et d'admiration, et se laisse tomber sur le sein du Sauveur. Gabriel, l'un des anges présents, fend les airs, et, plein d'un transport ardent, il vient à Jésus, et lui dit : « O Homme-Dieu! ô Rédempteur! permets que je t'embrasse aussi comme cet heureux disciple dont tu me fais envier le sort. » Voilà toute une apothéose : saint Jean sur la terre est déjà un habitant du ciel, et, ce qui achève la beauté de ce passage, Jésus promet à Gabriel le siége d'Éloa auprès du trône de sa gloire, mais non pas la place de Jean dans le cœur de son ami. A-t-on jamais fait un pareil éloge de l'une des plus grandes vertus de l'homme?

Virgile ne donne point de place à cette vertu dans les Champs-Élysées; Milton l'invoque, la chante et la trouve partout, aux enfers, dans le Purgatoire, dans le Paradis; Milton admet l'amitié entre les anges, mais il n'en fait pas une volupté sublime et tendre, ou naïve et pleine de grâces, ainsi qu'on la trouve dans Bossuet et dans Klopstock. Comment concevoir que Fénélon, qui l'avait sentie et inspirée à des âmes dignes de lui, ne l'ait point donnée pour récompense aux justes? Pourquoi le but qu'il se proposait ne lui a-t-il pas permis de nous montrer aux Champs-Élysées d'autres vertus que les vertus royales? Dante en célébrant de grands hommes ne s'informe pas s'ils ont ou non porté la couronne; philosophe et religieux tout ensemble, il accorde le Purgatoire à Caton d'Utique, et au grand Saladin; il ouvre le Paradis à Trajan; mais la raison de Fénélon a prévenu tous les reproches en faisant représenter du moins toutes les hautes vertus sociales par des princes bienfaiteurs de l'humanité. Aussi combien la morale du Télémaque l'emporte sur celle de l'Énéide!

Virgile n'accorde en passant qu'un regard aux prêtres chastes, aux inventeurs des arts, aux hommes qui ont bien mérité de leurs semblables; sa faiblesse a passé sous silence Cicéron, le dieu de l'éloquence et le père de la patrie[1];

---

[1] Ennius a fait ce beau vers qui semble peindre l'orateur de Rome :

Caton immortel pour avoir épargné à la vertu l'outrage du pardon de César[1]. Nourri des principes de l'ambition romaine, Virgile abandonne presque sans regret la palme de la tribune, et le sceptre des arts, ornements de la paix, aux Grecs qu'il ne daigne pas nommer; il élève au-dessus de tout les héros de la guerre. Pour lui, Romulus est plus grand que Numa[2]; pour lui, la première des gloi-

---

Flos delibatus populi suadæque medulla.

Manilius en a dignement parlé.

Juvénal a dit de ce grand homme :

> Roma parentem,
> Roma patrem patriæ Ciceronem libera dixit.

[1] Horace a osé célébrer ainsi devant Auguste l'indépendance de Caton :

> Cuncta terrarum subacta,
> Præter atrocem animum Catonis.

Il a même vanté la mort de ce grand homme; mais aussi il fait servir Auguste de second à Jupiter dans le gouvernement du monde. Pardonnons même cet excès de flatterie quand le poëte nous donne du moins, pour prix de notre indulgence, de sublimes éloges de la vertu.

Il n'existe peut-être pas de panégyrique plus beau et plus vrai du héros d'Utique, que son portrait dans la Pharsale de Lucain.

[2] Thompson appelle Numa la lumière de Rome, et son vrai fondateur.

res est de terrasser la résistance, de pardonner à la
faiblesse, et d'imposer à tous les conditions de la
servitude sous les couleurs de la paix. Virgile, d'accord avec Horace, veut que le monde entier soit
l'esclave de Rome, et la propriété du dieu Auguste. *Nescius ultorem post caput esse deum*[1], ne prévoyant pas qu'il y avait derrière les tyrans un dieu
vengeur, il n'était pas capable d'enfanter ce beau
conseil de Juvénal, qui semble avoir prédit le châtiment des oppresseurs de l'univers : « Prenez garde qu'il ne soit fait une grande injure à des nations courageuses et accablées par le malheur; en
vain leur enlèverez-vous tout ce qu'elles possèdent
d'or et d'argent; vous leur laisserez un bouclier, un
glaive, un casque et une lance. Aux hommes dépouillés par l'injuste victoire, il reste encore des armes. » Instruit à une plus haute école, éclairé par la
religion et la philosophie, témoin sévère des fautes
du moderne Sésostris, rempli pour la France d'une
tendresse qui se répandait sur tous les pays malheureux comme elle, dans tous les temps, par les fureurs de l'ambition armée, Fénélon ne met dans les
Champs-Élysées qu'à regret, et à la seconde place, les Ajax, les Agamemnon, et tous ces ravageurs qui ne savent que troubler les hommes et

---

[1] Ce trait, emprunté à Tibulle, m'a paru d'une heureuse
application.

renverser les empires. Il attribue la mort précoce d'Achille à la pitié des dieux pour les peuples que ce fougueux prince devait gouverner un jour. Aux yeux du sage contemporain de Louis XIV, Triptolème, l'inventeur de la charrue ; Cécrops, premier législateur d'Athènes; Inachus, fondateur du royaume d'Argos, et l'ami des peuples réunis par sa sagesse; Eunésyme et Dioclide qui se dévouèrent, comme Codrus, pour leur pays; Bélus, qui se croyait plus riche par l'amour de ses sujets que par tous les tributs qu'il aurait pu leur imposer; le sévère Lycurgue, deux fois bienfaiteur de Sparte par la sagesse de ses lois, et la générosité de son exil; voilà les grands hommes et les favoris du ciel. Fénélon est un vertueux instituteur, un philosophe éclairé, un ami de ses semblables, un sujet fidèle qui remplit religieusement un devoir, et donne à tous les princes, dans la personne du duc de Bourgogne, les plus hautes et les plus utiles leçons qu'ils puissent recevoir. Sans doute il avait présente à l'esprit cette belle pensée de Bossuet qui renferme un éloge aussi imprévu que complet du Télémaque et de son auteur : « Pour dire la vérité, il faut un cœur de roi, une grandeur d'âme royale; et si cette fonction ne demande pas qu'on soit roi par le commandement, du moins exige-t-elle qu'on soit roi par indépendance. »

Avant ce sage et libre imitateur des anciens,

l'Arioste et le Tasse avaient eu le tort d'appliquer à des princes vulgaires la fiction magnifique de Virgile ; tous d'eux ont rabaissé leur génie par des adulations qui ne s'adressent pas, comme dans l'Énéide, au maître de Rome et du monde. Le Camoëns au contraire aurait pu prendre pour devise la maxime de Bossuet que j'ai rapportée plus haut. Camoëns respecte avant tout la vérité ; écrivain rempli de pudeur, jamais il ne se prosterne devant d'indignes idoles, devant des réprouvés de la véritable gloire. Dans ce cœur indépendant et fier, l'amour de la patrie paraît une vertu transmise avec le sang, mêlée avec le génie, accrue par le malheur, fortifiée par les sacrifices et nourrie par le désintéressement. On peut accorder le même éloge à Thompson. L'éloge de l'Angleterre et de ses grands hommes est un hymne à la patrie, à la liberté, au génie, à la vertu sublime, et cet hymne a la pureté de l'encens que l'on doit choisir pour l'autel des dieux. Voltaire célèbre avant tout les bons rois, les sages ministres, les guerriers défenseurs ou libérateurs de leur pays ; Louis XII, Ambroise, la Trémouille, Montmorency, Duguesclin, Bayard ; puis viennent Richelieu et Mazarin que Henri prend pour des rois, et qui le sont en effet sans en avoir le titre. Voilà les deux précurseurs du règne de Louis XIV ; sous ce prince, la France nous apparaît la tête couronnée de tous les lauriers qui composent le diadême de la gloire; mais il est à regretter que Voltaire n'ait point caractérisé à grands traits Corneille, Racine, Molière, Pascal, comme il a peint Condé, Turenne, le sage Catinat, les créations de Vauban et l'audace de Villars. Après les vers sur le duc de Bourgogne, le tableau de l'enfance de Louis XV, seul et faible rejeton de la race royale, l'apostrophe au cardinal Fleury, l'invocation à la France, la généreuse liberté de l'écrivain, qui profite de ce détour pour offrir au prince, assis sur le trône, des avis cachés sous des éloges, et le détourner de la guerre par une plus douce gloire, sont dignes d'un beau génie et d'un philosophe ami de l'humanité. Tout ce morceau eût obtenu le suffrage et les larmes de Massillon, dont l'éloquence, aussi éclairée que courageuse, a fait de si touchants efforts pour nous donner un bon roi dans l'élève d'un instituteur trop faible et trop occupé du soin d'assurer la sécurité de son pouvoir. Mais la raison, la pudeur et le goût ordonnaient au poëte de s'arrêter ici. L'éloge du régent me semble une profanation du sujet; Voltaire a oublié que la poésie est une vierge comme la vérité.

Milton que j'ai dû réserver pour la fin de ce tableau, a beaucoup agrandi la fiction de Virgile; ce n'est pas un seul peuple, ce n'est pas le seul empire romain, ce sont tous les peuples, et le monde entier qu'il présente à nos yeux. Le premier crime, le premier trépas, la foule des maladies et des douleurs qui envahissent la terre avec cette cruelle nécessité qui s'appelle la mort, attirent d'abord les regards d'Adam, et lui causent un effroi proportionné à la nouveauté comme à l'horreur d'un tel spectacle; puis viennent des fêtes, des plaisirs, les divers tableaux du travail et de l'industrie; ensuite des voluptés trompeuses, des femmes folâtres et perfides qui égarent les enfants d'Adam, comme Ève a perdu leur père. Maintenant voici la guerre, la violence, le triomphe de l'épée, le règne de la tyrannie, qui semblent sortir de cette école de corruption. Alors Milton s'indigne, et imprime le sceau de la réprobation sur le front de tous ces furieux qui massacrent la race humaine, pour obtenir le titre de conquérants, de protecteurs du genre humain, de dieux, fils de dieux. Tous ces destructeurs se plongent dans la débauche après la victoire; ils oppriment et corrompent les peuples; la terre regorge de crimes; le courroux de Dieu s'allume, et suscite le déluge que Milton retrace avec une grave et majestueuse simplicité. Tant de spectacles divers ont bouleversé l'âme d'Adam; mais surtout quel supplice pour lui que la connaissance du sort de sa postérité!

C'est avec la douleur d'un père qu'Adam a vu

périr un monde ; il tombe accablé par le désespoir; mais une consolation inattendue vient relever son âme abattue ; elle se ranime à l'aspect du juste de l'arche, et des signes de la bonté céleste qui, par amour pour lui, daigne oublier son courroux et faire renaître un autre monde. Après cette belle et immense apparition, le poëte n'aurait pas dû achever par un récit les révélations que nous attendions de lui. Donner ainsi l'histoire universelle, partie en visions, partie en narrations, c'est faire comme un peintre qui mettrait son sujet partie en couleur, et partie en écriture. La suite du récit, depuis le déluge jusqu'au second rachat de l'espèce humaine par une victime divine, étincelle souvent de beautés ; mais deux chants consacrés au même sujet, et formant un long épisode dénué d'action, passent toutes les bornes de la patience du lecteur, violent les règles de l'art de composer, et font beaucoup trop languir le dénoûment, quoiqu'ils aient contribué à le préparer d'une manière assez heureuse. Mais Milton pouvait-il couronner plus dignement son poëme que par la rédemption du genre humain, bienfait dont la sublime espérance arrache Adam et Ève au désespoir, et les encourage à mériter sur la terre les récompenses du ciel où, purifiés de toutes les souillures du péché, ils doivent jouir à jamais de la présence du Dieu qui venait les visiter dans le paradis, au temps de leur première innocence?

Jusqu'ici l'Énéide ne nous a laissé apercevoir que de faibles traces de l'action. Dans ses longs voyages sur mer, en Thrace, à Délos, aux bords de la Crète, dans les îles Strophades, en Épire; devant les Cyclopes, à Carthage, chez le vieux roi Aceste, dans l'île de Cumes enfin, Énée n'a point l'occasion de signaler sa vertu par des faits éclatants; mais le génie suggère à Virgile les moyens de cacher ce défaut que sans doute il n'avait pu se dissimuler à lui-même. Ainsi, depuis l'admirable tempête du premier livre, jusqu'au moment où le prince troyen apparaît à Didon dans tout l'éclat de la jeunesse d'un dieu, nous marchons de merveilles en merveilles. Le récit de la chute de Troie forme un drame de la plus rare beauté, qui, sans être une partie essentielle de la composition, s'y rattache d'autant mieux qu'il semble destiné à nous offrir l'image du glorieux avenir d'Énée. Sauf le célèbre épisode, où nous retrouvons Andromaque au tombeau d'Hector et sur les rives d'un autre Simoïs, le troisième livre nous laisse trop sentir le vide de l'action. Au contraire, la peinture des amours de la reine de Carthage et du fils d'Anchise s'empare tellement de nos cœurs que tout le reste disparaît à nos yeux. Didon abandonnée ou trahie succombe au désespoir; c'est alors que désenchantés par la froideur et par la fuite d'Énée, nous commençons à lui demander un compte sévère de sa conduite de prince et de l'héritage d'Hector; par bonheur, ou plutôt par un effet des avis de la conscience de l'écrivain, la célébration des jeux troyens en Sicile, l'anniversaire des funérailles d'Anchise, l'incendie de la flotte, et les divers rôles qu'Énée joue dans des situations opposées, viennent détourner les reproches et nous conduire jusqu'aux grandes scènes du sixième livre. Telles sont les ressources magiques à l'aide desquelles Virgile fait une illusion complète à la raison de ses lecteurs; néanmoins tous ces enchantements ne sont encore que les préludes d'une épopée; combien de prodiges nous attendent si le drame répond à ces magnifiques promesses !

ÆNEIDOS

LIBER SEXTUS.

Sic fatur lacrymans, classique immittit habenas,
Et tandem Euboïcis Cumarum allabitur oris.
Obvertunt pelago proras : tum dente tenaci
Anchora fundabat naves, et littora curvæ
Prætexunt puppes : juvenum manus emicat ardens
Littus in Hesperium : quærit pars semina flammæ
Abstrusa in venis silicis : pars, densa ferarum
Tecta, rapit silvas, inventaque flumina monstrat.
At pius Æneas arces quibus altus Apollo
Præsidet, horrendæque procul secreta sibyllæ,
Antrum immane petit, magnam cui mentem animumque
Delius inspirat vates, aperitque futura.
Jam subeunt Triviæ lucos, atque aurea tecta.
  Dædalus, ut fama est, fugiens Minoïa regna,
Præpetibus pennis ausus se credere cœlo,
Insuetum per iter gelidas enavit ad Arctos,
Chalcidicaque levis tandem superadstitit arce.
Redditus his primum terris, tibi, Phœbe, sacravit
Remigium alarum, posuitque immania templa.
In foribus letum Androgeo : tum pendere pœnas

Cecropidæ jussi, miserum! septena quotannis
Corpora natorum : stat ductis sortibus urna.
Contra elata mari respondet Gnosia tellus.
Hic crudelis amor tauri, suppostaque furto
Pasiphaë, mixtumque genus, prolesque biformis
Minotaurus inest, veneris monumenta nefandæ.
Hic labor ille domus, et inextricabilis error.
Magnum reginæ sed enim miseratus amorem
Dædalus, ipse dolos tecti ambagesque resolvit,
Cæca regens filo vestigia. Tu quoque magnam
Partem opere in tanto, sineret dolor, Icare, haberes.
Bis conatus erat casus effingere in auro :
Bis patriæ cecidere manus. Quin protinus omnia
Perlegerent oculis, ni jam præmissus Achates
Afforet, atquet una Phœbi Triviæque sacerdos,
Deiphobe Glauci, fatur quæ talia regi :
Non hoc ista sibi tempus spectacula poscit;
Nunc grege de intacto septem mactare juvencos
Præstiterit, totidem lectas de more bidentes.
Talibus affata Æneam (nec sacra morantur
Jussa viri) Teucros vocat alta in templa sacerdos.
Excisum Euboïcæ latus ingens rupis in antrum,
Quo lati ducunt aditus centum, ostia centum;
Unde ruunt totidem voces, responsa sibyllæ.
Ventum erat ad limen, cum virgo : Poscere fata
Tempus, ait : Deus ecce, Deus. Cui talia fanti
Ante fores, subito non vultus, non color unus,
Non comptæ mansere comæ; sed pectus anhelum,
Et rabie fera corda tument, majorque videri,
Nec mortale sonans, afflata est numine quando

LIBER VI.

Jam propiore Dei. Cessas in vota precesque,
Tros, ait, Ænea? cessas? neque enim ante dehiscent
Attonitæ magna ora domus. Et talia fata,
Conticuit. Gelidus Teucris per dura cucurrit
Ossa tremor, fuditque preces rex pectore ab imo:
   Phœbe, graves Trojæ semper miserate labores,
Dardana qui Paridis direxti tela manusque
Corpus in Æacidæ; magnas obeuntia terras
Tot maria intravi, duce te, penitusque repostas
Massylum gentes, prætentaque Syrtibus arva;
Jam tandem Italiæ fugientis prendimus oras:
Hac Trojana tenus fuerit fortuna secuta.
Vos quoque Pergameæ jam fas est parcere genti,
Dique Deæque omnes, quibus obstitit Ilium, et ingens
Gloria Dardaniæ. Tuque, ô sanctissima vates,
Præscia venturi, da (non indebita posco
Regna meis fatis) Latio considere Teucros,
Errantesque Deos agitataque numina Trojæ.
Tum Phœbo et Triviæ solido de marmore templum
Instituam, festosque dies de nomine Phœbi.
Te quoque magna manent regnis penetralia nostris:
Hic ego namque tuas sortes, arcanaque fata
Dicta meæ genti ponam, lectosque sacrabo,
Alma, viros: foliis tantum ne carmina manda,
Ne turbata volent rapidis ludibria ventis:
Ipsa canas, oro. Finem dedit ore loquendi.
   At, Phœbi nondum patiens, immanis in antro
Bacchatur vates, magnum si pectore possit
Excussisse Deum: tanto magis ille fatigat
Os rabidum, fera corda domans, fingitque premendo.

ÆNEIDOS

Ostia jamque domus patuere ingentia centum
Sponte sua, vatisque ferunt responsa per auras :
O tandem magnis pelagi defuncte periclis !
Sed terra graviora manent. In regna Lavini
Dardanidæ venient, mitte hanc de pectore curam ;
Sed non et venisse volent. Bella, horrida bella,
Et Tibrim multo spumantem sanguine cerno.
Non Simoïs tibi, nec Xanthus, nec Dorica castra
Defuerint : alius Latio jam partus Achilles,
Natus et ipse Dea ; nec Teucris addita Juno
Usquam aberit. Quem tu supplex, in rebus egenis,
Quas gentes Italum, aut quas non oraveris urbes !
Causa mali tanti conjux iterum, hospita Teucris,
Externique iterum thalami.
Tu, ne cede malis ; sed contra audentior ito,
Quam tua te fortuna sinet. Via prima salutis,
Quod minime reris, Graia pandetur ab urbe.

Talibus ex adyto dictis Cumæa sibylla
Horrendas canit ambages, antroque remugit,
Obscuris vera involvens : ea fræna furenti
Concutit, et stimulos sub pectore vertit Apollo.

Ut primum cessit furor, et rabida ora quierunt,
Incipit Æneas heros : Non ulla laborum,
O virgo ! nova mi facies inopinave surgit :
Omnia præcepi, atque animo mecum ante peregi.
Unum oro : quando hic inferni janua regis
Dicitur, et tenebrosa palus Acheronte refuso,
Ire ad conspectum cari genitoris et ora
Contingat : doceas iter, et sacra ostia pandas.
Illum ego per flammas et mille sequentia tela

LIBER VI.

Eripui his humeris, medioque ex hoste recepi :
Ille meum comitatus iter, maria omnia mecum,
Atque omnes pelagique minas cœlique ferebat
Invalidus, vires ultra sortemque senectæ.
Quin, ut te supplex peterem, et tua limina adirem,
Idem orans mandata dabat. Natique patrisque,
Alma, precor, miserere : potes namque omnia ; nec te
Nequicquam lucis Hecate præfecit Avernis.
Si potuit manes arcessere conjugis Orpheus,
Threïcia fretus cithara fidibusque canoris ;
Si fratrem Pollux alterna morte redemit,
Itque reditque viam toties : quid Thesea, magnum
Quid memorem Alciden ? et mi genus ab Jove summo.

    Talibus orabat dictis, arasque tenebat,
Cum sic orsa loqui vates : Sate sanguine Divum,
Tros Anchisiade, facilis descensus Averni ;
Noctes atque dies patet atri janua Ditis :
Sed revocare gradum, superasque evadere ad auras,
Hoc opus, hic labor est. Pauci, quos æquus amavit
Juppiter, aut ardens evexit ad æthera virtus,
Dis geniti, potuere. Tenent media omnia silvæ,
Cocytusque sinu labens circumvenit atro.
Quod si tantus amor menti, si tanta cupido est
Bis Stygios innare lacus, bis nigra videre
Tartara, et insano juvat indulgere labori ;
Accipe quæ peragenda prius. Latet arbore opaca
Aureus et foliis et lento vimine ramus,
Junoni infernæ dictus sacer : hunc tegit omnis
Lucus, et obscuris claudunt convallibus umbræ.
Sed non ante datur telluris operta subire,

Auricomos quam quis decerpserit arbore fetus.
Hoc sibi pulchra suum ferri Proserpina munus
Instituit. Primo avulso, non deficit alter
Aureus, et simili frondescit virga metallo.
Ergo alte vestiga oculis, et rite repertum
Carpe manu : namque ipse volens facilisque sequetur,
Si te fata vocant; aliter, non viribus ullis
Vincere, nec duro poteris convellere ferro.

    Præterea jacet exanimum tibi corpus amici,
Heu nescis! totamque incestat funere classem,
Dum consulta petis, nostroque in limine pendes.
Sedibus hunc refer ante suis, et conde sepulcro.
Duc nigras pecudes : ea prima piacula sunto.
Sic demum lucos Stygios, regna invia vivis,
Aspicies. Dixit, pressoque obmutuit ore.

    Æneas mœsto defixus lumina vultu,
Ingreditur, linquens antrum, cæcosque volutat
Eventus animo secum : cui fidus Achates
It comes, et paribus curis vestigia figit.
Multa inter sese vario sermone ferebant :
Quem socium exanimem vates, quod corpus humandum
Diceret. Atque illi Misenum in littore sicco,
Ut venere, vident indigna morte peremptum;
Misenum Æoliden, quo non præstantior alter
Ære ciere viros, Martemque accendere cantu.
Hectoris hic magni fuerat comes : Hectora circum
Et lituo pugnas insignis obibat et hasta.
Postquam illum victor vita spoliavit Achilles,
Dardanio Æneæ sese fortissimus heros
Addiderat socium, non inferiora secutus.

Sed tum forte cava dum personat æquora concha,
Demens, et cantu vocat in certamina Divos;
Æmulus exceptum Triton, si credere dignum est,
Inter saxa virum spumosa immerserat unda.
Ergo omnes magno circum clamore fremebant,
Præcipue pius Æneas. Tum jussa sibyllæ,
Haud mora, festinant flentes; aramque sepulcri
Congerere arboribus, cœloque educere certant.
Itur in antiquam silvam, stabula alta ferarum:
Procumbunt piceæ; sonat icta securibus ilex,
Fraxineæque trabes; cuneis et fissile robur
Scinditur; advolvunt ingentes montibus ornos.
Nec non Æneas opera inter talia primus
Hortatur socios, paribusque accingitur armis:
Atque hæc ipse suo tristi cum corde volutat,
Aspectans silvam immensam, et sic ore precatur:
Si nunc se nobis ille aureus arbore ramus
Ostendat nemore in tanto! quando omnia vere,
Heu! nimium de te vates, Misene, locuta est.
 Vix ea fatus erat, geminæ cum forte colombæ
Ipsa sub ora viri cœlo venere volantes,
Et viridi sedere solo. Tum maximus heros
Maternas agnoscit aves, lætusque precatur:
Este duces, o, si qua via est, cursumque per auras
Dirigite in lucos, ubi pinguem dives opacat
Ramus humum: tuque, o, dubiis ne defice rebus,
Diva parens. Sic effatus vestigia pressit,
Observans quæ signa ferant, quo tendere pergant.
Pascentes illæ tantum prodire volando,
Quantum acie possent oculi servare sequentum.

Inde, ubi venere ad fauces graveolentis Averni,
Tollunt se celeres, liquidumque per aëra lapsæ,
Sedibus optatis geminæ super arbore sidunt,
Discolor unde auri per ramos aura refulsit.
Quale solet silvis brumali frigore viscum
Fronde virere nova, quod non sua seminat arbos,
Et croceo fetu teretes circumdare truncos :
Talis erat species auri frondentis opaca
Ilice : sic leni crepitabat bractea vento.
Corripit extemplo Æneas, avidusque refringit
Cunctantem, et vatis portat sub tecta sibyllæ.

Nec minus interea Misenum in littore Teucri
Flebant, et cineri ingrato suprema ferebant.
Principio pinguem tædis et robore secto
Ingentem struxere pyram; cui frondibus atris
Intexunt latera, et ferales ante cupressos
Constituunt, decorantque super fulgentibus armis.
Pars calidos latices et ahena undantia flammis
Expediunt, corpusque lavant frigentis et ungunt.
Fit gemitus : tum membra toro defleta reponunt,
Purpureasque super vestes, velamina nota,
Conjiciunt. Pars ingenti subiere feretro,
Triste ministerium, et subjectam more parentum
Aversi tenuere facem : congesta cremantur
Thurea dona, dapes, fuso crateres olivo.
Postquam collapsi cineres, et flamma quievit,
Relliquias vino et bibulam lavere favillam,
Ossaque lecta cado texit Corynæus aheno.
Idem ter socios pura circumtulit unda,
Spargens rore levi et ramo felicis olivæ,

LIBER VI.

Lustravitque viros, dixitque novissima verba.
At pius Æneas ingenti mole sepulcrum
Imponit, suaque arma viro, remumque, tubamque,
Monte sub aerio, qui nunc Misenus ab illo
Dicitur, æternumque tenet per sæcula nomen.
His actis, propere exequitur præcepta sibyllæ.
  Spelunca alta fuit, vastoque immanis hiatu,
Scrupea, tuta lacu nigro nemorumque tenebris,
Quam super haud ullæ poterant impune volantes
Tendere iter pennis : talis sese halitus atris
Faucibus effundens supera ad convexa ferebat;
Unde locum Graii dixerunt nomine Avernum.
Quattuor hic primum nigrantes terga juvencos
Constituit, frontique invergit vina sacerdos;
Et summas carpens media inter cornua setas,
Ignibus imponit sacris, libamina prima,
Voce vocans Hecaten, Cœloque Ereboque potentem.
Supponunt alii cultros, tepidumque cruorem
Suscipiunt pateris. Ipse atri velleris agnam
Æneas matri Eumenidum magnæque sorori
Ense ferit; sterilemque tibi, Proserpina, vaccam.
Tum Stygio regi nocturnas inchoat aras,
Et solida imponit taurorum viscera flammis,
Pingue superque oleum infundens ardentibus extis.
  Ecce autem, primi sub lumina solis et ortus,
Sub pedibus mugire solum, et juga cœpta moveri
Silvarum; visæque canes ululare per umbram,
Adventante Dea. Procul, o, procul este, profani,
Conclamat vates, totoque absistite luco.
Tuque invade viam, vaginaque eripe ferrum :

Nunc animis opus, Ænea, nunc pectore firmo.
Tantum effata, furens antro se immisit aperto :
Ille ducem haud timidis vadentem passibus æquat.

 Di, quibus imperium est animarum, umbræque silentes,
Et Chaos, et Phlegethon, loca nocte silentia late,
Sit mihi fas audita loqui, sit numine vestro
Pandere res alta terra et caligine mersas.

 Ibant obscuri sola sub nocte per umbram,
Perque domos Ditis vacuas, et inania regna :
Quale per incertam lunam sub luce maligna
Est iter in silvis, ubi cœlum condidit umbra
Juppiter et rebus nox abstulit atra colorem.

 Vestibulum ante ipsum, primisque in faucibus Orci,
Luctus et ultrices posuere cubilia Curæ;
Pallentesque habitant Morbi, tristisque Senectus,
Et Metus, et malesuada Fames, et turpis Egestas,
Terribiles visu formæ; Letumque, Laborque;
Tum consanguineus Leti Sopor, et mala mentis
Gaudia, mortiferumque adverso in limine Bellum,
Ferreique Eumenidum thalami, et Discordia demens,
Vipereum crinem vittis innexa cruentis.
In medio ramos annosaque brachia pandit
Ulmus opaca, ingens, quam sedem Somnia vulgo
Vana tenere ferunt, foliisque sub omnibus hærent.
Multaque præterea variarum monstra ferarum,
Centauri in foribus stabulant, Scyllæque biformes,
Et centumgeminus Briareus, ac bellua Lernæ
Horrendum stridens, flammisque armata Chimæra,
Gorgones, Harpyiæque, et forma tricorporis umbræ.
Corripit hic subita trepidus formidine ferrum

Æneas, strictamque aciem venientibus offert :
Et, ni docta comes tenues sine corpore vitas
Admoneat volitare cava sub imagine formæ,
Irruat, et frustra ferro diverberet umbras.
  Hinc via Tartarei quæ fert Acherontis ad undas :
Turbidus hic cœno vastaque voragine gurges
Æstuat, atque omnem Cocyto eructat arenam.
Portitor has horrendus aquas et flumina servat
Terribili squalore Charon, cui plurima mento
Canities inculta jacet; stant lumina flamma;
Sordidus ex humeris nodo dependet amictus.
Ipse ratem conto subigit, velisque ministrat,
Et ferruginea subvectat corpora cymba :
Jam senior; sed cruda Deo viridisque senectus.
Huc omnis turba ad ripas effusa ruebat :
Matres, atque viri, defunctaque corpora vita
Magnanimum heroum, pueri, innuptæque puellæ,
Impositique rogis juvenes ante ora parentum :
Quam multa in silvis autumni frigore primo
Lapsa cadunt folia; aut ad terram gurgite ab alto
Quam multæ glomerantur aves, ubi frigidus annus
Trans pontum fugat, et terris immittit apricis.
Stabant orantes primi transmittere cursum,
Tendebantque manus, ripæ ulterioris amore.
Navita sed tristis nunc hos, nunc accipit illos;
Ast alios longe summotos arcet arena.
  Æneas (miratus enim, motusque tumultu)
Dic, ait, o virgo! quid vult concursus ad amnem ?
Quidve petunt animæ? vel quo discrimine ripas
Hæ linquunt, illæ remis vada livida verrunt ?

Olli sic breviter fata est longæva sacerdos :
Anchisa generate, Deum certissima proles,
Cocyti stagna alta vides, Stygiamque paludem,
Di cujus jurare timent et fallere numen.
Hæc omnis, quam cernis, inops inhumataque turba est:
Portitor ille, Charon : hi, quos vehit unda, sepulti.
Nec ripas datur horrendas, et rauca fluenta
Transportare prius, quam sedibus ossa quierunt.
Centum errant annos, volitantque hæc littora circum :
Tum demum admissi stagna exoptata revisunt.

   Constitit Anchisa satus, et vestigia pressit,
Multa putans, sortemque animo miseratus iniquam.
Cernit ibi mœstos, et mortis honore carentes,
Leucaspim, et Lyciæ ductorem classis Orontem,
Quos simul a Troja ventosa per æquora vectos
Obruit Auster, aqua involvens navemque virosque.
Ecce gubernator sese Palinurus agebat,
Qui Libyco nuper cursu, dum sidera servat,
Exciderat puppi, mediis effusus in undis.
Hunc ubi vix multa mœstum cognovit in umbra,
Sic prior alloquitur : Quis te, Palinure, Deorum
Eripuit nobis, medioque sub æquore mersit?
Dic age; namque, mihi fallax haud ante repertus,
Hoc uno responso animum delusit Apollo,
Qui fore te ponto incolumem, finesque canebat
Venturum Ausonios : en hæc promissa fides est?
Ille autem : Neque te Phœbi cortina fefellit,
Duc Anchisiade, nec me Deus æquore mersit.
Namque gubernaclum multa vi forte revulsum,
Cui datus hærebam custos, cursusque regebam,

LIBER VI.

Præcipitans traxi mecum. Maria aspera juro,
Non ullum pro me tantum cepisse timorem,
Quam tua ne, spoliata armis, excussa magistro,
Deficeret tantis navis surgentibus undis.
Tres Notus hibernas immensa per æquora noctes
Vexit me violentus aqua : vix lumine quarto
Prospexi Italiam, summa sublimis ab unda.
Paulatim adnabam terræ, et jam tuta tenebam ;
Ni gens crudelis madida cum veste gravatum,
Prensantemque uncis manibus capita aspera montis
Ferro invasisset, prædamque ignara putasset.
Nunc me fluctus habet, versantque in littore venti.
Quod te per cœli jucundum lumen et auras,
Per genitorem, oro, per spem surgentis Iuli,
Eripe me his, invicte, malis : aut tu mihi terram
Injice, namque potes, portusque require Velinos :
Aut tu, si qua via est, si quam tibi Diva creatrix
Ostendit (neque enim, credo, sine numine Divum
Flumina tanta paras, Stygiamque innare paludem),
Da dextram misero, et tecum me tolle per undas,
Sedibus ut saltem placidis in morte quiescam.
Talia fatus erat, cœpit cum talia vates :
Unde hæc, o Palinure ! tibi tam dira cupido ?
Tu Stygias inhumatus aquas amnemque severum
Eumenidum aspicies, ripamve injussus adibis ?
Desine fata Deum flecti sperare precando.
Sed cape dicta memor, duri solatia casus.
Nam tua finitimi, longe lateque per urbes
Prodigiis acti cœlestibus, ossa piabunt,
Et statuent tumulum, et tumulo solemnia mittent,

Æternumque locus Palinuri nomen habebit.
   His dictis curæ emotæ, pulsusque parumper
Corde dolor tristi : gaudet cognomine terra.
   Ergo iter incœptum peragunt, fluvioque propinquant.
Navita quos jam inde ut Stygia prospexit ab unda
Per tacitum nemus ire, pedemque advertere ripæ,
Sic prior aggreditur dictis, atque increpat ultro :
Quisquis es, armatus qui nostra ad flumina tendis,
Fare age quid venias; jam istinc et comprime gressum.
Umbrarum hic locus est, Somni Noctisque soporæ :
Corpora viva nefas Stygia vectare carina.
Nec vero Alciden me sum lætatus euntem
Accepisse lacu, nec Thesea, Pirithoumque,
Dis quanquam geniti, atque invicti viribus essent.
Tartareum ille manu custodem in vincla petivit
Ipsius a solio Regis traxitque trementem :
Hi dominam Ditis thalamo deducere adorti.
   Quæ contra breviter fata est Amphrysia vates :
Nullæ hic insidiæ tales; absiste moveri;
Nec vim tela ferunt : licet ingens janitor antro
Æternum latrans exangues terreat umbras;
Casta licet patrui servet Proserpina limen.
Troïus Æneas, pietate insignis et armis,
Ad genitorem, imas Erebi descendit ad umbras.
Si te nulla movet tantæ pietatis imago,
At ramum hunc (aperit ramum qui veste latebat)
Agnoscas. Tumida ex ira tum corda residunt.
Nec plura his. Ille admirans venerabile donum
Fatalis virgæ, longo post tempore visum,
Cæruleam advertit puppim; ripæque propinquat.

Inde alias animas, quæ per juga longa sedebant,
Deturbat, laxatque foros; simul accipit alveo
Ingentem Æneam. Gemuit sub pondere cymba
Sutilis, et multam accepit rimosa paludem.
Tandem trans fluvium incolumes vatemque virumque
Informi limo glaucaque exponit in ulva.
Cerberus hæc ingens latratu regna trifauci
Personat, adverso recubans immanis in antro.
Cui vates, horrere videns jam colla colubris,
Melle soporatam et medicatis frugibus offam
Objicit : ille, fame rabida tria guttura pandens,
Corripit objectam, atque immania terga resolvit
Fusus humi, totoque ingens extenditur antro.
Occupat Æneas aditum, custode sepulto,
Evaditque celer ripam irremeabilis undæ.
 Continuo auditæ voces, vagitus et ingens,
Infantumque animæ flentes in limine primo;
Quos dulcis vitæ exsortes, et ab ubere raptos
Abstulit atra dies, et funere mersit acerbo.
Hos juxta falso damnati crimine mortis.
 Nec vero hæ sine sorte datæ, sine judice, sedes.
Quæsitor Minos urnam movet : ille silentum
Conciliumque vocat, vitasque et crimina discit.
 Proxima deinde tenent mœsti loca, qui sibi letum
Insontes peperere manu, lucemque perosi
Projecere animas. Quam vellent æthere in alto
Nunc et pauperiem et duros perferre labores!
Fata obstant, tristique palus inamabilis unda
Alligat, et novies Styx interfusa coercet.
 Nec procul hinc partem fusi monstrantur in omnem

Lugentes campi; sic illos nomine dicunt.
Hic quos durus amor crudeli tabe peredit
Secreti celant calles, et myrtea circum
Silva tegit; curæ non ipsa in morte relinquunt.
His Phædram Procrinque locis, mœstamque Eriphylen
Crudelis nati monstrantem vulnera cernit,
Evadnenque, et Pasiphaen. His Laodamia
It comes; et, juvenis quondam, nunc fœmina Cæneus,
Rursus et in veterem fato revoluta figuram.

Inter quas Phœnissa recens a vulnere Dido
Errabat silva in magna; quam Troïus heros
Ut primum juxta stetit, agnovitque per umbram
Obscuram, qualem primo qui surgere mense
Aut videt aut vidisse putat per nubila lunam,
Demisit lacrymas, dulcique affatus amore est :
Infelix Dido, verus mihi nuntius ergo
Venerat extinctam, ferroque extrema secutam !
Funeris heu tibi causa fui ! Per sidera juro,
Per superos, et si qua fides tellure sub ima est,
Invitus, Regina, tuo de littore cessi.
Sed me jussa Deum, quæ nunc has ire per umbras,
Per loca senta situ cogunt, noctemque profundam,
Imperiis egere suis; nec credere quivi
Hunc tantum tibi me discessu ferre dolorem.
Siste gradum, teque aspectu ne subtrahe nostro.
Quem fugis? extremum fato, quod te alloquor, hoc est.

Talibus Æneas ardentem et torva tuentem
Lenibat dictis animum, lacrymasque ciebat.
Illa solo fixos oculos aversa tenebat;
Nec magis incepto vultum sermone movetur,

LIBER VI.

Quam si dura silex aut stet Marpesia cautes.
Tandem corripuit sese, atque inimica refugit
In nemus umbriferum, conjux ubi pristinus illi
Respondet curis, æquatque Sychæus amorem.
Nec minus Æneas casu percussus iniquo,
Prosequitur lacrymans longe, et miseratur euntem.

   Inde datum molitur iter : jamque arva tenebant
Ultima, quæ bello clari secreta frequentant.
Hic illi occurrit Tydeus, hic inclytus armis
Parthenopæus, et Adrasti pallentis imago.
Hic multum fleti ad superos, belloque caduci,
Dardanidæ; quos ille omnes longo ordine cernens,
Ingemuit, Glaucumque, Medontaque, Thersilochumque,
Tres Antenoridas, Cererique sacrum Polyphœten,
Idæumque etiam currus, etiam arma, tenentem.
Circumstant animæ dextra lævaque frequentes.
Nec vidisse semel satis est : juvat usque morari,
Et conferre gradum, et veniendi discere causas.
At Danaum proceres, Agamemnoniæque phalanges,
Ut videre virum fulgentiaque arma per umbras,
Ingenti trepidare metu : pars vertere terga,
Ceu quondam petiere rates : pars tollere vocem
Exiguam; inceptus clamor frustratur hiantes.

   Atque hic Priamiden laniatum corpore toto
Deiphobum vidit, lacerum crudeliter ora,
Ora, manusque ambas, populataque tempora raptis
Auribus, et truncas inhonesto vulnere nares.
Vix adeo agnovit pavitantem, et dira tegentem
Supplicia; et notis compellat vocibus ultro :
Deiphobe armipotens, genus alto a sanguine Teucri,

Quis tam crudeles optavit sumere pœnas?
Cui tantum de te licuit? Mihi fama suprema
Nocte tulit, fessum vasta te cæde Pelasgum
Procubuisse super confusæ stragis acervum.
Tunc egomet tumulum Rhœteo in littore inanem
Constitui, et magna Manes ter voce vocavi.
Nomen et arma locum servant. Te, amice, nequivi
Conspicere, et patria decedens ponere terra.
Ad quæ hæc Priamides : Nihil o tibi, amice, relictum ;
Omnia Deiphobo solvisti et funeris umbris :
Sed me fata mea et scelus exitiale Lacænæ
His mersere malis ; illa hæc monumenta reliquit.
Namque ut supremam falsa inter gaudia noctem
Egerimus nosti ; et nimium meminisse necesse est.
Cum fatalis equus saltu super ardua venit
Pergama, et armatum peditem gravis attulit alvo ;
Illa, chorum simulans, evantēs orgia circum
Ducebat Phrygias : flammam media ipsa tenebat
Ingentem, et summa Danaos ex arce vocabat.
Tum me confectum curis somnoque gravatum
Infelix habuit thalamus, pressitque jacentem
Dulcis et alta quies, placidæque simillima morti.
Egregia interea conjux arma omnia tectis
Emovet, et fidum capiti subduxerat ensem.
Intra tecta vocat Menelaum, et limina pandit ;
Scilicet id magnum sperans fore munus amanti,
Et famam extingui veterum sic posse malorum.
Quid moror? irrumpunt thalamo ; comes additus una
Hortator scelerum Æolides. Di, talia Graiis
Instaurate, pio si pœnas ore reposco.
Sed te qui vivum casus, age, fare vicissim

Attulerint : pelagine venis erroribus actus?
An monitu divum? an quæ te fortuna fatigat,
Ut tristes sine sole domos, loca turbida, adires?
Hac vice sermonum roseis Aurora quadrigis
Jam medium ætherio cursu trajecerat axem;
Et fors omne datum traherent per talia tempus:
Sed comes admonuit, breviterque affata sibylla est:
Nox ruit, Ænea; nos flendo ducimus horas.
Hic locus est partes ubi se via findit in ambas:
Dextera, quæ Ditis magni sub mœnia tendit;
Hac iter Elysium nobis: at læva malorum
Exercet pœnas, et ad impia Tartara mittit.
Deiphobus contra : Ne sævi, magna sacerdos;
Discedam, explebo numerum, reddarque tenebris.
I, decus, i, nostrum; melioribus utere fatis.
Tantum effatus, et in verbo vestigia torsit.

Respicit Æneas subito, et sub rupe sinistra
Mœnia lata videt triplici circumdata muro,
Quæ rapidus flammis ambit torrentibus amnis
Tartareus Phlegethon, torquetque sonantia saxa.
Porta adversa, ingens, solidoque adamante columnæ;
Vis ut nulla virum, non ipsi exscindere ferro
Cœlicolæ valeant: stat ferrea turris ad auras;
Tisiphoneque sedens, palla succincta cruenta,
Vestibulum exsomnis servat noctesque diesque.
Hinc exaudiri gemitus, et sæva sonare
Verbera: tum stridor ferri, tractæque catenæ.
Constitit Æneas, strepitumque exterritus hausit:
Quæ scelerum facies? o virgo, effare; quibusve
Urgentur pœnis? qui tantus plangor ad auras?
Tum vates sic orsa loqui : Dux inclyte Teucrum,

Nulli fas casto sceleratum insistere limen;
Sed me, quum lucis Hecate præfecit Avernis,
Ipsa deum pœnas docuit, perque omnia duxit.
Gnosius hæc Rhadamanthus habet durissima regna;
Castigatque auditque dolos, subigitque fateri
Quæ quis apud superos, furto lætatus inani,
Distulit in seram commissa piacula mortem.
Continuo sontes ultrix accincta flagello
Tisyphone quatit insultans; tortosque sinistra
Intentans angues vocat agmina sæva sororum.
Tum demum horrisono stridentes cardine sacræ
Panduntur portæ. Cernis custodia qualis
Vestibulo sedeat? facies quæ limina servet?
Quinquaginta atris immanis hiatibus Hydra
Sævior intus habet sedem : tum Tartarus ipse
Bis patet in præceps tantum, tenditque sub umbras,
Quantus ad ætherium cœli suspectus Olympum.
Hic genus antiquum terræ, Titania pubes,
Fulmine dejecti, fundo volvuntur in imo.
Hic et Aloidas geminos, immania vidi
Corpora, qui manibus magnum rescindere cœlum
Aggressi, superisque Jovem detrudere regnis.
Vidi et crudeles dantem Salmonea pœnas,
Dum flammas Jovis et sonitus imitatur Olympi.
Quatuor hic invectus equis, et lampada quassans,
Per Graium populos mediæque per Elidis urbem
Ibat ovans, divumque sibi poscebat honorem :
Demens! qui nimbos et non imitabile fulmen
Ære et cornipedum pulsu simularat equorum.
At pater omnipotens densa inter nubila telum
Contorsit; non ille faces, nec fumea tædis

Lumina; præcipitemque immani turbine adegit.
Nec non et Tityon, Terræ omniparentis alumnum,
Cernere erat; per tota novem cui jugera corpus
Porrigitur; rostroque immanis vultur obunco
Immortale jecur tundens, fecundaque pœnis
Viscera, rimaturque epulis, habitatque sub alto
Pectore; nec fibris requies datur ulla renatis.
Quid memorem Lapithas, Ixiona, Pirithoumque,
Quos super atra silex jamjam lapsura, cadentique
Imminet assimilis? Lucent genialibus altis
Aurea fulcra toris, epulæque ante ora paratæ
Regifico luxu : Furiarum maxima juxta
Accubat, et manibus prohibet contingere mensas;
Exsurgitque facem attollens, atque intonat ore.
Hic quibus invisi fratres, dum vita manebat,
Pulsatusve parens, et fraus innexa clienti;
Aut qui divitiis soli incubuere repertis,
Nec partem posuere suis, quæ maxima turba est;
Quique ob adulterium cæsi, quique arma secuti
Impia, nec veriti dominorum fallere dextras :
Inclusi pœnam exspectant. Ne quære doceri
Quam pœnam, aut quæ forma viros fortunave mersit.
Saxum ingens volvunt alii, radiisque rotarum
Districti pendent : sedet, æternumque sedebit
Infelix Theseus : Phlegyasque miserrimus omnes
Admonet, et magna testatur voce per umbras :
« Discite justitiam moniti, et non temnere Divos. »
Vendidit hic auro patriam, dominumque potentem
Imposuit; fixit leges pretio, atque refixit.
Hic thalamum invasit natæ, vetitosque hymenæos.
Ausi omnes immane nefas, ausoque potiti.

Non, mihi si linguæ centum sint, oraque centum,
Ferrea vox, omnes scelerum comprendere formas,
Omnia pœnarum percurrere nomina possim.
　Hæc ubi dicta dedit Phœbi longæva sacerdos :
Sed jam age, carpe viam, et susceptum perfice munus :
Acceleremus, ait. Cyclopum educta caminis
Mœnia conspicio, atque adverso fornice portas,
Hæc ubi nos præcepta jubent deponere dona.
Dixerat; et pariter, gressi per opaca viarum,
Corripiunt spatium medium, foribusque propinquant.
Occupat Æneas aditum, corpusque recenti
Spargit aqua, ramumque adverso in limine figit.
　His demum exactis, perfecto munere Divæ,
Devenere locos lætos, et amœna vireta
Fortunatorum nemorum, sedesque beatas.
Largior hic campos æther et lumine vestit
Purpureo; solemque suum, sua sidera, norunt.
Pars in gramineis exercent membra palæstris;
Contendunt ludo, et fulva luctantur arena;
Pars pedibus plaudunt choreas, et carmina dicunt.
Nec non Threïcius longa cum veste sacerdos
Obloquitur numeris septem discrimina vocum :
Jamque eadem digitis, jam pectine pulsat eburno.
Hic genus antiquum Teucri, pulcherrima proles,
Magnanimi heroës, nati melioribus annis,
Ilusque, Assaracusque, et Trojæ Dardanus auctor.
Arma procul currusque virum miratur inanes.
Stant terra defixæ hastæ, passimque soluti
Per campos pascuntur equi. Quæ gratia currum
Armorumque fuit vivis, quæ cura nitentes
Pascere equos, eadem sequitur tellure repostos.

Conspicit ecce alios dextra lævaque per herbam
Vescentes, lætumque choro Pæana canentes,
Inter odoratum lauri nemus, unde superne
Plurimus Eridani per silvam volvitur amnis.
Hic manus, ob patriam pugnando vulnera passi,
Quique sacerdotes casti dum vita manebat,
Quique pii vates et Phœbo digna locuti,
Inventas aut qui vitam excoluere per artes,
Quique sui memores alios fecere merendo :
Omnibus his nivea cinguntur tempora vitta.
Quos circumfusos sic est affata sibylla;
Musæum ante omnes, medium nam plurima turba
Hunc habet, atque humeris exstantem suspicit altis :
Dicite, felices animæ, tuque, optime vates;
Quæ regio Anchisen, quis habet locus? illius ergo
Venimus, et magnos Erebi tranavimus amnes.
Atque huic responsum paucis ita reddidit heros :
Nulli certa domus ; lucis habitamus opacis,
Riparumque toros et prata recentia rivis
Incolimus : sed vos, si fert ita corde voluntas,
Hoc superate jugum; et facili jam tramite sistam.
Dixit, et ante tulit gressum, camposque nitentes
Desuper ostentat : dehinc summa cacumina linquunt.

 At pater Anchises penitus convalle virenti
Inclusas animas, superumque ad lumen ituras,
Lustrabat studio recolens; omnemque suorum
Forte recensebat numerum, carosque nepotes,
Fataque, fortunasque virum, moresque, manusque.
Isque ubi tendentem adversum per gramina vidit
Æneam, alacris palmas utrasque tetendit;
Effusæque genis lacrymæ ; et vox excidit ore :

Venisti tandem, tuaque spectata parenti
Vicit iter durum pietas! datur ora tueri,
Nate, tua, et notas audire et reddere voces!
Sic equidem ducebam animo rebarque futurum,
Tempora dinumerans; nec me mea cura fefellit.
Quas ego te terras et quanta per æquora vectum
Accipio! quantis jactatum, nate, periclis!
Quam metui ne quid Libyæ tibi regna nocerent!
Ille autem : Tua me, genitor, tua tristis imago
Sæpius occurrens, hæc limina tendere adegit.
Stant sale Tyrrheno classes. Da jungere dextram,
Da, genitor; teque amplexu ne subtrahe nostro.
Sic memorans, largo fletu simul ora rigabat.
Ter conatus ibi collo dare brachia circum;
Ter frustra comprensa manus effugit imago,
Par levibus ventis, volucrique simillima somno.

 Interea videt Æneas in valle reducta
Seclusum nemus, et virgulta sonantia silvis,
Lethæumque, domos placidas qui prænatat, amnem.
Hunc circum innumeræ gentes populique volabant:
Ac veluti in pratis, ubi apes æstate serena
Floribus insidunt variis, et candida circum
Lilia funduntur; strepit omnis murmure campus.
Horrescit visu subito, causasque requirit
Inscius Æneas, quæ sint ea flumina porro,
Quive viri tanto complerint agmine ripas.
Tum pater Anchises : Animæ, quibus altera fato
Corpora debentur Lethæi ad fluminis undam
Securos latices et longa oblivia potant.
Has equidem memorare tibi, atque ostendere coram,
Jampridem hanc prolem cupio enumerare tuorum,

LIBER VI.

Quo magis Italia mecum lætere reperta.
O pater, anne aliquas ad cœlum hinc ire putandum est
Sublimes animas, iterumque ad tarda reverti
Corpora ? Quæ lucis miseris tam dira cupido ?
Dicam equidem; nec te suspensum, nate, tenebo :
Suscipit Anchises, atque ordine singula pandit.

   Principio cœlum, ac terras, camposque liquentes,
Lucentemque globum lunæ, Titaniaque astra,
Spiritus intus alit; totamque infusa per artus
Mens agitat molem, et magno se corpore miscet.
Inde hominum pecudumque genus, vitæque volantum,
Et quæ marmoreo fert monstra sub æquore pontus.
Igneus est ollis vigor et cœlestis origo
Seminibus, quantum non noxia corpora tardant,
Terrenique hebetant artus moribundaque membra.
Hinc metuunt cupiuntque, dolent gaudentque; neque auras
Dispiciunt, clausæ tenebris et carcere cæco.
Quin et supremo cum lumine vita reliquit,
Non tamen omne malum miseris, nec funditus omnes
Corporeæ excedunt pestes; penitusque necesse est
Multa diu concreta modis inolescere miris.
Ergo exercentur pœnis, veterumque malorum
Supplicia expendunt. Aliæ panduntur inanes
Suspensæ ad ventos : aliis sub gurgite vasto
Infectum eluitur scelus, aut exuritur igni :
Quisque suos patimur manes; exinde per amplum
Mittimur Elysium, et pauci læta arva tenemus :
Donec longa dies, perfecto temporis orbe,
Concretam exemit labem, purumque reliquit
Ætherium sensum, atque auraï simplicis ignem.
Has omnes, ubi mille rotam volvere per annos,

Lethæum ad fluvium Deus evocat agmine magno,
Scilicet immemores supera ut convexa revisant,
Rursus et incipiant in corpora velle reverti.
Dixerat Anchises : natumque, unaque Sibyllam,
Conventus trahit in medios turbamque sonantem;
Et tumulum capit, unde omnes longo ordine possit
Adversos legere, et venientum discere vultus.
    Nunc age, Dardaniam prolem quæ deinde sequatur
Gloria, qui maneant Itala de gente nepotes,
Illustres animas, nostrumque in nomen ituras,
Expediam dictis, et te tua fata docebo.
Ille, vides, pura juvenis qui nititur hasta,
Proxima sorte tenet lucis loca; primus ad auras
Ætherias Italo commixtus sanguine surget,
Silvius, Albanum nomen, tua postuma proles;
Quem tibi longævo serum Lavinia conjux
Educet silvis regem, regumque parentem;
Unde genus longa nostrum dominabitur Alba.
Proximus ille Procas, Trojanæ gloria gentis;
Et Capys; et Numitor; et, qui te nomine reddet,
Silvius Æneas, pariter pietate vel armis
Egregius, si unquam regnandam acceperit Albam.
Qui juvenes quantas ostentant, adspice, vires!
At qui umbrata gerunt civili tempora quercu,
Hi tibi Nomentum, et Gabios, urbemque Fidenam;
Hi Collatinas imponent montibus arces,
Pometios, Castrumque Inui, Bolamque, Coramque :
Hæc tum nomina erunt, nunc sunt sine nomine terræ.
Quin et avo comitem sese Mavortius addet
Romulus, Assaraci quem sanguinis Ilia mater
Educet. Viden' ut geminæ stant vertice cristæ;

Et pater ipse suo superum jam signat honore?
En hujus, nate, auspiciis illa inclyta Roma
Imperium terris, animos aequabit Olympo;
Septemque una sibi muro circumdabit arces,
Felix prole virum : qualis Berecyntia mater
Invehitur curru Phrygias turrita per urbes,
Laeta deum partu, centum complexa nepotes,
Omnes coelicolas, omnes supera alta tenentes.
Huc geminas nunc flecte acies : hanc adspice gentem,
Romanosque tuos. Hic Caesar, et omnis Iuli
Progenies, magnum coeli ventura sub axem.
Hic vir, hic est, tibi quem promitti saepius audis,
Augustus Caesar, Divi genus; aurea condet
Saecula qui rursus Latio, regnata per arva
Saturno quondam, super et Garamantas et Indos
Proferet imperium; jacet extra sidera tellus,
Extra anni solisque vias, ubi coelifer Atlas
Axem humero torquet stellis ardentibus aptum.
Hujus in adventum jam nunc et Caspia regna
Responsis horrent divum, et Maeotia tellus,
Et septemgemini turbant trepida ostia Nili.
Nec vero Alcides tantum telluris obivit,
Fixerit aeripedem cervam licet, aut Erymanthi
Pacarit nemora, et Lernam tremefecerit arcu :
Nec, qui pampineis victor juga flectit habenis,
Liber, agens celso Nysae de vertice tigres.
Et dubitamus adhuc virtutem extendere factis?
Aut metus Ausonia prohibet consistere terra?
Quis procul ille autem ramis insignis olivae,
Sacra ferens? nosco crines incanaque menta
Regis Romani, primam qui legibus urbem

Fundabit, Curibus parvis et paupere terra
Missus in imperium magnum : cui deinde subibit,
Otia qui rumpet patriæ residesque movebit
Tullus in arma viros, et jam desueta triumphis
Agmina : quem juxta sequitur jactantior Ancus,
Nunc quoque jam nimium gaudens popularibus auris.
Vis et Tarquinios reges, animamque superbam
Ultoris Bruti, fascesque videre receptos?
Consulis imperium hic primus sævasque secures
Accipiet; natosque pater, nova bella moventes,
Ad pœnam pulchra pro libertate vocabit.
Infelix! utcumque ferent ea facta minores,
Vincet amor patriæ, laudumque immensa cupido.
Quin Decios, Drusosque procul, sævumque securi
Adspice Torquatum, et referentem signa Camillum.
Illæ autem, paribus quas fulgere cernis in armis,
Concordes animæ nunc, et dum nocte prementur,
Heu! quantum inter se bellum, si limina vitæ
Attigerint, quantas acies stragemque ciebunt,
Aggeribus socer Alpinis atque arce Monœci
Descendens, gener adversis instructus Eois!
Ne, pueri, ne tanta animis assuescite bella;
Neu patriæ validas in viscera vertite vires.
Tuque prior, tu, parce, genus qui ducis Olympo :
Projice tela manu, sanguis meus.
Ille triumphata Capitolia ad alta Corintho
Victor aget currum, cæsis insignis Achivis.
Eruet ille Argos, Agamemnoniasque Mycenas,
Ipsumque Æaciden, genus armipotentis Achilli;
Ultus avos Trojæ, templa et temerata Minervæ.
Quis te, magne Cato, tacitum, aut te, Cosse, relinquat?

Quis Gracchi genus? aut geminos, duo fulmina belli,
Scipiadas, cladem Libyæ? parvoque potentem
Fabricium? vel te sulco, Serrane, serentem?
Quo fessum rapitis, Fabii? Tu Maximus ille es,
Unus qui nobis cunctando restituis rem.
Excudent alii spirantia mollius æra,
Credo equidem; vivos ducent de marmore vultus;
Orabunt causas melius; cœlique meatus
Describent radio, et surgentia sidera dicent.
Tu regere imperio populos, Romane, memento;
Hæ tibi erunt artes, pacisque imponere morem,
Parcere subjectis, et debellare superbos.

Sic pater Anchises; atque hæc mirantibus addit:
Adspice ut insignis spoliis Marcellus opimis
Ingreditur, victorque viros supereminet omnes.
Hic rem Romanam, magno turbante tumultu,
Sistet, eques sternet Pœnos, Gallumque rebellem;
Tertiaque arma patri suspendet capta Quirino.
Atque hic Æneas, una namque ire videbat
Egregium forma juvenem et fulgentibus armis,
Sed frons læta parum, et dejecto lumina vultu:
Quis, pater, ille virum qui sic comitatur euntem?
Filius? anne aliquis magna de stirpe nepotum?
Qui strepitus circa comitum! quantum instar in ipso est!
Sed nox atra caput tristi circumvolat umbra.
Tum pater Anchises lacrymis ingressus obortis:
O nate, ingentem luctum ne quære tuorum;
Ostendent terris hunc tantum fata, neque ultra
Esse sinent. Nimium vobis Romana propago
Visa potens, Superi, propria hæc si dona fuissent.
Quantos ille virum magnam Mavortis ad urbem

Campus aget gemitus! vel quæ, Tiberine, videbis
Funera, quum tumulum præterlabere recentem!
Nec puer Iliaca quisquam de gente Latinos
In tantum spe tollet avos; nec Romula quondam
Ullo se tantum tellus jactabit alumno.
Heu pietas! heu prisca fides! invictaque bello
Dextera! non illi quisquam se impune tulisset
Obvius armato, seu cum pedes iret in hostem,
Seu spumantis equi foderet calcaribus armos.
Heu! miserande puer! si qua fata aspera rumpas,
Tu Marcellus eris. Manibus date lilia plenis :
Purpureos spargam flores, animamque nepotis
His saltem accumulem donis, et fungar inani
Munere. Sic tota passim regione vagantur
Aëris in campis latis, atque omnia lustrant.
Quæ postquam Anchises natum per singula duxit,
Incenditque animum famæ venientis amore;
Exin bella viro memorat quæ deinde gerenda,
Laurentesque docet populos, urbemque Latini,
Et quo quemque modo fugiatque feratque laborem.

 Sunt geminæ Somni portæ; quarum altera fertur
Cornea, qua veris facilis datur exitus umbris :
Altera, candenti perfecta nitens elephanto;
Sed falsa ad cœlum mittunt insomnia Manes.
His ubi tum natum Anchises unaque Sibyllam
Prosequitur dictis; portaque emittit eburna.
Ille viam secat ad naves, sociosque revisit.
Tum se ad Caietæ recto fert littore portum :
Anchora de prora jacitur; stant littore puppes.

LIVRE VII.

Et toi, de mon héros nourrice bien aimée,
De nos bords, en mourant, tu fis la renommée,
O Caïète ! et ton nom protége ton cercueil,
Que l'antique Hespérie honore avec orgueil.
    Lorsque, par les honneurs qu'il se plaît à lui rendre,
Son héroïque élève a satisfait sa cendre,
Il part, reprend sa route, et s'éloigne du port.
Pour lui, la mer, les vents et les cieux sont d'accord;
Et, pour guider son cours, la lune complaisante
Éclaire au loin les eaux de sa clarté tremblante [1].
Il vole, il voit déjà le trop fameux séjour
Où la belle Circé, fille du dieu du jour,
Modulant avec art sa voix mélodieuse,
Charme de ses doux chants son île insidieuse;
Tantôt dans son palais, où des bois précieux

---

[1] Le texte dit :

    Splendet tremulo sub lumine pontus.

Ce vers semble imité de celui du vieil Ennius :

    Lumine sub tremulo terra, et cava cœrula candent.

On lit dans Properce :

    Armorum radiis picta tremebat aqua.

L'onde tremblait éclairée des rayons de la lumière réfléchie par les armes.

Prodiguent dans la nuit leurs parfums et leurs feux,
D'un tissu varié, doux charme de ses veilles,
Ourdit d'un doigt léger les brillantes merveilles[1].
Là grondaient enfermés et de rage écumants,
Tous ces monstres créés par ses enchantements,
Qui, par elle privés de leurs formes humaines,
Ours, tigres, sangliers, lions, chargés de chaînes,
La nuit se débattaient, luttaient contre leurs fers,
Et d'affreux hurlements épouvantaient les airs.
Craignant ce sort affreux pour les enfants de Troie,
Le dieu des mers lui-même à l'instant leur envoie
Un vent qui les enlève à ces bords dangereux;
Et l'île et ses rochers ont déjà fui loin d'eux.

Le jour vient; des rayons de la naissante aurore,
La mer au loin rougit, et l'Olympe se dore;
Tout-à-coup l'air se tait, le vent meurt, le flot dort :
Aussitôt les nochers ont redoublé d'effort;
Tous ont pris l'aviron, et de l'onde immobile

---

[1] Les vers de Virgile, heureusement traduits par Delille, sont plus riches de poésie, et peut-être moins harmonieux que ceux d'Homère, sur Calypso (*Odyssée*, chant V, vers 57 et suivants). Au contraire, le poëte latin excelle à peindre les objets par les sons quand il nous fait entendre la révolte et les hurlements des compagnons d'Ulysse, métamorphosés en ours et en lions. Dryden a eu raison de rendre ces infortunés Grecs sensibles à leur triste condition, et il ajoute des traits énergiques et touchants au tableau de Virgile, qu'il surpasse en intérêt et peut-être en harmonie. Delille, plus fidèle, est aussi près de l'original qu'on pouvait l'être dans notre langue.

ÉNÉIDE, LIVRE VII.

Fatiguent à l'envi la paresse indocile [1].
Énée alors découvre un bois vaste et riant;
Le Tibre le partage, et son onde en-fuyant
Dans la profonde mer rapidement entraîne
Le cristal de ses eaux et l'or de son arène;
Mille oiseaux différents de plumage et de voix,
Amoureux de ce fleuve, élèves de ces bois,
De rameaux en rameaux courant, volant sans cesse,
Charmaient de leurs doux sons la rive enchanteresse.
Là le héros aborde, et l'onde et les oiseaux
Semblent de leur doux bruit saluer ses vaisseaux [2].

---

[1] Dryden a fait la plus ridicule paraphrase de ces vers, et n'a aucunement rendu la beauté des derniers, qui sont ainsi dans le texte :

> Quum venti posuere, omnisque repente resedit
> Flatus, et in lento luctantur marmore tonsæ.

La traduction de Delille est parfaite; mais Racine avait dit dans Iphigénie :

> Le vent qui nous flattait nous laissa dans le port;
> Il fallut s'arrêter, et la rame inutile
> Fatigua vainement une mer immobile.

Et dans la même pièce :

> Mais tout dort, et l'armée, et les vents, et Neptune.

[2] Delille, Dryden et Annibal Caro sont heureux tous les trois dans la traduction de ce morceau; le premier rend seul l'original; le second l'embellit sans le surcharger d'ornements; dans le troisième, outre des vers de la plus élégante précision, il faut remarquer sur le Tibre des traits que Virgile semble avoir oubliés :

> Vede un ampia foresta, e dentro un fiume,

O Muse! c'est à toi maintenant de me dire [1]
Quels rois du Latium se partageaient l'empire,
Quels étaient son pouvoir, ses habitants, ses dieux,
Quand le peuple troyen aborda dans ces lieux.
Dis-moi de leurs combats la première origine :
Parle, remplis mon cœur de ta flamme divine.
Je peindrai le carnage inondant les sillons,
Les souverains armés et leurs fiers bataillons.
Déjà sont déployés les drapeaux d'Étrurie,
Déjà l'horrible guerre embrase l'Hespérie.
Viens ; dans ce grand sujet, plus digne encor de toi,
Un théâtre plus vaste est ouvert devant moi.

Le vieux roi Latinus dans une paix profonde
Dès long-temps gouvernait cette terre féconde.
La nymphe Marica, si chère aux Laurentins,
Et Faune, dieu champêtre adoré des Latins,
Lui donnèrent le jour ; Faune eut Picus pour père ;
Et du sang de Picus l'orgueil héréditaire
Remontait à Saturne, aïeul de ses aïeux.

Rapido, vorticoso, e queto insieme :
Che per l'amena selva, e per la bionda
Sua molta arena, si devolve al maro.
Questo era il Tebro, il tanto desiato,
Il tanto circo suo Tebro fatale,
A le cui ripe, a le cui selve intorno,
E di sopra volando ivan le schiere
Di piu canori suoi palustri augelli.

[1] Virgile invoque ici Erato ; peut-être n'a-t-il fait qu'imiter mal-à-propos Apollonius, qui a pu judicieusement implorer le secours de cette muse, pour chanter les amours de Jason et de Médée.

Un fils héritait seul de ce nom glorieux,
Mais la mort l'enleva dans sa tendre jeunesse.
Espoir d'un si beau trône, une jeune princesse
A passé la saison de la virginité,
Et le temps pour l'hymen a mûri sa beauté.
Avant que sur ces bords parût le grand Énée,
Cent princes aspiraient à ce noble hyménée;
Turnus, le plus vaillant et le plus beau de tous,
Brigue avec plus d'espoir le nom de son époux :
Il a pour lui son rang, sa vaillance, et la reine;
Mais le destin s'oppose à cette illustre chaîne,
Et fait parler des dieux l'inflexible refus.
 Au milieu du palais, de ses rameaux touffus
Un laurier étendait l'ombrage pacifique;
Le peuple avec respect voyait cet arbre antique :
Aux lieux où de Laurente on fondait les remparts,
De Latinus, dit-on, il frappa les regards;
Lui-même au dieu du jour consacra son feuillage :
Laurente en prit son nom. Tel qu'un bruyant nuage,
Un jour vint se poser sur l'un de ses rameaux
Un essaim dont les pieds en flexibles anneaux,
L'un par l'autre attachés à la branche pliante,
Montrèrent tout-à-coup une grappe pendante.
Un prêtre saint alors fait entendre sa voix :
« Mon dieu parle, dit-il, il m'inspire. Je vois
» Des lieux d'où cet essaim aborda sur nos plages,
» Et de ce vieux laurier envahit les feuillages,
» Je vois des étrangers, fameux par leurs exploits,
» Fondre sur nos remparts, et nous donner des lois. »
C'est peu : dans tout l'éclat de sa pompe royale,
Un jour auprès du roi, de sa main virginale,
Sa fille présentait l'encens aux immortels;

Tout-à-coup, ô terreur ! s'élançant des autels
Le feu sacré saisit sa belle chevelure,
De son auguste front embrase la parure,
Son bandeau, sa couronne, éclatants de rubis,
Parcourt en pétillant ses superbes habits,
D'un brûlant tourbillon l'embrasse tout entière ;
Et le temple étonné resplendit de lumière.
L'augure est consulté : « Ce présage certain
» Annonce, répond-il, un illustre destin ;
» Mais ce feu merveilleux, propice à Lavinie,
» D'un vaste embrasement menace l'Ausonie[1]. »

---

[1] On lit dans Claudien :

Ventura potestas
Claruit Ascanio, subita cum luce comarum
Innocuus flagraret apex, Phrygioque volutus
Vertice, fatalis redimiret tempora candor.
At tua cœlestes illustrant omina flammæ.

« La grandeur future d'Ascagne se découvrit à ses yeux, alors qu'une lumière subite promenait des feux innocents sur sa chevelure, et que leur blanche flamme embrassait comme un léger diadême la tête de ce jeune protégé des destins. Mais vous, prince, les feux célestes éclairent votre élévation qu'ils ont annoncée aux mortels. » (*Quatrième consulat d'Honorius.*)

Valérius est bien faible dans cette imitation des images de Virgile :

Dixit, et admota pariter fatalia visus
Tendere terga manu : tum falso fusus ab auro
Currere per summi fulgor laquearia tecti.
(Liv. V, vers 242.)

Valérius Flaccus a aussi recours à des prodiges pour trou-

ÉNÉIDE, LIVRE VII. 341

Latinus s'épouvante ; au temple paternel
Il vole du dieu Faune interroger l'autel,
Perce la sombre nuit de l'antique Albunée
Qu'entoure un noir marais d'une onde empoisonnée,
Et dont les flots sacrés épanchés en torrents
Font retentir des bois aussi vieux que le temps.
Là cent peuples divers, cent nations lointaines
Viennent chercher du sort les réponses certaines ;
Là, quand le prêtre aux dieux a présenté ses dons,
Et des béliers sacrés arraché les toisons,
Quand son corps assoupi presse leurs peaux sanglantes,
Il voit dans son sommeil mille formes errantes,
Il écoute leurs voix, commerce avec les dieux [1],
Interroge l'enfer et fait parler les cieux.

---

bler l'esprit du roi Aétès à l'arrivée des Argonautes. Phrixus, qu'il a jadis accueilli dans ses états, l'avertit de veiller sur la toison d'or, d'écarter Médée de lui par un prompt hymen, s'il veut éviter qu'elle devienne fatale à sa maison. Frappé des prédictions de son hôte, Aétès promet sa fille au prince d'Albanie. Plus loin, le dieu qui avertit toujours les coupables avant de frapper, épouvante Colchos de présages et de prodiges menaçants, et le prêtre ordonne qu'on rende la fatale toison, gage certain des malheurs de l'avenir. Ce n'est pas tout ; lorsque Jason approche du palais d'Aétès, un songe encore plus effrayant prédit à Médée les crimes et les malheurs qui l'attendent. (Chant V, vers 132, 260, 330 et suivants.)

[1] Le texte porte :

Et varias audit voces.

« Il entend différentes voix. » Lucain semble avoir voulu

Le roi pénètre au sein de ces forêts antiques,
Presse pendant la nuit les toisons prophétiques,
Attend l'auguste oracle; et soudain une voix
Arrive jusqu'à lui du silence des bois [1] :
« Mon fils, chez les Latins ne choisis point un gendre;
» Un étranger viendra (ton sort est de l'attendre),
» Qui par ses nobles faits, son bras victorieux,
» Portera jusqu'au ciel notre nom glorieux,
» Dont les fiers descendants vaincront plus de contrées
» Que l'astre étincelant des voûtes azurées
» N'en découvre sous lui, quand du trône des airs
» Il embrasse les cieux, les pôles et les mers. »
Le roi ne cache point la fatale réponse;
Déjà la Renommée à cent peuples l'annonce,
Tandis que les Troyens, vainqueurs heureux des eaux,
Au rivage du Tibre enchaînent leurs vaisseaux [2].

---

commenter ce demi-vers dans le passage suivant de la Pharsale :

> Tum vox, Lethæos cunctis pollentior herbis
> Excantare deos, confundit murmura primum
> Dissona, et humanæ multum discordia linguæ.
> Latratus habet illa canum, gemitusque luporum.
> (Lib. VI.)

[1] Virgile, supérieur à lui-même, a dit au premier livre des Géorgiques :

> Vox quoque per lucos vulgo exaudita silentes
> Ingens.

[2] Une belle fiction de Valérius fait parvenir le bruit de la gloire des Argonautes jusque chez les Mânes; les uns touchés par la tendresse fraternelle, les autres remplis d'une

Dans le lieu le plus frais d'une riche campagne
Le héros et ses chefs, et le charmant Ascagne,
Sur la verdure assis, et d'ombrage couverts,
Réparent par des mets les fatigues des mers.
Ces mets ne chargent point une table superbe :
Des gâteaux de froment qu'ils étendent sur l'herbe
(Ainsi s'accomplissaient les arrêts du destin)
Composent sans apprêts un champêtre festin ;
Des tributs des vergers leur coupe se couronne,
Et Cérès a reçu les présents de Pomone.
Tous leurs mets épuisés, de ce fatal froment

---

noble émulation, brûlent de pouvoir élever leurs regards avides sur les héros grecs. L'inflexible Destin s'oppose à ce désir, et n'envoie à ce spectacle si cher que le seul Sthénélus. Ce noble compagnon d'Hercule vient tel qu'il parut jadis à l'amazone guerrière, tel qu'il était encore lorsque les rives du fleuve le virent couché dans un tombeau, et sur ses armes, par le fils de Jupiter, (Chant V, v. 82 et suivants.)

Dans la Jérusalem délivrée, les Chrétiens s'avancent pour attaquer Jérusalem, et le dénombrement nous les a fait connaître quand la Renommée répand le bruit de leur marche. Virgile parle avec une pompe orientale des Troyens qui n'ont rien fait; il promet beaucoup d'eux pour cacher qu'il n'a encore à citer aucune de leurs actions. Chez son rival, la Renommée plus instruite ne se sert pas d'expressions aussi vagues que magnifiques; elle détaille les forces des Croisés, elle dit leurs noms, elle raconte les exploits des plus fiers d'entre eux, elle répète leurs menaces, et son regard terrible menace les usurpateurs de Sion. (Chant Ier, st. 82.)

Leur dent audacieuse attaque l'aliment,
Ét leur faim, s'accordant avec l'ordre céleste,
De la pâte sacrée a dévoré le reste.
Ascagne, à cet aspect, dans un transport soudain :
« Eh quoi! la table aussi devient notre festin ! »
S'écria-t-il. Ces mots, qu'on eût jugés frivoles,
Le héros les saisit; et ces douces paroles
Sont pour lui le signal de la fin de leurs maux [1].
Rempli du dieu par qui sont inspirés ces mots,
« Salut, s'écria-t-il, terre long-temps promise !
» Salut, dieu des Troyens! plus d'une fois Anchise
» (J'en avais jusqu'ici perdu le souvenir)
» M'annonça comme un bien ce malheur à venir.
» Mon fils, me disait-il, si la faim indomptable
» Un jour en aliment te fait changer ta table,
» Dans ce même moment et dans ces mêmes lieux
» De ton premier abri fais hommage à tes dieux :
» Là de ton sort cruel finira la détresse.
» Ainsi parlait Anchise; il me tient sa promesse.
» Oui, je les trouve enfin ces lieux hospitaliers :
» Voilà notre patrie, et voilà nos foyers !
» Vous donc, dès que le jour vous rendra la lumière,

---

[1] Il y a ici une singulière inadvertance. Comment le prince qui a entendu la sibylle lui dire : « Encore des guerres, d'horribles guerres; je vois le Tibre rouler des flots de sang humain; un autre Achille est suscité contre les Troyens, et la colère de Junon ne leur manquera pas; » comment le guerrier qui a un rival à combattre, des peuples à dompter, une épouse et un trône à conquérir, peut-il dire qu'il touche à la fin de ses travaux?

» Courez de ce pays visiter la frontière ;
» Que sur des points divers nos compagnons épars
» Reconnaissent ses mœurs, ses peuples, ses remparts.
» Maintenant invoquons le souverain du monde ;
» Qu'imploré par nos vœux, Anchise nous réponde,
» Et que Bacchus pour nous prodigue sa liqueur. »
 Il dit, et l'allégresse a ranimé leur cœur.
Lui, le front couronné d'une feuille légère,
Adore de ces lieux le pouvoir tutélaire,
Le Terre qui naquit avant les autres dieux,
Les fleuves, les forêts, inconnus à ses yeux ;
Et la Nuit ténébreuse, et ses flambeaux nocturnes,
Qui déjà commençaient leurs courses taciturnes ;
Jupiter honoré sur les monts idéens,
Cybèle à jamais chère aux peuples phrygiens,
Qui, tous deux protecteurs de la grandeur troyenne,
Un jour protégeront la puissance romaine ;
Et ceux dont il naquit, couple auguste, immortel,
Anchise dans l'Érèbe, et Vénus dans le ciel.
Comme il parlait encor, d'un coup de son tonnerre
Le roi des dieux s'annonce [1], et lui-même à la terre
Il montre et fait briller dans l'éclat d'un ciel pur
Un nuage éclatant d'or, de pourpre et d'azur.
Aussitôt dans les rangs des fiers enfants de Troie
Il se répand un bruit qui les remplit de joie :
Le jour est donc venu de bâtir leurs remparts !

---

[1] Cet hémistiche, qui ne peint rien, est bien loin de reproduire la beauté du texte :

 Hic pater omnipotens ter cœlo clarus ab alto
 Intonuit.

L'espérance au front gai brille de toutes parts ;
Partout nouveaux festins et nouvelles offrandes,
Et la coupe à pleins bords s'entoure de guirlandes.
   A peine dans les cieux l'Aurore de retour
Reprenait ses flambeaux et rallumait le jour,
On part, on se répand sur ces nouvelles plages ;
On reconnaît les lieux, le fleuve, les rivages ;
Là c'est le Numicus et les champs laurentins ;
Voilà le Tibre ; ici sont les murs des Latins,
Des Latins distingués par leur fierté guerrière.
Alors, pris dans les rangs de son armée entière,
Cent députés troyens, dont Énée a fait choix,
Ont ordre de marcher vers la ville des rois.
Chargés de riches dons, l'olivier pour couronne,
Ils volent accomplir ce que leur chef ordonne.
Énée alors prélude à ses remparts nouveaux ;
Lui-même à ses Troyens en prescrit les travaux :
Un sillon où le soc a laissé son empreinte
De la cité future a désigné l'enceinte ;
De remparts de gazons les murs sont entourés ;
Sous la forme d'un camp ils croissent par degrés.
   La troupe arrive enfin, et de la capitale
Déjà s'offre à leurs yeux la pompe impériale ;
Ils approchent des murs. Là de jeunes guerriers
Guident des chars poudreux, domptent de fiers coursiers,
La lance ou l'arc en main signalent leur adresse,
Et disputent d'ardeur, d'audace et de vitesse.
L'un d'eux, aiguillonnant un coursier généreux,
Vers son auguste roi vole, arrive avant eux,
Dit que des inconnus d'une haute stature,
Étrangers de langage, étrangers de parure,
Demandent audience. Exempt d'un vain orgueil,

Le prince les admet, leur fait un doux accueil,
Et monte sur le trône où siégeaient ses ancêtres.
 Digne de ce grand peuple, et digne de ses maîtres,
Dans les airs s'élevait son palais somptueux,
De Picus son aïeul séjour majestueux.
Cent colonnes de marbre en pompe l'environnent ;
D'un bois religieux les arbres le couronnent,
Qui depuis trois cents ans, pleins d'une sainte horreur,
Ainsi que le respect inspirent la terreur :
Les rois y sont des dieux, ce palais est un temple.
Là, le front prosterné, la nation contemple
Ses princes recevant pour la première fois
Les faisceaux souverains et le sceptre des rois.
Là, lorsqu'un saint usage en pompe renouvelle
D'un bélier immolé l'offrande solennelle,
Les premiers de l'état, sur leur siége exhaussés,
Près d'une table immense en ordre sont placés ;
Et d'un peuple fidèle éternisant l'hommage,
Le cèdre, de leurs rois y conserve l'image ;
Italus, Sabinus qui, la serpette en main,
Annonce que la vigne est son bienfait divin ;
Saturne, dieu du temps ; Janus aux deux visages ;
Cent autres souverains dont les mâles courages
De leur zèle héroïque ont obtenu le prix,
D'un vestibule immense occupent les lambris.
A l'entrée on voyait des nations soumises
Les drapeaux déchirés et les portes conquises :
Là des chars fracassés, du fer courbé des faux,
Des panaches flottants, de l'airain des vaisseaux,
Et des arcs détendus, et des lances oisives,
Pendaient pompeusement les dépouilles captives.
Lui-même, s'appuyant sur son sceptre augural,

Dans sa courte tunique, ornement martial,
Un bouclier au bras, de la porte sacrée
Picus, son noble aïeul, ornait l'auguste entrée ;
Picus, qui des coursiers savait dompter l'essor.
Circé l'aimait ; Circé de sa baguette d'or
Le toucha, le vêtit de ses plumes nouvelles,
Et de riches couleurs elle émailla ses ailes.
C'est là, c'est dans ces lieux, où brillent à la fois
La majesté des dieux et la grandeur des rois,
Que, sur son trône assis, le vieux roi de Laurente
Admet les Phrygiens, et d'une voix touchante :
« Enfants de Dardanus (car je n'ignore pas
» Votre nom, votre ville, et vos trop longs combats),
» L'éclat de votre gloire, à qui tout éclat cède,
» Dans mes vastes états dès long-temps vous précède.
» Quel est votre dessein ? et que puis-je pour vous ?
» Soit qu'un astre trompeur, soit que l'onde en courroux
» Ait poussé vos vaisseaux dans les ports d'Ausonie,
» Troyens, que de vos cœurs la crainte soit bannie.
» Les Latins sont fameux par l'hospitalité :
» Enfants du vieux Saturne, en eux l'humanité
» N'est pas le fruit des lois ; leur bonté volontaire
» Suit de leur premier dieu l'exemple héréditaire.
» Je me souviens encor : quelques vieillards toscans
» (Mais leur récit se perd dans la nuit des vieux ans)
» M'ont dit que Dardanus, enfant de l'Étrurie,
» Pour la Thrace autrefois déserta sa patrie,
» Y choisit son séjour, et des champs thraciens
» Transporta ses foyers sur les bords phrygiens.
» Et maintenant ce prince, adoré dans l'Asie,
» Partage avec les dieux la céleste ambroisie. »
  Il dit. Ilionée en ces mots lui répond :

« Noble sang de Faunus, si des mers d'Hellespont
» Les Troyens sont venus sur cet heureux rivage,
» Non, ce n'est point l'effet d'une erreur, d'un orage,
» Ni d'un astre ennemi l'aspect insidieux ;
» C'est notre propre choix qui nous porte en ces lieux,
» Malheureux, exilés d'une terre féconde,
» Et des plus grands états qu'ait vus l'astre du monde.
» Dardanus, les Troyens sont nés de Jupiter ;
» Sorti du même sang, de nos rois le plus cher,
» Énée, en suppliants devant vous nous envoie.
» Hélas ! vous connaissez les désastres de Troie.
» Qui ne les connaît pas ? Et ce peuple lointain
» Qu'embrasse de ses feux le climat africain,
» Et ceux que le soleil sous les glaces de l'Ourse
» D'un rayon plus oblique éclaire dans sa course,
» Tous ont su quel orage et quels flots débordés
» Mycènes a vomis dans nos champs inondés,
» Et comment, dans leur fière et longue jalousie,
» On vit s'entrechoquer et l'Europe et l'Asie.
» Depuis ce choc affreux dont trembla l'univers,
» Poussés de rive en rive, errants de mers en mers,
» Aujourd'hui nous venons, sur ce nouveau rivage,
» Des biens communs à tous réclamer le partage :
» L'eau, l'air, un simple abri, voilà tous nos souhaits.
» Vous ne rougirez point un jour de vos bienfaits :
» Peut-être nos secours vous vaudront quelque gloire ;
» Et notre cœur jamais n'en perdra la mémoire.
» J'en jure par Énée ; oui, j'atteste ce bras
» Fidèle dans la paix, vaillant dans les combats,
» Vos dons seront payés, et Laurente avec joie
» Un jour s'applaudira d'avoir accueilli Troie.
» Si nous venons ici devant son souverain,

» La prière à la bouche, et l'olive à la main,
» Ce n'est pas que le sort nous laisse sans asile :
» Plus d'un fier potentat à son peuple, à sa ville,
» A voulu réunir de malheureux proscrits,
» Nobles dans leur disgrâce, et grands dans leurs débris.
» Mais les dieux sur vos bords ont guidé notre course,
» Le sang de Dardanus vient retrouver sa source ;
» Et, si j'en crois Délos, le sacré Numicus
» D'accord avec le Tibre attend nos dieux vaincus.
» Vous, daignez recevoir ces restes de Pergame
» Avec peine arrachés à notre ville en flamme ;
» Acceptez ces débris d'une antique splendeur,
» Monuments d'infortune ainsi que de grandeur :
» Dans cette coupe d'or, aux dieux alors propices
» Anchise présentait le vin des sacrifices,
» Lorsqu'aux jours solennels, comme nos premiers rois,
» Aux peuples convoqués Priam donnait des lois.
» Ce manteau, cet habit du plus grand des monarques,
» De son pouvoir royal étaient les nobles marques ;
» Ce sceptre dans ses mains fut long-temps révéré ;
» Ce riche diadème ornait son front sacré ;
» Des femmes de son sang ces tissus sont l'ouvrage. »
  De l'orateur troyen tel était le langage.
Le roi l'entend d'un air profondément rêveur.
Ces trésors, ces présents touchent bien moins son cœur
Que les grands intérêts de sa noble famille,
Et l'oracle de Faune, et l'hymen de sa fille.
Le voilà, se dit-il, ce héros tant promis,
A qui doit cet empire un jour être soumis,
Celui de qui la race, en conquêtes féconde,
A son vaste pouvoir doit asservir le monde.
Enfin éclaircissant son front majestueux :

ÉNÉIDE, LIVRE VII.

« Non, vous ne formez pas des vœux présomptueux :
» Puisse le juste ciel accomplir son présage !
» Je sais de vos présents apprécier l'hommage.
» Troyens, je vous promets dans ce séjour nouveau
» Des champs non moins féconds, un destin non moins beau.
» A votre illustre chef si ces lieux peuvent plaire,
» Qu'il vienne, il touchera ma main hospitalière,
» Je toucherai la sienne, et ce traité suffit.
» Vous, courez lui porter ce fidèle récit.
» Qu'il sache mes projets : une jeune princesse,
» Le fruit de mon hymen, l'objet de ma tendresse,
» Si j'en crois le destin, l'oracle paternel,
» Et les signes nombreux des volontés du ciel,
» Doit (et rien n'en saurait changer la loi sévère)
» Recevoir un époux d'une terre étrangère.
» Sans doute ils m'annonçaient le héros d'Ilion ;
» C'est lui qui jusqu'aux cieux doit porter notre nom :
» Oui, c'est lui ; je le crois, j'en chéris l'espérance,
» Et mon pressentiment m'en donne l'assurance. »
 Il dit, et fait choisir ses coursiers les plus beaux :
L'orgueil de ses haras, trois cents jeunes chevaux
Ornaient d'un double rang leur superbe demeure.
A chacun des Troyens on amène sur l'heure
Un coursier dont les vents n'égalaient pas l'essor :
Sur leur large poitrail descend un collier d'or ;
L'or couvre leurs harnois, et leur fierté farouche
Obéit au frein d'or qui gourmande leur bouche.
Pour leur monarque absent par un couple pareil
De coursiers, nobles fils des coursiers du Soleil.
Ils traîneront son char dans les champs de la guerre ;
La fille du Soleil les créa pour la terre :
Elle-même soumit, par un heureux larcin,

Une mère mortelle à l'étalon divin ;
Et les fougueux enfants de ce noble adultère
Soufflent encor le feu des chevaux de son père.
Sur leurs fiers palefrois les Troyens satisfaits
Partent, et vont porter des paroles de paix.

C'est vraiment ici que va commencer l'action, et je ne sais si ce souvenir de Caïète forme un début convenable pour un poëme épique. Je ne ferais pas cette réflexion s'il s'agissait d'un grand homme tel que Scipion l'Africain, dont Plutarque place le tombeau près de Caïète. Virgile n'était pas tenu d'imiter ici toute la fable de Circé, telle qu'elle se trouve dans Homère, qu'il a beaucoup embelli sous le rapport du style poétique et de l'harmonie imitative ; mais nous ne devons pas oublier de remarquer dans le douzième livre de l'Odyssée, plusieurs choses qui concourent à l'intérêt et à la gloire du héros. Ainsi ses compagnons ont conservé leur intelligence entière, et pleurent sur leur honteuse servitude. Le premier mouvement d'Ulysse, au récit d'Euryloque qui lui raconte cette fatale nouvelle, est de s'armer pour leur délivrance ; il y vole malgré toutes les remontrances, et déjà il approche du palais de l'enchanteresse, quand Minerve, qui le voit courir à sa perte inévitable, vient lui offrir des moyens de salut dans une si périlleuse entreprise. Circé, vaincue par la terreur, offre au prince grec son cœur, son

amour et son lit, il résiste aux plus séduisantes
amorces jusqu'à ce qu'elle prononce le serment
que Jupiter lui-même craindrait de violer par
un parjure. A la table de la déesse, table servie
par quatre nymphes d'une rare beauté, les mets
les plus exquis sont odieux à Ulysse; il refuse d'y
goûter avant d'avoir obtenu la délivrance de ses
compagnons chéris. Il les revoit enfin plus beaux,
plus jeunes qu'auparavant, et les presse dans ses
bras au milieu des plus douces larmes, des cris d'allégresse et des sanglots qui font résonner le palais.
Assise à côté de lui, Circé elle-même est attendrie de
cette touchante reconnaissance. Enfin, sur l'invita-
tion de la nymphe, Ulysse a résolu de s'arrêter auprès d'elle. Il vole au bord de la mer où il trouve le
reste de son équipage enseveli dans la plus sombre
douleur, et versant des torrents de larmes. Là, par
une comparaison pastorale et pleine de charme, Homère trouve le secret d'être nouveau dans une scène
pareille à celle que nous venons de voir. Je ne puis
m'empêcher de citer un trait bien remarquable
du récit d'Ulysse : « Ainsi mes compagnons m'environnent; en me voyant devant eux, ils pleurent
de joie, et leur âme me semble émue comme si
déjà ils étaient au sein de la patrie, au milieu des rochers d'Ithaque où ils naquirent et furent nourris[1]. »

---

[1] Ovide, en imitant Virgile et Homère, n'a ni l'élégance

L'épisode de Circé est assez dans le goût des fables orientales. La moralité en est facile à saisir ; elle prouve, comme celle des Sirènes, qu'il est dangereux de prêter l'oreille aux séductions du vice, et que les hommes, livrés à la mollesse et aux plaisirs, tombent dans une espèce d'abrutissement qui les mène à leur perte. Homère lui-même indique le sens de son allégorie par le vers où Ulysse dit à Circé : « Veux-tu me retenir dans ce palais et me faire partager ton lit pour me dépouiller de mes armes, énerver mon courage et m'avilir ? »

Platon, dans sa République, attaque avec énergie ceux qui s'abandonnent aux passions brutales ; et ses images se rapportent parfaitement à la fable des compagnons d'Ulysse changés en pourceaux.

« Ils sont, dit-il, comme des bêtes qui regardent toujours en bas, et qui vivent courbées vers la terre ; ils ne songent qu'à manger et à satisfaire leurs désirs grossiers. Dans l'ardeur de se rassasier, ils regimbent, ils égratignent, ils se battent à coups d'ongles et de cornes de fer, et périssent enfin par leur gourmandise insatiable. »

---

et l'harmonie du premier, ni l'intérêt du second. Il a fait un froid récit d'une scène éminemment dramatique. (*Voyez les Métamorphoses,* livre **XIV.**)

Le Dante[1] représente l'Avarice sous l'emblême d'une louve qui, dans sa maigreur affreuse, semble renfermer en soi tous les appétits, et a déjà englouti la substance de plusieurs peuples. Cette louve ne se laisse approcher de personne; la férocité de son naturel est si grande qu'elle mettrait en pièces quiconque tenterait de l'aborder. Elle ne peut assouvir sa sanglante avidité; plus elle dévore, plus elle a faim. Elle s'accouple avec un grand nombre d'animaux; il en est d'autres encore dont elle rechercherait les amours immondes; mais bientôt viendra le lévrier qui doit la faire mourir.

La Fontaine a tiré de l'aventure d'Ulysse chez Circé, une fable, disons plutôt une satire à la manière d'Horace ou de Régnier, qui rappelle encore *le Lion et le Marseillais* de Voltaire, et se termine par une généreuse allusion au caractère emporté du jeune duc de Bourgogne, que son Mentor avait tant de peine à soumettre au joug de la raison. En multipliant les charmes de la demeure de Calypso, en arrêtant l'imprudent Télémaque dans les piéges de l'amour et de la beauté, Fénélon fit servir son génie au vertueux dessein de donner la plus éloquente des leçons au petit-fils du voluptueux Louis XIV; Socrate et Platon n'en offraient pas de plus salutaires, l'un à ses disciples, l'autre au jeu-

---

[1] *Enfer*, chant Ier.

ne Denys, roi de Syracuse. Tout le septième livre du Télémaque est emprunté d'Homère et de Virgile, et cependant on ne vit jamais de création plus originale. Elle corrige, elle métamorphose à-la-fois les deux poëtes qu'elle imite, et leur prête des beautés qui ne seraient point déplacées dans leurs immortels ouvrages.

Le début et la première invocation de Virgile ont le défaut de partager d'avance l'Énéide en deux parties bien distinctes; l'une consacrée à exposer les obstacles qui retardent l'arrivée des Troyens en Italie, l'autre destinée à retracer leurs combats et leur triomphe dans cette contrée. La seconde invocation que nous venons de voir aggrave ce défaut, en nous révélant que l'action n'a pas fait un pas, et que nous avons trop longtemps suivi le favori des dieux pour arriver avec lui au moment où il doit se montrer enfin digne de leur appui; du moins Virgile n'excède pas ici les bornes que l'art prescrit à la raison de l'écrivain pour l'empêcher d'exalter l'imagination et d'exciter la sévérité de son lecteur par d'imprudentes promesses [1]. Milton, au contraire, a pu dé-

---

[1] Valérius Flaccus prêt à raconter les plus grands exploits de Jason, ses fatales amours commencées sous les auspices des furies, le coupable hymen d'une fille infidèle à son père, à sa patrie, et au culte de Diane, ne mérite aucun reproche

velopper toutes ses richesses en invoquant la lumière éternelle au début de son troisième chant, parce que semblable, quoique plus belle et plus grande qu'elle, à la transition du Tartare aux Champs-Élysées dans Virgile, la magnifique description du soleil est un moyen de nous conduire à la contemplation du Dieu qui a fait de cet astre la plus étonnante de ses merveilles. Milton, privé de la vue et déjà sur le seuil de la vieillesse, nous a révélé sa pensée par un trait sublime, en demandant à la source de la lumière des clartés pour voir, et la flamme du génie pour célébrer l'Éternel qu'il essaie de nous peindre dans toute sa gloire. Milton ne s'écrie pas, comme Virgile, *majus opus moveo;* cependant il nous va montrer l'Empyrée, le Paradis terrestre, les pièges de Satan, et la querelle terrible de l'enfer contre le Souverain de l'univers.

Pendant un long espace de temps, Milton, échauffé par les feux de l'astre inspirateur, a chanté dans le ciel; maintenant il appelle encore à son secours la muse sacrée, parce qu'il ne peut descendre seul des hauteurs où elle a élevé l'audace de son disciple. Cette nouvelle invocation ne manque pas

---

pour l'invocation qu'il adresse à sa muse, qui n'est point Érato, sans doute parce qu'il n'a point trouvé qu'elle fût assez imposante pour présider à des chants héroïques.

de motifs, car si le poëte est revenu sur notre globe, il ne cessera pas pour cela d'être en commerce avec le ciel. En effet, à peine il a touché la terre, que déjà il nous retrace les prodiges de la création que suivront bientôt, par un heureux contraste, l'origine d'Adam, ses premières pensées, ses premiers mouvements, la royauté qui lui est conférée par l'Éternel sur tous les animaux ; et enfin la naissance d'Ève, l'amour qu'elle inspire, et l'hymen qu'elle forme avec le premier homme. Cette troisième invocation, quoique déparée peut-être par des souvenirs de l'homme, qui n'ont plus la même excuse que les touchantes plaintes du poëte sur sa cécité, a pourtant de la grandeur et du charme ; mais ce n'est pas sans art que Milton s'abstient de développer ici la même pompe qu'au moment solennel où son génie déployait ses ailes pour monter jusqu'au séjour des anges.

Le Camoëns nous offre une invocation qui n'est pas sans beauté : « Et vous qui venez de m'enflammer d'une ardeur nouvelle, nymphes du Tage, si j'ai célébré vos rivages par des vers simples et doux comme le sujet, inspirez-moi un ton sublime, un style magnifique et rapide, et faites que le dieu du Pinde abandonne pour vos ondes les flots de l'Hippocrène ; réservez pour les jeux des bergers les humbles sons de la flûte champêtre ; donnez-moi les accents hardis de la trompette belliqueuse, ces fiers accents qui font tressaillir les guerriers et rallument leur fierté; échauffez mes transports et rendez votre poëte digne de votre nation si chère au dieu Mars. Que l'univers connaisse et répète mes chants : les vers sont le prix des actions héroïques[1]. »

Le Dante entrant au Paradis sur les pas de Béatrix, implore le fabuleux Apollon avec autant de faiblesse que d'inconvenance. Au contraire, il n'y a pas de prière plus nécessaire, mieux motivée, plus belle enfin en poésie, que la prière de saint Bernard à la mère du Christ, en faveur du Dante. En voici quelques fragments :

« Reine, tu es si grande et tu as tant de puissance, que l'homme qui sollicite des grâces et ne recourt point à toi, semble vouloir que ses désirs n'aient point d'ailes pour monter au ciel; ton inépuisable bonté n'exauce pas seulement nos demandes; la plupart du temps elle prévient nos vœux : en toi est la miséricorde, en toi la tendresse, en toi la magnificence; en toi se réunissent toutes les perfections de la créature. Ce mortel, parcourant le monde depuis le centre de la vallée infernale jusqu'ici, a vu une à une toutes les âmes qui vivent de la vie spirituelle; il te supplie d'ac-

---

[1] Chant Ier, strophe IV.

corder à ses regards la force et la vertu de l'élever au dernier terme de la félicité suprême.... Dissipe par tes prières tous les nuages de sa nature, en sorte que Dieu se manifeste à lui de toutes parts. » C'est ainsi que le génie du Dante parvient à voir ce que n'ont jamais aperçu des yeux mortels ; c'est ainsi qu'il amène le beau dénouement dont j'ai parlé à la fin du sixième livre.

Plusieurs critiques, à la tête desquels figure M. de Châteaubriand, ne veulent pas reconnaître l'infériorité des six derniers livres de l'Énéide. Cependant si, au lieu de la comparer avec la magnifique Iliade, on se contente d'opposer le poëte latin à lui-même, peut-être Virgile, dès son nouveau début, ne pourra-t-il pas répondre victorieusement à ceux qui l'accusent de n'avoir pas mesuré ses forces en s'imposant la tâche de surpasser les prodiges qu'il a semés jusqu'ici sur sa route? Et d'abord on remarque avec peine la ressemblance trop exacte du premier et du septième livres. Dans tous les deux un débarquement, une description des pays où viennent d'aborder les Troyens, une investigation de la contrée nouvelle, un repas, une allocution d'Énée aux siens, une ambassade, la colère de Junon, le recours de la reine des dieux à une divinité subalterne ; ici une tempête excitée par Éole, là une guerre allumée par Alecton, l'un et l'autre ministres d'un courroux immortel. Cette similitude complète n'annonce-rait-elle pas quelque stérilité d'invention? N'est-elle pas d'autant plus fâcheuse, qu'elle ramène malgré nous notre pensée au début du poëme? Le premier livre nous rappelle d'abord les vers de Boileau :

Mais que Junon, constante en son aversion,
Poursuive sur les flots les débris d'Ilion ;
Qu'Éole, en sa faveur, les chassant d'Italie,
Ouvre aux vents mutinés les prisons d'Éolie ;
Que Neptune en courroux s'élevant sur la mer,
D'un mot calme les flots, mette la paix dans l'air,
Délivre les vaisseaux, des Syrtes les arrache :
C'est là ce qui surprend, frappe, saisit, attache.

Après ces miracles, la description du port de Carthage est d'une perfection de dessin, d'une richesse d'images, et d'une fraîcheur de coloris qui décèlent un artiste. Que trouvons-nous de pareil dans le chant qui nous sert de terme de compa-raison? A la vérité, le prince troyen sort de la merveilleuse entrevue des Champs-Élysées; mais c'est précisément à cause de ce grand souvenir dont nous sommes encore tout remplis, que son aspect tranquille et son arrivée pareille à celle d'un navigateur ordinaire qui touche enfin un rivage long-temps désiré, son débarquement solitaire qui n'attire aucune attention, n'excite aucun sentiment de surprise, de crainte ou d'admiration de la part des Italiens, nous paraît un récit aussi maigre et aussi froid que celui d'Apollonius, lorsque les Argonautes reconnaissent enfin l'embouchure du Phase. Valérius Flaccus, supérieur à son modèle, fait précéder l'entrée des compagnons de Jason dans les eaux de ce fleuve, par la description des exploits d'Hercule qui, au moment de leur passage, délivrait Prométhée par l'ordre de Jupiter. Les Grecs tremblent au bruit des rochers arrachés et précipités dans les ondes par le héros; ils entendent les cris du Titan dont les mains du fils d'Alcmène détachent les membres enchaînés. Mais ignorant la présence d'Alcide dans ces parages, ils poursuivent leur route; seulement ils s'étonnent de voir du haut des monts renversés par le demi-dieu, la neige tomber sur le rivage; quand tout-à-coup ils aperçoivent, au-dessus d'eux, l'ombre immense du vautour mourant de Prométhée, et les flots de son sang qui dégoutte comme une sombre pluie [1]. Il est difficile d'être plus poëte que Valérius ne l'est ici par la pensée comme par les images.

Au second chant de la Lusiade, la flotte portugaise aborde avec un magnifique appareil au royaume

---

[1] Chant V, vers 155 et suivants.

du roi de Mélinde; la marche des guerriers est un triomphe. La plage se couvre d'une foule immense attirée par la nouveauté du spectacle. Les exploits des Lusitaniens, proclamés par les cent bouches de la Renommée, avaient laissé dans l'âme du monarque une impression profonde. Fier de recevoir des héros dans ses états : « Qu'ils viennent, répond-il au messager de Gama, qu'ils paraissent à mes yeux : où trouveraient-ils un asile plus sûr que Mélinde? Tous mes ports leur sont ouverts[1]. » Le lendemain, l'enthousiasme des Asiatiques, la joie des Portugais, la richesse, la forme variée de leurs habillements, les sons de la trompette mauresque, le bruit des bronzes guerriers, la brillante apparition de Gama, la majesté du roi de Mélinde, l'entrevue du prince et du capitaine, la réunion touchante des deux peuples, forment une scène qui fait mieux sentir encore la sécheresse et la froideur du récit de Virgile; l'Énéide devait nous attacher par d'autres moyens également propres à exciter notre admiration et notre intérêt pour les Troyens.

Le poëte latin a trompé notre attente dans une grande circonstance; pourquoi faut-il que le laurier, placé au milieu du palais de Latinus, nous remette

---

[1] *Voyez* la traduction de Millié, page 98 et suivantes.

devant les yeux l'arbre antique qui ombrage de sa vénérable chevelure l'autel des dieux pénates, et protège, comme un dernier abri, Hécube, sa famille, et le vieux Priam, résolus de mourir ensemble? Pourquoi réveiller dans notre mémoire le souvenir de la fin héroïque du monarque de l'Asie, qui tombe en vengeant le trépas de son dernier fils égorgé par Pyrrhus? Le faible Latinus peut-il supporter un si dangereux voisinage sans nous faire sentir à quelle distance il est du vieux père d'Hector? Imitateur d'Euripide [1], Virgile répète pour Lavinie le prodige de la flamme que nous avons vue s'allumer sur la tête d'Ascagne sans lui causer de mal [2]. Cet événement est un présage heureux pour le jeune prince, il est menaçant pour Lavinie; le poëte a eu égard à cette différence dans le choix de ses expressions et de ses images, comme on peut le voir en rapprochant les deux tableaux. Pour peindre les flammes qui grondent autour de la fille de Latinus, Virgile développe une harmonie grave et sévère qu'il doit à l'emploi fréquent des syllabes longues; tandis qu'au second chant du poëme, les vers composés de dactyles, sont légers comme le feu qui

---

[1] *Médée*, 1181.

[2] Livre II, vers 680.

caresse innocemment le tendre Iule. On trouve la même fable dans Tite-Live. « Un jeune enfant, nommé Servius Tullius, s'était endormi; tout-à-coup sa tête parut étincelante de feux; les cris d'une foule de spectateurs, à la vue d'un phénomène si extraordinaire, attirèrent la famille royale; un des officiers apportant de l'eau pour éteindre le feu, la reine le retint, fit cesser le bruit, et ordonna de respecter le repos de l'enfant jusqu'à ce qu'il se réveillât de lui-même. Le sommeil et la flamme disparurent en même temps. » Le prosateur ajoute, dans un style digne d'un poëte : « Tanaquil s'étant retirée avec son époux dans l'intérieur du palais, lui dit : Vois-tu cet enfant que nous élevons d'une manière si peu digne de lui? un jour il sera notre fanal dans le moment du péril, et l'appui de la famille royale affligée par un malheur. Ainsi mettons tous nos soins à nourrir, avec la plus tendre bienveillance, ce génie heureux qui deviendra la gloire de l'état, et l'honneur de notre maison[1]. »

Virgile élève la voix, et prend tout-à-fait l'accent de la haute épopée dans la réponse de Faune à son fils Latinus; le dieu lui annonce un gendre étranger dans les termes les plus magnifiques,

---

[1] Livre 1ᵉʳ, § XXXIX.

qui ont encore pour but de légitimer les droits d'Énée sur le Latium, et à l'hymen de Lavinie. Mais quelle fatalité semble poursuivre Énée? presque toutes les fois où le poëte essaie de relever la gloire et la vertu du héros par des promesses solennelles, celui-ci dément son panégyriste par des actions vulgaires, et par l'oubli de ce que son rôle exige de lui. On va voir une nouvelle preuve de cette fâcheuse vérité.

Que fait, en descendant sur le rivage de l'Hespérie, ce prince annoncé par un dieu de la contrée? Il met sa flotte à l'ancre, et s'occupe à prendre un repas sur l'herbe avec son fils et les généraux de l'armée. Dans le premier livre du moins Énée pourvoit, comme Ulysse, aux besoins de ses compagnons pressés par la faim ; et le festin fini, on l'entend exhorter noblement les Troyens au courage ; il ne songe ici qu'à se repaître comme les autres. Le passé, le présent, l'avenir, semblent sortis de sa mémoire ; il garde un profond silence jusqu'au moment où Ascagne s'écrie : « Hélas! nous venons de manger nos propres tables. »

Addisson et Voltaire justifient très-bien Virgile des reproches qu'on lui a faits sur l'emploi de cette tradition puérile, mais nationale, et consacrée par le temps. Peut-on excuser de même le choix d'un pareil incident pour déterminer la sécurité ou réveiller le courage d'Énée? Quoi! après que la terre et le ciel lui ont promis l'Italie, après tant de prodiges opérés en sa faveur, après l'entrevue des Champs-Élysées, où son père lui a montré la race héroïque qui sortira du sang troyen dans cette contrée, le fils de Vénus conserverait encore des doutes sur ses destins, si l'exclamation d'un enfant ne lui rappelait quelques paroles d'Anchise, qui démentent, sans qu'on puisse expliquer cette contradiction, la prédiction menaçante de Céléno, inspirée par Apollon qui avait répété à la fille de Neptune les paroles mêmes de Jupiter! On cherche ici la mémoire, la logique de Virgile, et le sentiment des convenances qu'il possède souvent à un si haut degré. Au lieu de songer d'abord à un repas avec ses généraux et son fils, comment Énée n'assemble-t-il pas tous les Troyens sur le rivage? Comment ne l'entendons-nous pas saluer au milieu d'eux par des exclamations sublimes, la seconde patrie de son peuple, et le berceau de la reine du monde? A la place des froides expressions de sa confiance encore incertaine, et de son allégresse vulgaire, nous attendions de lui les actions de grâce d'un prince religieux et grand, l'enthousiasme d'un héros qui doit commencer une nouvelle carrière de gloire et préparer son apothéose. Le discours d'Énée n'est évidemment qu'une ébauche. Il commence avec raison par une invocation aux dieux pénates d'Ilion, qu'Hector avait confiés à sa garde[1], et qui sont toujours les premiers objets de son culte; mais soudain, oubliant les révélations solennelles de ces mêmes dieux qui lui ont assuré la possession de l'Hespérie[2], en lui découvrant le sens de l'oracle rendu par Apollon dans l'île de Crète, et l'erreur de l'interprétation d'Anchise, il ne paraît plus frappé que d'une ancienne prophétie de son père. Certes, les divinités vénérables de l'Olympe, les puissantes protectrices du peuple troyen, auraient le droit de demander ici pourquoi leur pontife, présent devant elles, attache moins d'importance à leurs paroles qu'à celles d'un mortel? Que sont encore ces ordres d'un capitaine de vaisseau à son équipage, qui viennent usurper la place d'une prière éloquente par laquelle Énée, les yeux levés au ciel, préluderait au sacrifice qu'attendent ici le génie des lieux, les nymphes, les fleuves de la contrée qu'il ne connaît pas encore, la nuit et ses signes éclatants, Cybèle adorée dans la Phrygie, et Jupiter présent sur le mont Ida? Virgile emploie pour la seconde fois la foudre comme un heureux présage, et l'on

---

[1] *Voyez* le livre II.
[2] Livre III.

peut remarquer combien ses images du même prodige sont devenues plus grandes, plus imposantes, et plus propres à produire une profonde impression sur les âmes ; mais où trouver ici les scènes déchirantes et sublimes qui précèdent cette fiction dans le second livre ? Si le poëte ne pouvait les égaler sous le rapport dramatique, il pouvait les écarter de notre souvenir par le tableau des transports des Troyens dans une de ces grandes circonstances où le génie d'un peuple se révèle tout entier. Virgile avait à sa disposition des ressources dont il n'a point usé, sans doute parce que cette partie de son poëme n'était point achevée ; peut-être on ne doutera pas de cette vérité en lisant le faible passage que je vais remettre sous les yeux du lecteur :

« Aussitôt un bruit flatteur circule dans l'armée : Il est enfin venu le jour de bâtir ces remparts tant promis! Alors le festin recommence, et, dans l'ivresse de ce présage, ils replacent les coupes sur la table et les couronnent de fleurs. » Si les descendants de Dardanus avaient fait retentir le rivage de leurs cris, en touchant la terre sacrée, ou s'ils avaient répété seulement les exclamations de leur prince, on pourrait reconnaître en eux les compagnons d'Hector. On les cherche en vain dans ces soldats vulgaires qui ne comprennent rien au langage de la foudre, et en qui une faible rumeur réveille un souvenir à demi effacé ; on ne les soupçonne pas même dans cette foule obscure qui remplit de nouveau ses coupes, au lieu de remercier les dieux, et de s'élever aux pensées de la gloire. La simple réflexion suffisait pour rappeler ici à Virgile ses devoirs d'écrivain. Et voyez ce que serait devenue la situation, lorsque ce peuple religieux, plein de constance et de courage, ce peuple des destins, digne de partager les sentiments exhalés de la grande âme d'Énée, aurait entendu retentir au-dessus de sa tête la foudre de Jupiter; lorsqu'il aurait vu le dieu agiter de ses mains, dans les plaines du ciel, un nuage éclatant de pourpre et d'or, et resplendir trois fois lui-même au milieu des éclairs! Quels transports! quel enthousiasme! quelle joie mêlée de terreur! quelles espérances sublimes! quels serments d'accomplir la volonté du ciel eussent éclaté au milieu des vrais compagnons d'Hector! et comme leur prince serait agrandi tout-à-coup par la protection divine, et par les sentiments d'une nation qui la justifierait ainsi!

L'absence des beautés que l'on demande ici à Virgile, rappelle un vice essentiel du poëme. Jusqu'à présent les Troyens, destinés à suivre un chef qui se laisse entraîner lui-même au cours des événements sans les maîtriser, n'ont ni caractères, ni mœurs, ni physionomies propres. Leur rôle semble tout-à-fait passif, ou plutôt ils n'en jouent aucun ; ils obéissent à Énée, et ne prennent jamais une attitude devant lui. Nous n'avons pas appris à les connaître dans le récit de la ruine de Troie. En quittant la patrie, ils n'ont donné aucun signe de douleur ; nous ne les avons pas même vus saluer la terre natale par un regard d'adieu ; ils restent muets pendant l'horrible tempête qui les assiége en face de la Sicile ; leurs larmes n'ont pas coulé sur la tombe du jeune Polydore, le dernier des fils de Priam ; ils sont étrangers à l'apparition des dieux pénates d'Ilion, Énée ne daigne pas même les en informer ; ils se battent avec quelque courage contre les harpies, mais on dirait que les armes leur tombent des mains à la prédiction de Céléno. Le poëte, tout occupé de ses premiers personnages, oublie entièrement de nous représenter les sentiments des Troyens d'Hélénus et des compagnons d'Énée, qui ont le bonheur inespéré de se retrouver dans une autre Ilion, et de voir Andromaque dans toute la majesté de ses douleurs. Ils quittent la nouvelle Troie comme ils ont quitté la première, sans manifester d'émotions ni de regrets.

Le reste donne lieu aux mêmes observations : soit qu'on entende tonner l'Etna, soit que la flotte touche à la côte des Cyclopes, soit qu'Anchise accueille le Grec Achéménide qui trace l'affreux

tableau des cruautés de Polyphème, soit que
le monstre apparaisse menaçant et terrible, soit
que le père d'Énée succombe à Drépane, les Phrygiens sont pour nous comme s'ils n'étaient pas,
tant Virgile s'abstient de les faire agir et parler.
Carthage les trouve étrangers à tout ce qui se passe dans ses murs; parmi les grands, parmi le
peuple, il n'y a pas un seul Troyen qui ose rappeler son prince à la gloire. Dans leur second voyage
en Sicile, sauf le plaisir qu'ils prennent au spectacle des jeux, et quelques marques d'un religieux
souvenir sur la tombe du vieil ami de Priam, aucun trait du poëme n'est propre à nous les révéler; on ne les aperçoit pas même dans l'incendie
de la flotte; enfin les magnificences du sixième
livre leur sont étrangères; seulement nous voyons,
par les funérailles de Misène, qu'ils sont restés
fidèles au culte de leur patrie pour les morts.

Une éclatante renommée précède les Grecs que
Valérius Flaccus présente à notre admiration. Inébranlables en face des fureurs d'un élément jusqu'alors indompté, ils restent dignes d'eux-mêmes
par leurs nouveaux exploits, et chacun d'eux a
une physionomie héroïque et connue avant la conquête de la toison d'or. Camoëns, qui consacre sa
lyre à la patrie, a eu soin de nous retracer le caractère, les mœurs, la gloire de la nation portugaise, comme de nous montrer en action les guer-

riers qu'elle envoie à la conquête de l'Inde ; et lorsqu'ils vont y aborder enfin, le poëte trouve encore un moyen d'agrandir ses compatriotes à nos yeux par cette exclamation du cœur d'un véritable citoyen : « Courage, nation valeureuse ! tu vas cueillir les palmes de la gloire. Voilà ces bords heureux si long-temps désirés ; voilà le terme de ta course. Enfants de Lusus, vous n'occupez qu'un point sur le globe ; faible portion du troupeau rassemblé par le divin pasteur, c'est vous qui vous chargez de ramener au bercail les nations égarées ; rien ne peut vous arrêter, ni la crainte du péril, ni les conseils d'une ambition profane, ni l'exemple de la rébellion contre cette mère commune dont l'origine est dans les cieux. Vous suppléez au nombre par l'intrépidité, à la puissance par l'héroïsme ; vous bravez mille morts pour étendre l'empire de la foi. Ainsi le ciel a voulu que, dans l'intérêt d'une si belle cause, le plus petit des peuples se montrât le plus grand : tant l'Éternel réserve de gloire à la vertu soumise et courageuse ! »

Il y a aussi dans la Bible un peuple choisi, un chef suscité pour le salut de ce peuple, et une terre promise ; mais Virgile est un poëte, et Moïse un historien ; il est curieux de voir les rapports qui peuvent exister entre la fable et la vérité.

Toujours fidèles à leurs mœurs, à leurs usages, à leur type originel, les Juifs ont passé quatre cents années sous un ciel étranger sans se mêler à leurs vainqueurs. Soumis au despotisme le plus ombrageux, qui voudrait les rendre idolâtres pour les confondre à jamais dans un troupeau d'esclaves, ils n'en conservent pas moins leur religion, le culte des morts et le souvenir des aïeux. Pendant les épreuves de leur délivrance, l'enthousiasme les rend capables de conjurer les plus grands périls; ils sont de dignes soldats du Dieu vivant, et tout-à-coup leur découragement ira jusqu'à regretter le joug insupportable de l'Égypte. Protégés par des miracles fréquents, la reconnaissance les transporte; puis, à la moindre interruption de l'assistance divine, vous les trouvez prompts à l'ingratitude qu'amène la prodigalité des bienfaits. Ils cèdent à l'ascendant du génie de Moïse, ils fléchissent le genou devant sa puissance tutélaire; mais souvent, aussi intraitables que des captifs dont un maître a brisé la chaîne, ils murmurent contre Dieu et se révoltent contre son prophète, qui a besoin de toute sa force pour leur résister. Quoiqu'ils retombent assez souvent dans l'idolâtrie, et qu'ils aiment à adorer l'ouvrage de leurs mains, ils forment, malgré cette singulière contradiction, un peuple religieux qui s'élève jusqu'à la connaissance et à l'amour du vrai Dieu. Si leur caractère est dur, leur esprit opiniâtre, leur cœur indomptable par le châtiment, ils ont des entrailles pour chérir les auteurs de leurs jours, aimer leurs frères et secourir leur prochain. Ils haïssent les autres nations, sont insociables avec les étrangers, et ne forment qu'une seule et même famille unie par des liens indissolubles. Avec ces vertus et ces vices, toujours en action dans la Bible, les enfants d'Abraham ne peuvent être un peuple sans couleur et sans influence, comme les débris de la race troyenne. Ils prennent part à tout; ils sont des moyens et des obstacles, des témoins et des acteurs. Dieu même ne dédaigne pas de leur transmettre ses ordres, et Moïse délibère sans cesse avec eux. Quoique soumis à sa direction, ils n'abdiquent ni leurs volontés, ni leurs droits, ni un certain pouvoir, et ne connaissent de roi que le Dieu dont l'alliance entretient leur légitime orgueil. Voilà les Hébreux; cherchons ce que fut leur chef.

Moïse, véritable modèle de ce qu'Énée devrait être souvent pour remplir les deux rôles héroïques que Virgile lui a imposés, Moïse réunit dans sa personne Romulus et Numa; tout se rapporte d'abord entre lui et le premier de ces deux grands hommes, leur naissance furtive, leur exposition sur les bords d'un fleuve, le hasard qui les arrache à une mort certaine, les périls de leur berceau, le voisinage d'un tyran soupçonneux et cruel, le glaive toujours levé sur leur tête innocente. Ils sortent également de l'obscurité par des actes d'un généreux courage. Doués d'une constance à toute épreuve, remplis de respect pour les choses saintes, toujours occupés des dieux dans le cours de leurs travaux, habiles à manier les esprits, aimant la patrie et leur peuple, mais sévères comme princes, tous deux ont à gouverner des instruments rebelles, et achèvent avec la même gloire leur haute et difficile entreprise; celui-ci fonde Rome, celui-là institue Israël.

La ressemblance n'est pas moins frappante entre Moïse et Numa : si le premier conduisait des brebis quand l'Éternel l'appela pour être le libérateur des Hébreux; le second vivait aux champs dans le commerce de la vertu et du ciel, lorsque les ambassadeurs de Rome vinrent lui proposer le rang suprême. Le Seigneur eut à triompher des refus de Moïse; Rome eut peine à vaincre la résistance de Numa. L'un, interprète de la parole divine, commence par rendre un magnifique témoignage au Souverain de l'univers, en face des fausses divinités de l'Égypte, et devant Israël en servitude; des miracles viennent consacrer sa mission; Israël croit et adore. L'autre, avant de recevoir les insignes de la dignité royale, veut obtenir la protection des dieux; il monte au Capitole, et offre un sacrifice à Jupiter; des prodiges confirment son élection aux yeux du peuple, qui le reçoit avec des clameurs de joie comme le roi le plus

saint et le plus aimé des immortels. Peut-on nier
que si le héros troyen donnait de pareils exemples,
s'il savait ainsi s'emparer des cœurs par des inspirations sublimes, il ne méritât mieux d'entrer dans
la famille des hommes que le monde révère? N'est-
il pas évident qu'à sa place, Moïse ou Numa auraient fait et dit de grandes choses en prenant
possession de l'Italie? Ce qui rapproche surtout
Numa de Moïse, c'est la confiance inébranlable
dans le ciel, vertu que nous désirons sans cesse
dans Énée. Numa, en apprenant que des forces
considérables s'avançaient vers Rome, répond à
ceux qui lui annoncent l'approche des ennemis :
« Ils marchent, et moi je sacrifie. » Tranquille en
présence de l'armée de Pharaon, Moïse rassure les
Israélites et leur ordonne d'attendre les merveilles
du Seigneur qui va détruire à jamais leurs persécuteurs. Semblable à celle de Romulus et de Numa,
la force de Moïse est dans sa foi. Ainsi que ces
deux princes, il ne néglige aucun moyen de l'in-
culquer dans les âmes, parce qu'il sent qu'elle deviendra la source des plus étonnants prodiges pour
Israël. Aussi de quoi les Hébreux ne se montrent-
ils pas capables, quand leur enthousiasme parvient
à croire comme le cœur de Moïse? Bien au-dessus du faible Énée, Moïse n'a jamais d'incertitudes, et n'en souffre pas dans les autres. Les yeux
toujours fixés sur un peuple orageux et difficile,

il ne laisse point flotter les esprits au hasard, il ne les abandonne pas à la faiblesse naturelle de l'homme. Dans les tribulations de l'Égypte, dans les souffrances du désert, dans les rébellions, dans les chutes d'Israël, malheureux, ingrat ou infidèle, il est le consolateur, l'appui, l'effroi ou le recours des siens; il gouverne avec le sceptre, le glaive et la parole. Mais quel usage fait-il de l'éloquence qui lui a été envoyée d'en haut[1]? Il la consacre à graver en caractères ineffaçables dans les cœurs le souvenir des miracles du Dieu d'Abraham et de Jacob en faveur de son peuple; c'est par des hymnes d'une reconnaissance immortelle, qu'il s'applique à marquer toutes les grandes époques du voyage d'Israël, jusqu'à l'arrivée dans la terre de Chanaan.

Avant le départ d'Égypte, Dieu inspire à Moïse la pensée de préparer les Hébreux à un grand événement par un festin où, pressés comme des voyageurs, ils célébreront la pâque, c'est-à-dire le passage du Seigneur qui doit, la nuit même, frapper de mort tous les premiers nés des sujets de Pha-

---

[1] Je sais qu'Aaron sert presque toujours d'interprète à son frère *qui était incirconcis des lèvres*, mais il ne fait que répéter les inspirations de Dieu et les paroles de Moïse, qui sait trouver aussi les moyens d'émouvoir lui-même, par ses discours, le peuple d'Israël.

raon. Moïse établit cette coutume à jamais inviolable et sacrée pour le présent et pour l'avenir. Les Israélites quittent enfin la terre de l'exil; aussitôt leur chef, toujours sous la même influence, ordonne que tous les premiers nés qui ouvrent le sein de leur mère, parmi les hommes et parmi les bêtes, soient consacrés au Seigneur à qui tout appartient. N'oublions pas que Moïse emporte avec lui les os du patriarche Joseph, comme une relique sainte, et un garant de la protection divine.

Après la ruine de l'armée égyptienne ensevelie dans les flots, le peuple, dit la Bible, craignit l'Éternel; il crut à Dieu et à Moïse son serviteur. Cependant le prophète ne s'en rapporte pas encore à l'impression que de grands miracles avaient dû produire sur les Hébreux. Aux bords même de l'élément docile qui leur a frayé une route, un cantique sublime nous met devant les yeux le passage triomphant de la mer Rouge, et les ennemis du peuple choisi, les uns déjà noyés, les autres à demi vaincus par la terreur. Chaque nouveau bienfait de l'Éternel est suivi des actions de grâces dont Moïse donne à tous le signal et l'exemple; pour chaque victoire il consacre un autel au Dieu des armées. On arrive au désert de Sinaï; c'est là que l'historien des Juifs ressemble pourtant à un poëte qui préluderait habilement à la plus grande des scènes d'une épopée. Sont-elles dans Homère, sont-elles dans Milton, les merveilles dont le génie du législateur des Hébreux accompagne l'œuvre sublime de l'institution religieuse et politique d'un état? Numa créait ses lois dans une solitude interdite aux profanes; Dieu lui-même proclame les siennes sur le mont Sinaï devant toute la nation. Or, les Israélites, dit la Bible, entendaient les tonnerres et le son de la trompette, ils voyaient les lampes ardentes, la montagne toute couverte de flammes, et, dans la crainte et l'effroi dont ils étaient saisis, ils se tenaient éloignés; et ils dirent à Moïse : « Parlez-nous vous-même, et nous vous écouterons : mais que le Seigneur ne nous parle pas, de peur que nous ne mourrions. » Les Israélites émus, ravis, terrassés d'admiration, jurent d'observer l'alliance contractée avec Dieu. Pour mieux les enchaîner encore à ce serment, Moïse lit devant eux le livre où elle est écrite, ainsi que toutes les ordonnances sacrées, et couronne cette cérémonie par des holocaustes offerts sur un autel composé de douze pierres, selon le nombre des douze tribus. Après avoir promulgué quelques nouvelles ordonnances, Numa se dérobait aux regards dans un bois sacré pour se rendre plus vénérable ; Moïse abandonnant les Juifs aux profondes impressions des merveilles du Sinaï, se retire pendant quarante jours sur la montagne miraculeuse, où il va chercher de nouveaux préceptes dans l'entretien du Seigneur. Toutes les fêtes d'Israël sont des hommages au Dieu libérateur et miséricordieux; on y voit toujours revenir la mémoire de la sortie d'Égypte, et la grande solennité religieuse instituée par l'Éternel. Moïse est souvent un roi terrible, il décime son peuple avec une barbarie qui effraie notre faiblesse ou notre humanité; mais ce prince, inexorable quelquefois, n'ignore pas les mouvements de la pitié; il a bien plus souvent la prière à la bouche pour demander à l'Éternel la grâce de son peuple, que la verge ou le glaive à la main pour châtier les coupables.

Non loin du dénouement de ce drame imposant de la vie de Moïse, la Bible introduit, auprès du roi de Moab, un devin qui, au lieu de maudire les Hébreux comme ce roi le lui avait commandé, célèbre la beauté, la grandeur, les félicités infinies d'Israël, et la venue du prophète qui devait sortir d'Abraham, d'Isaac et de Jacob; et que Moïse lui-même avait annoncé en ces termes : « Dieu vous suscitera du milieu de votre nation et du nombre de vos frères un prophète semblable à moi : écoutez-le. » Cependant puni pour une légère incrédulité, le législateur des Juifs n'entrera point dans la terre promise; mais soumis à la volonté divine, et toujours heureusement inspiré par son propre génie, il fait de sa fin prochaine une solennité conforme au but et à la pensée de toute sa vie. A ce dessein, il compose, dit Bossuet, ce long et admirable cantique qui commence par ces paroles : « O cieux ! écoutez ma voix, que la terre prête l'oreille aux paroles de ma bouche. » Dans ce silence de toute la nature, il parle d'abord au peuple avec une force inimitable, et, prévoyant ses infidélités, il lui en découvre l'horreur. Tout d'un coup il sort de lui-même, comme trouvant tout discours humain au-dessous d'un sujet si grand : il rapporte ce que Dieu dit, et le fait parler avec tant de hauteur et tant de bonté, qu'on ne sait ce qu'il inspire le plus ou la crainte et la confusion, ou l'amour et la confiance[1]. » Après cette scène, qu'on pourrait appeler la scène du testament, après ce tribut de reconnaissance qui associe pour jamais un peuple au religieux enthousiasme de son prince mourant, Moïse bénit en père les douze tribus d'Israël, glorifie encore le Seigneur, monte sur le Nébo comme Dieu l'a voulu, et rend le dernier soupir en regardant cette terre qu'il avait espéré mériter par quarante ans de travaux.

Voilà sous quels auspices les Israélites prennent possession de l'heureuse et innocente contrée d'A-

---

[1] Bossuet, *Discours sur l'Histoire universelle.*

braham. L'Écriture ne s'attache pas à peindre les premiers mouvements de leurs cœurs dans ce moment; elle fait mieux, elle nous les montre sous l'influence du génie de Moïse, et dociles à ses commandements. A peine ont-ils passé le Jourdain avec Josué, qui est rempli de l'esprit de sagesse parce que le prophète lui avait imposé les mains, une cérémonie sainte consacre ce grand événement qu'ils célèbrent encore en faisant la pâque dans la plaine de Jéricho dont les murs vont tomber devant eux. Bossuet, rempli de la Bible, relève une circonstance historique qui serait encore du plus heureux effet dans le poëme de Virgile, où elle aurait pu trouver sa place, si les traditions sur l'origine des Troyens, et la connaissance de leurs exploits, eussent été répandues parmi les peuples d'Italie comme à la cour d'Évandre. «Dans le temps qu'Abraham, Isaac et Jacob habitaient la terre de Chanaan, ils y avaient érigé partout des monuments des choses qui leur étaient arrivées. On y montrait encore les lieux où ils avaient habité; les puits qu'ils avaient creusés dans ces pays secs pour abreuver leur famille et leurs troupeaux; les montagnes où ils avaient sacrifié à Dieu, et où il leur était apparu; les pierres qu'ils avaient dressées pour servir de mémorial à la postérité; les tombeaux où reposaient leurs cendres bénites. Ainsi quand le peuple hébreu entra dans la terre promise, tout y célébrait leurs ancêtres ; et les villes, et les montagnes, et les pierres mêmes y parlaient de ces hommes merveilleux, et des visions étonnantes par lesquelles Dieu les avait confirmés dans l'ancienne et véritable croyance. »

J'ai insisté sur ce rapprochement, neuf peut-être, parce qu'il m'a paru éminemment propre à montrer dans tout son jour la faiblesse de la composition de Virgile, et le défaut de grandeur dans le caractère de son héros. Sans doute le poëte n'était pas tenu de le faire ressembler en tout à Romulus et à Numa ; sans doute, même quand il eût pu connaître la Bible, nous ne lui demanderions pas dans Énée un prince comme Moïse ; mais guerrier, roi, pontife et législateur, le fils d'Anchise n'a point, comme ces grands hommes, l'enthousiasme, la volonté, la constance, les illuminations du génie, l'ascendant suprême, qui entraînent les nations et enfantent des prodiges.

Si l'on poursuit la comparaison que j'ai entreprise plus haut avec le premier livre, on éprouvera de même le regret de voir que Virgile ne se soutient pas à la hauteur de son commencement. Ici rien de pareil à la prière de Vénus, et à la réponse du souverain des dieux qui serait mieux placée près du théâtre de la gloire du second Hector, qu'au moment où il va céder aux faiblesses de l'amour. Quelles beautés pourraient encore balancer ici l'apparition de Cypris, qui, déguisée en chasseresse, et toujours agitée des craintes maternelles malgré les promesses de Jupiter, vient révéler à Énée le nom de la contrée que sa prudence parcourt avec inquiétude, les malheurs, la fuite héroïque et le nouvel empire de Didon? L'entretien d'Énée avec sa mère qu'il ne connaît pas, l'éclat qui trahit la déesse, le nuage magique dont elle environne son fils, les travaux de Carthage naissante, le temple de Junon, la guerre de Troye gravée sur ses portiques, les larmes généreuses du prince, forment autant de scènes où la fiction et la vérité, brillant du même éclat et pleines de la même flamme, se disputent le droit de nous intéresser ; que leur opposerions-nous ? ce ne sont pas sans doute les froides excursions des Phrygiens sur le territoire d'Italie, le départ des ambassadeurs pour la cour de Latinus, et l'ébauche d'une ville en forme de camp par Énée, toutes circonstances conformes à l'histoire, et que Tite-Live n'aurait pas racontées autrement que le poëte ne l'a fait. Si la situation ne permettait pas de longs développements, elle demandait du moins quelque solennité dans une cérémonie à-la-fois religieuse, guerrière et politique. Lorsque près de quitter Aceste, Énée fonde une seconde Troye pour la colonie qu'il laisse en Sicile, nous le voyons élever à sa mère un temple sur le mont Éryx ; ne devrait-il pas du moins implorer pour sa nouvelle cité la protection de la divinité qui l'a conduit en Italie à travers tant de périls?

Peut-être le palais de Latinus, moins riche toutefois que celui d'Alcinoüs, où l'or éclate partout, est-il un peu trop pompeux pour des temps reculés ; mais Tite-Live semble avoir préparé une excuse à Virgile dans la réflexion suivante : « Les faits qui ont précédé ou qui accompagnent la fondation de Rome, ont en leur faveur plutôt l'éclat des fictions poétiques, que le témoignage incorruptible des monuments historiques ; je ne veux ni affirmer ni contredire les traditions de nos pères. L'indulgence moderne accorde à l'antiquité la permission de faire intervenir les dieux dans les choses humaines pour donner à la naissance des villes un caractère plus auguste. » La description du palais d'Alcinoüs est le fruit d'une vive imagination ; le tableau de Virgile rassemble, dans un cadre étroit, les origines, les souvenirs religieux, les ancêtres, les usages et les mœurs des Romains.

Au premier livre de l'Énéide, Didon nous apparaît d'abord semblable à Diane entourée de ses nymphes, ensuite à Sémiramis donnant des lois à ses sujets. Virgile nous montre le bon Latinus entouré de grands souvenirs, et assis sur le trône de ses pères pour recevoir les am-

bassadeurs d'Énée. Le discours par lequel Latinus
prévient leur demande est une assez faible répétition des paroles de Didon; on n'y peut retenir
que trois vers assez heureux sur les mœurs du
peuple de Saturne. Ilionée, que nous avons entendu s'exprimer devant la reine de Carthage avec
une douce et majestueuse éloquence, n'a plus le
même accent devant le roi des Latins; mais s'il n'a-
bonde pas de même en traits qui se gravent d'a-
bord dans la mémoire et pénètrent au cœur; s'il
ne conserve pas cette simplicité qui convient à la
douleur véritable et à la tendre prière, il déploie
à dessein une espèce de luxe de paroles, en rappelant la splendeur du royaume de Priam, la
haute origine des Troyens, et la querelle de l'Europe avec l'Asie. Cette magnificence s'accorde avec
son projet de produire une impression profonde
sur le prince qui l'écoute; aussi doit-on s'étonner
qu'il ne demande pour les dieux d'Ilion qu'un rivage hospitalier, un asile, l'eau et le feu, présents
communs à tous les hommes. Alors la volonté du
destin qui a conduit les Phrygiens en Italie ajoute un nouveau poids aux raisons de l'habile
orateur qui finit avec la plus rare convenance,
en offrant à Latinus, comme des débris d'une
illustre fortune, sauvés du milieu des flammes
de Troye par le zèle religieux d'Énée, la coupe
d'or avec laquelle Anchise faisait des libations aux

dieux, le sceptre et le diadême de Priam, et des habits filés par les femmes de sa cour[1].

Averti par les plus impérieuses considérations, et par un vice irrémédiable de son sujet, Virgile craignait de charger Énée du rôle odieux d'un homme qui viendrait ravir une épouse promise à un rival plus jeune que lui, soutenu par des liens de famille, encouragé par des espérances et des promesses. Il a voulu mettre du côté de son héros la volonté du destin et les droits de l'autorité paternelle. C'est pour cela qu'il nous représente Latinus bien moins occupé des présents qu'on lui envoie, que de méditer sur la réponse du Dieu dont il descend. Le poëte a cru remplir toute l'attente du lecteur en prêtant ces réflexions au personnage en scène. « Le voilà, sans doute, celui que m'annoncent les destins, ce gendre sorti d'une terre étrangère, le prince que les mêmes auspices appellent à partager le trône : le voilà ce héros de qui doit naître une race illustre, et destinée à ranger un jour sous ses lois l'univers entier! » Sans

---

[1] On peut comparer ici le discours des envoyés de Gama au roi de Mélinde, et la réponse de ce prince. Les Portugais sont plus éloquents peut-être que l'ambassadeur troyen; mais le prince indien parle surtout avec plus de connaissance de cause, plus de conviction et d'à-propos que Latinus. (*Voyez* le chant IIe de la *Lusiade*.)

doute Virgile donne au roi d'assez grands indices de la vérité des fables sur lesquelles repose tout l'édifice de l'ouvrage ; les prédictions et l'événement ont des rapports assez frappants; mais peut-être faudrait-il encore quelque divine et secrète intervention, comme dans la scène où Esther touche le cœur d'Assuérus [1] : au défaut de cet artifice ou de quelque autre, on se demande pourquoi Latinus qui conserve encore des doutes, ainsi qu'on le voit par ses premières et par ses dernières paroles [2], ne balance pas un moment à interpréter

---

[1] De mes faibles attraits le roi parut frappé :
Il m'observa long-temps dans un sombre silence ;
Et le ciel qui pour moi fit pencher la balance,
Dans ce temps-là, sans doute, agissait sur son cœur.

On peut objecter que Racine expose, par des paroles directes, ce que Virgile fait supposer par de vives images, et que la grandeur des prodiges motive suffisamment leur impression et ses conséquences ; cependant il restera toujours quelque chose à désirer dans la situation.

[2] Di nostra incepta secundent,
Auguriumque suum.

« Puissent les dieux seconder mes desseins et confirmer
» leurs augures. »

Hunc illum poscere fata
Et reor, et, si quid veri mens augurat, opto.

« Oui, c'est lui que les destins demandent, je le crois, et si
» mon esprit devine la vérité, je le désire. »

les oracles en faveur d'Énée; cependant ni ce prince, ni sa patrie, ne sont même nommés par les dieux. On conçoit encore moins l'empressement avec lequel, brisant sans nul scrupule ses engagements avec Turnus, le roi des Latins offre la main d'une vierge royale à un gendre qu'il n'a pas pu voir et connaître. Vieillard, monarque et père, que n'attend-il du moins qu'on lui demande sa fille? S'il se trompe, son erreur peut causer le malheur de Lavinie; c'est bien le cas de faire expliquer les dieux avant de s'exposer à la rendre victime de la précipitation paternelle. Virgile se montre logicien plus sévère et poëte plus attentif à la vraisemblance, lorsqu'il fait descendre Mercure de l'Olympe pour adoucir le cœur des féroces Tyriens, et motiver ainsi la bienveillance de leur accueil aux infortunés débris de la race troyenne. La fiction du voyage de l'Amour à la cour de Didon, repose sur le sentiment des mêmes règles de l'art[1].

Homère, presque toujours inspiré par le bon sens comme par le génie, vient appuyer ces observations. Ulysse sortant d'un naufrage, encore tout souillé du limon des ondes, a ému, par la plus noble prière, le cœur de la jeune Nausicaa; bientôt, grâce à un prodige de Minerve, il a sur-

---

[1] Livre Ier.

pris, par sa beauté nouvelle, l'admiration de cette jeune princesse; alors un entretien, dont le charme l'arrête malgré elle, a presque allumé dans son sein la flamme du premier amour. Admis dans le palais d'Alcinoüs, Ulysse se montre digne de tous les honneurs de l'hospitalité; un instant on le prend pour un dieu descendu de l'Olympe, et favorable aux Phéaciens. Il repousse cette glorieuse supposition avec modestie, et par le souvenir amer de ses malheurs, dont le récit amène la révélation des secours et des vertus de Nausicaa, qu'Ulysse justifie d'une manière vive et délicate en présence de sa mère et de toute la cour. C'est alors que sans blesser ni sa dignité de père et de roi, ni la tendresse maternelle, ni les penchants de sa fille, le sage Alcinoüs s'écrie : « Plût à Jupiter, à Minerve, au divin Apollon, qu'un héros tel que toi partageât mes sentiments, que tu voulusses obtenir ma fille, et porter le nom de mon gendre en demeurant près de moi!... Je te donnerais un palais et de riches domaines si tu adoptais volontairement ce séjour, car jamais aucun Phéacien ne te retiendra malgré toi au risque d'offenser le dieu qui préside à l'hospitalité. »

Nous avons vu l'événement sourire à Énée; un roi l'appelle comme ami, comme gendre, comme associé de l'empire : si les choses continuent ainsi, la paix ne sera point troublée; Troye touche au terme de ses calamités; les deux peuples vont être unis par une alliance solide, et commencer ensemble un long cours de prospérités. Tout-à-coup la scène change, l'horizon s'obscurcit, la guerre menace l'Hespérie, les Troyens retrouvent devant eux leur immortelle ennemie.

« Voilà que revenant d'Argos et des rives d'Ina-
» chus, l'implacable épouse de Jupiter fendait les
» plaines célestes sur son char rapide : suspendue
» dans les airs, elle aperçoit des sommets lointains
» du promontoire de Pachynum en Sicile, le fils
» d'Anchise triomphant, et sa flotte dans le port;
» elle voit les Troyens exhaussant déjà leurs mu-
» railles; déjà pleins de confiance en leur terre adop-
» tive, ils ont tous déserté leurs navires. Soudain elle
» s'arrête; son cœur saigne de la plus vive blessure;
» et, secouant sa tête altière, elle exhale ainsi sa
» fureur : « O race que j'abhore ! ô destins de Troye
» contraires à mes destins ! quoi ! les perfides n'au-
» ront pu trouver leur tombeau dans les champs de
» Sigée ! Quoi ! ces vils captifs, ils sont libres ! Troye
» en feu n'a pu les consumer ! à travers les armées,
» à travers les flammes, leur audace s'est ouvert un
» passage. Sans doute mon pouvoir et ma constance
» ont cédé à la fatigue du combat? Sans doute assou-
» vie de vengeances ma colère éteinte se repose? Que
» dis-je? chassés de leur patrie, ma longue indigna-
» tion les a suivis sur l'onde; ces vils fugitifs ont ren-

» contré partout leur ennemie dans l'empire de
» Neptune ; contre eux ma haine a épuisé toutes les
» forces et du ciel et des mers. Que m'ont servi les
» Syrtes? que m'ont servi les gouffres de Charybde
» et de Scylla? Tranquilles possesseurs des rives
» désirées, ils bravent aux bords du Tibre et les mers
» et Junon ! Mars a bien pu détruire l'indomptable
» nation des Lapithes ; le père des dieux lui-même
» a livré Calydon au courroux de Diane. Par quel
» forfait cependant les Lapithes ou Calydon avaient-
» ils mérité leur malheur? Et moi, puissante épouse
» de Jupiter, moi, dont la constance n'a négligé
» aucun moyen, moi, long-temps réduite à me re-
» plier de toutes les manières, je suis vaincue par
» Énée ! Ah ! si mon pouvoir n'est pas assez grand
» contre un tel ennemi, courons implorer une force
» supérieure à la mienne ; si je ne puis fléchir les
» cieux, je remuerai les enfers. Il ne m'est point
» donné, je le sais, de ravir à ce transfuge l'em-
» pire du Latium ; et l'immuable arrêt des des-
» tins enchaîne Lavinie à un hymen odieux. Mais
» il me reste le plaisir de retarder, par de longs
» délais, un pareil triomphe ; il m'est permis d'ex-
» terminer les peuples de deux rois qui m'offen-
» sent. Que le beau-père et le gendre s'unissent au
» prix de la ruine de leurs sujets. Le sang de Lau-
» rente et de Troye, voilà ta dot, vierge fatale ! Bel-
» lone t'attend pour présider à tes noces! La fille de

» Cissé n'aura point seule enfanté la torche d'Ilion ;
» Vénus n'enviera rien à la couche d'Hécube : voici
» un autre Pâris, et le funeste flambeau qui doit
» embraser la renaissante Pergame. »

» Elle dit, et, pareille aux sombres tempêtes, s'é-
» lance sur la terre. Du séjour des cruelles furies,
» du fond des ténébreux abîmes, elle évoque la bar-
» bare Alecton, Alecton qui se plaît aux affreuses
» guerres, aux longues vengeances, aux trahisons,
» aux noires calomnies : monstre odieux, que Plu-
» ton son père abhorre, qu'abhorrent ses infernales
» sœurs, tant sa laideur prend des formes hideuses,
» tant ses divers aspects sont effroyables, tant de
» noires couleuvres pullulent sur son horrible tête !
» Junon l'irrite encore et l'excite en ces termes : « Voi-
» ci ce que j'attends de toi, fille de la Nuit ; viens
» t'appliquer à me servir, viens sauver de l'affront
» d'une défaite ma gloire et ma puissance. Je veux
» empêcher les Troyens de séduire Latinus à la
» faveur d'un hymen, et d'envahir les confins de
» l'Italie. Tu parles, et l'on voit courir aux armes
» des frères qui s'embrassaient la veille, et les
» familles sont troublées par la haine et la discor-
» de ; tes mains portent dans le palais des rois le
» fouet vengeur des Euménides et leurs brandons fu-
» nèbres ; tu connais mille prétextes, mille moyens
» de nuire. Secoue ton génie fécond ; renverse la
» paix promise entre les deux nations ; sème le

» trouble et la guerre. Aux armes! aux armes! que
» tout se lève! que tout vole au carnage! »

» A l'instant même, armée du poison des Gorgo-
» nes, Alecton dirige son char vers le Latium, au su-
» perbe palais du monarque latin, et assiége le seuil
» silencieux d'Amate, dont l'arrivée des Troyens,
» la rupture de l'hymen de Turnus, alarmaient la
» tendresse maternelle et nourrissaient l'ardente
» colère. L'affreuse déesse arrache de sa tête l'un de
» ses serpents azurés, le lance, en lui marquant sa
» place, dans le sein d'Amate, afin que, possédée du
» monstre, elle trouble tout le palais de ses trans-
» ports. Le reptile s'insinue entre les voiles et
» le sein de la reine qu'il effleure à peine, et
» souffle une rage infernale à sa victime furieuse
» et trompée. Tantôt repliant ses anneaux im-
» menses, il lui forme un collier d'or; tantôt se
» déroulant en longues bandelettes, il s'entre-
» lace dans les cheveux, et se joue en glissant au-
» tour de tous les membres d'Amate. Tant que le
» fatal poison ne fait qu'agiter ses sens, et répandre
» dans ses veines un feu secret, tant que le cœur
» n'est pas embrasé tout entier, la plainte de l'in-
» fortunée est tendre; elle parle à son époux le lan-
» gage accoutumé des mères, en répandant des tor-
» rents de larmes sur Lavinie, et sur son hymen
» avec un Phrygien. « Est-ce donc à un banni de
» Troye qu'on donne Lavinie pour épouse? Père

» cruel! voyez-vous sans pitié votre fille et vous-
» même? Voyez-vous sans pitié sa mère, qu'au pre-
» mier vent peut-être un lâche ravisseur va fuir,
» entraînant au loin sur les mers une vierge éplorée?
» N'est-ce pas sous de pareils auspices que le berger
» phrygien enleva Hélène à Lacédémone, et con-
» duisit sa proie dans les murs d'Ilion? Que sont
» devenus cette foi sacrée, ces tendres soins pour
» votre heureuse famille, ces gages de vos promes-
» ses si souvent renouvelées à Turnus sorti du même
» sang que nous? Si l'intérêt du Latium vous de-
» mande un gendre étranger, si les destins le veu-
» lent ainsi, si les ordres de Faunus sont pour son
» fils des lois suprêmes, eh bien, toute contrée non
» soumise au sceptre latin, et séparée de nos peu-
» ples, je la regarde comme étrangère. Tel est le
» sens des paroles divines. Turnus, lui-même, si
» l'on remonte à l'origine de sa noble maison, n'a-
» t-il pas Inachus, Acrisius, pour aïeux, et Mycè-
» nes pour berceau?»

» Vains efforts! pleurs inutiles! Latinus reste iné-
» branlable. Et cependant, de veine en veine, le
» poison infernal pénètre Amate jusqu'au fond des
» entrailles, et circule dans tout son corps. Alors la
» malheureuse, excitée par d'horribles images, éga-
» rée par les aiguillons des furies, parcourt à pas
» désordonnés la ville immense de Laurente. Tel
» dans la vaste enceinte d'un portique circulaire

» tourne et voltige sous le fouet pliant qui le frappe,
» ce buis mobile que des enfants exercent dans leurs
» jeux ; chassé par la courroie diligente, il décrit
» en roulant mille cercles divers : la jeune troupe,
» en extase, admire ses mouvements sans les com-
» prendre, et ranime sa vîtesse par des coups re-
» doublés ; telle, et non moins agitée, la reine vole
» de ville en ville à travers un peuple indomptable.
» Que dis-je? elle ose feindre la sainte ivresse de
» Bacchus ! et ce sacrilége augmente sa fureur :
» semblable à une bacchante du Dieu, elle s'élance,
» et court cacher sa fille sur des montagnes couvertes
» d'ombrages, pour l'arracher aux Troyens, et rom-
» pre des nœuds qu'elle abhorre. Dans ses transports
» frénétiques, « Évohé, s'écrie-t-elle, viens, Bacchus,
» toi seul es digne d'une vierge royale. C'est pour
» toi que Lavinie s'arme du thyrse léger; pour toi
» qu'elle se mêle aux chœurs des bacchantes; pour
» toi qu'elle nourrit sa chevelure consacrée. » Au
» bruit de ces transports une rage égale enflamme
» les épouses et les mères : le même vertige les préci-
» pite en foule hors de leurs demeures ; Laurente et
» ses murs sont déserts. Les unes s'élancent les épau-
» les nues et les cheveux épars ; les autres, vêtues de
» peaux de lynx et portant un thyrse enlacé de pam-
» pre, remplissent les airs de longs hurlements.
» Amate, au milieu d'elles, Amate, en son bouillant
» courroux, agite une torche ardente, et chante

» l'hymen de sa fille avec Turnus; puis tout-à-coup,
» roulant des yeux sanglants, elle s'écrie d'une voix
» plus terrible : « Accourez, accourez toutes, ô mères
» des Latins! si votre pitié s'intéresse aux douleurs
» d'Amate, si le souvenir des droits de l'amour ma-
» ternel parle encore à vos âmes, dénouez les ban-
» delettes de vos cheveux et commencez avec moi
» les orgies sacrées! »

» Ainsi, au milieu des forêts, au milieu des antres
» sauvages, Alecton, l'aiguillon à la main, poursuit
» partout la royale bacchante. Fière d'avoir allumé
» ces premières fureurs, d'avoir troublé les conseils
» et bouleversé la maison de Latinus, la fille de la
» Nuit déploie ses ailes ténébreuses, et s'élance vers
» les murs de l'audacieux Rutule; murs célèbres,
» que Danaé peupla, dit-on, de ses fidèles Argiens,
» lorsque l'impétueux Autan l'eut poussée sur ces
» plages. Cette ville que ses vieux fondateurs ap-
» pelèrent jadis Ardée, conserve encore ce grand
» nom; mais sa gloire n'est plus. Là, sous des
» lambris magnifiques, et vers le milieu d'une nuit
» profonde, Turnus goûtait les douceurs du som-
» meil. L'affreuse déesse dépouille son horrible figu-
» re et ses membres de furie; elle prend les traits
» d'une vieille femme, sillonne de rides son front
» hideux, revêt des cheveux blancs et entrelace au
» bandeau qui les retient une branche d'olivier; elle
» devient Calybée, antique prêtresse du temple de

»Junon, et se présente ainsi aux yeux du jeune
» prince qu'elle apostrophe en ces termes :
« Turnus, dit-elle, tant de travaux seront-ils
» donc perdus? Ce sceptre qui t'appartient, souf-
» friras-tu qu'il passe aux transfuges de Pergame?
» Un roi parjure te refuse une épouse, une dot
» achetée par ton sang; et c'est un étranger qu'il
» cherche pour héritier de son royaume! Va mainte-
» nant, va, pour un ingrat qui te joue, affronter en-
» core les périls! Terrasse encore les bataillons tos-
» cans, donne encore la paix aux Latins! Pendant
» qu'ici tu dors tranquille dans l'ombre de la nuit,
» la reine des dieux en personne est venue m'or-
» donner de t'avertir. Qu'attends-tu? Lève-toi;
» cours armer tes phalanges, cours avec joie les
» précipiter hors des remparts. De lâches Phrygiens
» sont assis sur le beau rivage du Tibre, vole les
» exterminer et brûler leurs vaisseaux. Voilà l'ordre
» souverain du ciel. Que Latinus lui-même, s'il ne
» promet de te donner sa fille, et de respecter sa
» parole, connaisse enfin Turnus, et le pouvoir de
» tes armes. »

» Le jeune héros répond ainsi avec un souris
» moqueur à la prêtresse : « Une flotte est entrée
» dans le Tibre ; cette nouvelle ne m'a point
» échappé, comme tu le crois; ne viens pas me for-
» ger de si grands sujets d'alarmes; non; la reine
» des dieux n'a point oublié nos intérêts. Vaincue

» du temps, et trop faible pour enfanter la vérité,
» la vieillesse, ô ma mère ! te trouble de vaines in-
» quiétudes, et prophétesse de malheurs, tu mêles
» tes folles craintes parmi les querelles des rois.
» C'est à toi de garder les images et les temples
» des dieux ; laisse aux hommes le soin de faire et
» la guerre et la paix : la guerre et la paix les re-
» gardent. »

» Ces mots ont allumé la rage d'Alecton. Turnus
» parlait encore ; mais un tremblement subit s'em-
» pare de ses membres, ses yeux sont immobiles
» d'effroi, tant l'Euménide fait siffler d'horribles vi-
» pères, tant elle apparaît tout-à-coup hideuse et
» menaçante ! Il hésite ; il veut la conjurer ; la déesse
» roulant des regards enflammés repousse le témé-
» raire, dresse sur son front ses deux plus fiers ser-
» pents, fait résonner sont fouet vengeur, et lui crie
» d'une voix tonnante : « La voilà, cette femme vain-
» cue du temps, incapable d'enfanter la vérité, pro-
» phétesse de malheurs, qui vient mêler ses folles
» craintes parmi les querelles des rois ; regarde, et
» connais-moi : je suis la fille des enfers, la sœur des
» cruelles Euménides ; je porte en mes mains la
» guerre et la mort. » Elle dit, et lui lance une tor-
» che ardente. Le brandon s'attache au sein du
» héros, et le couvre d'un tourbillon de flamme et
» de fumée. Turnus épouvanté s'éveille : des flots
» d'une sueur glacée ruissellent par tout son corps.

» Éperdu, frémissant : « Mes armes! s'écrie-t-il,
» mes armes! » Et sur sa couche, dans son palais,
» partout il cherche des armes. Il ne respire que le
» fer, que la rage insensée des combats; la colère
» déborde de son cœur : ainsi, lorsque la flamme
» qu'alimente un bois aride pétille sous un vase
» d'airain, le fluide échauffé bondit et gronde dans
» sa prison brûlante, s'élève à gros bouillons pleins
» d'écume, et, ne pouvant plus se contenir, vole en
» noires vapeurs dans les airs obscurcis.

» C'en est fait, tout pacte est rompu; c'est contre
» un roi ingrat que Turnus va marcher; lui-même le
» déclare à l'élite de ses guerriers; il leur ordonne
» de préparer leurs armes, de défendre l'Italie, de
» chasser un perfide étranger. « Pour punir à-la-fois
» et Troyens et Latins, c'est assez de Turnus. » Il
» dit, et de ses vœux fatigue les immortels. Les Ru-
» tules, à l'envi, s'animent à la vengeance; les uns
» vantent la beauté, la jeunesse de leur prince;
» les autres, cette longue suite de rois dont il est
» descendu : tous admirent sa vaillance et ses bril-
» lants exploits.

» Tandis que Turnus inspire aux Rutules sa fou-
» gueuse audace, Alecton a tourné vers le camp
» troyen ses ailes infernales. Là, méditant de nou-
» velles trames, elle épie sur le rivage le moment
» où l'aimable Ascagne surprenait dans ses piéges
» les bêtes sauvages, ou les poursuivait à la course.

» Soudain la fille du Cocyte souffle aux chiens hale-
» tants une aveugle rage, et les excitant, par les éma-
» nations d'une odeur connue, précipite leur ardeur
» sur la voie d'un cerf éloigné. Fatal artifice, qui fut
» la première cause de tant de maux, et alluma le feu
» de la guerre au sein des campagnes de l'Italie!

» Ce cerf, d'une rare beauté, portait un bois su-
» perbe sur son front altier; ravi jadis aux mamelles
» de sa mère, il était nourri par les enfants de Tyr-
» rhée, et par Tyrrhée lui-même, à qui Latinus avait
» confié l'empire de ses troupeaux et l'intendance
» de ses vastes domaines. La docilité, la douceur de
» l'animal chéri, charmaient surtout l'innocente Sil-
» vie. Souvent elle ornait son bois naissant de guir-
» landes légères, peignait son poil sauvage, et le bai-
» gnait dans l'eau pure des fontaines. Lui, sensible
» aux caresses, et accoutumé à la table du maître,
» il errait dans les bois, et le soir revenait avec
» joie au foyer domestique sans craindre les ténè-
» bres de la nuit. Ce jour il s'était égaré au loin;
» voici que la meute en furie le relance tout-à-coup,
» au moment où sorti du fleuve dont il avait des-
» cendu le courant, il goûtait la fraîcheur le long de
» la rive émaillée. Iule lui-même, brûlant de signaler
» son adresse, courbe son arc et fait voler ses traits;
» un dieu cruel en dirige l'essor. La flèche fend l'air
» à grand bruit, vient frapper au flanc sa victime, et
» lui déchire les entrailles. L'animal blessé cherche

» un refuge dans la maison hospitalière, et se traîne
» en gémissant au fond des étables. Là, sanglant,
» les yeux gros de larmes, il semble implorer ses
» maîtres, et remplit la bergerie de ses plaintes. Sil-
» vie la première, Silvie accourt en se meurtrissant
» les bras, appelle du secours et rassemble par ses
» cris les rustiques habitants des environs. Poussés
» par la noire Euménide, que cache à leurs yeux la
» silencieuse obscurité du bois, ils accourent en
» tumulte. L'un saisit un tison fumant, l'autre un
» pieu chargé de nœuds : tout ce qu'ils trouvent, la
» colère en fait des armes. Tyrrhée occupé alors à
» séparer, avec des coins violemment enfoncés, les
» éclats d'un chêne entr'ouvert, entraîne ses com-
» pagnons, saisit sa hache, et, transporté de rage,
» il vole à leur tête.

» Cependant la cruelle déesse, habile à saisir
» le moment de nuire, s'élance de son repaire au
» faîte de l'étable; et, debout sur le comble, elle
» donne le signal de la guerre en faisant résonner
» dans une trompe rustique sa voix infernale. A
» ces horribles accents le bois voisin s'ébranle; et,
» comme au bruit du tonnerre, mugissent les forêts
» profondes. Le fracas retentit au loin jusqu'au
» lac de Diane, jusqu'aux ondes blanchissantes du
» Nar sulfureux, jusqu'aux sources du Velino ; et
» les mères, pâles de terreur, pressèrent leurs en-
» fants contre leur sein.

» Soudain, de tous les lieux où pénètre la voix
» formidable, se précipite en armes le peuple in-
» dompté des campagnes. Non moins impétueux,
» les Troyens s'élancent de leur camp ouvert de tou-
» tes parts, et volent au secours d'Ascagne. On se
» forme en bataille ; ce n'est plus un combat rus-
» tique, où l'on s'attaque en désordre avec des troncs
» informes et des pieux noircis dans la flamme :
» c'est au tranchant du glaive que la rage en ap-
» pelle. Une horrible moisson d'épées nues héris-
» se au loin la plaine. L'airain étincelle, frappé
» de la lumière du soleil qu'il défie, et la renvoie
» aux nues. Telle, quand les flots commencent à
» blanchir au premier souffle des vents, la mer
» s'enfle par degrés, amoncèle ses vagues, et
» bientôt du fond des abîmes elle s'élève jusqu'au
» ciel.

» Au front des bandes latines marchait le jeune
» Almon, l'aîné des enfants de Tyrrhée. Un dard
» siffle et le renverse. Le fer lui traverse la gorge, et
» le sang qui coule de sa blessure arrête dans leur
» passage humide la parole et le souffle de la vie.
» Autour de lui tombent plusieurs autres victimes ;
» parmi elles est le vieux Galésus frappé au mo-
» ment même où il s'avançait comme un concilia-
» teur entre les deux partis. Galésus était le plus
» riche des habitants du Latium, comme il en était
» le plus juste. Cinq troupeaux de brebis bêlantes,

» cinq troupeaux de bœufs mugissants, rentraient le
» soir dans ses étables, et cent charrues labouraient
» son immense héritage.

» Tandis que Mars balance ainsi la fortune en-
» tre les deux partis, Alecton quitte de sa promes-
» se, fière d'avoir ensanglanté les armes, et préludé
» au carnage par le premier combat, abandonne
» l'Hespérie, monte vers la voûte céleste, et, triom-
» phante, adresse à Junon ce langage superbe : « Eh
» bien ! vous voilà satisfaite : la guerre a mis le
» comble à la discorde ; faites maintenant, si vous
» le pouvez, que la paix les rapproche, que les trai-
» tés les unissent, quand j'ai couvert les Troyens
» du sang de l'Ausonie ! J'irai plus loin encore si
» votre aveu m'est assuré. Par de sinistres rumeurs,
» j'armerai les cités voisines ; j'embraserai tous les
» cœurs des fureurs de Bellone ; vingt peuples ac-
» courront à notre secours ; je semerai des armes sur
» leurs pas. »

» Junon l'arrête : « C'est assez de fourbe et de
» terreurs. La cause de la guerre existe ; déjà l'on
» a croisé le fer ; les premières armes fournies par
» le hasard fument encore du sang qu'elles ont ver-
» sé. Que l'illustre fils de Vénus et le père de Lavi-
» nie célèbrent, sous ces heureux auspices, l'hy-
» men et les pompes nuptiales qu'ils préparent. Toi,
» crains d'affronter plus long-temps les champs de
» l'éther : le souverain de l'Olympe ne souffrirait

» pas cet excès d'audace. Retire-toi ; s'il reste
» encore quelques obstacles, je me charge d'en
» triompher. » A ces paroles de Junon, la furie
» secoue les serpents qui sifflent sous ses ailes, et,
» quittant les plaines de l'air, regagne le noir sé-
» jour du Cocyte.

» Au sein de l'Italie, entre des monts sourcil-
» leux, il est un lieu renommé parmi les nations,
» la noble vallée d'Amsancte. D'immenses forêts
» couvrent ses flancs de leurs ténébreux ombra-
» ges. Au milieu roule avec fracas un torrent écu-
» meux dont les ondes s'engouffrent, en tour-
» noyant, sous des roches mugissantes. Là, s'ou-
» vre une horrible caverne, affreux soupirail des
» enfers; gouffre immense et béant, d'où l'Achéron
» vomit les vapeurs de la mort. Là, se replongeant
» au Tartare, l'odieuse Érynnis délivre enfin de sa
» présence et la terre et les cieux.

» Cependant la fille de Saturne met la dernière
» main à l'œuvre de la guerre d'Italie. Du champ
» de bataille reflue dans Laurente la foule des pas-
» teurs; ils y rapportent le corps sans vie du jeune
» Almon, et les restes défigurés de l'infortuné Ga-
» lésus. Tous implorent les dieux, tous invoquent
» le roi des Latins. Turnus paraît; et, au milieu
» des sanglantes preuves du crime de l'ennemi,
» ses menaces redoublent la terreur. « Quoi! ces
» Troyens on les appelle au trône! on veut mêler

» le sang royal à la race phrygienne ; et Turnus est
» banni du palais ! » A ses clameurs se réveillent les
» fils dont les mères bondissent dans les bois, sur-
» prises des fureurs de Bacchus, et entraînées par le
» nom puissant d'Amate. Accourus de toutes parts,
» ils se pressent, ils fatiguent le dieu Mars de leurs
» cris. Une ardeur insensée les pousse à demander
» une guerre coupable que réprouvent également
» les présages contraires, et les arrêts du sort et la
» colère du ciel. Déjà leur foule séditieuse assiége
» les portes du monarque ; il résiste à tous les as-
» sauts. Tel, immobile au sein des mers, un roc
» battu par la bruyante tempête, se soutient par
» sa propre masse au milieu des vagues mugissan-
» tes ; vainement ses écueils couverts d'écume re-
» tentissent autour de lui, et, brisées contre ses
» flancs, les algues retombent refoulées dans la
» mer.

» Mais lorsqu'aucune digue ne peut plus surmon-
» ter les flots de la fureur populaire, lorsqu'il voit
» toutes les choses marcher au gré de la cruelle Ju-
» non, ce vieux roi, attestant plusieurs fois les dieux
» et la voûte céleste, s'écrie : « La fatalité brise notre
» résistance, et nous sommes emportés par l'ou-
» ragan. Vous-mêmes vous paierez de votre sang
» cet attentat sacrilége, malheureux sujets ! Et toi,
» Turnus, un châtiment funeste sera ton salaire,
» et un jour tu essaieras en vain de fléchir les im-

» mortels par des prières tardives. Pour moi, le repos
» m'est assuré; je vais entrer en pleine possession
» du port, et je ne perds qu'un heureux trépas. » A
» ces mots, il se retire au fond de son palais, et
» abandonne les rênes de l'empire.

» Au Latium régnait un usage antique, que de-
» puis ont révéré les cités albaines, que la maîtresse
» du monde, Rome, révère encore de nos jours,
» quand de nouveaux combats provoquent le dieu
» Mars, soit qu'elle se prépare à porter la guerre
» aux Gètes sauvages, aux Hyrcaniens ou aux Ara-
» bes; soit qu'elle veuille marcher contre l'Indien
» brûlant, poursuivre les peuples de l'Aurore, ou
» redemander aux Parthes nos aigles prisonnières.
» Il est deux portes qu'on nomme *les portes de la*
» *guerre,* consacrées par la religion, et par la terreur
» qu'inspire l'impitoyable Mars. Cent verroux d'ai-
» rain, cent barres de fer, les ferment durant la
» paix; et Janus, leur gardien, n'en quitte jamais
» le seuil. Mais quand les pères de Rome ont ré-
» solu la guerre, le consul lui-même, vêtu de
» la trabée quirinale, et ceint de l'écharpe ga-
» bienne, fait tourner les portes sur leurs pivots
» grondants : lui-même appelle les combats. Aussi-
» tôt la jeunesse pousse des cris belliqueux, et le
» clairon se hâte d'y répondre par ses rauques ac-
» cords. Suivant cet usage, Laurente pressait La-
» tinus de déclarer la guerre aux Troyens, et d'ou-

» vrir les portes fatales ; mais ce roi paternel se re-
» fuse à les toucher; il repousse avec horreur un
» triste ministère, et reste enseveli dans l'ombre
» de son palais.

» Alors la reine des dieux, s'élançant de l'Olym-
» pe, pousse de sa main impatiente les portes re-
» belles, et les fait tourner sur leurs gonds après
» avoir brisé sans effort les barrières d'airain. A
» l'instant l'Ausonie s'embrase, l'Ausonie, calme
» et tranquille auparavant. Déjà les uns vont se
» former en bataillons dans la plaine ; d'autres,
» montés sur des coursiers superbes, et couverts
» d'un nuage de poussière, brûlent de signaler leur
» valeur; tous à l'envi courent aux armes. Voyez-
» vous l'huile onctueuse rendre aux boucliers leur
» poli, rendre aux javelots leur éclat; plus loin, la
» pierre aiguise le tranchant de la hache; on se
» plaît à déployer les bannières, à entendre le bruit
» des trompettes retentissantes. Cinq vastes cités
» s'appliquent à forger sur l'enclume de nouvelles
» armes : la florissante Atine, l'orgueilleuse Tibur,
» Ardée, Crustumère, Antemne couronnée de
» tours. Là se creuse l'armure qui protége le front
» des guerriers; ici le saule se façonne en large
» bouclier; ailleurs l'argent flexible s'étend sur les
» cuissarts brillants ou sur l'airain des cuirasses.
» Près du soc et de la faux sans honneur, la char-
» rue languit dédaignée. Chacun retrempe au

» fourneau le glaive de ses pères. Enfin le clairon
» sonne ; enfin court parmi les rangs le signal du
» départ. L'un saisit à la hâte le casque suspendu
» sous sa tente; l'autre attelle à son char ses cour-
» siers frémissants, s'arme du bouclier, revêt sa
» cuirasse aux triples mailles d'or, et ceint sa fidèle
» épée. »

On a beaucoup admiré le discours de Junon [1]; cependant, outre la similitude trop exacte des deux scènes que notre mémoire ne peut s'empêcher de mettre en parallèle, les nouvelles expressions du courroux de la déesse, au lieu de croître en énergie comme la passion parvenue au dernier degré de la fureur, n'ont ni la force, ni la rapidité, ni l'éloquente précision de ses paroles dans le premier livre. Les répétitions de Virgile nous paraissent languissantes, parce qu'elles reproduisent d'une manière plus faible, et avec un certain luxe de mots, des convulsions du cœur que le peintre avait exprimées par des images de feu. J'ai souvent penché, je penche encore à croire, que le poëte devait s'arrêter à cet admirable vers :

Flectere si nequeo Superos, Acheronta movebo.

---

[1] Camoëns, en prêtant à Bacchus les mêmes sentiments que Virgile à Junon, ne reproduit ni les beautés ni les défauts de l'original. (*Lusiade*, chant Ier.)

Suivant moi, nul intervalle ne pouvait séparer l'exclamation de la déesse, et la démarche qui en est la suite. L'orgueil, la colère, la vengeance, montés à leur comble, exécutent sans retard ce qu'ils ont annoncé. Aussitôt après sa menace, Junon doit courir aux enfers. De même que Corneille, et tout autre à sa place, n'aurait rien pu trouver d'heureux après ces vers fameux qui auraient si bien achevé le monologue de Cléopâtre :

Trône à t'abandonner je ne puis consentir ;
Par un coup de tonnerre il vaut mieux en sortir[1];

De même Virgile se condamnait à décroître en ne s'arrêtant pas à propos. Corneille, averti par sa raison de supprimer les froids détails qui suspendaient la progression des fureurs de Cléopâtre au dénouement[2], nous apprend ce qu'il faut penser

---

[1] *Rodogune*, acte V, scène 1re.

[2] Il y avait dans l'origine huit vers qui commençaient par celui-ci :

Je n'aimais que le trône, et de son droit douteux;

Corneille sentit sa faute, et, par un sacrifice judicieux, il rendit toute leur beauté aux dernières imprécations de Cléopâtre :

Règne; de crime en crime enfin te voilà roi ;
Je t'ai défait d'un père, et d'un frère et de moi.
(*Rodogune*, acte V, scène iv.)

des réflexions qui succèdent au cri de Junon. Mais en regrettant que ce cri sublime ait perdu une partie de son effet, reconnaissons du moins l'aptitude ou le bonheur d'un grand talent à effacer ses fautes. Rien de plus passionné, de plus véhément, que l'allusion de la déesse au songe d'Hécube lorsqu'elle était enceinte de Pâris. Grâce à un hasard non prévu par le poëte, le dernier trait du tableau forme encore une belle transition à la scène suivante. En effet, ce flambeau qui doit consumer la nouvelle Pergame, il nous semble que la haine va le chercher sur le seuil des enfers; et déjà nous le voyons dans les mains d'Alecton qui arrive du fond du Tartare à la lumière du jour.[1]; telle est

---

[1] Les admirables vers de Virgile,

> Sanguine Trojano et Rutulo dotabere, virgo;
> Et Bellona manet te pronuba. Nec face tantum
> Cisseïs prægnans ignes enixa jugales :
> Quin idem Veneri partus suus, et Paris alter,
> Funestæque iterum recidiva in Pergama tædæ,

Sont, comme Heyne l'a remarqué, des inspirations des poëtes grecs, et particulièrement d'Euripide. Voyez au second acte des Troyennes, les éloquentes paroles de Cassandre que j'ai citées pages 48 et 49. Dans la même pièce, Hélène, en cherchant à se justifier, dit : « La cause de tous ces maux, n'est-ce pas la femme qui a enfanté Pâris? Celui qui a perdu Troye, n'est-ce pas le faible vieillard qui n'a pas fait mourir ce fatal enfant, cet Alexandre, l'image du flam-

la puissance d'une image et d'un rapprochement. Voilà comment notre émotion, due à un objet sensible qui réveille un douloureux souvenir, crée dans un ouvrage des beautés que l'écrivain n'a point soupçonnées.

Le portrait d'Alecton, loué par Juvénal dans sa septième satire, est d'une vigueur extrême de pinceau; le monstre a dans le cœur toutes les odieuses passions des Attila, la fureur de la guerre, les longs ressentiments qui coûtent si cher aux nations, les ruses, les embûches, et tous les fatals secrets de l'art de nuire ; et, comme la Gorgone est haïe de Pluton et de ses sœurs, ainsi les tyrans et les ravageurs du monde sont odieux aux rois justes et aux peuples généreux. Les premières paroles de Junon au cruel ministre de ses vengeances, n'ont pas l'accent de la colère; les autres respirent au contraire toute l'éloquence des diverses passions qui agitent la déesse. Le *fecundum concute pectus* est presque un trait de génie, tant il exprime avec précision une vérité d'observation. En effet, il n'y a rien de plus fécond, de plus riche, de plus vaste que le cœur du pervers ; ce qu'il peut contenir d'in-

---

beau des furies?» Elle ajoute : «Il vient avec une déesse qui n'est pas d'une médiocre puissance, ce mauvais génie sorti d'Hécube, et qu'on appelle Alexandre ou Pâris.»

ventions funestes, de surprises infernales, de raffinements de haine, effraie la pensée. Le Jago de Shakespeare est, sous ce rapport, un modèle de la puissance et des ressources de l'instinct du mal. Docile aux ordres de Junon, et pressée par les affreux penchants de sa nature, la furie vole accomplir sa mission funeste dans le palais de Latinus. Elle arrache un des serpents de sa tête, et le cache dans le sein et près du cœur d'Amate, sans lui permettre de la blesser. Le style du poëte, remarquable par sa flexibilité, représente en quelque sorte la souplesse, les ondulations, les mouvements faciles du monstre, qui, tantôt roulé sous la forme d'un collier autour du cou de la reine, tantôt enlacé en bandelette dans ses cheveux, tantôt se glissant innocemment autour de son corps, caresse la victime pour lui infuser lentement dans les veines un poison dont elle ne pourra plus guérir.

Peut-être ici Virgile a-t-il imité Euripide, mais il n'a point copié ses fautes. Dans le poëte grec, Iris, messagère de Junon irritée contre Hercule, arrive sur la scène avec Lyssa, ou la Rage, et lui intime ainsi les ordres de la déesse : « Va donc ; prends ton cœur inexorable, fille de la Nuit ténébreuse, vierge rejetée par l'hymen ; envoie à ce mortel la fureur, le trouble parricide de l'âme, les mouvements insensés du corps ; tourmente-le de mille

manières; jette autour de lui une chaîne sanglante;
que lançant au-delà du noir Achéron la brillante
couronne de ses enfants immolés de la main paternelle, il connaisse à ces traits de notre vengeance quel est le courroux de Junon et celui
d'Iris. Les dieux ne sont plus rien, et les mortels
seuls ont de la puissance, si notre ennemi ne subit pas sa juste peine. » En avouant que l'on ne
conçoit pas que la jeune messagère des dieux, qui
n'a été excitée par aucune offense personnelle,
épouse à ce point les ressentiments de Junon, et
conspire avec tant d'ardeur à la perte du fils d'Alcmène, on reconnaît sans peine que l'inimitié
la plus implacable a dicté les paroles que nous
venons d'entendre. Mais comment expliquer les
étranges suppositions qui suivent? Lyssa, ou la
Rage, est plus calme que Junon et son interprète; une furie donne des conseils de pitié aux
deux habitantes de l'Olympe; sa voix les invite à
respecter la demeure d'un héros qui a rendu la paix
au monde, et rétabli partout les autels des dieux.
Iris ne veut pas écouter le monstre qui prêche la
modération; alors Lyssa, soumise à l'empire de
Junon, cesse toute résistance; et telle qu'un chien
docile à la voix du chasseur, elle s'élance contre
l'ennemi qu'on lui désigne; dans le moment même le naturel barbare de la Gorgone reparaît comme celui du tigre qui semblait avoir dépouillé son

caractère féroce, et elle se repaît avec une joie infernale de tous les maux qu'elle va faire. On voit par la singulière inadvertance que je viens de signaler, qu'Euripide s'abandonne à ses fantaisies d'imagination, et ne respecte pas toujours la vérité des mœurs qui doit régner jusque dans les fictions les plus hardies.

Le récit de Virgile est gradué avec art, comme la raison l'exigeait. Il eût été contre toutes les convenances, contre la nature des choses, nuisible à l'intérêt qu'inspire une mère suppliante, de porter tout-à-coup Amate aux dernières extrémités. Ainsi que Clytemnestre, elle doit prier avant de laisser éclater sa colère; elle doit pleurer avant de lancer les foudres du désespoir. Mais le véritable accent de la douleur maternelle manque à ses paroles; on ne retrouve point ici cette profonde sensibilité d'Euripide qui semble avoir dérobé à la nature le secret du langage des mères affligées. Amate ne fait presque aucun effort pour arracher sa fille à l'hymen du prince troyen. Elle ne tente pas les accès du cœur de Latinus avec ces mots trouvés, avec ces traits pénétrants qui sortent de la bouche des femmes, revêtus d'une expression éloquente et créée. Au lieu d'élever aux nues la naissance, les exploits, la jeunesse de Turnus; au lieu d'attester avec une solennité passionnée la sainteté des promesses d'un roi qui doivent être sacrées comme des serments

ÉNÉIDE, LIVRE VII.

reçus par le ciel, elle rappelle seulement les droits du jeune prince. Enfin elle ne sait pas demander par des larmes, qui sont aussi des prières, le bonheur de Lavinie, attaché à l'hymen de Turnus. Rien ne peut donc nous satisfaire dans un discours sans entrailles, et dont la froideur cache encore un autre défaut. Si l'on veut supposer, en faveur de Virgile, que la furie inspire exprès à la reine Amate des choses qui, dans la situation d'esprit où il se trouve, ne peuvent qu'offenser Latinus et non l'attendrir, cette hypothèse elle-même ne nous empêcherait pas de désirer ici la vive empreinte de la passion qui enflamme tout ce qu'elle touche. Amate, après quelques injures sans force, s'arrête tout-à-coup, et rentre dans le ton calme d'une argumentation ordinaire; à peine perce-t-il un peu d'humeur dans la fin de sa harangue. On n'y reconnaît pas les adieux de la colère long-temps contenue, et dont les ondes commencent à s'élever dans un cœur orageux [1]. Aussi

---

[1] Racine a mieux observé la nature. Même pendant tout le temps qu'Hermione contient sa jalouse fureur devant Pyrrhus, l'ironie amère envenime chacune de ses paroles; elles frappent comme des traits acérés au cœur du fils d'Achille, et le révolteraient si elles ne fournissaient un prétexte à l'amant d'Hermione, heureux d'y trouver une excuse pour son infidélité. Après avoir entendu la fille de Ménélas, nous

Latinus résiste sans aucun effort; il n'est pas plus irrité par de si faibles assauts qu'il n'a été ému par de si froides alarmes. Cependant la reine se sentait déjà possédée de ce que Virgile appelle si énergiquement *furiale malum;* et, à peine a-t-elle fini de parler, que le poison qui a pénétré jusqu'au fond de ses entrailles, et parcouru tout son corps, la précipite dans le délire. Agitée par d'horribles visions, l'infortunée parcourt comme une bacchante en fureur la capitale de ses états. Dans ce moment où la victime des desseins de Junon excite au plus haut degré notre attention, une comparaison qui blesse toutes les convenances du rang, de la qualité, de la situation morale du personnage en scène; une comparaison qui offense la raison, le goût et le cœur, vient détruire tout l'effet de la situation si heureusement préparée par le poëte. Cette comparaison, appliquée aux emportements de l'amour chez un jeune homme, comme le Pamphile de l'Andrienne de Térence; placée dans la bouche d'un père qui voudrait dessiller les yeux de son fils; mise en action pour ainsi dire par de vives apostrophes, pourrait être d'une grande beauté, d'une

---

sentons que l'orage n'est pas loin; et, lorsqu'il éclatera, nous n'accuserons pas le poëte de nous surprendre, faute de vérité, de logique et d'art.

convenance parfaite, et même d'une assez haute éloquence; ici elle dégrade le sujet, elle n'est en harmonie avec rien de ce qui précède et de ce qui suit, et nous arrête par un incident comique ou ridicule, lorsque nous sommes disposés à la terreur [1]. Et pourtant quels objets plus dignes des chants de Melpomène ! le désespoir d'une reine et d'une mère ; sa fuite dans les forêts avec Lavinie qu'elle a osé ravir aux foyers paternels ; ses invoca-

---

[1] Homère n'a point commis de faute en disant : « Ajax ayant levé l'une de ces pierres, la jette avec impétuosité sur le bouclier d'Hector qu'il atteint auprès du cou ; dans sa course rapide la pierre tourbillonne comme un sabot d'airain. » (*Iliade*, chant XIV, v. 413, etc.)
Le sabot d'airain est encore mieux à sa place, et ne refroidit pas du tout une scène passionnée dans la seconde idylle de Théocrite, où la courtisane Simèthe emploie les folles cérémonies de la magie pour rappeler le jeune et beau Delphis. La comparaison exprime au contraire, avec autant d'énergie que de vérité, la violence des désirs de cette femme qui voudrait faire mouvoir son amant à son gré, et tracer autour de lui un cercle dont il ne puisse sortir. Il est même telle situation qui aurait permis à Virgile de nous montrer la reine Didon implorant Vénus, et recourant comme Simèthe à la puissance imaginaire du même charme. Une fois que le cœur des femmes est ouvert à l'amour et à la superstition qui en est la compagne, il n'est pas de rang, pas de dignité, qui les empêchent de descendre aux pratiques les plus vulgaires.

tions à Bacchus comme au seul époux digne de sa fille ; ses offrandes religieuses au dieu qu'elle offense par l'usurpation du sacerdoce ! Déjà la Renommée a divulgué tous les transports d'Amate; la contagion de ses fureurs se répand dans Laurente ; aussitôt toutes les maisons sont désertées par les mères; elles accourent les cheveux épars, semblables à des bacchantes, et remplissant les airs de longs hurlements. Au milieu de ce cortége si nouveau autour d'une reine naguère environnée des respects et de la silencieuse admiration d'une cour, paraît Amate ; une torche ardente brille dans ses mains; elle chante l'hymen de Turnus avec sa fille que tout à l'heure elle offrait à Bacchus, et, roulant ses prunelles sanglantes, elle s'écrie avec un air farouche : « O vous toutes, mères des La-
» tins, écoutez-moi ! Si vous avez dans le cœur quel-
» que pitié pour la malheureuse Amate ; si le sen-
» timent des droits maternels vous aiguillonne et
» vous presse, dénouez ces cheveux tressés sur vos
» fronts, et commencez avec moi les orgies sa-
» crées [1]. » Telles sont les belles scènes que Virgile

---

[1] *Voyez*, au livre II des Annales de Tacite, Messaline imitant les orgies avec une foule de femmes semblables à des bacchantes en délire, ou occupées aux sacrifices du dieu. Près d'elle est Silius couronné de lierre, portant le cothurne

fait passer sous nos yeux, et qu'Euripide avait mises sur le théâtre d'Athènes avec moins de chaleur et de mouvement peut-être que le poëte latin; tels sont les effets de l'influence d'Alecton.

L'admirable fable de Philomèle et de Progné [1] présente une imitation ou une inspiration de Virgile, qui est devenue, par une application plus dramatique encore que l'original, une beauté propre à Ovide. Le coupable Térée a outragé Philomèle, la sœur de son épouse. Instruite de ce forfait par une ingénieuse industrie de la douleur, qu'un second crime a réduite au silence, la reine Progné, à la faveur des fêtes de Bacchus, se déguise en prêtresse du Dieu, enlève la victime, la couvre des insignes sacrés du culte d'Évoë, l'introduit dans son palais. Cette fiction, digne de Virgile, amène de degré en degré une exclamation terrible de l'épouse et de la sœur offensées dans la même personne : « Il ne s'agit point ici de verser des pleurs, mais d'agir avec le fer, ou avec quelque arme plus

---

et agitant sa tête d'un côté et de l'autre, au milieu du bruit d'un chœur lascif et folâtre.

Voyez encore, au livre VII de Télémaque, les fureurs de Calypso comparée à une bacchante.

On peut chercher aussi Bacchus et son cortége dans le Temple de Gnide, traduction de Colardeau, chant VI.

[1] Livre VI des *Métamorphoses*, vers 424 et suivants.

cruelle, s'il en est; ma sœur, je suis prête à tous les excès de la vengeance; ou je brûlerai ce palais, et je précipiterai dans les flammes le coupable artisan d'un forfait odieux ; ou je lui arracherai la langue et les yeux avec le glaive; ou, par mille blessures, je chasserai de son corps son âme criminelle. Je médite quelque grand attentat, mais j'ignore encore ce qu'il sera. » Pendant que Progné parle ainsi, Itys paraît; sa présence avertit sa mère de ce qu'elle peut faire, et regardant l'enfant avec des yeux barbares : « Ah ! qu'il ressemble à son père ! » Ce cri est un arrêt de mort.

Ici l'œuvre de la fureur est consommée. L'Alecton de Virgile n'a fait que préluder à son affreux ministère. Satisfaite d'avoir troublé toute la maison de Latinus, et répandu la confusion dans Laurente, la Gorgone vole à la ville d'Ardée, séjour de l'audacieux Turnus qu'elle veut infecter aussi de ses poisons.

La nuit est au milieu de son cours; Turnus dort; Alecton se présente à lui sous la forme d'une prêtresse de Junon, et le réveille par un discours où chaque trait frappe au cœur de ce nouvel Achille trompé par un beau-père ingrat pour les plus grands services et infidèle aux serments les plus saints. Les travaux de Turnus sont oubliés ! on veut assigner son sceptre à des exilés phrygiens ! on lui retire et l'épouse promise à son amour, et la dot royale qu'il a achetée de son sang! enfin on recherche un étranger pour héritier du trône d'Italie! «Va donc maintenant, s'é-» crie Alecton, va t'offrir aux périls sans récom- » pense, et t'exposer à des mépris. » Comme le cœur de Turnus doit se gonfler de colère à chacune des paroles de la Gorgone! J'entends déjà toutes les paroles qu'il dévore et qu'il ne peut bientôt plus renfermer. A ce mot de mépris, je le vois se lever avec fureur, et je lui prête l'exclamation d'Achille indigné du seul soupçon d'être devenu, sans le savoir, la fable de l'armée. Mais la fausse Calybé l'empêche encore d'éclater; il faut qu'il entende les ordres de Junon contre la flotte de ces odieux Troyens, dont la sécurité insulte à l'Italie. La reine des dieux veut qu'on appelle l'Italie aux armes; elle veut que Latinus lui-même, s'il persiste à refuser sa fille, à violer ses promesses, porte les peines du parjure, et sente la puissance des armes de Turnus [1].

La réponse du prince n'est pas et ne devait pas

---

[1] On a vu, au cinquième livre, Iris prendre la figure de la vieille Beroë. Virgile emploie ici le même moyen, et peut-être le discours d'Iris est-il plus éloquent, plus passionné que celui d'Alecton, auquel il manque un peu plus de force et d'amertume : une furie, même alors qu'elle impose un frein à sa rage, met du venin jusque dans ses moin-

être celle d'Achille ; elle interromprait tout-à-coup une situation à peine commencée qui ne produirait qu'un effet médiocre, et nous priverait d'une savante progression de l'intérêt. Conformes aux idées de son âge et de son rang, les paroles du roi d'Ardée mettent en lumière, non-seulement l'or-

---

dres paroles. Le discours que la Discorde de Boileau adresse au prélat, a plus de rapidité que celui d'Alecton.

L'apostrophe, «tu dors, prélat, tu dors,» nous indique ce qui manque de mouvement à ces paroles languissantes d'Alecton :

> Hæc adeo tibi me, placida cum nocte jaceres,
> Ipsa palam fari omnipotens Saturnia jussit.

« Voici ce que, pendant que tu reposes au sein de la paisible nuit, la puissante fille de Saturne est venue en personne m'ordonner de te dire. »

Le songe trompeur qui a emprunté la figure de Nestor pour exciter Agamemnon à prendre les armes, commence de même que la Discorde de Boileau : «Tu dors, belliqueux fils d'Atrée.» Son discours est aussi plus vif et plus pressant : « Écoute-moi. Je suis envoyé par Jupiter qui, de la distance du ciel, veille sur toi et prend pitié de tes peines. Il t'ordonne d'armer à l'instant tous les Grecs ; aujourd'hui tu dois t'emparer de la superbe ville de Troye ; les immortels habitants de l'Olympe ne sont plus d'avis différents ; Junon suppliante les a tous fléchis, et les Troyens sont menacés de grands maux par Jupiter. » (*Iliade*, chant II, vers 17 et suivants.)

gueilleuse confiance des princes en général dans leur prévision, mais encore le caractère du jeune guerrier qui frémit à la seule pensée de pouvoir être surpris par de vaines terreurs. Et cet autre trait de nature, *Nec regia Juno immemor est nostri,* comme il exprime bien la pensée favorite de ceux qui portent la couronne! Les dieux du ciel ne sont occupés que de veiller sur les dieux de la terre. N'est-ce pas le songe de toute la vie pour les grands arbitres des affaires du monde? Heureux quand la fortune ne vient pas avec un front sévère les désabuser d'une erreur trop long-temps caressée! Le mépris de la jeunesse et de la force, pour l'âge et la faiblesse [1], achève ici un portrait de mœurs étincelant de vérité. Turnus disant à la prêtresse de Junon : « Ma mère, ton emploi est de veiller sur les images des dieux et sur les temples; que les hommes fassent la paix et la guerre, la guerre et la paix les regardent, » ressemble tout-à-fait à l'Achille de Racine en présence d'Ulysse :

---

[1] Ce sentiment se peint avec une grande vérité dans les paroles des trois jeunes hommes de La Fontaine, qui disent au vieillard :

> A quoi bon charger votre vie
> Des soins d'un avenir qui n'est pas fait pour vous?
> Ne songez désormais qu'à vos erreurs passées :
> Quittez le long espoir et les vastes pensées;
> Tout cela ne convient qu'à nous.

Jusque là je vous laisse étaler votre zèle ;
Vous pouvez à loisir faire des vœux pour elle.
Remplissez les autels d'offrandes et de sang,
Des victimes vous-même interrogez le flanc,
Du silence des vents demandez-leur la cause ;
Mais moi, qui de ce soin sur Calchas me repose,
Souffrez, seigneur, souffrez que je coure hâter
Un hymen dont les dieux ne sauraient s'irriter.

L'éloquence de Turnus inspiré par son caractère et ses passions n'a omis aucun des traits les plus propres à exciter la rage d'Alecton. Elle se révèle en faisant siffler ses serpents ; elle grandit d'une manière démesurée comme tous les objets jugés par la peur ; et l'ironie, qui n'était que l'expression de l'orgueil et d'une pitié insultante dans la bouche du prince, devient la plus terrible des figures dans celle d'Alecton qui répète les propres paroles de Turnus avec la voix et le sourire de Tisiphone. Les cris qu'elle pousse : « Regarde ; » c'est moi, c'est Alecton; » cris bien autrement tragiques que le *moi* de Médée ; les mots terribles qu'elle ajoute en se montrant sous sa forme des enfers : « Je viens du séjour de mes cruelles sœurs; » je porte dans mes mains la guerre et la mort ;[1] »

---

[1] Ces mots furent, pendant huit cents années, la devise du peuple romain, qui aurait pu les écrire sur ses drapeaux.

sont du sublime qu'on ne trouve point dans Homère, et dont Hésiode lui-même n'approche pas, même dans le portrait de Typhon, parce que chez lui l'excès des hyperboles détruit l'effet de la fiction, et qu'il faut dans les objets transformés par le génie de l'écrivain, un degré de vraisemblance. En effet, sans cette qualité notre imagination se hâte de repousser comme des mensonges les tableaux qu'on lui présente, et l'on peut dire que nos yeux révoltés ferment l'entrée de notre cœur aux sentiments qu'on voulait nous inspirer. La torche ardente que la furie lance à Turnus, et qui s'attache au cœur du héros en le couvrant de flamme et de fumée, ne peut guère passer qu'à la faveur d'un songe dont le propre est de confondre tout dans ses obscures images, le vrai avec le faux, ce qui frappe nos yeux par des formes connues avec l'extraordinaire ou l'impossible que notre esprit ne saurait comprendre, même quand nous avons la conviction de l'avoir vu et senti. Dans tous les cas, Virgile aurait dû éviter la répétition du même moyen, et dire à sa muse, *fecundum concute pectus*. Je préfère de beaucoup l'action d'Iris ravissant

---

Dans le portrait de Méduse, assez vigoureusement tracé par Quinault, on lit ce vers :

Je porte l'épouvante et la mort en tous lieux.

sur l'autel des dieux et faisant briller aux yeux des femmes troyennes le flambeau qui met le feu à la flotte d'Énée [1].

La scène suivante se soutient au niveau de celles que nous venons d'admirer. La terreur de Turnus, toute motivée qu'elle puisse être par la plus effroyable des interventions surnaturelles, ne fait pas dégénérer son courage devant nous, comme celui d'Énée, en face des dangers présents, ou des seules menaces du ciel et du destin. « Mes armes! » voilà le cri du monarque d'Ardée. En proie au délire, il cherche partout des armes dans son vaste palais; il ne respire que le fer, que la rage insensée des combats, et, par dessus tout, la vengeance. C'est ce sentiment furieux qui déborde de son cœur comme il débordait du cœur d'Achille, après l'injure d'Agamemnon. Autant j'ai cru devoir blâmer la comparaison d'Amate avec un sabot, autant je suis pénétré d'admiration pour le génie des langues anciennes, qui, plus simple, plus ami du vrai, moins susceptible que nous d'injustes dédains, a permis à Virgile une autre comparaison si exacte dans tous ses rapports, si pittoresque dans ses tableaux, si fidèle à la progression du phénomène physique, image la plus fidèle du

---

[1] Livre V.

phénomène moral, qui, sans elle, se serait peut-être effacé trop tôt de notre souvenir [1]. Le dernier trait, *volat vapor ater ad auras,* nous invite à réfléchir, en nous rappelant que la colère n'est qu'une sombre vapeur échappée du cœur de l'homme, mais que si elle passe et s'évapore, ce n'est pas comme la fumée qui disparaît sans laisser de trace.

Les mouvements impétueux auxquels Turnus s'abandonne en ce moment lui deviendront funestes; la paix rompue par lui, le signal des combats qu'il donne aux Rutules, la violence qu'il veut faire à Latinus, au lieu de tenter les voies de la conciliation, conduiront leur auteur à la défaite et à la mort. Ce n'est pas sans prévoyance et sans motifs que Virgile rejette le crime de la guerre sur

---

[1] Virgile n'a trouvé dans Homère que la grossière ébauche de la plus parfaite des comparaisons. Quintus Calaber s'est efforcé de surpasser son modèle et a obtenu cet avantage; mais les deux poëtes grecs restent à une distance immense de Virgile. (*Iliade,* chant **XXI**; *Guerre de Troye,* chant V.)

La comparaison de Boileau est d'une grande vérité d'expression, et ne manque pas de noblesse :

> Tel qu'on voit un taureau qu'une guêpe en furie
> A piqué dans les flancs aux dépens de sa vie,
> Le superbe animal, agité de tourments,
> Exhale sa douleur en longs gémissements.

l'ennemi des Troyens, qui, dans les transports de son orgueil, croit suffire seul à vaincre les Latins et leurs nouveaux alliés. Du reste, il était impossible d'amener avec plus d'habileté Turnus sur la scène; il s'y révèle tout entier, comme Achille dans la querelle qui ouvre l'Iliade [1].

Entre les nombreux sujets de parallèle que présente cette partie du septième livre de l'Énéide, on doit remarquer la fable d'Ino et d'Athamas dans les Métamorphoses d'Ovide. Junon y paraît aussi à nos yeux; mais le discours qu'elle s'adresse est d'une faiblesse d'expression qui contraste étrangement avec un courroux assez ardent pour l'engager à descendre aux enfers. Ovide a cru motiver ainsi l'absence de l'horreur que les dieux du ciel ont pour le Tartare et ses fleuves odieux, par qui Jupiter craint de jurer [2]; il aurait

---

[1] Mais pour peindre l'influence qu'exerce sur ses sujets, sur ses guerriers, un jeune roi victorieux, c'est trop peu que les trois vers inanimés par lesquels Virgile indique les mouvements des Rutules qui s'apprêtent à marcher sur les pas de leur prince.

[2] Mieux inspiré, Ovide a dit, dans la fable d'Aglaure, que la redoutable Minerve s'arrête sur le seuil du séjour de l'Envie; en effet, fille du ciel il ne lui est pas permis de pénétrer dans ce repaire. Elle en frappe les portes avec sa lance; elles s'ouvrent; au fond apparaît, occupée à ronger

fallu que des antécédents terribles eussent emporté Junon au-delà d'elle-même pour que l'on pût admettre l'oubli d'une bienséance que Virgile s'est bien gardé de violer. Ovide ne saurait nous présenter cette excuse, puisque la jalousie du bonheur d'Ino, un peu trop orgueilleuse peut-être de ses enfants, de son hymen avec Athamas, et surtout de l'honneur d'avoir été la nourrice d'un dieu, est la seule cause du ressentiment de Junon. Mais Ovide n'a pas voulu manquer une occasion de faire une belle description du chemin qui conduit aux enfers, et des supplices de ce lieu de désolation. Il est encore inconvenant que la reine des dieux paraisse jouir des tortures d'Ixion et de Sisyphe, et s'étonne que ce dernier prince, seul de sa famille, subisse une peine éternelle, tandis qu'Athamas et sa coupable épouse, qui ont toujours méprisé la reine des dieux, habitent un superbe palais. Après cette exclamation d'une passion si odieuse et si violente en même temps, Junon expose froidement aux furies le sujet de sa haine et de son voyage, ses désirs enfin. Et que veut-elle? Que le palais de Cadmus ne reste pas debout, que

---

des débris de vipère, aliments des poisons de son cœur, la noire Envie. Minerve voit le monstre et détourne les yeux. (*Métamorphoses,* liv. II, vers 765 et suivants.)

les trois cruelles sœurs entraînent Athamas au crime. Elle emploie en même temps le commandement, les promesses, les prières, les sollicitations, pour obtenir cet affreux triomphe. A peine Junon a parlé que Tisiphone écartant ses cheveux blancs en désordre, et rejetant en arrière les serpents qui interceptaient le passage de sa voix, s'écrie : « Il ne s'agit pas ici de longs détours ; regarde comme fait ce que tu as ordonné ; quitte cet empire odieux, et remonte vers l'air plus pur d'un ciel plus doux. » Tous ces détails, dont l'étrangeté est portée au comble par la leçon que la reine des dieux reçoit de la Gorgone, relèvent beaucoup le jugement, la mesure et le goût qui ont présidé au tableau de Virgile. Tisiphone et son hideux cortége, lorsqu'elle ose se montrer à la clarté du jour, sont dignes d'un grand peintre. Elle arrive sur le seuil du palais ; les portiques tremblent ; une couleur livide ternit l'éclat des portes ; l'astre du jour pâlit et recule. Ino s'épouvante du prodige ; Athamas s'en effraie ; tous deux se préparent à fuir. L'affreuse Érinnys s'oppose à leur départ, et leur ferme le chemin. Elle étend ses bras enlacés par d'affreuses vipères, et secoue sa chevelure. A ce mouvement les monstres agités frémissent ; les uns rampent sur son épaule ; les autres sifflent, en roulant sur son front ; leurs bouches vomissent des poisons, leurs langues brillent comme des dards. Soudain, arrachant deux des serpents qui couronnent sa tête[1], l'Euménide les lance de sa main empestée sur les deux victimes. L'un et l'autre monstre choisit la sienne, lui souffle une rage cruelle, mais sans lui faire aucune blessure. La raison seule de ces époux infortunés doit sentir les coups de la vengeance de Junon.

C'était bien assez de tous ces fatals secours pour conduire Ino et Athamas à leur perte; Ovide cependant arme encore Tisiphone de poisons, mélange hideux de l'écume de Cerbère, et du venin de l'hydre de Lerne; elle y joint les vagues erreurs, le délire, et le crime et les larmes, et l'ardeur du meurtre. Pendant que les deux époux frémissent d'horreur, la Furie répand sur eux les terribles poisons, et les insinue jusqu'au fond de leurs entrailles soulevées. Puis, agitant sa torche dont les feux se succèdent et s'accroissent dans les cercles rapides qu'ils décrivent, victorieuse, et fière de l'exécution des ordres célestes, elle redescend dans le royaume du vain peuple des ombres, et détache le serpent qui lui servait de ceinture. Suivant sa coutume, Ovide pêche ici par un excès

---

[1] Ovide semble avoir voulu corriger son maître, et donner quelque poids à mon observation critique.

d'abondance ; la scène est trop longue sans doute, malgré les beautés que le poëte y a semées. Mais j'ai placé à dessein cette fable sous les yeux de mes lecteurs, parce que les jeunes écrivains qui veulent à-la-fois fortifier leur jugement et féconder leur imagination, ne sauraient trop comparer Virgile avec Ovide.

Nous retrouvons aussi la Discorde dans la Jérusalem délivrée. Cette déesse a plongé le factieux Argillan dans un sommeil affreux et profond comme la mort; elle lui inspire ses fureurs en se présentant à lui sous d'horribles fantômes. Après l'avoir ainsi troublé, elle place devant ses yeux le buste de Renaud mutilé, livide et sanglant, comme l'Hector du deuxième livre de l'Énéide. Renaud paraît près d'expirer, et ces derniers mots s'échappent de sa bouche mourante : « Fuis, Argillan, s'écrie-t-il; maintenant ne vois-tu pas le jour? fuis un camp barbare et un chef impie. Ah! ce cruel et perfide Godefroi! il m'a donné la mort! Mes amis, qui vous assurera contre lui? Le fiel de l'envie le ronge au-dedans, et il ne pense qu'aux moyens de vous immoler comme moi. Cependant si ta main aspire à une noble renommée, si tu comptes assez sur ta valeur, non, ne fuis pas; que ce tyran apaise mes mânes avec les flots de son coupable sang épuisé dans ses veines flétries. Mon ombre sera avec toi; ministre du glaive et guide de la colère, j'armerai ton bras et ton cœur. »

Une chose remarquable ici, c'est que, dans le langage de Renaud, on reconnaît à tout moment les inspirations de la Discorde. Ses paroles, ou plutôt ses cris entrecoupés, ont l'accent de la rage infernale; ce sont des traits de feu qui déchirent et embrasent le cœur d'Argillan. Aussi ne se borne-t-il pas, comme Turnus, à demander ses armes; il les saisit d'abord et vole au milieu des guerriers italiens qu'il rassemble sur la place même où sont suspendues celles de Renaud. Le pervers semble mettre d'abord un frein à ses transports, mais c'est pour mieux enfoncer le fer dans la blessure qu'il vient d'ouvrir. Il s'adresse tour-à-tour aux passions nobles et aux passions viles. Tout-à-coup sa fureur éclate en ces termes : « Ils ont immolé Renaud! ils ont foulé aux pieds les lois divines et humaines; et le ciel n'a pas foudroyé ces impies! et la terre ne les a point engloutis dans les abîmes de la nuit éternelle! Ils ont tué Renaud, le bouclier, l'épée de notre foi! et ce héros n'est point vengé! Il n'est point vengé! que dis-je? ils ont laissé son corps étendu sur la poussière, percé de coups, souillé, sans sépulture! Vous cherchez l'auteur de ces barbaries? Mais de qui donc, ô mes amis, peut-il être inconnu? Qui de vous ignore combien Bouillon et Baudouin portent envie à la valeur latine? et pourquoi chercher ici des preuves? J'en jure par le ciel, par le ciel qui nous écoute, et qu'il n'est pas permis de tromper, ce matin, au moment où l'obscurité de la nuit commençait à s'éclaircir, j'ai vu l'ombre errante et malheureuse du héros. O quel spectacle cruel et douloureux! quel avenir nous présage ce forfait du perfide Godefroi! Oui, j'ai vu Renaud; je l'ai vu; ce n'était pas un songe; et partout où je tourne mes regards, il semble se mouvoir devant mes yeux.» Ici Argillan paraît conseiller la fuite à ses amis; mais il n'a voulu que tâter leur colère et rallumer leur indignation par cette proposition fallacieuse : «Partons; qu'il reste sans vengeance (si vous l'approuvez ainsi), le sang illustre et innocent. Ah! si cette valeur maintenant froide et glacée était aussi ardente en vous qu'elle devrait l'être, le serpent dangereux qui a dévoré l'ornement et la fleur du peuple latin, donnerait, par son supplice et par sa mort, un mémorable exemple aux autres monstres qui lui ressemblent. Moi, moi, je voudrais, si votre courage osait tout ce qu'il peut entreprendre, je voudrais avec cette main faire entrer le glaive vengeur dans ce cœur impie, repaire de tant de trahisons.» Ainsi s'exprime le redoutable Argillan; et ses paroles enflamment, entraînent tous les esprits dans le tourbillon du courroux qui l'emporte. «Aux armes! aux armes! s'écrie le fanatique écho de la Furie, et en même temps que lui l'altière jeunesse crie en frémissant : Aux armes ! aux armes[1]. »

Ainsi que dans Virgile, Alecton met le comble à ce délire. La haine, la violence, la criminelle soif du sang croissent à tout moment comme les progrès de la rage ; la contagion se répand dans les quartiers divers des Italiens, des Helvétiens et des Anglais ; elle court dans l'armée comme une lave brûlante que rien ne peut attendre ni arrêter. Tancrède, Camille, Guillaume et les autres chefs voient se briser leurs efforts contre l'audace et les forces de la révolte ; Godefroi veille ; sa constance est le rocher contre lequel viendront expirer les flots de ce fleuve débordé de la sédition, excitée par le traître Argillan.

Voltaire est souvent un grand poëte, mais plus souvent encore le génie de la poésie manque dans la Henriade. Combien l'épisode du Fanatisme apparaissant à Jacques Clément sous les traits du duc de Guise, cet épisode où l'humanité parle en si beaux vers le langage de la raison universelle, combien cette admirable leçon contre les fatales conséquences de la superstition qui fait descendre du ciel les crimes, effroi de la terre, serait supérieure à la fiction de Virgile, si, profondément pénétré de la situation, et se mettant toujours à l'optique du

---

[1] Chant VIII, strophe 58 et suivantes.

théâtre, soit en composant, soit en écrivant, Voltaire n'eût songé qu'à égaler ou à surpasser la force dramatique de son modèle, et surtout la perfection d'un style à-la-fois naturel, passionné, véhément et tragique [1] !

Le Camoëns a d'abord imité trop fidèlement peut-être cette partie de l'Énéide ; mais voici une scène vraiment digne de l'épopée, par sa richesse et sa vraisemblance poétique, comme par l'éloquence du principal personnage, et l'ascendant contagieux de son courroux sur ceux qui l'écoutent. Le vainqueur de l'Inde, Bacchus, toujours obstiné dans sa haine contre Gama, son rival, se présente au palais de Neptune, et le prie de convoquer toutes les puissances de la mer pour leur révéler une grande infortune. Le discours de Bacchus à cette auguste assemblée, plus rapide que celui de Junon, contient entre autres choses, une belle paraphrase d'un passage d'Horace sur l'audace toujours croissante des humains. « Ils tentèrent jadis d'escalader l'Olympe. Depuis, on a vu leurs voiles sacriléges, leurs rames infatigables, profaner le sein d'Amphitrite. Ils bravent aujourd'hui et la mer et les cieux ; et bientôt, si rien ne les arrête, ils seront les dieux de l'univers, et nous leur offri-

---

[1] *Henriade*, chant V.

rons des vœux et de l'encens...... Supérieurs aux conquérants les plus renommés, ils arracheront à Bacchus son thyrse, et à toi, Neptune, ton trident. Ainsi l'ont décidé Jupiter et les destins. J'ai vainement combattu cette résolution funeste; Mars et Vénus ont égaré la raison des immortels. Une déesse insensée, un dieu furibond, l'ont emporté sur le triomphateur de l'Inde, et l'Olympe tout entier s'abandonne à leur délire.

» J'ai quitté cet odieux séjour, cherchant quelque remède à ma douleur; et je viens voir si dans vos profonds abîmes je retrouverai l'honneur et le crédit que j'ai perdus dans le ciel. » A ces mots, des pleurs de rage s'échappent de ses yeux, et l'émotion qu'il éprouve se communique à toutes les divinités de l'Océan. Le transport qui les saisit ne souffre ni conseil ni retard. « Périssent les enfants de Lusus! périssent d'insolents navigateurs! » Un message de Neptune ordonne au fougueux Éole d'en purger, à l'instant même, la surface des mers. Les vents accourent tout-à-coup du fond de leurs cachots, et bouleversent les ondes; la flotte portugaise va périr malgré le courage de son invincible chef; mais Vénus, qui dans Virgile ne vient pas au secours d'Énée, sans doute pour le punir, ou de ce qu'il ignore le péril des siens, ou de ce qu'il ne vole pas à leur tête, ne voudrait pas trahir l'héroïsme qui fait face aux plus terribles épreuves. La déesse se hâte d'envoyer les nymphes ses compagnes au secours de Gama ; leur présence apaise la colère des ministres d'Éole, et sauve les descendants de Lusus [1]. Tout cela est antique et beau comme une création d'Homère et de Virgile réunis ; il faut cependant remarquer que la scène imitée par le Camoëns est plus vive, plus rapide et plus tragique dans l'Énéide.

Quoiqu'il soit vrai que les plus grands événements tiennent souvent à de petites causes, et qu'un rien suffise pour les faire éclore quand ils sont préparés dans les cœurs, je penche, avec Macrobe, Heyne et beaucoup d'autres, à regarder ici comme trop faible et presque puéril l'incident de la mort du cerf de la jeune Silvie. On pourrait dire que tout est en feu dans Ardée aussi-bien que dans Laurente, et qu'une étincelle allume un incendie ; mais cette excuse ne fera point que le nouveau stratagème de la furie soit en harmonie avec ce qui précède, et réponde à la fécondité de son génie pour le mal [2]. La présence d'Alec-

---

[1] *Les Lusiades*, chant VI.

[2] Si Virgile aurait pu inventer un autre moyen, il a du moins évité les longueurs qui auraient causé de l'impatience au lecteur dans une situation si vive, et son style a tout le charme d'une élégie. Ovide n'a point imité le goût, la mesure et la pureté de Virgile ; il substitue les ornements de l'esprit au langage du sentiment. Il offre des détails agréa-

ton, le terrible signal qu'elle donne, le bruit de
sa voix infernale qui retentit au loin d'échos en
échos dans les forêts profondes[1], réchauffent la
situation que l'épisode du cerf avait un peu ralen-
tie. L'imagination et même la raison adoptent volontiers l'exagération poétique du tableau de Virgile. En effet, la terreur universelle est parfaitement motivée. De quoi s'agit-il ? d'une guerre générale et près d'envahir la belle et paisible Italie.

---

bles, mais aussi des circonstances ridicules, comme, par
exemple, lorsqu'il donne des pendants d'oreille au cerf du
jeune Cyparisse. (*Métam.*, livre X.) Calpurnius, dans sa
sixième églogue, a encore exagéré le vain luxe d'Ovide.

Nouvel imitateur de Virgile, Valérius Flaccus a commis la
faute de parodier, en des vers décolorés, la belle harangue
de Junon, et même le fameux *Acheronta movebo*. Il prête,
en outre, à l'ardente colère de cette déesse, le petit stratagème de lancer devant Hylas un cerf qui l'égare jusqu'aux
bords de la fontaine où les nymphes entraînent à jamais ce
jeune ami d'Alcide. Le moyen est mesquin, mais l'épisode
ne manque pas de beautés d'images, de pensées et de style.
(*Argon.*, liv. III, vers 514 et suivants.)

[1] Dans l'Iliade, la Discorde, envoyée par Jupiter, et debout
au-dessus du vaisseau d'Ulysse, de manière à être entendue
de toute l'armée, depuis les tentes d'Ajax Télamonien jusqu'à celles d'Achille, pousse de toutes les forces de sa voix
des cris épouvantables, et souffle dans tous les cœurs le courage indompté avec la soif insatiable des combats. (Ch. XI,
vers 3 et suivants.)

Quel est le héraut sinistre qui nous menace de ce fléau? l'enfer lui-même qui a choisi pour interprète l'un de ses plus redoutables ministres. Au contraire, l'épouvante inspirée par le dragon des Hespérides, dont Apollonius fait entendre les sifflements jusqu'au fond des extrémités de la Colchide, jusque dans les mers du Caucase, nous trouve incrédules ou froids, parce que la fiction manque de vraisemblance. Plus le poëte grec l'emporte en richesse et en harmonie imitative, plus il accroît la faute dans laquelle son rival s'est bien gardé de tomber. Mais Virgile à son tour aurait dû traduire tout entier, au lieu de le mutiler, le passage suivant, qui eût augmenté de beauté par la nature du présage et la gravité des malheurs qu'annonce l'odieuse envoyée du Tartare : « La peur saisit les jeunes mères [1]; elles voient les tendres enfants qui dormaient sur leur sein se réveiller effrayés par le bruit funeste, et elles les pressent enlacés dans leurs bras en frémissant de douleur et de crainte [2].

---

[1] Le grec dit : Les jeunes accouchées.

[2] Le grec porte : Elles jettent leurs bras autour de leurs enfants.

Stace a encore affaibli, en la rajeunissant, l'image que Virgile et lui doivent à Apollonius. « Au bruit de la voix d'Alecton qui fait trembler l'isthme de Corinthe, la tendre Ino,

ÉNÉIDE, LIVRE VII.

Au premier choc entre les Troyens et les Latins, Ascagne ne prend aucune part à ce qui se passe ; on ne sait pas même où il se trouve pendant la mêlée. Quelle nécessité de le faire paraître pour ne lui donner d'autre emploi que celui de devenir la cause innocente d'un éclat si fatal ? Énée est absent du lieu de la scène, nous ne le voyons pas même dans son camp. Il semble n'avoir ni pensé à secourir Ascagne, ni ordonné la sortie. Le jeune prince éloigné de son père, les Troyens oubliés de leur chef, pourraient succom-

---

saisie de frayeur, arrête tout-à-coup le dauphin qui portait son fils errant sur les ondes, et presse le jeune Palémon contre son sein maternel. » (Liv Ier, vers 120 et suivants.)

Au même livre, on trouve un admirable vers. Polynice qui craindrait, dit-il, d'arracher les sujets d'Adraste à leurs enfants, à leurs épouses, à la patrie, ne veut pas qu'aucune maison inquiète l'accuse de ses alarmes, et que les mères le regardent d'un œil oblique et farouche :

<blockquote>Respectentque truces obliquo lumine matres.</blockquote>

Milton, dans le Ier chant du Paradis perdu, exprime avec non moins d'énergie les tortures de la tendresse maternelle : « Moloch paraît le premier, Moloch tout dégoûtant du sang des sacrifices humains, et abreuvé des larmes des pères et des mères abîmés dans la douleur, quoique le bruit des tambours et des bruyantes tymbales les empêchât d'entendre les cris de leurs enfants qui passaient, à travers les flammes, jusqu'à l'idole hideuse du dieu. »

ber avant même qu'Énée apprît le danger auquel ils sont exposés. Godefroi remplit mieux ses devoirs de général. Présent à la première action entre les chrétiens et les infidèles, il répare un malheur; veille sur Tancrède engagé dans un combat terrible avec Clorinde; envoie Dudon au secours de la troupe de Tancrède emportée trop avant. Dudon meurt de la main d'Argant; Renaud, l'Achille de l'armée, déjà échauffé par l'ardeur du carnage, veut venger ce trépas; sa fureur enflamme les Croisés au point qu'ils veulent escalader les remparts de Solime défendus par une armée; mais l'ordre souverain du prudent Godefroi les rappelle auprès de lui; ils obéissent en frémissant.

Ce prélude de la guerre a bien plus de mouvement et de grandeur que le début des acteurs de l'Énéide dans la lice des combats; le Tasse l'emporte encore par un autre motif. Chez lui sa première action est une, imposante et complète; dans Virgile, non-seulement il se fait bien peu de chose pour tant de fureur entre les deux partis, et de menaces du ciel et de l'enfer; mais encore la scène à peine commencée s'interrompt tout-à-coup, parce que la nécessité de renvoyer Alecton, dont le rôle est fini, amène une entrevue entre elle et Junon. Les discours des deux personnages portent l'empreinte de leur caractère réciproque: d'un côté, cette espèce d'insolence de l'inférieur qui s'est senti nécessaire ; de l'autre, les mépris de l'orgueil un moment abaissé à la prière. Virgile a rendu l'entretien rapide comme la situation le demandait ; et cependant nous sommes tellement pressés de connaître la suite des événements, que nous avons peine à supporter l'interruption des récits guerriers du poëte. Combien la narration serait plus vive s'il nous eût transportés tout-à-coup du champ de bataille dans la ville de Laurente, où la vue des premières victimes enflamme tous les cœurs du désir de la vengeance. Malheureusement le tableau n'est qu'ébauché. Qu'il y a loin du Turnus d'Alecton au Turnus de la révolte ! Quelle froide colère ! Turnus n'aime donc pas Lavinie ! il ne ressent donc pas fortement l'injure qu'il reçoit ! Junon et la Gorgone ont donc en vain tenté de lui inspirer une haine implacable pour les Troyens, et la soif de leur sang ! Ses ennemis peuvent être tranquilles ; un pareil adversaire n'ira point embraser leurs vaisseaux,

Et la flamme à la main les suivre sur les eaux.

On dirait que Virgile n'était pas né au milieu des troubles, et n'avait jamais vu de séditions, car il ne nous en donne pas même la plus faible image ; et encore a-t-il l'imprudence de nous faire sentir ici l'influence de Junon toujours présente, de Junon qui, avec ses ressentiments, sa rage et sa puissance, ne sait pas même soulever une ville échauffée par un cruel et douloureux spectacle. On n'entend là que quelques jeunes mutins, au lieu d'un peuple furieux que Turnus devrait entraîner et conduire.

L'Arioste a bien plus d'énergie et de vérité. Aux cris des Chrétiens éplorés, saint Michel va rechercher la Discorde dans un chapitre assemblé pour l'élection d'un officier supérieur de l'ordre[1], châtie rudement la déesse rebelle aux premiers avis du ciel, et lui promet des punitions plus sévères si elle sort du camp des Sarrasins avant d'avoir armé les uns contre les autres les rois et les chevaliers infidèles; le monstre obéit, et aussitôt toutes les têtes de ces guerriers s'enflamment en même temps. Rodomont et Mandricard se disputent la belle Doralice. Marphise, précédemment insultée par Man-

---

[1] L'Arioste a transformé la Discorde d'une manière burlesque en lui donnant un couvent de moines pour asile; Voltaire s'est emparé de l'idée de l'Arioste, et l'a rendue digne de l'épopée, en faisant voler d'église en église la déesse qui, sous le masque de la religion, va proclamer le décret de réprobation prononcé contre Valois par la Sorbonne. Le discours de la Discorde respire l'horrible joie du fanatisme au souvenir de la Saint-Barthélemy. On se rappelle ici les beaux vers de Boileau :

> Quand la Discorde encor toute noire de crimes,
> Sortant des Cordeliers pour aller aux Minimes, etc.

dricard, veut finir sa querelle avec lui. Rodomont s'est emparé du cheval Frontin qui appartenait à Roger; celui-ci jure que Rodomont ne gardera pas sa proie, si, avant tout, il ne vient pas la disputer avec le glaive. Tous demandent à-la-fois la permission d'en venir aux mains. Par des prières, par des remontrances, le roi Agramant essaie en vain de calmer ces furieux, qui ne veulent pas écouter la raison. Enfin, il parvient à leur faire tirer au sort leur rang dans chacun des combats singuliers qui vont avoir lieu en présence d'une assemblée de rois, de princes, et de leur cour. Rodomont et Mandricard sont les deux premiers champions désignés par le sort. On les conduit sous deux tentes opposées où leurs amis les aident à revêtir leurs armes, mais ces armes sont tout-à-coup le sujet de nouveaux débats plus violents les uns que les autres. Tandis que le roi Agramant, descendu de son trône, tâche d'accorder dans l'un des pavillons Gradaste, Mandricard et Roger, que plusieurs des assistants avaient voulu séparer, non pas sans courir les plus grands périls, Rodomont et Sacripant sont aux prises dans l'autre pavillon, et combattent à toute outrance; l'un d'eux doit périr. Heureusement Ferragus, Serpentin, le roi Grandonio et beaucoup d'autres s'élancent, le fer nu, au milieu des deux adversaires. Averti par le bruit du combat, Agramant laisse, sous la garde de Marphise, les trois rivaux qu'il a voulu calmer, et vole à l'autre théâtre du désordre. Rodomont, en voyant son souverain, modère son orgueil, et recule un pas en arrière. Avec autant de respect, le roi de Circassie se retire à l'arrivée d'Agramant. Le monarque, d'un air majestueux et d'un ton grave, demande la cause d'un si grand emportement; et quand il l'a bien comprise, il cherche à réconcilier les deux ennemis, et ne peut y réussir. Pendant les explications, la belliqueuse Marphise reconnaît, parmi les rois assis sur l'estrade des spectateurs, Brunel qui lui a volé son cheval et son épée; Brunel qu'Agramant avait élevé au trône pour ce larcin, qui ne méritait pas moins qu'un nœud coulant et la potence; elle court au ravisseur, l'enlève de l'estrade, et l'emporte en travers d'elle sur son cheval. Agramant s'irrite de cette violence, et voudrait la punir; mais des soins plus importants l'appellent; le salut de l'armée lui ordonne d'apaiser avant tout le trouble affreux qui désole son camp. Le mal ne fait qu'augmenter pour le triomphe complet de la Discorde. La cruelle s'applaudit en riant de son ouvrage; elle ne craint plus ni paix ni trève désormais [1]. »

---

[1] L'Arioste termine mal cette vive et brûlante peinture. L'Orgueil qu'il produit inutilement sur la scène n'y est point nécessaire pour achever l'ouvrage de la Discorde; elle suffit

Voilà des œuvres dignes de l'infernale déesse ; des combats acharnés entre les héros qui sont la fleur de l'armée infidèle, et qui, tout entiers à leurs querelles, oublient que Charlemagne est devant eux ; ces dissensions font une diversion puissante en faveur des Chrétiens, et peuvent perdre leurs ennemis. Agramant joue ici un rôle de monarque et de guerrier ; il éprouve que l'autorité souveraine elle-même est impuissante à contenir les passions violentes de rois, de grands vassaux, de chevaliers illustres par les armes, qui, même pendant la paix, obéissent en frémissant aux lois d'un maître, et deviennent plus farouches et plus intraitables au milieu des périls de la guerre ; et toutefois il n'y a dans cette peinture de mœurs, conforme à la vérité, rien qui avilisse ou rabaisse le prince africain. Agramant lutte avec force ou avec adresse contre des obstacles terribles ; il brave les plus furieux orages et finit par les dissiper. Mais Latinus serait

---

à le couronner elle-même ; d'ailleurs l'Orgueil n'a point reçu d'Homère une physionomie grandiose et poétique comme la Discorde ; l'illusion demande, pour durer jusqu'au bout, que ce soit la fille des enfers, et non pas l'Orgueil, qui, dans l'exaltation de sa joie féroce, pousse ce cri épouvantable dont retentissent Paris, la France, ses fleuves, ses montagnes, et les Alpes elles-mêmes. (Chant XXVII, depuis la strophe XXXVII jusqu'à la fin du chant.)

le plus lâche des rois de céder au vain bruit qui éclate autour de lui. La comparaison qui assimile sa résistance à celle d'un roc immobile sous les assauts des ondes mugissantes et des vents conjurés, offense le bon sens et le goût de Virgile[1]. Non-seulement le caractère de Latinus ne supportait pas cette comparaison ambitieuse, mais encore elle tend à lui imprimer quelque ridicule, parce que le poëte ne nous a montré aucun des efforts de celui qui en est l'objet. Latinus ne demande pas silence avec son sceptre; il n'essaie point la puissance de ses paroles; il ne se souvient d'aucune des habitudes du commandement; il ne paraît pas sentir que l'on viole en lui la majesté royale et le respect dû à la vieillesse vertueuse. Il se tait par impuissance, ou par obstination si l'on veut, car voilà tout ce que la comparaison elle-même nous donne à supposer. Comment se contenter d'une telle conduite dans un souverain? comment Virgile a-t-il pu se faire illusion sur le vide et l'insuffisance de la scène, au point d'ajouter, comme si Latinus eût dé-

---

[1] Dans Homère la même comparaison est appliquée aux Grecs qui, serrés les uns contre les autres, et semblables à une tour vivante, soutiennent l'effort de toute l'armée troyenne entraînée par le redoutable Hector auquel Jupiter lui-même veut donner la victoire. (*Iliade*, chant XV, vers 618 et suivants.)

ployé une constance héroïque, dans sa lutte contre une ville révoltée : « Mais lorsque aucune digue ne » peut plus surmonter les flots de la fureur populai- » re ; lorsqu'il voit toutes les choses marcher au gré » de la cruelle Junon, ce vieux roi [1], attestant plu- » sieurs fois les dieux et la voûte céleste, s'écrie : « La fatalité brise notre résistance, et nous sommes » emportés par l'ouragan. Vous-mêmes vous paierez » de votre sang cet attentat sacrilége, malheureux » sujets ! et toi, Turnus, un châtiment funeste sera » ton salaire, et un jour tu essaieras en vain de flé- » chir les immortels par des prières tardives ! Pour » moi, le repos m'est assuré, je vais entrer en pleine » possession du port, et je ne perds qu'un heureux » trépas. » Le prince n'en dit pas davantage ; il » s'enferme dans son palais, et abandonne les rê- » nes de l'empire. »

Si nous avons de la mémoire nous devons reconnaître que les prédictions réitérées par l'oracle du dieu Faune, les aveux de Junon, les pressentiments de Latinus, les présents qu'il reçoit, l'hospitalité qu'il accorde avec tant de bienveillance, l'offre de son alliance et de sa fille, nous ont préparés depuis long-temps à ce discours dans

---

[1] Je ne sais pourquoi Virgile l'appelle en ce moment *pater*. Il n'y a rien ici qui annonce un père du peuple.

lequel Virgile croit achever d'excuser les Troyens aux dépens des peuples de l'Italie. Mais le lecteur peut-il se payer de ces vains artifices, trop faibles pour justifier la résolution évidente de placer de force Turnus sous le coup de la haine du ciel et de la malédiction d'un vieillard? Et d'abord le poëte n'a pas senti que la menace de ce double malheur commence par tomber sur les sujets de Latinus, qui leur annonce brusquement la mort. Ce début n'est ni paternel, ni raisonnable, ni possible à prévoir. Au lieu d'adresser aux Latins, dans un moment extrême, des prédictions fatales [1] qui sont

---

[1] Au vingt-quatrième chant de l'Iliade, Priam annonce aussi des malheurs à ses sujets, mais dans quelle circonstance? c'est lorsque désespéré de la mort d'Hector, il accuse tout le monde de ce désastre irréparable pour sa famille et pour l'empire. Sur le point d'aller racheter au poids de l'or les restes sacrés de son fils, le monarque chasse avec son sceptre les Troyens qui l'importunent sous les portiques de son palais, et s'écrie : « Retirez-vous, lâches et indignes guerriers ! est-ce que vous n'avez pas dans vos foyers quelque sujet de deuil pour venir ainsi redoubler ma tristesse? ou comptez-vous pour rien l'infortune dont Jupiter m'accable en me ravissant le plus illustre de mes enfants? Vous sentirez aussi sa perte, trop faibles que vous êtes pour résister aux Grecs après le trépas d'Hector. Mais moi, avant de voir de mes propres yeux ma ville envahie et détruite, je descendrai dans la demeure de Pluton. » (Vers 242 et sui-

une énigme pour eux, Latinus devrait du moins les éclairer sur la volonté du destin, et sur ses propres intentions, par des déclarations solennelles. Sans ces avertissements indispensables, la ville de Laurente ne peut voir que des Latins immolés par des étrangers qui se sont présentés en demandant secours et alliance, et qui violent la paix à l'instant où elle vient d'être jurée[1]. Quant à Turnus, indignement offensé par un manque de foi aussi imprévu que subit, défenseur de son pays contre des aventuriers de la race de Pâris, justement suspecte à ses yeux, vengeur du sang de ses compa-

---

vants.) Peut-on s'empêcher de remarquer que le bon sens, la peinture fidèle du cœur humain, et tous les avantages d'une situation dramatique et vraie donnent ici une grande supériorité à Homère !

[1] Virgile a bien dit, au sujet de la réponse de Faune à son fils : « Ces oracles du dieu, ces avis donnés dans le silence des nuits, Latinus ne les enferme pas dans son sein ; mais déjà la renommée, dans son vol infatigable, les avait répandus au loin parmi les villes de l'Ausonie, lorsque les enfants de Laomédon attachèrent leur flotte aux bords verdoyants du Tibre. » Ce n'est là qu'une rumeur obscure et qui ne suffit pas pour instruire tout un peuple. D'ailleurs les dieux et les oracles, comme je l'ai déjà dit, n'ont pas nommé le prince troyen ; Latinus lui-même ignorait son nom au moment de l'ambassade ; il ne l'a point prononcé en public depuis cet événement.

triotes versé par des Phrygiens, il ne mérite point et ne saurait entendre les sinistres prophéties du roi. Son crime est d'attenter à l'autorité de Latinus; mais il croit obéir aux ordres de Junon qui lui a commandé de marcher contre de vils ravisseurs de femmes, contre des violateurs des droits de l'hospitalité.

Stace est plus judicieux. Le devin Amphiaraüs avertit, d'une manière à-la-fois touchante et sévère, le peuple d'Argos qui veut voler malgré son prince à une guerre fratricide : « Ce ne sont point, dit-il, les clameurs effrénées d'un jeune profane, et la crainte de ses paroles, qui m'arrachent de mes ténèbres.... Ma tendre amitié pour vous et la violence d'Apollon me forcent de vous révéler de fatals secrets. Je me résigne avec douleur à vous dévoiler l'avenir et toutes ses tristes suites. Quant à toi, insensé, il ne m'est pas permis de t'éclairer d'avance, et mon dieu garde le silence pour toi seul. Où allez-vous, malheureux? qui vous force à courir aux armes nonobstant la volonté des destins et du ciel? quelle est celle des furies dont les fouets vous aiguillonnent? êtes-vous donc à ce point ennuyés de la vie? haïssez-vous Argos? votre maison n'a-t-elle plus rien qui vous retienne?.... J'ai vu les présages prodigieux d'une ruine immense, les crimes des hommes et des dieux, et Mégère au comble de la joie.... Loin de vous ces armes; voici un dieu qui s'oppose à vos fureurs; ce dieu, je le vois : Infortunés! vous dit-il, quelle gloire trouvez-vous à abreuver de votre sang vaincu les campagnes d'Aonie, et à étancher la soif des sillons de Cadmus?»

Amphiaraüs a parlé d'abord en ami et en père à ses concitoyens. Il déplore leur aveuglement; il cherche à les attendrir; la pitié domine jusque dans ses plus terribles menaces; il découvre à leurs yeux leur ruine inévitable; il veut arracher de leurs mains des armes impies. Ce ne sont pas là ces exclamations inattendues de Latinus qui ne fait qu'échauffer la révolte par des provocations aussi brusques qu'imprudentes. Ce que Latinus ajoute sur sa fin prochaine, devrait être touchant; mais cette incurie d'un roi qui, parce qu'il espère goûter bientôt le repos de la tombe, abandonne sa famille et son peuple au hasard des événements et au courroux des dieux, l'expose à des mépris, ou même à la haine que mérite une si lâche indifférence.

On trouve encore dans la Thébaïde un trait qui fait beaucoup d'honneur à Stace. Le devin Amphiaraüs, voyant que tous ses efforts sont inutiles, s'écrie tout-à-coup : «Mais pourquoi ces vaines prédictions? pourquoi tenter d'écarter des malheurs inévitables? Nous marcherons ensemble.» Observez qu'Amphiaraüs doit rencontrer une mort terrible dans la guerre contre les Thébains; son art lui a révélé ce funeste avenir, et cependant il n'a de larmes ou de frayeur que pour sa chère Argos [1].

Le Priam de l'Iliade est un vieillard plein de faiblesse, mais il n'abdique pas ainsi ses devoirs de roi et de père. S'il ne paraît pas souvent sur la scène, au moins ne s'y présente-t-il jamais sous un jour défavorable. La paix, les combats, tout roule sur le grand Hector; cela est vrai; mais Homère se garde bien de le montrer trop ouvertement. Il sauve l'honneur de la couronne et la dignité des cheveux blancs du monarque de l'Asie. On ne voit pas dans l'Iliade le vénérable Priam s'éclipser, comme Latinus, d'une manière indigne de lui, et par une lâcheté qui déshonore son caractère, ou plutôt qui trahit le défaut d'invention du poëte embarrassé d'un personnage important qu'il ne sait comment faire disparaître.

Dans l'intention de plaire à ses contemporains, peut-être Virgile vieillit-il ici de plusieurs siècles, par un anachronisme volontaire, des usages établis sous le successeur de Romulus; peut-être aussi ces mêmes usages remontaient-ils à une haute antiquité dans l'Italie, et Numa les avait-il

---

[1] Le même poëte me semble aussi avoir mieux tracé que Virgile la situation d'un prince assiégé par son peuple qui demande la guerre.

apportés d'Albe à Rome. Suivant Tite-Live, ce prince fut le fondateur du temple de Janus. Lorsque la guerre était résolue par le sénat, on entrait dans ce temple, où les boucliers sacrés étaient suspendus, et l'on frappait dessus en criant : « *Mars, vigila;* Mars, éveille-toi. » Cette circonstance aurait mérité de trouver place dans le riche tableau de Virgile. Autant Latinus inspire peu d'intérêt dans la scène précédente, autant nous sommes touchés de voir l'horreur que lui inspire l'affreux ministère que son rang lui impose. Prêts à oublier le passé, nous nous sentons de l'indulgence pour ce bon roi qui a des entrailles de père. Le rôle odieux d'ouvrir les portes du temple fatal[1] convenait parfaitement à l'implacable déesse dont Jupiter lui-même reconnaît le caractère dans l'impitoyable Mars, auteur de tous les maux de la guerre parmi les mortels[2]. Les vers du poëte latin, si beaux d'harmonie imitative, ont heureusement inspiré Milton qui, en surpassant son modèle, a toutefois commis la faute

---

[1] Le Dante dit, en parlant d'un envoyé du ciel qui traversait le Styx à pied sec : « Je le vis s'approcher d'un air superbe et dédaigneux, toucher et ouvrir avec sa baguette les portes infernales, qui ne firent aucune résistance. » (*Enfer*, chant IX.)

[2] *Iliade*, chant V.

de mêler des détails techniques et trop vulgaires à des choses merveilleuses :

> Des barres, des verroux, du fer et de l'airain,
> Les obstacles vaincus sont un jeu de sa main ;
> Soudain, des deux côtés, sous cette main puissante,
> Recule avec effroi la porte obéissante ;
> Loin d'elle comme un trait ses battants ont volé,
> Et sur leurs vastes gonds, en grondant ont roulé.
> Tout l'enfer en mugit ; et de la nuit profonde
> La porte attend déjà la ruine du monde.
> Le pouvoir qui l'ouvrit ne saurait la fermer.
> Tout ce que dans son sein l'enfer peut renfermer,
> Une armée en bataille et son ordre de guerre,
> Ses coursiers, ses drapeaux, ses chars et son tonnerre,
> Ses légions sans nombre, élargissant leurs rangs,
> Par elle iraient de front aux gouffres dévorants[1].

Après la nouvelle intervention de la Junon de l'Énéide descendue une seconde fois du ciel, nous nous attendons à tout ce que la poésie a de chaleur, de mouvement et de passion dans la peinture de l'Italie qui court aux armes. Mais notre attente est trompée : infidèle aux promesses de son talent, Virgile se refroidit tout-à-coup ; son imagination ne fait aucun effort ; elle ne soutient pas même la comparaison avec ce que nous avons vu dans Ardée pleine de guerriers appelés aux com-

---

[1] *Paradis perdu,* chant X.

bats par un héros, et dans Laurente d'abord émue des fureurs d'Amate, et bientôt soulevée par l'affluence des laboureurs qui rapportent les cadavres des deux premières victimes de la guerre.

Valérius Flaccus, rappelant à-peu-près la même fiction que celle du cerf de la Silvie de Virgile, suppose que le roi Cyzique, jeune chasseur, emporté par l'ardeur de la proie, a tué avec sa flèche un des lions qui avaient coutume de traîner Cybèle à travers les villes de Phrygie, et de venir d'eux-mêmes se soumettre au frein. La déesse irritée suscite, à la faveur d'un prodige et des ombres de la nuit, une mêlée entre les Argonautes et les Doliens leurs amis, qu'ils venaient de quitter après en avoir reçu l'hospitalité. Au milieu des deux partis le dieu Pan se montre sous des formes horribles, et reste toutefois bien au-dessous de la Furie de Virgile. Cyzique, éveillé par des cris sinistres, et Bellone debout sur le seuil du palais, imitent faiblement le fougueux Turnus, et Alecton qui lui souffle sa rage; mais l'emploi des causes surnaturelles par Valérius produit de bien plus grands effets que dans l'Énéide. Un trait ennemi lancé avec violence résonne dans les airs, et avertit les Grecs de prendre les armes. Jason, semblable au dieu Mars, vole à un premier combat, et tous ses compagnons le suivent. « Serrés les uns contre les autres, leurs boucliers élevés au-dessus de leurs têtes forment une voûte impénétrable que ne pourraient rompre ni la vierge redoutable dont l'égide couvre la poitrine, ni la foudre de Jupiter, ni la Terreur et l'Épouvante, cortége affreux de Mars [1]. Les Doliens en poussant de grands cris, font pleuvoir sur les Grecs des pierres, des flambeaux, du plomb lancé par la fronde rapide ; cependant la phalange immobile brave tous les coups qui retentissent sur le rempart d'airain qui la protége ; elle retient sa colère pour laisser passer cette première tempête. » Tel est le début de la sanglante bataille due au courroux de Cybèle et à une cruelle erreur. Peut-être le poëte a-t-il décrit trop longuement l'action, mais son récit étincelle de beautés parmi lesquelles je ne puis passer sous silence un passage qui serait digne de Milton, si Valérius ne semblait avoir affecté un excès de précision qui nuit à la clarté de ses fortes pensées. Il ne faut ni sécheresse ni obscurité dans toutes les choses destinées à faire image ; elles demandent au contraire de grands traits, une manière large, et une couleur transparente et pleine d'éclat : « Viens, Muse, viens embrasser avec moi d'un seul coup tous les

---

[1] Il y a dans le texte *Martis equi*, expression hardie qu'on ne saurait guère traduire fidèlement dans notre langue, mais qui sied à la liberté des langues anciennes, et plairait à l'audace anglaise.

secrets de cette nuit digne du Tartare. Déjà les chevaux du soleil ont frappé de leur souffle la tremblante Tisiphone ; cependant aux approches de la lumière une ombre plus épaisse environne ces lieux. Les combattants ne distinguent ni les étendards, ni les morts ; et la rage en fermente dans leurs cœurs avec plus de violence. Déesses du Pinde, montrez-moi ces groupes de furieux, aveugles enfants des Euménides et de la nuit ; révélez à votre poëte le bruit des armes, les champs humides du sang des guerriers qui tombent, et les ombres plaintives des Myniens errantes sur le rivage autour de leurs cadavres glacés [1]. »

Nous arrivons maintenant avec Virgile au dénombrement de l'armée des Latins.

O Muses! ouvrez-moi les fastes d'Hélicon ;
De chaque roi ligué redites-moi le nom,
De quel pays fameux, sous quels grands capitaines
Partirent les guerriers qui couvrirent ces plaines,
Et quels fiers combattants, sous les drapeaux latins,
D'avance à l'univers annonçaient les Romains.
A peine un faible bruit en transmit la mémoire ;
Vous, pour qui rien n'est vieux, retracez-m'en l'histoire [2].

---

[1] Chant III, vers 212 et suivants. Pour être entendu, il m'a fallu absolument développer le texte.

[2] Ce dernier vers est négligé. Le précédent, quoique rempli d'élégance, n'approche pas du texte :

Ad nos vix tenuis famæ perlabitur aura.

Le contempteur des dieux, l'exemple des tyrans,
Mézence, le premier, conduit ses fiers Toscans;
Sous lui marche son fils Lausus, dont le jeune âge
Sur les hôtes des bois essaya son courage;
Lausus, savant dans l'art de dompter les coursiers;
Lausus, après Turnus, le plus beau des guerriers,
Digne d'un meilleur roi, digne d'un meilleur père :
Il cherche dans les camps un destin plus prospère :
Mille fiers Agyllins ont volé sur ses pas.
Vains secours! leur valeur ne le sauvera pas.

Après eux s'avançait le fils du grand Alcide,
Le bel Aventinus, qui, de son char rapide
Guidant les beaux coursiers cent fois victorieux [1],

Mais Virgile a renversé la phrase d'Homère qui a mieux conservé l'ordre véritable des idées :

« Maintenant, ô Muses! habitantes du palais de l'Olympe, vous déesses présentes à tout, vous à qui tout est connu, tandis que nous, mortels, nous n'entendons que le bruit de la renommée, et ne connaissons rien par nous-mêmes, dites-moi, etc. »

Contre l'ordinaire, le Tasse est plus poëte ici que Virgile par l'expression : témoin ces deux vers qui rappellent la manière du Dante :

> Suoni, et risplenda la lor fama antica,
> Fatta d'agli anni omai tacita e nera.

« Qu'elle résonne, qu'elle resplendisse leur antique renommée, aujourd'hui muette et obscurcie par les ans. »

[1] Virgile dit mieux en moins de paroles :

> Victoresque ostentat equos.

Leur promet des lauriers encor plus glorieux.
Quand le dieu de Tirynthe, illustrant son courage,
Du triple Géryon eut terrassé la rage,
Et vint baigner, pour prix de ses faits triomphants,
Ses taureaux d'Ibérie au fleuve des Toscans,
Unie avec ce dieu, Rhéa, simple mortelle,
Conçut sur l'Aventin cet enfant beau comme elle.
Cent serpents, sur son casque enlaçant leurs replis,
Du fier vainqueur de l'hydre ont annoncé le fils.
Un bois creusé lançant le poignard qu'il recèle,
Un javelot sabin, leur armure fidèle,
Distinguent ses soldats. Au premier rang placé,
Des poils d'un fier lion son front est hérissé,
Et du monstre en deux rangs la gueule menaçante
Étale de ses dents la blancheur effrayante.
Dans cette pompe horrible il arrive au palais,
Et sous l'habit d'Hercule il en offre les traits.

 Puis vient l'ardent Coras, et Catillus son frère,
Nés à Tibur; Argos a vu naître leur père;
Tibur reçut son nom d'un prince de leur sang.
Tous deux suivis des leurs marchent au premier rang :
Tels, d'Homole ou d'Othrys quittant les rocs sauvages,
Deux centaures altiers, fiers enfants des nuages,
Foulent aux pieds la neige, et des bois renversés
Écrasent à grand bruit les rameaux fracassés.
Et toi, Préneste, aussi, de tes riches frontières
Tu vis, fier de grossir ces phalanges guerrières,
Partir ton fondateur, qui, parmi les troupeaux,
Au trône destiné naquit dans les hameaux,
Cécule, en un foyer trouvé dans son enfance,
D'où l'on crut qu'à Vulcain il devait la naissance.
Et Préneste, et Gabie où préside Junon,

Anagnia qu'entoure un fertile vallon,
Les monts Herniciens arrosés d'eaux fécondes,
Les bords que l'Anio rafraîchit de ses ondes,
Et l'Amasène enfin, d'agrestes combattants
Pour cet illustre chef ont dépeuplé leurs champs.
Tous, ils n'ont pas un char, un pavois, une lance :
L'un fait voler le plomb que la fronde balance ;
De deux traits meurtriers d'autres arment leurs mains ;
La dépouille d'un loup les coiffe de ses crins ;
D'un côté leur pied nu des airs brave l'injure,
De l'autre un cuir grossier est l'informe chaussure.
    Fils du dieu qui commande à l'abîme des mers,
Et savant à dompter les coursiers les plus fiers,
Messape, qui ne craint ni le fer ni les flammes,
Des peuples dont la paix a refroidi les âmes
Rallume le courage, aiguillonne les cœurs,
Et veut goûter encor le plaisir des vainqueurs [1].
Ceux qui de Flavinie habitent la campagne,
Et ceux qui du Soracte ont peuplé la montagne,
Falisque, Fescennin, célébrés tant de fois,
L'un pour ses chants d'hymen, et l'autre pour ses lois.
Et les Ciminiens, dont la troupe aguerrie
Quitte à l'envi le mont, le lac de leur patrie,
Et ceux qui de Capène habitent les forêts,
D'un monarque invincible innombrables sujets,
Dans un ordre guerrier alignant leurs phalanges,

---

[1] Delille a cru avec raison peut-être que ce trait *ferrumque retractat* pouvait paraître un peu maigre ; mais la pensée qu'il ajoute au dessin manque de vigueur dans l'expression ; il fallait un trait beaucoup plus énergique.

Marchaient, suivant ses pas et chantant ses louanges;
A leurs chants on croirait entendre dans les cieux
De cygnes argentés un chœur mélodieux,
Qui, revenus le soir de leurs verts pâturages,
Et, glissant doucement à travers les nuages,
Ont quitté le Caïstre ou les roseaux fangeux
Qui bordent d'Asia les flots marécageux,
Et du son de leur voix et du bruit de leurs ailes
De loin font retentir les rives paternelles.
A leur nombre on croit voir, non des rangs de soldats
Sous leurs armes d'airain s'avançant à grands pas,
Mais ces essaims ailés, enfants des eaux profondes,
Qui, de la haute mer abandonnant les ondes,
S'élancent dans les airs en bruyants tourbillons,
Obscurcissent les cieux de leurs noirs bataillons,
Et, poussant vers la terre un cri rauque et sauvage,
Comme un nuage épais vont s'abattre au rivage[1].

---

[1] Il me semble voir ici une contradiction entre les deux comparaisons. Delille a traduit le texte en seize beaux vers ; on ne doit pas lui reprocher cette prolixité qui a une brillante excuse ; mais je crains qu'il n'ait encore mieux fait sentir le défaut de justesse qu'on remarque dans l'original. Virgile a dit seulement :

Urgeri volucrum raucarum ad littora nubem.

Delille avec *ses bruyans tourbillons, son cri rauque et sauvage,* et surtout ses *noirs bataillons,* qui substituent des peuples de grues ou de corbeaux à des cygnes éclatants de blancheur, augmente une faute que Virgile n'aurait point commise en traduisant avec fidélité ce passage d'Homère :

Voyez le noble auteur d'un nom cher aux Romains,
Ce Clausus qui, sorti du vieux sang des Sabins,
De leur race guerrière, à vaincre accoutumée,
Forme une armée immense, et vaut seul une armée.
Depuis que Rome antique en ses jours triomphants
Associa son peuple aux droits de ses enfants,
Le Tibre voit encor briller du même lustre
Et sa tribu nombreuse et sa famille illustre :
Sous lui marche Amiterne et ses nombreux essaims,
Les Cures d'où naîtront les Quirites romains,
Érétum, Mutusca dont le peuple héroïque
Quitte pour le laurier son arbre pacifique,
Ceux dont le Vélino baigne les champs heureux,
Ceux qui de Tétrica peuplent les rocs affreux,
Ceux qui bordent l'Himelle, ou qu'éleva Nomente,
Que nourrit Caspérie, ou que Forule enfante ;
Ceux qui boivent le Tibre et le clair Fabaris ;
Et des froids Nursiens les soldats aguerris,
Les bataillons d'Horta, les bandes valeureuses
Qu'enfermaient des Latins les cités populeuses,
Et ceux que de ses flots, fameux par nos destins,
Sépare l'Allia, nom fatal aux Romains.
Leur nombre égale aux yeux les vagues que soulève
L'orageux Orion quand sa course s'achève,
Les épis lyciens du soleil colorés,

«Comme de nombreuses légions ailées d'oies sauvages, de grues ou de cygnes au long cou, fondent sur les prairies d'Asius, autour des eaux du Caïstre, voltigent çà et là en battant des ailes et se devancent tour-à-tour avec des cris qui font résonner la prairie. » (*Iliade,* chant II, v. 459.)

Et ceux que voit mûrir l'Hermus aux flots dorés :
Leurs pas, leurs boucliers retentissent ensemble ;
L'air au loin en frémit, *et la campagne tremble.*
   Puis vole sur son char un fils d'Agamemnon,
Halésus, qui de Troye abhorre encor le nom.
Sur ses pas ont couru cent peuples redoutables,
Ceux dont Massique emplit les coupes délectables,
Massique à qui Bacchus prodigue ses bienfaits,
L'Auronce descendu de ses rudes sommets,
Le Sidicin des mers bordant l'humide plage,
Ceux qu'envoya Calès, ceux que sur son rivage
Rassemble le Vulturne aux courants sablonneux,
Et l'âpre Saticule, et les Osques nombreux,
Dont le long fouet, sifflant dans leur main intrépide,
De loin à l'ennemi lance un trait plus rapide ;
Leur bras d'un cuir durci se fait un bouclier,
Leur glaive offre de près son croissant meurtrier.
   Toi-même, illustre chef d'une ligue fatale,
Toi-même dans mes vers tu revivras, Œbale,
Œbale qu'ont produit, pour l'honneur de leur nom,
La nymphe Sébéthis et le vieux roi Télon,
Quand des Téléboëns la colonie obscure
Dans Caprée enfermait sa puissance future :
Mais au fils du héros ce roc ne suffit pas ;
Bientôt il réunit à ses naissants états
Les Sarrastes, les bords où le Sarne circule,
Les peuples de Rufras, les enfants de Batule,
Les tribus de Célène, et les plants fructueux
Dont Abelle a couvert son terrain montueux.
Aussi-bien que leurs lois ces peuples ont leurs armes,
Et leurs bras font voler au milieu des alarmes
Ces pesants javelots lancés par les Teutons ;

La dépouille du liége enveloppe leurs fronts,
L'airain charge leurs bras d'une brillante armure,
Et des glaives d'airain pendent à leur ceinture.
    Et toi, dont la victoire illustra les drapeaux,
Brave Ufens, de Nersa tu quittas les coteaux;
A tes lois obéit le sauvage Équicole,
Chasseur infatigable et soigneux agricole,
Hardi déprédateur et soldat indompté;
Le soc est dans sa main, le glaive à son côté,
Au sortir de ses champs il revole au pillage,
Et sa vie inquiète est un long brigandage [1].
    Religieux au temple et terrible aux combats,
Dans les champs du carnage Umbro porte ses pas;
Lui qui, pontife auguste et guerrier invincible,
Au casque belliqueux joint l'olivier paisible;
Citoyen de Marrube, Archippe était son roi,
L'hydre, le fier dragon reconnaissent sa loi:
Il sait par ses doux chants conjurer leurs morsures,
Assoupir leur colère, et guérir leurs blessures;
Mais ses magiques sons, ses sucs assoupissants,
Contre le fer troyen resteront impuissants.
Ah malheureux! quel deuil va couvrir ta patrie!
Le Fucinus limpide, et la sombre Angitie,
Les lacs aux flots glacés, et les monts, et les champs,
Pleurent encor ta perte, et regrettent tes chants.
    Comme lui, brave chef d'une brillante élite,
Marche aussi Virbius, digne fils d'Hippolyte,
Que des bois d'Égérie et de ce riche autel
Où l'objet assidu d'un culte solennel,

---

[1] Si l'on compare ici l'original à la copie, on verra que Virgile a été embelli par son traducteur.

La sœur du dieu du jour pour prix de leurs offrandes,
De ses adorateurs exauce les demandes,
Aricie, envoya dans les champs de l'honneur.
Victime, nous dit-on, d'un discours suborneur,
Hippolyte périt en proie à la colère
D'une injuste marâtre et d'un crédule père;
Et, ministres fougueux de leurs cruels transports,
Ses chevaux effrénés déchirèrent son corps.
En faveur de Diane et des pleurs d'Aricie,
L'art puissant de Péon le rendit à la vie.
Jupiter, indigné que cet art criminel
Osât aux lois du sort arracher un mortel,
En plongea l'inventeur dans ce même Cocyte
Dont le fils d'Apollon affranchit Hippolyte;
Mais Diane cacha l'objet de tant de pleurs
Dans les plus noirs abris de ses bois protecteurs,
Et la nymphe Égérie en fut dépositaire.
C'est là que, loin du monde, inconnu, solitaire,
Le héros coule en paix ses jours mystérieux;
Mais pour tromper l'oreille aussi-bien que les yeux,
Appelé Virbius par la belle Égérie,
Il prit un autre nom avec une autre vie.
Les coursiers cependant sont bannis de ces bois :
Diane se souvient qu'un dragon, autrefois,
Excita leur frayeur à déchirer leur maître [1].

---

[1] Delille n'a point rendu les images du texte :

> Unde etiam templo Triviæ lucisque sacratis
> Cornipedes arcentur equi, quod littore currum,
> Et juvenem monstris pavidi effudere marinis.

Voilà pourquoi on écarte encore du temple et des bois sa-

Nourri comme son père en ce réduit champêtre,
Le nouvel Hippolyte y vécut sans témoins :
Mal instruit par l'exemple, il n'en aime pas moins
Ces fougueux animaux; et, désireux de gloire,
Son char rase les champs et vole à la victoire [1].

Turnus, plus beau, plus fier, et plus impétueux,
Lève au-dessus d'eux tous un front majestueux :
A l'effroi qu'il répand son casque ajoute encore,
Tel que l'Etna lançant le feu qui le dévore,
Sur son cimier, où flotte un panache à trois rangs,
La Chimère vomit ses tourbillons brûlants;
Et, plus dans le combat s'échauffe le carnage,
Plus s'irritent du monstre et les feux et la rage [2].
Sur l'orbe éblouissant de son bouclier d'or

---

crés de Diane les fougueux coursiers; la déesse se rappelle que ceux d'Hippolyte, effrayés par des monstres marins, renversèrent le héros et son char le long du rivage.

[1] Les derniers vers de Virgile rappellent ceux-ci de la fable de l'Horoscope, par La Fontaine :

> Le jeune homme, inquiet, ardent, plein de courage,
> A peine se sentit des bouillons d'un tel âge,
>   Qu'il soupira pour ce plaisir.
> Plus l'obstacle était grand, plus fort fut le désir.

[2] Heyne justifie naturellement ce trait, exagéré peut-être, en disant que dans la fureur du combat, et au milieu des mouvements de Turnus, le casque de ce prince jette tant d'éclat, que la Chimère qui le couronne semble redoubler de rage et vomir plus de flammes. C'est une illusion de la terreur qu'inspire Turnus à ses ennemis.

L'art présente un tableau plus magnifique encor;
C'est la trop belle Io transformée en génisse :
Ses poils, son front croissant commencent son supplice.
Du courroux de Junon rigoureux instrument,
Argus de ses cent yeux la veille incessamment;
Inachus l'aperçoit, et d'un air taciturne
Ce père joint ses pleurs aux ondes de son urne [1].
Turnus avec orgueil voit l'auteur de son sang;
Impatient, il part, vole de rang en rang :
Des plaines, des vallons, du sommet des montagnes,
Ses alliés en foule inondent les campagnes;
Les fils de Serranus, les vieux Sicaniens,

---

[1] Dans la seconde idylle de Moschus, l'histoire d'Io est tracée avec la plus rare élégance sur la corbeille d'Europe.

Ovide a traité le même sujet, et a su y répandre des beautés qui accusent de quelque sécheresse les quatre vers pour lesquels Virgile pouvait choisir peut-être de plus heureuses images.

« Elle arrive aux bords de l'Inachus où elle avait coutume de jouer naguère; et dès qu'elle voit dans l'onde ses cornes nouvelles, elle tremble, et se fuit elle-même. Les naïades, et son père, ignorent qui elle est : mais elle suit son père, elle suit ses sœurs, se laisse toucher, et s'offre aux caresses de sa famille étonnée. Le vieil Inachus lui avait tendu des herbes qu'il venait de cueillir, elle lèche les mains paternelles et semble leur donner des baisers; l'infortunée ne peut retenir ses larmes; et si les paroles obéissaient à sa voix, elle implorerait du secours, elle dirait son nom et ses malheurs. » (*Métam.*, liv. 1, vers 639 et suivants.)

Les Auronces fougueux, les jeunes Argiens,
Et les Sacraniens dévoués à Cybèle,
Le Labique peignant son armure fidèle,
Ceux qui du Numicus peuplent les bords sacrés,
Ceux par qui de Circé les monts sont labourés ;
Et les tributs d'Anxur, où se montre à la terre
Sous les traits d'un enfant le maître du tonnerre ;
Et les bergers voisins du fleuve dont les eaux
De la superbe Rome abreuvent les troupeaux,
Et le Rutule actif dont le soc se promène
Sur les coteaux ingrats qui forment son domaine,
Ceux qui de Satura bordent les noirs marais,
Ceux à qui Féronie en ses vertes forêts
Offre l'abri sacré de leurs riants ombrages,
Enfin les habitants de ces frais paysages
Où des humbles vallons l'Ufens suit les détours,
Et dans les vastes mers va terminer son cours.

 Des Volsques après eux marchait la reine altière,
L'intrépide Camille : une troupe guerrière,
Dont les fiers escadrons aux rayons du soleil
De leurs armes d'airain font briller l'appareil,
Suivait sur ses coursiers la superbe amazone.
Dès l'enfance exercée aux joûtes de Bellone,
Camille préférait, amante des combats,
La lance belliqueuse aux fuseaux de Pallas,
Les travaux de la guerre à des arts plus tranquilles.
Moins prompts sont les éclairs, et les vents moins agiles :
Elle eût, des jeunes blés rasant les verts tapis,
Sans plier leur sommet couru sur les épis ;
Ou, d'un pas suspendu sur les vagues profondes,
De la mer en glissant eût effleuré les ondes,
Et, d'un pied plus léger que l'aile des oiseaux,

Sans mouiller sa chaussure eût volé sur les eaux.
Son air fier et décent, sa démarche imposante,
De son manteau royal la pourpre éblouissante,
Son carquois lycien, l'or en flexibles nœuds
Sur son front avec grâce attachant ses cheveux,
Son myrte armé de fer, qui dans ses mains légères
Fait ressembler sa lance au sceptre des bergères,
Des guerriers attroupés au faîte des remparts
Sur elle ont réuni les avides regards :
L'œil étonné se plaît à ses grâces hautaines.
Des hameaux d'alentour, des bourgades lointaines,
Tout un peuple empressé, sitôt qu'elle a paru,
Pour fêter son passage en foule est accouru.
Son audace aux Latins promet un sort prospère ;
Le jeune homme s'enflamme, et le vieillard espère ;
Et la mère, admirant tant d'attraits réunis,
La voudrait pour sa fille, et la montre à son fils.

Le dénombrement des Grecs et des Troyens, si célèbre dans toute l'Hellénie, parce qu'il contenait, en quelque sorte, les origines de chacune des nations dont elle se composait avant et depuis le siége de Troye, est simple, naïf et uniforme comme une énumération de la Bible. La poésie de ce morceau est surtout remarquable par une harmonie qu'Homère paraît d'abord avoir trouvée toute faite dans une langue où les noms semblent nés pour les vers. Eschyle plus mâle, et non moins habile à faire cet heureux choix des sons que Denys d'Halicarnasse admire ici dans l'Iliade, semble justifier cette opinion ; mais Euripide qui disposait du même idiôme que ses deux modèles, ne les égalant pas sous ce rapport, il faut bien reconnaître que le talent et le travail ont révélé à Homère et à Eschyle des secrets ignorés de leur imitateur. Le dénombrement de l'Iliade peut encourir chez nous le reproche de quelque sécheresse; ce défaut prétendu n'existait point pour les Grecs, singulièrement touchés par les souvenirs de la patrie. D'ailleurs Erecthée, fils de la terre, recueilli par Minerve elle-même dans son temple de la superbe Athènes; Tlépolème, élève d'Hercule son père, éprouvé comme lui par de longues infortunes, et descendu enfin dans l'île de Rhodes où il a partagé son peuple en dix tribus chéries de Jupiter, et comblées de biens par ce dieu ; Philoctète abandonné à Lemnos, et vivement regretté par ses soldats; une foule de chefs illustres, tels qu'Idoménée, Diomède, les deux Ajax, Nestor, dont les noms seuls excitent une grande attente ; enfin la douleur et la retraite d'Achille abattu par la perte de Briséis, mais qui se relèvera bientôt; et le superbe Agamemnon qui élève sa tête au-dessus de tous les rois vengeurs de la querelle de Ménélas, ne laissent pas sans intérêt la longue énumération qu'Homère termine ainsi : «Muse, dis-moi quels furent dans l'armée d'Atride le guerrier le plus brave et les meilleurs coursiers. Les cavales que conduit Eumèle ont le plus de renommée ; rapides comme l'oiseau, toutes deux du même âge et de la même couleur, et semblables par la taille, le dieu qui manie l'arc d'argent les a nourries aux monts de Pierie, et dans les batailles elles répandent la terreur. De tous les guerriers, le plus brave, c'est Ajax, fils de Télamon, pendant l'éloignement et la colère d'Achille, car ce héros est supérieur à tous, comme les plus vaillants coursiers sont ceux qui portent le noble descendant de Pelée. Mais maintenant retiré sur ses vaisseaux vainqueurs des ondes, il couve son courroux contre Agamemnon ; ses soldats, sur le rivage de la mer, se plaisent à lancer le disque, le javelot et les flèches ; ses chevaux immobiles chacun auprès de leur char, paissent le lotos et l'ache humide des prairies ; et les chars magnifiques reposent sous les tentes des rois, tandis que ceux-ci déplorant l'absence de leur chef belliqueux, errent çà et là dans les camps, et ne se mêlent point aux combats. »

Amie de l'observation des mœurs, la naïveté grecque a permis ces détails à Homère ; comme Pindare, il célèbre les coursiers à côté de leurs maîtres qui chérissaient dans ces fiers animaux les compagnons, les instruments de leur gloire, et même les conservateurs de leurs jours ; aucun des contemporains du poëte n'eût blâmé la fidélité de ce tableau qu'il a orné de traits pleins de grâce, en y trouvant aussi un moyen de revenir sur la retraite d'Achille si funeste aux Argiens, et de relever encore le héros au moment où la Grèce tout entière va expier si cruellement l'orgueil et la violence du roi des rois. Ces artifices, qui sembleraient annoncer un siècle plus avancé dont il faudrait ménager l'excessive délicatesse, sont ici les fruits de la riante mythologie des Grecs, et les inspirations d'un heureux génie. Certes, les modernes auraient tort de parler avec dédain du dénombrement de l'Iliade qui a pour dernier mérite de mettre en présence les deux armées ennemies prêtes à en venir aux mains.

On ne cite en général qu'un dénombrement dans la tragédie des Perses, par Eschyle, mais il y en a vraiment deux, et plus dramatiques l'un que l'autre. Voici le premier : Un chœur de vieillards paraît sur la scène; gardiens de l'empire confié à leurs soins par Xerxès, un triste pressentiment s'élève dans leur âme sur le retour du roi et de sa brillante armée; nul courrier n'arrive au palais, et l'inquiétude leur arrache ces paroles : « L'Asie a vu emmener toutes ses forces, et elle accuse un jeune prince! Les habitants de Suze et d'Ecbatane, ceux que renfermaient les antiques remparts de Sissia, fantassins, cavaliers, gens de mer, quelle formidable armée! tous ont quitté leur patrie! Ainsi sont partis Amistrès, Artapherne, Mégabise, Asta-

pes, princes des Perses, rois sujets du grand roi;
chefs d'une nombreuse armée; adroits archers;
cavaliers habiles, effroyables à voir, terribles dans
l'action, et d'une âme inébranlable dans les périls.... L'opulente Sardes a vu sortir de son sein
des soldats portés sur des chars à double et triple
joug dont le seul aspect inspire l'épouvante; la
race armée de l'Asie entière a volé aux ordres menaçants de son roi. Ainsi avons-nous vu partir ces
guerriers, la fleur de la Perse; la terre qui les a
nourris, les regrette et les pleure avec amertume.
Les mères et les épouses comptent les jours d'une
trop longue absence. » Bientôt survient, sur le
théâtre, Atossa mère de Xerxès; après avoir entendu les premiers cris de la douleur du courrier qui
apporte la fatale nouvelle du désastre des Perses,
elle lui adresse ces paroles : « Remets-toi; quelques larmes qu'il t'en doive coûter, déploie-nous
tous nos malheurs avec constance. Quels généraux
vivent encore? qui sont ceux des rois qu'il nous faut
pleurer, et que la mort a forcés d'abandonner à-la-
fois et leur sceptre et leur poste?—Le courrier :
Xerxès respire et voit le jour. — Atossa : Ah!
tu nous rends la lumière du soleil; un jour brillant succède à la nuit la plus épaisse. — Le courrier : Mais le chef de dix mille chevaux, Artem-
barès, a été tué sur les rochers escarpés de Silène.
Dadacès, qui commandait mille hommes, d'un coup

de lance a été renversé de son bord ; Ténagon, le plus valeureux des Bactriens, est resté mort dans la patrie d'Ajax battue par les flots.... Lilée, Arsamès, Argestès, terrassés dans cette île nourrice des colombes, ont mordu la poussière.... »

Plus loin, le dénombrement semble recommencer une dernière fois et avec un accent plus tragique encore, quand le conseil des vieillards redemande à Xerxès, les uns après les autres, les amis, les satrapes, les rois, les soldats, les vaisseaux dont se composait l'armée qui vient de périr avec l'honneur de la Perse. Dans cet entretien sévère, où une tristesse profonde règne sur le théâtre, chaque nom prononcé, chaque question, chaque souvenir, est un coup de poignard pour Xerxès, et l'une des plus grandes leçons que la poésie ait jamais données à un monarque enivré de sa puissance, et auteur de la ruine d'un peuple.

Euripide a imité aussi, dans sa tragédie d'Iphigénie, les exemples de ses deux prédécesseurs. Le récit des femmes de Calchis, venues en Aulide pour contempler les bataillons des Grecs, est plus riche de détails que celui d'Homère, beaucoup moins dramatique que les scènes d'Eschyle, et à-la-fois plus brillant et plus intéressant que le dénombrement de Virgile. Nous voyons ici une armée superbe, une armée encore tout entière et prête à partir sous les auspices des dieux pour une guerre légitime qui va renverser un empire. Les nations qui la composent, les chefs qui la commandent, avaient tous un nom fameux, et ce nom n'a point perdu son éclat, grâce aux beaux génies qui l'ont répété de siècle en siècle depuis la naissance de l'Iliade. Nous reconnaissons en eux les héros de la grande querelle de l'Europe et de l'Asie immortalisée par Homère. En même temps nous ne pouvons nous empêcher de mêler à toute cette pompe le souvenir du cruel sacrifice qui doit ouvrir le champ de la gloire à tous ces rivaux.

La description de Virgile n'a point le même genre de mérite; non-seulement ses guerriers étaient inconnus pour la plupart dans le monde, mais, sauf quelques-uns, ils n'ont point acquis de célébrité par l'Énéide, et ne feront presque rien ou même ne seront pas nommés une seconde fois dans le cours de l'action. Au nombre de ces illustres inconnus, il faut ranger Catillus et l'ardent Coras son frère, le roi Céculus, fils de Vulcain, l'intrépide Clausus, Halésus, fils d'Agamemnon, et auteur de quelques pâles exploits; OEbale, issu de la nymphe Sébéthis, le brave Ufens dont la renommée, dit le poëte, a vanté les exploits, le valeureux Umbron, pontife belliqueux, que son savoir et son art ne sauveront pas de la mort.

Virgile a consacré toute l'élégance de son pinceau à représenter la fin cruelle et la renaissance d'Hippolyte ressuscité par Diane sous le nom de Virbius, et demeuré fidèle à ses premiers penchants. Mais d'où vient que ce guerrier impétueux ne jouera aucun rôle dans les combats? Un peu plus haut le bel Aventinus, le digne sang d'Hercule, est peint d'une manière admirable ; à son bouclier où figure l'hydre de Lerne avec cent serpents repliés autour d'elle; à la peau du lion de Némée qui hérisse ses épaules, à son manteau, à tout son horrible appareil, on le prendrait pour le vainqueur de Géryon. Pourquoi tout ce fracas de poésie? Aventinus[1] ne paraîtra pas dans la lice, tandis que, par un singulier contre-sens, Mézence, le contempteur des dieux, Mézence qui est comme le flambeau de la guerre, Mézence destiné à mourir de la main d'Énée, après avoir versé des flots de sang troyen, se trouve à peine esquissé. Cependant l'affreuse peinture que Virgile fera bientôt du caractère et des crimes de ce roi des Étrusques chassé par ses sujets, demandait ici un portrait à la manière d'Eschyle quand il peint le furieux Tydée, ou l'impie Capanée, géant plus terrible encore. Dans la Jérusalem, le Circassien Argant, Soliman, roi de Nicée, ont des rapports avec Mézence, et le Tasse

---

[1] *Voyez* le portrait de Colaxès, chef des Bisaltes, et fils de Jupiter et d'Hora, dans Valérius Flaccus. (Liv. VI, v. 47.)

a employé pour les représenter des couleurs de feu que Virgile n'avait point ici sur sa palette. Le magnanime Lausus aurait dû aussi inspirer autre chose que les froids détails par lesquels on nous annonce un jeune prince né pour la gloire, et un fils religieux qui ne méritait pas un tyran pour père. Nul doute que le poëte aurait retouché son Mézence, et qu'en lui donnant une physionomie odieuse et un air redoutable, il aurait été conduit à prêter plus de grandeur et de charme à Lausus.

On souhaiterait également voir paraître avec plus d'éclat sur la scène et dans les combats, ce Messape qui, cité vingt fois comme dompteur de coursiers, et issu du sang de Neptune, ne serait pas digne du dernier rang parmi les héros de l'Iliade, malgré l'intention évidente d'en faire un des principaux personnages de l'Énéide. Si Virgile eût mieux dessiné ce farouche guerrier, il aurait aussi trouvé des moyens de caractériser avec plus de fierté les troupes qui le suivent, et de nous faire entendre leurs chants belliqueux en l'honneur de leur roi, autrement que par une comparaison vague et sans justesse. Plus heureux et plus vrai, Valérius a dit : « Au-dessus d'eux, Phalcès conduit dans la plaine un nuage de soldats frémissants et couverts d'airain ; ce sont les nombreux Corals réunis sous ses enseignes. La roue d'un char grossier, et l'image en fer d'un porc immonde, voilà leur étendard ; un tronçon de colonne est pour eux le simulacre de Jupiter ; ces peuples n'ont pas recours au clairon pour enflammer l'ardeur des combattants ; ils célèbrent les guerriers de la patrie, et les anciens exploits qui sont des conseils de gloire [1]. »

L'auteur des Martyrs, profitant des traditions antiques et modernes, y a trouvé encore des beautés plus mâles et plus poétiques : « Les instruments guerriers sonnent l'air antique de Jules César partant pour les Gaules. La rage s'empare de tous les cœurs, les yeux roulent du sang, la main frémit sur l'épée...... Les Romains commencent le chant de Probus : « Quand nous aurons vaincu mille guerriers francs, combien ne vaincrons-nous pas de millions de Perses ? »

» Les Grecs répètent en chœur le Pœan, et les Gaulois l'hymne des druides. Les Francs répondent à ces cantiques de mort : ils serrent leurs boucliers contre leurs bouches, et font entendre un mugissement semblable au bruit de la mer que le vent brise contre un rocher ; puis tout-à-coup, poussant un cri aigu, ils entonnent le bardit à la louange de leurs héros :

---

[1] Liv. VI, vers 88.

« Pharamond ! Pharamond ! nous avons combattu avec l'épée, etc. » Ainsi chantaient quarante mille barbares. Leurs cavaliers haussaient et baissaient leurs boucliers blancs en cadence ; et à chaque refrain ils frappaient, du fer d'un javelot, leur poitrine couverte de fer[1]. » .

On ne connaissait point à Rome, avant Virgile, une élégance, une souplesse, une pureté pareilles à celles des vers sur Camille qui marche avec les nouveaux ennemis des Troyens. Camille n'est pas d'un médiocre ornement à la fin de l'énumération virgilienne ; toutefois la Penthésilée de Quintus Calaber a des traits que l'on désirerait dans sa rivale, et inspire un bien plus grand intérêt en se montrant pour la première fois. Penthésilée, venue au secours de Priam affligé par la mort d'Hector, paraît à la tête de douze compagnes toutes illustres par leur valeur et leurs exploits ; elles forment son magnifique cortége. « Telle l'Aurore qui se plaît à conduire ses superbes coursiers, se lève sur l'horizon au milieu des Heures à la chevelure élégante, et semble effacer ces beautés si pures ; telle au milieu des guerrières qui la suivent, Penthésilée s'avance vers les murs d'Ilion.

» Les Troyens accourus en foule ne peuvent se

---

[1] *Martyrs*, chant VI.

lasser de voir et d'admirer la fille du dieu des combats, sous les armes. Sur son visage habitaient ensemble la terreur et la beauté; elle sourit avec charme, et sous d'imposants sourcils ses yeux brillent à l'égal des rayons du soleil. La pudeur colore ses joues, où une grâce divine se mêlait avec quelque chose de mâle. A sa vue, les peuples oublient leur tristesse et poussent des cris de joie, comme le laboureur qui voit Iris sortir du sein des vastes mers, et annoncer la pluie, bienfait des dieux, aux campagnes desséchées.... Priam de son côté, quoique baigné de larmes et déchiré par les angoisses de la douleur, sent un peu relever son cœur abattu, à l'aspect de la reine des Amazones. Il conduit l'héroïne dans son palais, l'accueille avec la même tendresse que s'il eût revu en elle sa propre fille après vingt ans d'absence; il la comble de présents, et lui en promet de plus riches si par son courage elle délivre les Troyens. Penthésilée se charge d'une entreprise dont personne n'oserait concevoir la pensée; elle se vante de terrasser Achille, de détruire les nombreux bataillons argiens, et de réduire leur flotte en cendres. L'insensée! qu'elle connaissait peu cet Achille si redoutable aux guerriers dans les champs de la mort! L'illustre Andromaque l'entend, et réprime tant d'audace par ces paroles pleines de raison et de pitié : « Infortunée ! quelle est cette exaltation qui t'emporte à de si grandes promesses? où sont tes forces pour combattre l'intrépide fils de Pélée? Hélas! il te donnerait la mort du premier coup de lance. Faible vierge, quel délire s'empare de ton cœur? Sans doute le terme de ta vie approche, et un dieu fatal plane déjà sur ta tête. Hector l'emportait de beaucoup sur toi par la valeur, et cependant, tout brave qu'il était, Hector a succombé, pour le deuil éternel de sa patrie. »

La Clorinde de la Jérusalem délivrée, imitation quelquefois trop recherchée de la Camille de l'Énéide, excite aussi une plus grande attente et touche davantage. La fière Amazone a déjà rougi la terre du sang des Croisés; comme Penthésilée, elle vient prendre volontairement sa part des dangers d'un roi et d'un peuple. En entrant dans la ville sainte, elle voit Olinde et Sophronie condamnés à périr d'une manière injuste et cruelle par le sultan Aladin. Elle court se présenter à lui, demande la grâce des deux victimes, et les arrache à une mort certaine. Voilà par quels exploits elle se signale en arrivant sur la scène; ses généreux sentiments, sa pitié tendre et magnanime nous révèlent l'intérieur de cette fière rivale d'Argant, qui réunit un cœur sensible et sublime à un courage indompté; le salut de deux innocents, de deux Chrétiens, semble être le premier pas de Clorinde dans la carrière au bout de laquelle Tancrède doit ouvrir le ciel à son amante éclairée par la foi.

Peut-être Virgile a-t-il obéi malgré lui à une prédilection secrète pour Turnus; c'est du moins ce que l'on pourrait penser à la manière brillante dont il le fait paraître, sans songer que jusques à présent le héros du poëme a été presque réduit à une honteuse inaction en Italie. Personne ne l'a encore vu; il ne s'est montré dans aucune circonstance; nous ne l'avons pu contempler ni sous les armes, ni sur le trône, ni dans les conseils, ni dans son camp. Que faisait-il pendant l'ambassade d'Ilionée? où se cachait-il pendant le premier combat? quels sont ses préparatifs de guerre? quels rapports de prince et de capitaine entretient-il avec l'armée troyenne? pourquoi cette armée elle-même reste-t-elle dans un tel oubli? est-elle si faible que le poëte rougisse de la faire connaître, ou qu'elle n'ose trahir le secret du petit nombre de ses guerriers aux yeux des Latins? Comment Virgile a-t-il négligé de nous introduire du moins dans l'enceinte où la retiennent les volontés de son chef, et de nous donner de hautes espérances par le spectacle de l'ardeur dont elle est animée, des projets qu'elle conçoit, et des travaux qui la préparent à accomplir avec des prodiges les décrets de Jupiter? Il est d'autant plus malaisé de répondre à ces questions, que Virgile omettra en-

tièrement les Troyens dans le dénombrement des
alliés qu'Énée, sortant de la cour d'Évandre, doit
amener au secours de la nouvelle Pergame.

Homère, et les autres poëtes que je citerai dans
le dixième livre de l'Énéide, ont placé les dénom-
brements d'armée au début de leur ouvrage, et
de manière à servir de guides à la mémoire du
lecteur pendant le cours des événements; Virgile
n'a pu tracer son énumération qu'à la fin du septième chant, parce que l'action ne commence
vraiment qu'après l'arrivée d'Énée en Italie. Cette
remarque déjà faite se reproduit ici avec un grand
désavantage pour la composition de l'Énéide
comparée aux autres épopées anciennes ou modernes.

Quelque respect qu'inspire un nom aussi imposant que celui du prince des poëtes latins, on ne
saurait se dissimuler que ce chant n'ajoute ni à la
renommée d'Énée, ni à celle de son peuple, et
que les Troyens ouvrent bien obscurément leur
nouvelle carrière de gloire. Virgile déploie ici un
grand luxe de poésie, il crée des beautés d'un
autre ordre que celles qu'il avait semées sur son
passage; mais tout ce qui est digne d'intérêt, riche d'ornements, plein de passions, de mouvements, de chaleur dramatique, se passe dans le
palais de Latinus, dans Ardée en armes, dans
Laurente en feu, et parmi les compagnons de Tur-

nus. Un débarquement vulgaire, un froid repas, l'interprétation assez mal motivée d'un incident assez mesquin, un camp tracé, l'envoi d'une ambassade, une alliance obtenue sans aucun effort, sans aucun mérite de la part du héros; cette alliance rendue nulle par un malheur d'Ascagne qui s'amuse à chasser en de si graves circonstances, et suscite ainsi une horrible guerre dans laquelle il doit nécessairement paraître l'agresseur à tous les nationaux; voilà les exploits d'Énée et de son fils. Aussi la colère de Junon contre de pareils adversaires, l'enfer soulevé, l'Italie embrasée tout entière pour leur perte, semblent-ils d'une exagération presque ridicule, par l'effet même du contraste de la grandeur des moyens avec la faiblesse des obstacles. A la vérité, Junon s'arme de toutes les forces de l'enfer contre la volonté du Destin; mais pour que cette objection eût quelque solidité, il faudrait que, semblables aux soldats de Godefroi, les Troyens s'élevassent par la pensée à la hauteur de la fortune qui les attend; il faudrait que l'on vît éclater en eux ces inspirations sublimes qui promettent des triomphes. La rage des combats rugit de toutes parts autour d'eux, et on dirait qu'étrangers à la tempête, ils dorment dans un repos honteux, ou qu'ils s'abandonnent entièrement à la protection du ciel, comme si l'homme ne devait pas mériter l'assistance divine. Non-seulement ils n'agissent ni en guerriers, ni en protégés de Jupiter, mais on n'entend pas même sortir de leurs cœurs une parole généreuse. En omettant ainsi tout ce que nous espérions de lui, en laissant dans l'ombre les Troyens qu'il destine au succès, en jetant au contraire la plus vive lumière sur Turnus et les siens qu'il dévoue au malheur, Virgile a l'air de faire violence à notre raison, de vouloir donner à toute force la victoire à ceux qui ne la méritent pas.

Mais, ainsi que Fénélon l'a dit, Énée n'était pas le principal but de Virgile ; il a regardé en ce prince la nation romaine qui devait en descendre ; toujours préoccupé de ses chers Romains, il leur sacrifie sans cesse les héros de son poëme ; et, dans le chant même qui donne lieu à ces critiques, Rome, ses origines, ses mœurs, ses usages dans la guerre, les anciens rois d'Italie, brillent du plus vif éclat aux dépens des débris du peuple de Priam ; Rome, toujours présente, efface les Troyens dont Virgile n'a su ressusciter ni les vertus, ni la gloire. Il résulte de ce contre-sens inévitable avec la fausse conception de l'auteur, que, malgré l'ordre des destins que nous accusons d'injustice, malgré les décrets de Jupiter, auxquels nous refusons de croire à l'aspect de ses indignes favoris, nous nous rangeons du parti de Turnus qui vole aux armes pour défendre contre des étrangers son pays, sa renommée, l'épouse promise à son amour, et la récompense de son courage à maintenir la paix de l'Ausonie, ainsi que le trône d'un prince faible, ingrat et sans foi.

ÆNEIDOS

LIBER SEPTIMUS.

Tu quoque littoribus nostris, Æneia nutrix,
Æternam moriens famam, Caieta, dedisti:
Et nunc servat honos sedem tuus; ossaque nomen
Hesperia in magna, si qua est ea gloria, signat.
At pius exsequiis Æneas rite solutis,
Aggere composito tumuli, postquam alta quierunt
Æquora, tendit iter velis, portumque relinquit.
Adspirant auræ in noctem, nec candida cursus
Luna negat; splendet tremulo sub lumine pontus.
Proxima Circææ raduntur littora terræ,
Dives inaccessos ubi Solis filia lucos
Assiduo resonat cantu, tectisque superbis
Urit odoratam nocturna in lumina cedrum,
Arguto tenues percurrens pectine telas.
Hinc exaudiri gemitus iræque leonum
Vincla recusantum et sera sub nocte rudentum;
Sætigerique sues, atque in præsepibus ursi
Sævire, ac formæ magnorum ululare luporum;
Quos hominum ex facie dea sæva potentibus herbis
Induerat Circe in vultus ac terga ferarum.
Quæ ne monstra pii paterentur talia Troes

Delati in portus, neu littora dira subirent,
Neptunus ventis implevit vela secundis,
Atque fugam dedit, et præter vada fervida vexit.
    Jamque rubescebat radiis mare, et æthere ab alto
Aurora in roseis fulgebat lutea bigis :
Quum venti posuere, omnisque repente resedit
Flatus, et in lento luctantur marmore tonsæ.
Atque hic Æneas ingentem ex æquore lucum
Prospicit. Hunc inter fluvio Tiberinus amœno,
Vorticibus rapidis, et multa flavus arena,
In mare prorumpit : variæ circumque supraque
Assuetæ ripis volucres et fluminis alveo
Æthera mulcebant cantu, lucoque volabant.
Flectere iter sociis, terræque advertere proras,
Imperat, et lætus fluvio succedit opaco.
    Nunc age, qui reges, Erato, quæ tempora rerum,
Quis Latio antiquo fuerit status, advena classem
Quum primum Ausoniis exercitus appulit oris,
Expediam, et primæ revocabo exordia pugnæ.
Tu vatem, tu, Diva, mone. Dicam horrida bella;
Dicam acies, actosque animis in funera reges,
Tyrrhenamque manum, totamque sub arma coactam
Hesperiam. Major rerum mihi nascitur ordo,
Majus opus moveo. Rex arva Latinus et urbes
Jam senior longa placidas in pace regebat.
Hunc Fauno et nympha genitum Laurente Marica
Accipimus. Fauno Picus pater; isque parentem
Te, Saturne, refert; tu sanguinis ultimus auctor.
Filius huic, fato divum, prolesque virilis
Nulla fuit; primaque oriens erepta juventa est.

LIBER VII.

Sola domum et tantas servabat filia sedes,
Jam matura viro, jam plenis nubilis annis.
Multi illam magno e Latio totaque petebant
Ausonia. Petit ante alios pulcherrimus omnes
Turnus, avis atavisque potens; quem regia conjux
Adjungi generum miro properabat amore;
Sed variis portenta deum terroribus obstant.
Laurus erat tecti medio, in penetralibus altis,
Sacra comam, multosque metu servata per annos;
Quam pater inventam, primas quum conderet arces,
Ipse ferebatur Phœbo sacrasse Latinus,
Laurentisque ab ea nomen posuisse colonis.
Hujus apes summum densæ (mirabile dictu),
Stridore ingenti liquidum trans æthera vectæ,
Obsedere apicem; et, pedibus per mutua nexis,
Examen subitum ramo frondente pependit.
Continuo vates, Externum cernimus, inquit,
Adventare virum, et partes petere agmen easdem
Partibus ex isdem, et summa dominarier arce.
Præterea, castis adolet dum altaria tædis,
Ut juxta genitorem adstat Lavinia virgo,
Visa (nefas) longis comprendere crinibus ignem,
Atque omnem ornatum flamma crepitante cremari;
Regalesque accensa comas, accensa coronam
Insignem gemmis; tum fumida lumine fulvo
Involvi, ac totis vulcanum spargere tectis.
Id vero horrendum ac visu mirabile ferri :
Namque fore illustrem fama fatisque canebant
Ipsam; sed populo magnum portendere bellum.
At rex, sollicitus monstris, oracula Fauni

Fatidici genitoris adit, lucosque sub alta
Consulit Albunea, nemorum quæ maxima sacro
Fonte sonat, sævamque exhalat opaca mephitim.
Hinc Italæ gentes, omnisque OEnotria tellus,
In dubiis responsa petunt. Huc dona sacerdos
Quum tulit, et cæsarum ovium sub nocte silenti
Pellibus incubuit stratis, somnosque petivit,
Multa modis simulacra videt volitantia miris,
Et varias audit voces, fruiturque deorum
Colloquio, atque imis Acheronta affatur Avernis.
Hic et tum pater ipse petens responsa Latinus
Centum lanigeras mactabat rite bidentes,
Atque harum effultus tergo stratisque jacebat
Velleribus. Subita ex alto vox reddita luco est:
Ne pete connubiis natam sociare Latinis,
O mea progenies, thalamis neu crede paratis:
Externi veniunt generi, qui sanguine nostrum
Nomen in astra ferant, quorumque ab stirpe nepotes
Omnia sub pedibus, qua sol utrumque recurrens
Adspicit oceanum, vertique regique videbunt.
Hæc responsa patris Fauni, monitusque silenti
Nocte datos, non ipse suo premit ore Latinus;
Sed circum late volitans jam fama per urbes
Ausonias tulerat, quum Laomedontia pubes
Gramineo ripæ religavit ab aggere classem.

 Æneas, primique duces, et pulcher Iulus,
Corpora sub ramis deponunt arboris altæ,
Instituuntque dapes, et adorea liba per herbam
Subjiciunt epulis (sic Juppiter ille monebat),
Et cereale solum pomis agrestibus augent.

LIBER VII.

Consumptis hic forte aliis, ut vertere morsus
Exiguam in cererem penuria adegit edendi,
Et violare manu malisque audacibus orbem
Fatalis crusti, patulis nec parcere quadris :
Heus! etiam mensas consumimus! inquit Iulus.
Nec plura alludens. Ea vox audita laborum
Prima tulit finem, primamque loquentis ab ore
Eripuit pater, ac stupefactus numine pressit.
Continuo : Salve, fatis mihi debita tellus;
Vosque, ait, o fidi Trojæ, salvete, Penates.
Hic domus, hæc patria est. Genitor mihi talia, namque
Nunc repeto, Anchises fatorum arcana reliquit :
Quum te, nate, fames ignota ad littora vectum
Accisis coget dapibus consumere mensas,
Tum sperare domos defessus, ibique memento
Prima locare manu molirique aggere tecta.
Hæc erat illa fames; hæc nos suprema manebat,
Exitiis positura modum.
Quare agite, et primo læti cum lumine solis
Quæ loca, quive habeant homines, ubi mœnia gentis,
Vestigemus, et a portu diversa petamus.
Nunc pateras libate Jovi, precibusque vocate
Anchisen genitorem, et vina reponite mensis.
Sic deinde effatus, frondenti tempora ramo
Implicat, et Geniumque loci, primamque deorum
Tellurem, Nymphasque, et adhuc ignota precatur
Flumina : tum Noctem, Noctisque orientia signa,
Idæumque Jovem, Phrygiamque ex ordine matrem,
Invocat, et duplices Cœloque Ereboque parentes.
Hic pater omnipotens ter cœlo clarus ab alto

Intonuit, radiisque ardentem lucis et auro
Ipse manu quatiens ostendit ab æthere nubem.
Diditur hic subito Trojana per agmina rumor,
Advenisse diem quo debita mœnia condant.
Certatim instaurant epulas, atque omine magno
Crateras læti statuunt, et vina coronant.

   Postera quum prima lustrabat lampade terras
Orta dies, urbem, et fines, et littora gentis,
Diversi explorant : hæc fontis stagna Numici,
Hunc Thybrim fluvium, hic fortes habitare Latinos.
Tum satus Anchisa delectos ordine ab omni
Centum oratores augusta ad mœnia regis
Ire jubet, ramis velatos Palladis omnes;
Donaque ferre viro, pacemque exposcere Teucris.
Haud mora; festinant jussi, rapidisque feruntur
Passibus : ipse humili designat mœnia fossa,
Moliturque locum; primasque in littore sedes,
Castrorum in morem, pinnis atque aggere cingit.
Jamque iter emensi, turres ac tecta Latinorum
Ardua cernebant juvenes, muroque subibant.
Ante urbem pueri et primævo flore juventus
Exercentur equis, domitantque in pulvere currus,
Aut acres tendunt arcus, aut lenta lacertis
Spicula contorquent, cursuque ictuque lacessunt:
Quum prævectus equo longævi regis ad aures
Nuntius ingentes ignota in veste reportat
Advenisse viros. Ille intra tecta vocari
Imperat, et solio medius consedit avito.
Tectum augustum, ingens, centum sublime columnis,
Urbe fuit summa, Laurentis regia Pici,

LIBER VII.

Horrendum silvis et relligione parentum.
Hic sceptra accipere, et primos attollere fasces,
Regibus omen erat; hoc illis curia templum;
Hæ sacris sedes epulis: hic, ariete cæso,
Perpetuis soliti patres considere mensis.
Quin etiam veterum effigies ex ordine avorum
Antiqua e cedro, Italusque, paterque Sabinus
Vitisator, curvam servans sub imagine falcem,
Saturnusque senex, Janique bifrontis imago,
Vestibulo adstabant; aliique ab origine reges
Martia qui ob patriam pugnando vulnera passi.
Multaque præterea sacris in postibus arma;
Captivi pendent currus, curvæque secures,
Et cristæ capitum, et portarum ingentia claustra,
Spiculaque, clypeique, ereptaque rostra carinis.
Ipse Quirinali lituo parvaque sedebat
Succinctus trabea, lævaque ancile gerebat
Picus, equum domitor; quem capta cupidine conjux
Aurea percussum virga, versumque venenis,
Fecit avem Circe, sparsitque coloribus alas.
Tali intus templo divum, patriaque Latinus
Sede sedens, Teucros ad sese in tecta vocavit;
Atque hæc ingressis placido prior edidit ore:
Dicite, Dardanidæ, neque enim nescimus et urbem
Et genus, auditique advertitis æquore cursum,
Quid petitis? quæ causa rates, aut cujus egentes
Littus ad Ausonium tot per vada cærula vexit?
Sive errore viæ, seu tempestatibus acti,
(Qualia multa mari nautæ patiuntur in alto)
Fluminis intrastis ripas, portuque sedetis;

Ne fugite hospitium; neve ignorate Latinos
Saturni gentem, haud vinclo nec legibus æquam,
Sponte sua, veterisque dei se more tenentem.
Atque equidem memini (fama est obscurior annis)
Auruncos ita ferre senes; his ortus ut agris
Dardanus Idæas Phrygiæ penetrarit ad urbes,
Threiciamque Samum, quæ nunc Samothracia fertur.
Hinc illum Corythi Tyrrhena ab sede profectum
Aurea nunc solio stellantis regia cœli
Accipit, et numerum divorum altaribus addit.

Dixerat; et dicta Ilioneus sic voce secutus:
Rex, genus egregium Fauni, nec fluctibus actos
Atra subegit hiems vestris succedere terris;
Nec sidus regione viæ littusve fefellit.
Consilio hanc omnes animisque volentibus urbem
Afferimur, pulsi regnis, quæ maxima quondam
Extremo veniens sol adspiciebat Olympo.
Ab Jove principium generis; Jove Dardana pubes
Gaudet avo : rex ipse, Jovis de gente suprema,
Troius Æneas tua nos ad limina misit.
Quanta per Idæos sævis effusa Mycenis
Tempestas ierit campos, quibus actus uterque
Europæ atque Asiæ fatis concurrerit orbis,
Audiit, et si quem tellus extrema refuso
Submovet oceano, et si quem extenta plagarum
Quatuor in medio dirimit plaga solis iniqui.
Diluvio ex illo tot vasta per æquora vecti,
Dis sedem exiguam patriis, littusque rogamus
Innocuum, et cunctis undamque auramque patentem.
Non erimus regno indecores; nec vestra feretur

LIBER VII.

Fama levis, tantive abolescet gratia facti;
Nec Trojam Ausonios gremio excepisse pigebit.
Fata per Æneæ juro, dextramque potentem,
Sive fide, seu quis bello est expertus et armis;
Multi nos populi, multæ (ne temne quod ultro
Præferimus manibus vittas ac verba precantia)
Et petiere sibi et voluere adjungere gentes.
Sed nos fata deum vestras exquirere terras
Imperiis egere suis. Hinc Dardanus ortus
Huc repetit; jussisque ingentibus urget Apollo
Tyrrhenum ad Thybrim et fontis vada sacra Numici.
Dat tibi præterea fortunæ parva prioris
Munera, reliquias Troja ex ardente receptas.
Hoc pater Anchises auro libabat ad aras :
Hoc Priami gestamen erat, quum jura vocatis
More daret populis; sceptrumque, sacerque tiaras,
Iliadumque labor vestes.

 Talibus Ilionei dictis, defixa Latinus
Obtutu tenet ora, soloque immobilis hæret,
Intentos volvens oculos : nec purpura regem
Picta movet, nec sceptra movent Priameia tantum,
Quantum in connubio natæ thalamoque moratur :
Et veteris Fauni volvit sub pectore sortem.
Hunc illum fatis externa ab sede profectum
Portendi generum, paribusque in regna vocari
Auspiciis; huic progeniem virtute futuram
Egregiam, et totum quæ viribus occupet orbem.
Tandem lætus ait : Di nostra incepta secundent,
Auguriumque suum. Dabitur, Trojane, quod optas.
Munera nec sperno. Non vobis, rege Latino,

Divitis uber agri Trojæve opulentia deerit.
Ipse modo Æneas (nostri si tanta cupido est,
Si jungi hospitio properat, sociusque vocari,)
Adveniat; vultus neve exhorrescat amicos.
Pars mihi pacis erit dextram tetigisse tyranni.
Vos contra regi mea nunc mandata referte.
Est mihi nata, viro gentis quam jungere nostræ,
Non patrio ex adyto sortes, non plurima cœlo
Monstra sinunt : generos externis affore ab oris,
Hoc Latio restare canunt, qui sanguine nostrum
Nomen in astra ferant. Hunc illum poscere fata
Et reor, et, si quid veri mens augurat, opto.
Hæc effatus, equos numero pater eligit omni :
Stabant ter centum nitidi in præsepibus altis.
Omnibus extemplo Teucris jubet ordine duci
Instratos ostro alipedes pictisque tapetis.
Aurea pectoribus demissa monilia pendent :
Tecti auro, fulvum mandunt sub dentibus aurum.
Absenti Æneæ currum geminosque jugales,
Semine ab ætherio, spirantes naribus ignem,
Illorum de gente patri quos Dædala Circe
Supposita de matre nothos furata creavit.
Talibus Æneadæ donis dictisque Latini
Sublimes in equis redeunt, pacemque reportant.

 Ecce autem Inachiis sese referebat ab Argis
Sæva Jovis conjux, aurasque invecta tenebat;
Et lætum Ænean classemque ex æthere longo
Dardaniam Siculo prospexit ab usque Pachyno.
Moliri jam tecta videt, jam fidere terræ,
Deseruisse rates : stetit acri fixa dolore.

LIBER VII.

Tum, quassans caput, hæc effundit pectore dicta:
Heu stirpem invisam! et fatis contraria nostris
Fata Phrygum! num Sigeis occumbere campis,
Num capti potuere capi? num incensa cremavit
Troja viros? medias acies mediosque per ignes
Invenere viam. At, credo, mea numina tandem
Fessa jacent, odiis aut exsaturata quievi.
Quin etiam patria excussos infesta per undas
Ausa sequi, et profugis toto me opponere ponto.
Absumptæ in Teucros vires cœlique marisque.
Quid Syrtes, aut Scylla mihi, quid vasta Charybdis
Profuit? optato conduntur Thybridis alveo,
Securi pelagi, atque mei. Mars perdere gentem
Immanem Lapithum valuit: concessit in iras
Ipse deum antiquam genitor Calydona Dianæ.
Quod scelus aut Lapithas tantum, aut Calydona merentem?
Ast ego, magna Jovis conjux, nil linquere inausum
Quæ potui infelix, quæ memet in omnia verti,
Vincor ab Ænea. Quod si mea numina non sunt
Magna satis, dubitem haud equidem implorare quod usquam est.
Flectere si nequeo Superos, Acheronta movebo.
Non dabitur regnis (esto) prohibere Latinis,
Atque immota manet fatis Lavinia conjux:
At trahere, atque moras tantis licet addere rebus;
At licet amborum populos exscindere regum.
Hac gener atque socer coeant mercede suorum.
Sanguine Trojano et Rutulo dotabere, virgo;
Et Bellona manet te pronuba. Nec face tantum
Cisseis prægnans ignes enixa jugales;
Quin idem Veneri partus suus, et Paris alter,

Funestæque iterum recidiva in Pergama tædæ.
  Hæc ubi dicta dedit, terras horrenda petivit.
Luctificam Allecto dirarum ab sede dearum
Infernisque ciet tenebris; cui tristia bella,
Iræque, insidiæque, et crimina noxia cordi.
Odit et ipse pater Pluton, odere sorores
Tartareæ monstrum : tot sese vertit in ora,
Tam sævæ facies, tot pullulat atra colubris.
Quam Juno his acuit verbis, ac talia fatur :
Hunc mihi da proprium, virgo sata Nocte, laborem,
Hanc operam; ne noster honos infractave cedat
Fama loco; neu connubiis ambire Latinum
Æneadæ possint, Italosve obsidere fines.
Tu potes unanimos armare in prœlia fratres,
Atque odiis versare domos : tu verbera tectis
Funereasque inferre faces : tibi nomina mille,
Mille nocendi artes : fecundum concute pectus,
Disjice compositam pacem, sere crimina belli :
Arma velit, poscatque simul, rapiatque juventus.
  Exin Gorgoneis Allecto infecta venenis
Principio Latium et Laurentis tecta tyranni
Celsa petit, tacitumque obsedit limen Amatæ :
Quam super adventu Teucrum, Turnique hymenæis,
Femineæ ardentem curæque iræque coquebant.
Huic dea cæruleis unum de crinibus anguem
Conjicit, inque sinum præcordia ad intima subdit,
Quo furibunda domum monstro permisceat omnem.
Ille inter vestes et levia pectora lapsus
Volvitur attactu nullo, fallitque furentem,
Vipeream inspirans animam : fit tortile collo

Aurum ingens coluber; fit longæ tænia vittæ,
Innectitque comas, et membris lubricus errat.
Ac dum prima lues udo sublapsa veneno
Pertentat sensus, atque ossibus implicat ignem,
Necdum animus toto percepit pectore flammam,
Mollius, et solito matrum de more, locuta est,
Multa super nata lacrymans, Phrygiisque hymenæis :
   Exsulibusne datur ducenda Lavinia Teucris,
O genitor? nec te miseret natæque, tuique?
Nec matris miseret, quam primo aquilone relinquet
Perfidus, alta petens abducta virgine, prædo?
At non sic Phrygius penetrat Lacedæmona pastor,
Ledæamque Helenam Trojanas vexit ad urbes?
Quid tua sancta fides, quid cura antiqua tuorum,
Et consanguineo toties data dextera Turno?
Si gener externa petitur de gente Latinis,
Idque sedet, Faunique premunt te jussa parentis;
Omnem equidem sceptris terram quæ libera nostris
Dissidet externam reor, et sic dicere divos.
Et Turno, si prima domus repetatur origo,
Inachus Acrisiusque patres, mediæque Mycenæ.
   His ubi nequidquam dictis experta Latinum
Contra stare videt, penitusque in viscera lapsum
Serpentis furiale malum, totamque pererrat;
Tum vero infelix, ingentibus excita monstris,
Immensam sine more furit lymphata per urbem :
Ceu quondam torto volitans sub verbere turbo,
Quem pueri magno in gyro vacua atria circum
Intenti ludo exercent; ille actus habena
Curvatis fertur spatiis : stupet inscia supra

Impubesque manus, mirata volubile buxum :
Dant animos plagæ. Non cursu segnior illo
Per medias urbes agitur, populosque feroces.
Quin etiam in silvas, simulato numine Bacchi,
Majus adorta nefas, majoremque orsa furorem,
Evolat; et natam frondosis montibus abdit;
Quo thalamum eripiat Teucris, tædasque moretur :
Evoe Bacche, fremens, solum te virgine dignum
Vociferans : etenim molles tibi sumere thyrsos,
Te lustrare choro, sacrum tibi pascere crinem.
Fama volat : furiisque accensas pectore matres
Idem omnes simul ardor agit nova quærere tecta.
Deseruere domos : ventis dant colla comasque.
Ast aliæ tremulis ululatibus æthera complent,
Pampineasque gerunt incinctæ pellibus hastas.
Ipsa inter medias flagrantem fervida pinum
Sustinet, ac natæ Turnique canit hymenæos,
Sanguineam torquens aciem; torvumque repente
Clamat : Io matres, audite ubi quæque, Latinæ,
Si qua piis animis manet infelicis Amatæ
Gratia, si juris materni cura remordet;
Solvite crinales vittas, capite orgia mecum.

 Talem inter silvas, inter deserta ferarum,
Reginam Allecto stimulis agit undique Bacchi.
Postquam visa satis primos acuisse furores,
Consiliumque omnemque domum vertisse Latini;
Protenus hinc fuscis tristis dea tollitur alis
Audacis Rutuli ad muros, quam dicitur urbem
Acrisioneis Danae fundasse colonis,
Præcipiti delata noto : locus Ardea quondam

LIBER VII.

Dictus avis, et nunc magnum manet Ardea nomen :
Sed fortuna fuit. Tectis hic Turnus in altis
Jam mediam nigra carpebat nocte quietem.
Allecto torvam faciem et furialia membra
Exuit : in vultus sese transformat aniles,
Et frontem obscænam rugis arat : induit albos
Cum vitta crines : tum ramum innectit olivæ.
Fit Calybe, Junonis anus templique sacerdos :
Et juveni ante oculos his se cum vocibus offert :

    Turne, tot incassum fusos patiere labores,
Et tua Dardaniis transcribi sceptra colonis?
Rex tibi conjugium et quæsitas sanguine dotes
Abnegat, externusque in regnum quæritur hæres.
I nunc, ingratis offer te, irrise, periclis :
Tyrrhenas, i, sterne acies ; tege pace Latinos.
Hæc adeo tibi me, placida quum nocte jaceres,
Ipsa palam fari omnipotens Saturnia jussit.
Quare age, et armari pubem, portisque moveri,
Lætus in arma para ; et Phrygios, qui flumine pulchro
Consedere, duces, pictasque exure carinas.
Cœlestum vis magna jubet. Rex ipse Latinus
Ni dare conjugium, et dicto parere fatetur,
Sentiat, et tandem Turnum experiatur in armis.

    Hic juvenis, vatem irridens, sic orsa vicissim
Ore refert : Classes invectas Thybridis undam
Non, ut rere, meas effugit nuntius aures ;
Ne tantos mihi finge metus : nec regia Juno
Immemor est nostri.
Sed te victa situ verique effeta senectus,
O mater, curis nequidquam exercet, et arma

Regum inter falsa vatem formidine ludit.
Cura tibi, divum effigies et templa tueri :
Bella viri pacemque gerent, queis bella gerenda.
　Talibus Allecto dictis exarsit in iras.
At juveni oranti subitus tremor occupat artus;
Deriguere oculi : tot Erinnys sibilat hydris,
Tantaque se facies aperit. Tum flammea torquens
Lumina, cunctantem, et quærentem dicere plura,
Repulit, et geminos erexit crinibus angues,
Verberaque insonuit, rabidoque hæc addidit ore :
En ego victa situ, quam veri effeta senectus
Arma inter regum falsa formidine ludit.
Respice ad hæc : adsum dirarum ab sede sororum :
Bella manu letumque gero.
Sic effata facem juveni conjecit, et atro
Lumine fumantes fixit sub pectore tædas.
　Olli somnum ingens rumpit pavor : ossaque et artus
Perfundit toto proruptus corpore sudor.
Arma amens fremit; arma toro tectisque requirit.
Sævit amor ferri, et scelerata insania belli,
Ira super. Magno veluti quum flamma sonore
Virgea suggeritur costis undantis aheni,
Exsultantque æstu latices : furit intus aquai
Fumidus atque alte spumis exuberat amnis :
Nec jam se capit unda; volat vapor ater ad auras.
Ergo iter ad regem, polluta pace, Latinum
Indicit primis juvenum, et jubet arma parari,
Tutari Italiam, detrudere finibus hostem;
Se satis ambobus Teucrisque venire Latinisque.
Hæc ubi dicta dedit, divosque in vota vocavit,

Certatim sese Rutuli exhortantur in arma.
Hunc decus egregium formæ movet atque juventæ,
Hunc atavi reges, hunc claris dextera factis.
  Dum Turnus Rutulos animis audacibus implet,
Allecto in Teucros Stygiis se concitat alis,
Arte nova speculata locum quo littore pulcher
Insidiis cursuque feras agitabat Iulus.
Hic subitam canibus rabiem Cocytia virgo
Objicit, et noto nares contingit odore,
Ut cervum ardentes agerent : quæ prima laborum
Causa fuit, belloque animos accendit agrestes.
Cervus erat forma præstanti et cornibus ingens;
Tyrrhidæ pueri quem matris ab ubere raptum
Nutribant, Tyrrheusque pater, cui regia parent
Armenta, et late custodia credita campi.
Assuetum imperiis soror omni Silvia cura
Mollibus intexens ornabat cornua sertis,
Pectebatque ferum, puroque in fonte lavabat.
Ille, manum patiens, mensæque assuetus herili,
Errabat silvis, rursusque ad limina nota
Ipse domum sera quamvis se nocte ferebat.
Hunc procul errantem rabidæ venantis Iuli
Commovere canes, fluvio quum forte secundo
Deflueret, ripaque æstus viridante levaret.
Ipse etiam, eximiæ laudis succensus amore,
Ascanius curvo direxit spicula cornu :
Nec dextræ erranti deus abfuit; actaque multo
Perque uterum sonitu perque ilia venit arundo.
Saucius at quadrupes nota intra tecta refugit,
Successitque gemens stabulis; questuque, cruentus,

Atque imploranti similis, tectum omne replebat.
Silvia prima soror, palmis percussa lacertos,
Auxilium vocat, et duros conclamat agrestes.
Olli (pestis enim tacitis latet aspera silvis)
Improvisi adsunt; hic torre armatus obusto,
Stipitis hic gravidi nodis : quod cuique repertum
Rimanti, telum ira facit. Vocat agmina Tyrrheus,
Quadrifidam quercum cuneis ut forte coactis
Scindebat, rapta spirans immane securi.
At saeva e speculis tempus dea nacta nocendi
Ardua tecta petit stabuli, et de culmine summo
Pastorale canit signum, cornuque recurvo
Tartaream intendit vocem; qua protenus omne
Contremuit nemus, et silvae intonuere profundae.
Audiit et Triviae longe lacus; audiit amnis
Sulfurea Nar albus aqua, fontesque Velini;
Et trepidae matres pressere ad pectora natos.
Tum vero ad vocem celeres, qua buccina signum
Dira dedit, raptis concurrunt undique telis
Indomiti agricolae; nec non et Troia pubes
Ascanio auxilium castris effundit apertis.
Direxere acies : non jam certamine agresti,
Stipitibus duris agitur, sudibusve praeustis;
Sed ferro ancipiti decernunt, atraque late
Horrescit strictis seges ensibus, aeraque fulgent
Sole lacessita, et lucem sub nubila jactant :
Fluctus uti primo coepit quum albescere vento,
Paulatim sese tollit mare, et altius undas
Erigit, inde imo consurgit ad aethera fundo.
Hic juvenis primam ante aciem, stridente sagitta,

LIBER VII.

Natorum Tyrrhei fuerat qui maximus, Almo
Sternitur : hæsit enim sub gutture vulnus, et udæ
Vocis iter tenuemque inclusit sanguine vitam.
Corpora multa virum circa; seniorque Galæsus,
Dum paci medium se offert, justissimus unus
Qui fuit, Ausoniisque olim ditissimus arvis :
Quinque greges illi balantum, quina redibant
Armenta, et terram centum vertebat aratris.

Atque ea per campos æquo dum marte geruntur,
Promissi dea facta potens, ubi sanguine bellum
Imbuit, et primæ commisit funera pugnæ,
Deserit Hesperiam, et, cœli conversa per auras,
Junonem victrix affatur voce superba :
En perfecta tibi bello discordia tristi :
Dic in amicitiam coeant, et fœdera jungant;
Quandoquidem Ausonio respersi sanguine Teucros.
Hoc etiam his addam, tua si mihi certa voluntas;
Finitimas in bella feram rumoribus urbes,
Accendamque animos insani martis amore,
Undique ut auxilio veniant; spargam arma per agros.
Tum contra Juno : Terrorum et fraudis abunde est :
Stant belli causæ; pugnatur comminus armis;
Quæ fors prima dedit sanguis novus imbuit arma.
Talia conjugia et tales celebrent hymenæos
Egregium Veneris genus et rex ipse Latinus.
Te super ætherias errare licentius auras
Haud pater ille velit summi regnator olympi;
Cede locis : ego, si qua super fortuna laborum est,
Ipsa regam. Tales dederat Saturnia voces.
Illa autem attollit stridentes anguibus alas,

Cocytique petit sedem, supera ardua linquens.
Est locus, Italiæ medio sub montibus altis,
Nobilis, et fama multis memoratus in oris,
Amsancti valles; densis hunc frondibus atrum
Urget utrimque latus nemoris, medioque fragosus
Dat sonitum saxis et torto vortice torrens.
Hic specus horrendum, sævi spiracula Ditis,
Monstratur; ruptoque ingens Acheronte vorago
Pestiferas aperit fauces, queis condita Erinnys,
Invisum numen, terras cœlumque levabat.

   Nec minus interea extremam Saturnia bello
Imponit regina manum. Ruit omnis in urbem
Pastorum ex acie numerus : cæsosque reportant,
Almonem puerum, fœdatique ora Galæsi;
Implorantque deos, obtestanturque Latinum.
Turnus adest, medioque in crimine cædis et ignis
Terrorem ingeminat; Teucros in regna vocari,
Stirpem admisceri Phrygiam; se limine pelli.
Tum, quorum attonitæ Baccho nemora avia matres
Insultant thiasis, neque enim leve nomen Amatæ,
Undique collecti coeunt, Martemque fatigant.
Ilicet infandum cuncti contra omina bellum,
Contra fata deum, perverso numine poscunt :
Certatim regis circumstant tecta Latini.
Ille, velut pelagi rupes immota, resistit;
[Ut pelagi rupes, magno veniente fragore,]
Quæ sese, multis circum latrantibus undis,
Mole tenet : scopuli nequidquam et spumea circum
Saxa fremunt, laterique illisa refunditur alga.
Verum, ubi nulla datur cæcum exsuperare potestas

LIBER VII.

Consilium, et sævæ nutu Junonis eunt res,
Multa deos aurasque pater testatus inanes,
Frangimur, heu! fatis, inquit, ferimurque procella.
Ipsi has sacrilego pendetis sanguine pœnas,
O miseri! te, Turne, nefas, te triste manebit
Supplicium; votisque deos venerabere seris.
Nam mihi parta quies, [omnisque in limine portus;]
Funere felici spolior. Nec plura locutus,
Sæpsit se tectis, rerumque reliquit habenas.

 Mos erat Hesperio in Latio, quem protenus urbes
Albanæ coluere sacrum, nunc maxima rerum
Roma colit, quum prima movent in prœlia Martem,
Sive Getis inferre manu lacrymabile bellum,
Hyrcanisve, Arabisve parant, seu tendere ad Indos,
Auroramque sequi, Parthosque reposcere signa.
Sunt geminæ belli portæ, sic nomine dicunt,
Relligione sacræ, et sævi formidine Martis:
Centum ærei claudunt vectes, æternaque ferri
Robora; nec custos absistit limine Janus.
Has, ubi certa sedet patribus sententia pugnæ,
Ipse, Quirinali trabea cinctuque Gabino
Insignis, reserat stridentia limina consul;
Ipse vocat pugnas : sequitur tum cetera pubes,
Æreaque assensu conspirant cornua rauco.
Hoc et tum Æneadis indicere bella Latinus
More jubebatur, tristesque recludere portas.
Abstinuit tactu pater, aversusque refugit
Fœda ministeria, et cæcis se condidit umbris.
Tum regina deum, cœlo delapsa, morantes
Impulit ipsa manu portas, et cardine verso

Belli ferratos rupit Saturnia postes.
Ardet inexcita Ausonia atque immobilis ante:
Pars pedes ire parat campis; pars arduus altis
Pulverulentus equis furit: omnes arma requirunt:
Pars leves clypeos et spicula lucida tergunt
Arvina pingui, subiguntque in cote secures;
Signaque ferre juvat, sonitusque audire tubarum.
Quinque adeo magnæ positis incudibus urbes
Tela novant; Atina potens, Tiburque superbum,
Ardea, Crustumerique, et turrigeræ Antemnæ.
Tegmina tuta cavant capitum, flectuntque salignas
Umbonum crates; alii thoracas ahenos,
Aut leves ocreas lento ducunt argento.
Vomeris huc et falcis honos, huc omnis aratri
Cessit amor; recoquunt patrios fornacibus enses.
Classica jamque sonant: it bello tessera signum.
Hic galeam tectis trepidus rapit; ille frementes
Ad juga cogit equos, clypeumque auroque trilicem
Loricam induitur, fidoque accingitur ense.

 Pandite nunc Helicona, Deæ, cantusque movete;
Qui bello exciti reges; quæ quemque secutæ
Complerint campos acies; quibus Itala jam tum
Floruerit terra alma viris; quibus arserit armis.
Et meministis enim, Divæ, et memorare potestis:
Ad nos vix tenuis famæ perlabitur aura.

 Primus init bellum Tyrrhenis asper ab oris
Contemptor divum Mezentius, agminaque armat.
Filius huic juxta Lausus, quo pulchrior alter
Non fuit, excepto Laurentis corpore Turni.
Lausus, equum domitor, debellatorque ferarum,

Ducit Agyllina nequidquam ex urbe secutos
Mille viros; dignus patriis qui laetior esset
Imperiis, et cui pater haud Mezentius esset.

  Post hos insignem palma per gramina currum
Victoresque ostentat equos satus Hercule pulchro
Pulcher Aventinus; clypeoque, insigne paternum,
Centum angues, cinctamque gerit serpentibus hydram;
Collis Aventini silva quem Rhea sacerdos
Furtivum partu sub luminis edidit oras,
Mixta deo mulier, postquam Laurentia victor,
Geryone exstincto, Tirynthius attigit arva,
Tyrrhenoque boves in flumine lavit Iberas.
Pila manu saevosque gerunt in bella dolones;
Et tereti pugnant mucrone, veruque Sabello.
Ipse pedes, tegumen torquens immane leonis,
Terribili impexum saeta, cum dentibus albis,
Indutus capiti: sic regia tecta subibat
Horridus, Herculeoque humeros innexus amictu.

  Tum gemini fratres Tiburtia moenia linquunt,
Fratris Tiburti dictam cognomine gentem,
Catillusque acerque Coras, Argiva juventus;
Et primam ante aciem densa inter tela feruntur:
Ceu duo nubigenae quum vertice montis ab alto
Descendunt Centauri, Homolen Othrymque nivalem
Linquentes cursu rapido: dat euntibus ingens
Silva locum, et magno cedunt virgulta fragore.

  Nec Praenestinae fundator defuit urbis,
Vulcano genitum pecora inter agrestia regem,
Inventumque focis, omnis quem credidit aetas,
Caeculus. Hunc legio late comitatur agrestis;

Quique altum Præneste viri, quique arva Gabinæ
Junonis, gelidumque Anienem, et roscida rivis
Hernica saxa colunt; quos, dives Anagnia, pascis,
Quos, Amasene pater. Non illis omnibus arma,
Nec clypei currusve sonant : pars maxima glandes
Liventis plumbi spargit : pars spicula gestat
Bina manu; fulvosque lupi de pelle galeros
Tegmen habent capiti; vestigia nuda sinistri
Instituere pedis, crudus tegit altera pero.

At Messapus equum domitor, Neptunia proles,
Quem neque fas igni cuiquam nec sternere ferro,
Jam pridem resides populos desuetaque bello
Agmina in arma vocat subito, ferrumque retractat.
Hi Fescenninas acies, Æquosque Faliscos;
Hi Soractis habent arces, Flaviniaque arva,
Et Cimini cum monte lacum, lucosque Capenos.
Ibant æquati numero, regemque canebant :
Ceu quondam nivei liquida inter nubila cycni,
Quum sese e pastu referunt, et longa canoros
Dant per colla modos; sonat amnis, et Asia longe
Pulsa palus.
Nec quisquam æratas acies ex agmine tanto
Misceri putet, aeriam sed gurgite ab alto
Urgeri volucrum raucarum ad littora nubem.

Ecce Sabinorum prisco de sanguine magnum
Agmen agens Clausus, magnique ipse agminis instar,
Claudia nunc a quo diffunditur et tribus et gens
Per Latium, postquam in partem data Roma Sabinis.
Una ingens Amiterna cohors, prisceique Quirites,
Ereti manus omnis, oliviferæque Mutuscæ;

LIBER VII.

Qui Nomentum urbem, qui rosea rura Velini,
Qui Tetricæ horrentes rupes, montemque Severum,
Casperiamque colunt, Forulosque, et flumen Himellæ;
Qui Thybrim Fabarimque bibunt; quos frigida misit
Nursia, et Hortinæ classes, populique Latini;
Quosque secans infaustum interluit Allia nomen :
Quam multi Libyco volvuntur marmore fluctus,
Sævus ubi Orion hibernis conditur undis;
Vel quam sole novo densæ torrentur aristæ,
Aut Hermi campo, aut Lyciæ flaventibus arvis.
Scuta sonant, pulsuque pedum conterrita tellus.

   Hinc Agamemnonius, Trojani nominis hostis,
Curru jungit Halesus equos, Turnoque feroces
Mille rapit populos : vertunt felicia Baccho
Massica qui rastris, et quos de collibus altis
Aurunci misere patres, Sidicinaque juxta
Æquora, quique Cales linquunt, amnisque vadosi
Accola Vulturni, pariterque Saticulus asper,
Oscorumque manus. Teretes sunt aclydes illis
Tela, sed hæc lento mos est aptare flagello;
Lævas cætra tegit; falcati cominus enses.

   Nec tu carminibus nostris indictus abibis,
OEbale, quem generasse Telon Sebethide nympha
Fertur, Teleboum Capreas quum regna teneret
Jam senior; patriis sed non et filius arvis
Contentus, late jam tum ditione premebat
Sarrastes populos, et quæ rigat æquora Sarnus,
Quique Rufras, Batulumque tenent, atque arva Celennæ,
Et quos maliferæ despectant mœnia Abellæ :
Teutonico ritu soliti torquere cateias;

Tegmina queis capitum raptus de subere cortex;
Ærataeque micant peltæ, micat æreus ensis.
   Et te montosæ misere in prœlia Nersæ,
Ufens, insignem fama et felicibus armis;
Horrida præcipue cui gens, assuetaque multo
Venatu nemorum, duris Æquicula glebis:
Armati terram exercent, semperque recentes
Convectare juvat prædas, et vivere rapto.
   Quin et Marrubia venit de gente sacerdos,
Fronde super galeam et felici comptus oliva,
Archippi regis missu, fortissimus Umbro:
Vipereo generi et graviter spirantibus hydris
Spargere qui somnos cantuque manuque solebat,
Mulcebatque iras, et morsus arte levabat.
Sed non Dardaniæ medicari cuspidis ictum
Evaluit; neque eum juvere in vulnera cantus
Somniferi, et Marsis quæsitæ montibus herbæ.
Te nemus Anguitiæ, vitrea te Fucinus unda,
Te liquidi flevere lacus.
   Ibat et Hippolyti proles pulcherrima bello
Virbius; insignem quem mater Aricia misit,
Eductum Egeriæ lucis, humentia circum
Littora, pinguis ubi et placabilis ara Dianæ.
Namque ferunt fama Hippolytum, postquam arte novercæ
Occiderit, patriasque explerit sanguine pœnas
Turbatis distractus equis, ad sidera rursus
Ætheria et superas cœli venisse sub auras,
Pæoniis revocatum herbis et amore Dianæ.
Tum pater omnipotens, aliquem indignatus ab umbris
Mortalem infernis ad lumina surgere vitæ,

Ipse repertorem medicinæ talis et artis
Fulmine Phœbigenam Stygias detrusit ad undas.
At Trivia Hippolytum secretis alma recondit
Sedibus, et nymphæ Egeriæ nemorique relegat;
Solus ubi in silvis Italis ignobilis ævum
Exigeret, versoque ubi nomine Virbius esset.
Unde etiam templo Triviæ lucisque sacratis
Cornipedes arcentur equi, quod littore currum
Et juvenem monstris pavidi effudere marinis.
Filius ardentes haud secius æquore campi
Exercebat equos, curruque in bella ruebat.

Ipse inter primos præstanti corpore Turnus
Vertitur, arma tenens, et toto vertice supra est.
Cui triplici crinita juba galea alta Chimæram
Sustinet, Ætnæos efflantem faucibus ignes:
Tam magis illa fremens et tristibus effera flammis,
Quam magis effuso crudescunt sanguine pugnæ.
At levem clypeum sublatis cornibus Io
Auro insignibat, jam sætis obsita, jam bos,
Argumentum ingens, et custos virginis Argus,
Cælataque amnem fundens pater Inachus urna.
Insequitur nimbus peditum, clypeataque totis
Agmina densentur campis, Argivaque pubes,
Auruncæque manus, Rutuli, veteresque Sicani,
Et Sacranæ acies, et picti scuta Labici;
Qui saltus, Tiberine, tuos, sacrumque Numici
Littus arant, Rutulosque exercent vomere colles,
Circæumque jugum; queis Juppiter Anxurus arvis
Præsidet, et viridi gaudens Feronia luco;
Qua Saturnæ jacet atra palus, gelidusque per imas

Quærit iter valles atque in mare conditur Ufens.
  Hos super advenit Volsca de gente Camilla,
Agmen agens equitum, et florentes ære catervas,
Bellatrix : non illa colo calathisve Minervæ
Femineas assueta manus; sed prœlia virgo
Dura pati, cursuque pedum prævertere ventos.
Illa vel intactæ segetis per summa volaret
Gramina, nec teneras cursu læsisset aristas :
Vel mare per medium, fluctu suspensa tumenti,
Ferret iter, celeres nec tingeret æquore plantas.
Illam omnis tectis agrisque effusa juventus
Turbaque miratur matrum, et prospectat euntem,
Attonitis inhians animis; ut regius ostro
Velet honos leves humeros; ut fibula crinem
Auro internectat; Lyciam ut gerat ipsa pharetram,
Et pastoralem præfixa cuspide myrtum.

LIVRE VIII.

« A peine a retenti le bruit éclatant de la trom-
» pette guerrière, à peine Turnus a déployé sur les
» tours de Laurente l'étendard de Bellone, animé
» ses coursiers belliqueux, et brandi ses armes ter-
» ribles ; soudain le trouble s'empare de tous les
» cœurs, le Latium entier se ligue en tumulte, une
» jeunesse farouche brûle de la soif des combats.
» Les premiers chefs, Ufens, Messape, et Mézence
» le contempteur des dieux, rassemblent de toutes
» parts de nouveaux soldats, et dépeuplent les vas-
» tes campagnes de leurs cultivateurs. Député vers
» la ville du grand Diomède, Vénulus va lui de-
» mander des secours et lui dénoncer la présence
» des Troyens dans le Latium : « Énée, dit-il, vient
» d'aborder avec sa flotte ; il apporte ses dieux vain-
» cus, et se prétend appelé au trône par les destins.
» Déjà vingt nations s'unissent à ce descendant de
» Dardanus, et le bruit de son nom se répand et
» s'accroît au loin dans l'Italie. Quel est son but ?
» qu'exigera-t-il pour prix de la victoire si la fortune
» sourit à son entreprise ? Diomède en peut juger
» lui-même mieux que Turnus, mieux que le roi
» des Latins. »

» Ainsi s'agitait le Latium. Témoin de tous ces
» mouvements, le héros troyen est en proie à mille
» soucis différents; il forme une foule de projets
» contraires, passe rapidement de l'un à l'autre, et
» ne sait à quel parti fixer son esprit irrésolu.
» Telle, réfléchie par le miroir d'une eau trem-
» blante dans un vase d'airain, la lumière du so-
» leil, ou l'image rayonnante de la lune, voltige au
» loin dans tous les sens, s'élève, s'abaisse et frappe
» tour-à-tour les plafonds et les lambris.

» Il était nuit, et tous les animaux qui respirent
» sur la terre ou dans les airs, accablés par la fa-
» tigue, dormaient ensevelis dans un profond som-
» meil. Troublé des malheurs que la guerre annon-
» çait, Énée se couche sur le rivage, sans autre abri
» que la voûte des cieux, et donne enfin à ses mem-
» bres un tardif repos. Alors le dieu de ces bords, le
» Tibre aux ondes fortunées, lève sa tête à travers
» le feuillage des peupliers de la rive, et, sous les
» traits d'un vieillard, apparaît en songe au héros.
» Un lin diaphane et azuré couvrait son corps; une
» couronne de roseaux ombrageait sa tête. Il s'a-
» dresse au prince troyen dont il tâche ainsi de cal-
» mer les ennuis : « Fils de Vénus ! toi qui nous
» ramènes Ilion sauvé de la fureur de ses ennemis,
» et conserves les débris immortels de Pergame,
» toi qu'attendaient Laurente et les champs de l'Au-
» sonie, voici ton asile assuré et le refuge de tes pé-

ÉNÉIDE, LIVRE VIII.

» nates ; garde-toi d'abandonner cette terre. Que
» les menaces de la guerre ne t'épouvantent pas;
» toute cette grande tempête de la colère des dieux
» est apaisée. Ne crois pas qu'un vain songe abuse
» ici tes esprits : bientôt, sous l'ombrage des chênes
» de la rive, tu verras, étendue sur la verdure, une
» laie blanche d'une grandeur extraordinaire, et,
» tout autour de ses mamelles, trente nourrissons
» récemment mis au jour, aussi blancs que leur
» mère. Là tu fonderas une ville, là tu trouveras la
» fin de tes travaux; trente ans plus tard, Ascagne
» élèvera d'autres murs qui s'enorgueilliront de
» porter le nom d'Albe. Cet oracle est certain. Ap-
» prends maintenant en peu de mots ce qu'il con-
» vient de faire d'abord pour préparer tes succès.
» Des Arcadiens arrivés dans ces parages sous la
» conduite et les drapeaux d'Évandre, noble des-
» cendant de Pallas, ont bâti dans les montagnes,
» une ville qu'ils appellent Pallantée du nom de
» l'aïeul de leur roi. La guerre ne cesse point entre
» ce peuple et les Latins ; unis par un traité so-
» lennel ses bataillons et les tiens. Moi-même je te
» guiderai sur mes ondes propices, j'aiderai tes ra-
» meurs à remonter leur cours. Courage ! fils d'une
» déesse, lève-toi ; et, au premier déclin des astres
» de la nuit, adresse à Junon ton humble prière,
» apaise par des vœux suppliants son courroux et ses
» menaces : tu me rendras les honneurs qui me sont

» dus, lorsque tu seras vainqueur. Je suis le Tibre
» aux flots d'azur, ce fleuve aimé du ciel, et que tu
» vois rouler à pleins bords, et traverser ces cam-
» pagnes fertiles. Ici Rome s'élèvera pour être mon
» vaste palais, et la capitale du monde. »

» Il dit et se replonge au fond de son humide de-
» meure. La nuit s'envole ; le sommeil s'éloigne des
» yeux d'Énée : il se lève, puis tourné vers l'Orient
» où brille l'astre du jour, il puise dans ses mains
» l'onde sacrée du fleuve, et fait cette prière :
« Nymphes des champs laurentins, nymphes, mè-
» res des fleuves de cette terre, et toi, dieu du Ti-
» bre, accueillez le fils d'Anchise, et détournez en-
» fin de lui tous les périls. Quelle que soit ta source
» révérée, quelle que soit la grotte secrète d'où tu
» sors déjà si beau à ta naissance, auguste souve-
» rain des fleuves de l'Hespérie, toi qui déplores les
» infortunes des enfants de Troye, tu recevras d'Énée
» un hommage éternel et d'éternelles offrandes.
» Sois-moi seulement propice, et daigne confirmer
» tes oracles par ta présence ! » Ayant ainsi parlé, il
» choisit deux birêmes parmi ses vaisseaux, les mu-
» nit de rameurs et les charge de guerriers armés.

» Tout-à-coup, ô prodige ! sous l'ombrage de la
» forêt, il aperçoit, sur le vert gazon du rivage, la
» laie mystérieuse entourée de ses nouveau-nés
» dont la blancheur était égale à la sienne. C'est
» à toi, puissante Junon, à toi que le pieux Énée

» immole en sacrifice, sur le même autel, les nour-
» rissons et la mère. Pendant toute la durée de la
» nuit, le Tibre a calmé le mouvement de ses va-
» gues ; il arrête le cours de ses ondes silencieuses,
» et présente l'image d'un étang paisible, d'un
» tranquille marais, où la rame n'a point à lutter
» contre les flots. Les Troyens se hâtent de pour-
» suivre leur route ; les navires, sous d'heureux
» auspices, glissent légèrement sur la surface du
» fleuve ; et les eaux et les bois s'étonnent de cet
» éclat inaccoutumé que renvoient au loin les bou-
» cliers des Troyens, et du spectacle de ces poupes
» ornées de peintures. La nuit et le jour les rames
» ne cessent de fendre le fleuve ; on suit ses longs
» détours, et, voguant à l'ombre des arbres qui cou-
» vrent les rivages, les nefs sillonnent l'image des
» vertes forêts réfléchies dans son sein. Le soleil
» avait parcouru la moitié de sa carrière, quand
» tout-à-coup on découvre, dans le lointain, des
» murs, une tour et quelques toits épars que la puis-
» sance romaine éleva depuis jusqu'aux cieux. C'é-
» tait alors le modeste royaume d'Évandre. A l'in-
» stant on détourne les proues, et les Troyens s'ap-
» prochent de Pallantée.

» Ce jour même, aux portes de la ville, dans un
» bois consacré, le monarque arcadien célébrait,
» en l'honneur d'Hercule et des dieux immortels,
» une fête solennelle. Pallas, son fils, les princes

» de la jeunesse et son humble sénat offraient l'en-
» cens avec lui; et le sang des victimes fumait au
» pied des autels. A l'aspect de ces grands vais-
» seaux qui voguent en silence au milieu du bois
» touffu, l'effroi s'empare aussitôt des esprits; cha-
» cun se lève et quitte les tables sacrées. Mais l'in-
» trépide Pallas défend d'interrompre le sacrifice;
» il saisit un javelot, vole au-devant des étrangers,
» et, monté sur un tertre : « Guerriers, s'écrie-t-il,
» quel motif vous a fait tenter ces routes incon-
» nues? où tendez-vous? qui êtes-vous? d'où ve-
» nez-vous? Apportez-vous la paix ou la guerre? »

» Alors, du haut de sa poupe, montrant dans ses
» mains l'olivier pacifique, Énée s'exprime ainsi :
« Nous sommes des enfants de Troye; ces armes
» que vous voyez n'en veulent qu'aux Latins dont
» l'orgueil prétend nous chasser d'Italie par la guer-
» re. Nous cherchons Évandre : annoncez-lui cette
» nouvelle, et dites-lui qu'une élite de chefs phry-
» giens arrive pour demander l'alliance de ses ar-
» mes. » A cet illustre nom, Pallas, frappé d'éton-
» nement : « Qui que tu sois, dit-il, approche,
» viens parler en face à mon père, et daigne accep-
» ter l'hospitalité dans notre demeure. » Il tend la
» main au héros, et saisit la sienne qu'il presse avec
» respect. Bientôt ils s'éloignent du fleuve et s'en-
» foncent dans le bois. Alors Énée adresse au roi
» ces paroles de paix : « O le meilleur des Grecs,

» devant qui la fortune m'ordonne de me présen-
» ter la prière à la bouche, et des rameaux cou-
» ronnés de bandelettes dans les mains! Je t'a-
» borde sans crainte, quoique tu sois Arcadien et
» l'un des guerriers de la Grèce, et uni par la nais-
» sance aux deux Atrides. Ma vertu, les oracles du
» ciel, notre commune origine, ta renommée ré-
» pandue dans tout l'univers, voilà les liens qui m'at-
» tachent à Évandre, et qui m'ont déterminé à sui-
» vre la volonté du destin. Dardanus, premier au-
» teur de ma race et le fondateur de la ville de
» Priam, Dardanus issu d'Électre, au récit des
» Grecs, aborda jadis dans la Troade. Électre était
» la fille d'Atlas, dont les épaules soutiennent la
» voûte étoilée. Mercure te donna la naissance,
» Mercure que la belle Maïa mit au monde sur le
» sommet glacé du Cyllène; et Maïa, s'il faut en
» croire la tradition, dut le jour à ce même Atlas
» qui supporte le ciel et les astres. Ainsi nos deux
» familles forment deux branches sorties de la mê-
» me tige.

» Assuré par tant de raisons, je n'ai eu recours
» ni aux ambassadeurs, ni aux artifices de la poli-
» tique pour sonder tes dispositions; moi-même je
» me suis presenté à toi, moi-même je suis venu
» implorer ton appui. Ces mêmes Dauniens qui
» te font une guerre acharnée, croient, lorsqu'ils
» nous auront vaincus, ne plus trouver d'obstacle à

» leur projet de mettre l'Hespérie tout entière sous
» leur joug, et de dominer sur les deux mers qui
» baignent ses rivages. Donne-moi ta foi, et reçois
» la mienne : je commande à une jeunesse intrépide,
» et à des cœurs d'un courage éprouvé dans les pé-
» rils de la guerre. »

» Ainsi parlait Énée. Pendant ce temps Évandre
» parcourait d'un regard curieux le visage, les yeux
» et la personne tout entière du prince. Enfin il lui
» fait cette courte réponse : « Avec quel plaisir je te
» vois ! Je te reconnais, ô le plus courageux des
» Troyens ! combien tu me rappelles les traits, la
» voix et le noble langage de ton père Anchise ! Je
» m'en souviens encore ; lorsque le fils de Laomé-
» don, Priam, visitant les états de sa sœur Hésione,
» vint à Salamine, il voulut parcourir les froides
» contrées de l'Arcadie. Alors l'adolescence dans sa
» fleur couvrait mes joues de son premier duvet;
» j'admirais les princes troyens; j'admirais surtout
» leur roi ; mais Anchise les effaçait tous ; dans l'en-
» thousiasme d'un jeune cœur, je brûlais d'aborder
» le héros et d'unir ma main à la sienne. J'appro-
» chai d'Anchise et bientôt je le conduisis dans les
» murs de Phénée. Lorsqu'il me quitta, il m'offrit
» un brillant carquois rempli de flèches de Lycie,
» une chlamyde brodée en or, et deux freins du
» même métal, que Pallas possède maintenant.
» Cette alliance que tu demandes, elle est déjà ju-

» rée ; demain, aux premiers rayons du jour, je
» vous renverrai tous satisfaits du secours et des
» forces que je veux t'accorder. Mais puisque vous
» venez ici sous les auspices de l'amitié, célébrez
» avec nous cet auguste anniversaire qu'on ne peut
» différer sans crime, et prenez place au banquet
» de vos alliés. »
    » Aussitôt le roi fait replacer sur la table les mets
» et les coupes qui en avaient déjà disparu ; lui-
» même il place les Troyens sur des siéges de ga-
» zon, et présente à leur chef un trône d'érable que
» recouvrait la dépouille d'un lion hérissée de ses
» crins. Alors le ministre du sacrifice, et des jeunes
» gens choisis, apportent tour-à-tour les chairs brû-
» lantes des victimes, chargent des corbeilles des
» dons de Cérès transformés par le travail, et ver-
» sent à la ronde la douce liqueur de Bacchus. Le
» dos entier d'un bœuf et ses entrailles consacrées
» sont servis devant Énée et ses jeunes compagnons.
    » Dès que les Troyens ont apaisé leur faim et
» terminé le repas, Évandre commence ainsi :
« Ces pompes solennelles, ce festin religieux, cet
» autel d'une si grande divinité, noble étranger, ce
» n'est point une vaine superstition, ni l'oubli du
» culte de nos pères, qui les ont établis parmi nous.
» Délivrés des plus grands périls, nous manifestons
» notre reconnaissance, nous rendons chaque an-
» née à notre libérateur des honneurs mérités.

» Regardez d'abord sur ces pics menaçants cette
» roche suspendue dans les airs ; voyez ces masses
» au loin dispersées, cet antre debout et solitaire
» sur la montagne, et les ruines immenses qui l'en-
» vironnent. Là fut une caverne, vaste et profonde
» retraite, qu'habitait un monstre demi-homme,
» le féroce Cacus. Jamais la douce lumière du so-
» leil ne pénétrait dans ce repaire, sans cesse le sol
» y fumait d'un récent carnage, et des têtes livides
» et sanglantes pendaient aux portes comme d'or-
» gueilleux trophées. Cet horrible enfant de Vul-
» cain vomissait de noirs torrents de flammes, et
» s'avançait comme un colosse.

» Un jour pourtant le ciel voulut enfin accorder
» à nos vœux la présence et le secours d'un Dieu ;
» en effet, le vengeur de l'univers, le grand Alcide,
» parut ; riche des dépouilles et fier de la mort du
» triple Géryon, il chassait devant lui les immenses
» troupeaux, fruits d'une noble victoire, et qui cou-
» vraient le vallon et les rivages du fleuve. A cet
» aspect, Cacus, poussé par les furies, pour ne point
» laisser quelque perfidie, quelque forfait qu'il
» n'eût tenté, détourne des pâturages quatre tau-
» reaux magnifiques, quatre génisses qui les sur-
» passaient encore en beauté. Craignant d'être trahi
» par les vestiges de leurs pas vers la caverne, il les
» saisit par la queue, les traîne à reculons pour ren-
» verser les indices de leur route, et cache son lar-

» cin dans les ténèbres du rocher ; ainsi nul signe
» n'éclairait les recherches, et ne conduisait à
» l'antre criminel.

» Cependant Hercule rassemblait ses troupeaux
» rassasiés, et déjà s'apprêtait à partir, quand tout-
» à-coup les taureaux commencent à mugir len-
» tement, font retentir le bois tout entier de leurs
» plaintes, et saluent de leurs gémissements les
» collines qu'ils abandonnent. Une des génisses
» captives répondit en mugissant à son tour sous
» la voûte profonde, et trompa les espérances de
» Cacus. Aussitôt la rage s'allume au cœur d'Al-
» cide, gonflé d'un fiel noir et brûlant ; il s'arme,
» saisit sa massue hérissée de nœuds, vole au
» sommet de la montagne sourcilleuse. Alors,
» pour la première fois, nous vîmes Cacus trem-
» bler, et l'effroi dans les yeux : il fuit plus
» prompt que l'Eurus, et court se cacher dans
» son repaire ; la peur donne des ailes à ses pieds.
» A peine entré, il rompt les chaînes, ouvrage de
» son père, qui retenaient suspendue une énorme
» roche, et défend ainsi l'entrée de son refuge par un
» rempart inexpugnable. Hercule arrive furieux ; il
» cherche partout un accès, jette çà et là ses regards
» en frémissant de rage. Trois fois dans sa course il
» fait le tour de l'Aventin ; trois fois il tente vaine-
» ment d'ébranler le rocher qui ferme l'antre ; trois
» fois, lassé de ses efforts, il s'assied dans la vallée.

» Au sommet de la montagne, sur le dos de la
» caverne, s'élevait un pic escarpé de tous côtés,
» exposé à tous les regards par sa hauteur, asile
» favorable aux oiseaux de carnage. Incliné à gau-
» che, il penchait vers le fleuve; Hercule s'appuyant
» contre la droite, redouble d'efforts et l'arrache
» de ses profondes racines : tout-à-coup il pous-
» se la masse énorme ; elle roule, le ciel reten-
» tit du bruit de sa chute ; le rivage s'en ébranle,
» et le fleuve épouvanté remonte vers sa source.
» Alors l'infâme palais de Cacus se découvre im-
» mense, et laisse pénétrer la lumière dans ses noirs
» cachots. Tel apparaîtrait le Tartare, si la terre,
» déchirée avec violence, ouvrait les demeures in-
» fernales, ces pâles royaumes abhorrés des dieux,
» et que notre vue plongeât sur le gouffre effroyable
» où les mânes fuiraient aux rayons du jour lancés
» dans leurs ténèbres.

» Trahi tout-à-coup par une clarté inattendue,
» et captif sous son antre, Cacus pousse d'horribles
» rugissements. De la cime du mont, Alcide acca-
» ble le monstre d'une grêle de traits, s'arme de
» tout ce qui se présente sous sa main, entasse sur
» l'ennemi des troncs pesants, l'attaque avec de
» vastes éclats de rocher. Cacus n'a plus qu'un
» seul moyen de se soustraire à la mort; aussitôt,
» ô prodige! il vomit des torrents d'une fumée
» épaisse, enveloppe son repaire d'une nuit im-

» pénétrable à l'œil, et mêle aux noires vapeurs
» qu'il amasse, des tourbillons de flamme. Alcide
» ne se contient plus ; il se précipite au travers des
» feux menaçants dans l'endroit où la fumée s'é-
» chappe en nuages plus obscurs, où bouillonnent
» dans la vaste caverne ses flots les plus sombres.
» Là, malgré le vain incendie que vomit Cacus
» au milieu des ténèbres qui l'environnent, Her-
» cule étreint fortement son lâche adversaire,
» écrase les yeux du brigand dans leurs orbites, et
» arrête dans sa gorge le sang et la vie. Soudain les
» portes de l'affreux repaire sont renversées ; il s'ou-
» vre ; les génisses dérobées et toutes les rapines du
» parjure paraissent à la face du ciel. On traîne par
» les pieds le cadavre difforme ; on ne peut assez con-
» templer ces yeux terribles, ce visage hideux, cette
» poitrine hérissée d'un poil sauvage, et cette bou-
» che énorme dont la mort a éteint les feux.
 » De là cette fête en l'honneur d'Hercule, et la
» mémoire solennelle de ce jour conservée avec joie
» par nos peuples ; Potitius fut le premier pontife
» du Dieu, et la famille Pinaria a été commise à la
» garde du nouveau culte ; c'est elle qui éleva dans
» ce bois cet autel toujours grand pour nous, tou-
» jours grand pour notre postérité. Vous donc, ô
» jeunes guerriers ! ceignez aussi vos tempes de
» feuillage en reconnaissance de ces bienfaits hé-
» roïques ; une coupe à la main, invoquez avec

» nous le dieu sauveur, et offrez-lui du cœur les
» libations d'un vin pur. » Ainsi parle Évandre : à
» l'instant le peuplier, chéri d'Hercule, ombrage le
» front du roi, et enlace à sa chevelure la double
» couleur de ses feuilles pendantes ; la coupe sacrée
» brille dans ses mains ; tous avec allégresse ré-
» pandent sur la table la liqueur du sacrifice, et
» adressent leurs prières aux dieux.

» Cependant l'étoile du soir commençait à pa-
» raître à l'horizon, et déjà les prêtres d'Hercule,
» ayant à leur tête Potitius, s'avançaient, dans l'or-
» dre accoutumé, revêtus de peaux sauvages, et
» portant des flambeaux. Le festin recommence ;
» les tables se chargent pour la seconde fois de mets
» succulents, et l'on couvre les autels de bassins
» remplis d'offrandes.

» Alors, autour des trépieds où fume l'encens,
» les Saliens marchent en chantant, et la tête ceinte
» de branches de peuplier. D'un côté le chœur des
» adolescents, et de l'autre celui des vieillards, cé-
» lèbrent dans leurs hymnes les louanges et les
» exploits d'Hercule ; ils disent comment ses jeunes
» mains étouffèrent deux serpents, premiers mons-
» tres que lui suscitait sa marâtre ; comment il ren-
» versa les murs puissants de Troye et d'Æchalie ;
» comment, victime des injustes décrets de Junon,
» et soumis aux lois d'Eurysthée, il acheva tant de
» travaux difficiles. «C'est toi, héros invincible,

» qui domptas Hylée et Pholus, ces robustes cen-
» taures, enfants des Nues ; par toi fut immolé le
» monstre de la Crète, et l'énorme lion des antres
» de Némée! Devant toi tremblèrent les ondes du
» Styx, et le gardien des enfers couché dans son
» repaire sanglant sur des os à demi rongés; les
» spectres du Tartare et le gigantesque Typhée lui-
» même, les armes à la main, ne purent t'inspirer
» l'effroi ; et l'hydre de Lerne ne vit point défaillir
» ton courage, lorsqu'elle t'environnait de ses cent
» têtes menaçantes. Salut, digne fils de Jupiter,
» nouvel ornement de la cour céleste, sois-nous
» propice, et viens favoriser cette fête de ta présen-
» ce. » Ainsi chantaient les convives : ils célèbrent
» encore la caverne de Cacus, et le brigand lui-mê-
» me vomissant des torrents de flamme. Tout le bois
» retentit de concerts harmonieux, et l'écho des
» montagnes renvoie le bruit dont elles sont frap-
» pées. »

Il y a long-temps que le signal des combats donné par Alecton a fait courir aux armes tous les habitants des campagnes; Junon vient de produire une impression plus grande en ouvrant de sa main divine les portes du temple de Janus ; à ce spectacle nous avons entendu s'ébranler l'Italie entière ; ses forces conjurées contre les Troyens ont défilé devant nous. Virgile se répète ici sans nécessité pour nous retracer les différents usages des Romains au moment de marcher à l'ennemi. Il semble qu'il ait voulu nous montrer le signal officiel de la guerre dans ce drapeau arboré par Turnus sur le haut de la citadelle de Laurente; mais en revenant sur une circonstance déjà connue, il devait du moins mettre aussitôt les deux partis aux prises; c'est ce qu'il n'a pu faire parce que les Troyens n'étaient pas prêts.

Homère ne languit point ainsi; à la voix du chef de la Grèce, bientôt les soldats sont rassemblés, et déjà les enfants de Jupiter, ces rois qui entouraient Agamemnon, s'empressent de les ranger en bataille. Parmi eux est Minerve, aux terribles regards; elle tient l'égide éclatante, incorruptible, immortelle. La déesse impétueuse parcourt les phalanges des Grecs, les excite à marcher dans la plaine, et jette dans tous les cœurs l'indomptable fureur du dieu Mars. Tels sont les guerriers des différentes villes de la Grèce qu'Atride entraîne sur ses pas, et dont le poëte, aidé du secours des muses, nous fait connaître les chefs pendant qu'ils volent brûlant de combattre les Troyens [1].

Les Croisés du Tasse, dans la Jérusalem, entendent avec des transports de joie les sons de la

---

[1] *Iliade,* chant II, vers 442.

trompette et des tambours; enflammés d'une ardeur belliqueuse, ils saisissent leurs glaives, et se rassemblent autour de leurs généraux. Bientôt l'armée réunie, et dans le plus bel ordre, déploie tous ses drapeaux abandonnés au souffle des vents; et, sur le grand étendard impérial, une croix triomphante s'élève vers le ciel. Le vigilant Godefroi paraît à la tête des Chrétiens. Cependant le soleil s'avance de plus en plus dans les plaines célestes, et monte par degrés au plus haut de sa route; les armes frappées de ses rayons, lancent des flammes et des éclairs qui éblouissent la vue; l'air d'alentour est tout en feu; il brille à l'égal d'un vaste incendie. Les fiers hennissements des chevaux s'accordent avec le retentissement des armes, et assourdissent les campagnes. La renommée précède les soldats du Christ, et, répandant la terreur sur leurs pas, court jeter l'épouvante jusque dans le cœur du tyran de Jérusalem avec le nom de Godefroi[1].

La description de l'armée infernale, dans Milton, est encore plus magnifique; mais à quoi sert-elle, puisque cette armée, qui ne doit livrer aucun combat, attend vainement le signal du prince des enfers? Ce formidable appareil de guerre aboutit à un conseil. Une telle inconséquence paraît

---

[1] Chant Ier, strophe 71 et suiv.

un défaut d'autant plus grave, que Milton a développé toutes les richesses de son imagination, toute l'énergie de son pinceau dans le prélude d'un grand drame qu'il nous promet en vain [1]. On se rappelle ici la montagne qui accouche, et ces vers de La Fontaine :

> Je chanterai la guerre
> Que firent les Titans au maître du tonnerre.
> C'est promettre beaucoup : mais qu'en sort-il souvent ?
> Du vent.

Un poëte du second ordre, quelquefois digne du premier, par la force des pensées et la grandeur des images, Stace a heureusement suivi dans cette circonstance les traces de ses maîtres. Au cerf de Sylvie, cause de la guerre des Troyens avec les Latins, il substitue deux tigresses ramenées et apprivoisées par le vainqueur du Gange, et qui inspiraient une espèce de culte aux habitants accoutumés à leur offrir la nourriture comme à des animaux innocents et sacrés. Érinnys, armée d'un fouet de vipères, frappe trois fois les deux tigresses, et réveille leur ancienne férocité. Elles s'élancent avec des cris horribles dans le camp des Grecs où elles exercent d'affreux ravages ; et, chassées à coups de flèches par l'Arcadien Acon-

---

[1] Chant Ier.

tée, qui ne reconnaît pas les animaux divins, reviennent mourir sous les murs de la ville chérie. De là un tumulte effroyable parmi le peuple, comme s'il voyait s'écrouler dans les flammes le berceau d'Hercule ou le lit de Sémélé. Acontée s'applaudissait de sa victoire; un prêtre de Bacchus fond sur lui et le perce de son glaive. La jeunesse de Tégée vole pour secourir le guerrier, mais elle arrive trop tard; renversé sur le corps des deux animaux consacrés à Bacchus, Acontée mort atteste déjà la douleur et la colère du dieu. Soudain les Grecs courent aux armes; Jocaste s'enfuit à travers les escadrons ennemis qu'elle venait d'attendrir en demandant la paix à Polynice. Tydée, l'ardent Tydée, impute à un crime d'Étéocle le malheur qui vient d'arriver. L'épée haute, il appelle ses compagnons à la vengeance. Un cri plus aigu, signal du carnage, frappe les airs; les deux partis s'élancent; l'action devient une affreuse mêlée qui se compose de mille combats singuliers où chacun n'écoute que sa fureur. C'est ainsi qu'un peu de sang versé fait grandir la fureur du dieu Mars! Et alors le poëte, dans une invocation éloquente aux muses, les invite à chanter l'affreuse bataille qui a suivi ce premier choc, et qu'elles ont vue du haut de leurs saintes retraites [1].

---

[1] *Thébaïde*, chant VII.

Que voit-on dans Virgile pour égaler la chaleur et la verve de cette description? il soulève le Latium que nous croyions réuni autour du drapeau du rival d'Énée ; il occupe deux des principaux chefs de l'armée rutule, Messape et Ufens, à presser le départ des cultivateurs qui ne doivent avoir aucun besoin qu'on les force à prendre parti pour Turnus avec leurs concitoyens; enfin il envoie Vénulus en ambassade auprès de Diomède. Si l'on volait aux armes en ce moment, la narration du poëte, quoiqu'un peu sèche vers la fin comme une dépêche, suffirait peut-être; mais puisque la situation, telle qu'elle a été conçue, permettait quelques détails, nous voudrions sentir ici la chaleur du langage d'Oreste à Pyrrhus [1] ; ce langage, devenu plus éloquent dans la bouche d'un prince furieux et marchant à l'ennemi, serait plus propre à émouvoir Diomède que le froid avis qu'il va recevoir.

Quand Godefroi de Bouillon, prêt à mettre en mouvement l'armée chrétienne contre Solime, expédie un député fidèle au monarque des Grecs pour en obtenir les secours promis, et surtout pour empêcher que ce prince artificieux ne détourne le fils du roi de Danemarck de venir partager les travaux des Croisés, la forme directe nous fait en-

---

[1] *Andromaque* de Racine.

tendre les instructions du sage roi qui va bientôt agir en grand capitaine [1].

Le tumulte du Latium, les apparences menaçantes d'une guerre allumée avec autant de promptitude que de violence, motivent et justifient sans doute les inquiétudes du prince troyen; mais comment Virgile n'a-t-il pas choisi pour les peindre des expressions plus d'accord avec le sujet? Trouvons-nous là ces pensées graves d'une grande âme qui se prépare à lutter courageusement contre la fortune? Est-ce ainsi que délibère en lui-même un prince, un capitaine habile, en face des ennemis qu'il doit combattre et vaincre? La charmante comparaison de Virgile, qui s'appliquerait si bien aux incertitudes de Didon atteinte des premiers pressentiments de l'inconstance d'Énée, et mieux encore aux volages pensées d'une jeune imagination qui effleure en se jouant la surface des objets, et passe de l'un à l'autre comme un oiseau que nous voyons tantôt raser la terre, tantôt voler sous le ciel, jette du ridicule sur Énée [2], si peu digne d'entrer en parallèle avec l'audacieux Turnus.

---

[1] *Jérusalem délivrée*, chant I*er*, strophe 67.

[2] Dans Apollonius, ch. III, c'est aux alarmes de Médée sur les périls de Jason que s'applique la même comparaison; mais en l'embellissant Virgile l'a gâtée, parce qu'il l'a rendue encore moins digne de la situation par des ornements

Ce qui suit est d'une invention malheureuse : le cœur d'Énée ne sent que du trouble et de la tristesse aux approches de la guerre ; et cependant cette guerre, voulue par les destins, prédite par les oracles, doit sauver son peuple et le combler de gloire en assurant un asile immortel aux dieux fugitifs d'Ilion ! Voilà cependant un héros ! Ne sachant que résoudre, ce héros ne voit rien de mieux que de s'endormir, lorsque Turnus a déjà les armes à la main ; mais son sommeil est un repos vulgaire qui ne ressemble pas au sommeil de César ou du prince de Condé, dont le génie a tout prévu, tout préparé pour la victoire du lendemain. Incapable de trouver en lui des résolutions fortes et fécondes, Énée, toujours dans le même embarras, hésiterait encore, à son réveil, entre divers desseins ; heureusement le Tibre lui apparaît. Suivant l'usage, Énée reçoit ici des compliments d'autant

---

trop jolis. Au contraire, Voltaire a fait un emprunt judicieux aux deux poëtes dans ces vers du dixième chant de la Henriade :

> Le fer étincelant, avec art détourné,
> Par de feints mouvements trompe l'œil étonné.
> Telle on voit du soleil la lumière éclatante
> Briser ses traits de feu dans l'onde transparente;
> Et, se rompant encor par des chemins divers,
> De ce cristal mouvant repasser dans les airs.

plus pompeux qu'il les a moins mérités ; on le vante pour le passé, parce qu'on n'oserait parler du présent. Le Tibre, qui lit sans doute dans le cœur du trop faible favori de Jupiter, ne manque pas de le rassurer par deux fois : « Ne te rebute pas, dit-il; ne te laisse point effrayer par les menaces de la guerre; l'orage de la colère des dieux est calmé. » Cette dernière assertion est une inadvertance étrange ; car assurément Junon n'a point déposé sa colère; bientôt le Tibre recommandera au prince troyen d'adresser ses prières à cette déesse, et de triompher de son courroux par les vœux d'un suppliant. Plus tard nous verrons la reine de l'Olympe appliquée autant que jamais à sa vengeance. Enfin, pour ôter tout mérite à ce prince, le dieu promet de lui applanir la route; ainsi sa navigation n'éprouvera aucun obstacle dans le voyage qu'il doit faire pour aller demander l'alliance du roi Évandre[1]. Je voudrais en vain taire la vérité sur cette nouvelle intervention surnaturelle; tout le monde sent

---

[1] Au deuxième livre de l'Odyssée, Télémaque, dont Minerve seconde le voyage sur les mers, est un jeune homme sans expérience qui va tenter des périls pour apprendre des nouvelles de son père, et qui d'ailleurs ignore qu'un secours divin le protège dans sa pieuse entreprise. (Vers 422 et suivants.)

la pauvreté de la fiction; elle n'agrandit pas Énée; au contraire elle prouve, pour la vingtième fois, que le fils d'Anchise ne sait prendre aucun parti, conjurer aucun péril, enfanter aucun dessein, sans qu'un dieu vienne le calmer, l'inspirer, et le conduire par la main. Ouvrons maintenant Homère.

Jupiter a voulu accabler les Argiens par le bras d'Hector; une nuit va perdre ou sauver l'armée; dans ce désastre, le superbe Agamemnon envoie une ambassade au fils de Pélée que la Grèce implore comme un dieu libérateur; mais Ulysse, Ajax, Phénix, ne peuvent fléchir l'implacable Achille. On rapporte au camp le fatal refus, et seul, à cette accablante nouvelle, Diomède élève la voix du courage dans le conseil. Les rois se séparent pour réparer les fatigues du jour, et le dixième livre s'ouvre ainsi : « Les autres chefs des Grecs dorment toute la nuit dans leurs tentes, vaincus par les charmes du repos; mais Agamemnon, pasteur des peuples, ne goûte point les douceurs du sommeil. Mille soins divers l'agitent. Les nombreux soupirs qui s'échappent de son cœur ressemblent aux fréquents éclairs que lance l'époux de Junon, quand il prépare l'orage ou les maux affreux de la guerre. Atride regarde avec effroi l'armée victorieuse des Troyens, sa propre armée abattue devant eux, et court consulter

Nestor pour éloigner le malheur qui le menace.
Pendant cette nuit longue et cruelle, les Grecs
seuls occupent la pensée d'Atride; il tremble pour
eux; ses entrailles tressaillent, son cœur semble
vouloir s'échapper de sa poitrine. Animé de toutes les sollicitudes d'un capitaine expérimenté, il
parcourt son camp; il va visiter les avant-postes
pour éviter toute surprise; il court de tente en
tente éveiller l'un après l'autre le fils de Tydée,
Ulysse et Ajax, et quand il arrive avec eux au
milieu des gardes il trouve tous les chefs debout;
et bientôt il assemble le conseil où l'on va délibérer sur le salut de tous. » Tel est Agamemnon ;
mettons Énée en présence de ce prince.

Malgré le succès de l'ambassade d'Ilionée, bien
moins imposante et moins dramatique que celle
des princes grecs auprès d'Achille, les Troyens
environnés d'ennemis se trouvent réduits à de fâ-
cheuses extrémités. Cependant au lieu de veiller
sur eux comme Agamemnon sur les Grecs, Énée
se livre à un profond repos; au lieu d'être troublé par la crainte des dangers qui les entourent, il
les oublie avec une inconcevable indifférence dans
un prince et dans un guerrier. Au moment de son
réveil, sa première pensée est et devait être au dieu
qui venait de lui donner un avis salutaire; mais
dans l'invocation à ce dieu, il ne mêle pas une fois
le nom de ses compagnons d'armes et du peuple

phrygien ; il ne s'occupe que de sa propre personne ; il se contente de demander qu'on écarte enfin les périls de la tête d'Énée. C'est au lecteur judicieux à prononcer entre les deux personnages.

L'Odyssée nous offre aussi une prière personnelle, mais sans reproche, et dans laquelle on sent des entrailles qui manquent aux paroles du pieux Énée. Après un naufrage où il a lutté contre toute la colère de Neptune, contre toutes les fureurs de la mer, Ulysse, long-temps enseveli sous les flots, parvient à l'embouchure d'un fleuve limpide ; il aperçoit une plage hospitalière qui sans être hérissée de rochers, présente cependant un abri contre les vents. Dès qu'Ulysse a reconnu le courant du fleuve, il l'implore du fond de son cœur, et s'écrie : « Écoute-moi, dieu puissant, qui que tu sois, puisque je touche enfin à tes bords tant désirés, trop heureux d'échapper de l'abîme des mers, aux menaces de Neptune. Oui, sans doute, il doit être un objet de pitié pour les immortels, l'infortuné qui, battu comme moi des tempêtes, arrive jusqu'en ton sein, et embrasse tes genoux, après avoir souffert tant de maux. Laisse-toi toucher, grand roi, puisque je me déclare ton suppliant. » Il dit ; aussitôt le dieu modère son cours, arrête ses ondes, répand le calme autour du héros, et le reçoit à l'embouchure du du fleuve. Rien de plus élégant, de plus riche d'agréables images, que la paisible navigation d'Énée sur le Tibre qui le porte aux rivages d'Évandre; mais l'esprit seul applaudit au talent du poëte, tandis que dans l'Odyssée le cœur est ému de la situation d'Ulysse, et se réjouit du prodige qui arrache à la mort un prince si digne de vivre. Énée ne joue ici qu'un rôle passif, sans gloire comme sans intérêt; Ulysse nous frappe d'admiration par son courage, nous fait verser des larmes par ses malheurs, et nous répétons avec attendrissement la prière qui a obtenu son salut [1].

On trouvera, je crois, aussi du charme et de l'imagination dans le fragment que j'emprunte à l'ouvrage d'Apollonius : « Les Argonautes viennent de s'embarquer; Jason détourne du rivage

---

[1] On peut rechercher dans Apollonius l'apparition de Glaucus pour apaiser une sédition élevée sur le vaisseau des Argonautes, désespérés de l'absence d'Hylas, de Polyphème, et surtout d'Hercule. Les paroles du dieu fournissent à Jason l'occasion d'accorder un pardon magnanime à Télamon, qui se repent de l'avoir grièvement offensé.

Comme composition, comme scène et comme style, la fiction de Boileau sur le passage du Rhin l'emporte de beaucoup sur l'apparition du Tibre. Il règne dans les vers du poëte français une verve et une chaleur vraiment homériques; on croit entendre le Scamandre ou le Xanthe en courroux.

de sa patrie ses yeux baignés de pleurs. Tels que des jeunes gens qui, dansant aux accords du luth autour de l'autel d'Apollon, soit à Delphes, soit à Délos, ou sur les bords de l'Isménus, attentifs aux sons de l'instrument sacré, frappent en cadence la terre avec leurs pieds légers ; tels les compagnons de Jason, aux accents de la lyre d'Orphée, fendent tous ensemble les flots avec leurs longs avirons. La mer est agitée ; elle écume et frémit sous leurs puissants efforts ; les armes étincellent aux rayons du soleil ; de longs sillons blanchissants, semblables aux sentiers qu'on distingue à travers un champ couvert de verdure, marquent la trace du navire. Tous les dieux, présents à ce spectacle sur les hauteurs de l'Olympe, voient avec complaisance voguer sur l'onde les plus vaillants des héros issus de leur sang[1]. »

Énée part et ne donne aucun ordre, ou du moins Virgile néglige de nous dire à sa véritable place une chose qu'il ne nous révélera qu'au commencement du chant neuvième, la précaution que le prince a prise de défendre aux siens de sortir de leurs murailles et de tenter le

---

[1] Chant Ier, vers 540 et suivants. Le reste de la scène est digne de ce que je viens de citer.

sort des armes en rase campagne. Certes, les Troyens sont entourés de dangers assez grands pour que nous devions nous étonner de ne pas connaître l'entretien d'Énée avec ses généraux, auxquels il remet le sort de son armée, avec le vieil Alète, auquel il confie sans doute les jours d'Ascagne. On peut même penser qu'une scène courte, grave et touchante entre le père et le fils était un ornement nécessaire du sujet, soit pour faire éclater l'adresse du premier à saisir tous les moyens de former le cœur, de mûrir l'esprit de l'héritier du trône, soit pour annoncer dans le second, comme dans le Télémaque d'Homère et de Fénélon, une prudence prématurée au milieu des élans d'une brillante valeur.

L'arrivée d'Énée au moment du sacrifice offert à Hercule par Évandre, l'audace de Pallas, si heureusement amené sous nos yeux, ses rapides questions, les sages réponses du prince troyen, ne donnent lieu qu'à des éloges; toutefois cette imitation de l'Odyssée ne saurait égaler le modèle. Pisistrate, Nestor, Minerve et Télémaque se présentent d'abord à nous d'une manière plus naïve et plus intéressante que Pallas, Évandre, et le successeur d'Hector. Homère a surtout bien mieux imprimé le caractère religieux à la première entrevue de ses personnages. Si la vérité se trouvait au fond des choses qu'il dit, les paroles d'Énée auraient l'éloquence d'une grande action ; mais le mérite de la noble confiance du héros ne semble-t-il pas beaucoup diminué par ses propres aveux? puisque les promesses solennelles et les ordres précis du Tibre, qui a d'ailleurs écarté tout soupçon de danger au nom du ciel apaisé, puisque les oracles des dieux, la puissance des liens de famille, la volonté des destins, la haute renommée d'Évandre ont conduit Énée devant lui, il n'y a point ici d'effort de vertu, point d'occasion de se targuer du courage d'être venu seul exposer sa tête à un péril qui n'est qu'imaginaire. A peine le Troyen pourrait-il tenir un pareil langage s'il abordait un tyran cruel et farouche, comme Mézence, ou un roi généreux, mais irrité, comme le majestueux Sésostris de Fénélon. En louant la sobriété des détails de Virgile sur la généalogie des Arcadiens et des Troyens [1], on remarque avec peine que l'éloge d'Évandre, borné à ces seuls mots : « Ta renommée, répandue par toute la terre [2], » ne saurait remplacer un hommage

---

[1] Imitation du sixième livre de l'Iliade.

La généalogie de Jason, précédée de son éloge et du tableau des persécutions qu'il éprouve, est heureusement placée par Apollonius de Rhodes dans la bouche d'Argus, qui veut concilier aux Argonautes la faveur d'Eétès. (Chant III.)

[2] Au lieu de parler de sa vertu, Énée aurait dû songer à celle d'Évandre, qu'il vient implorer ; on aimerait à trouver

du cœur, et d'accord avec les mœurs connues ainsi qu'avec les actions particulières du personnage. Homère aurait peint Évandre dans le discours du royal suppliant envoyé par les dieux.

L'exclamation d'Évandre à l'instant où il reconnaît Énée, ressemble au premier cri d'un sentiment qu'on ne peut contenir; elle serait plus belle si le poëte eût mieux motivé la sympathie qui entraîna le roi d'Arcadie vers Anchise; nous ne saurions alléguer en faveur de cette sympathie que la raison que donne Montaigne de son penchant pour la Boëtie : « Parce que c'était lui, parce que c'était moi. » Comment le père de Pallas ne trouve-t-il à célébrer dans son ancien ami qu'une taille élevée? *Anchises celsior ibat.* Anténor, au contraire, vante, devant le vieux Priam, le génie, la sagesse d'Ulysse, et cette éloquence puissante qui éclipsait la beauté du héros aux yeux des Grecs assemblés pour l'entendre. Ce sont les mêmes vertus, et d'autres encore consacrées par la sanction du malheur, qui expliquent au jeune Télémaque la tendresse de Nestor[1], et l'affection presque fraternelle de Mé-

---

dans Virgile un vers ainsi composé avec ses propres expressions :

Sed tua me virtus, tua terris didita fama.

[1] Évandre dit à Énée : « Je reconnais en vous l'air, la

nélas pour le compagnon de Diomède. Moins attentif à cette vérité de détails, qui produit la vraisemblance et l'illusion, Virgile exprime du moins avec autant de force que de charme l'adoption d'Énée par un prince issu du sang des Atrides, mais fidèle aux serments de l'hospitalité comme au souvenir de cette amitié sublime que la vertu fait naître entre des âmes pareilles. Anchise du fond de la tombe protège encore le peuple troyen ; quel honneur pour sa mémoire ! quel sujet d'attendrissement pour son fils ! En admirant ce genre de beautés, Bernardin de Saint-Pierre y trouve la source de l'intérêt que l'Énéide inspire aux hommes de tous les pays et de tous les siècles. Je souscris à cet éloge, mais sans oublier qu'environ mille années avant Virgile, Homère nous avait montré le Grec Diomède et le Lycien Glaucus, qui, près d'en venir aux mains dans la plaine de Troye, calment tout-à-coup leur fureur au nom des

---

voix, les discours du grand Anchise. » Nestor, après le magnifique éloge d'Ulysse, adresse les mêmes choses à Télémaque, mais peut-être d'une manière plus touchante : « Oui, vous êtes son fils ; je suis frappé d'admiration en vous regardant ; toutes vos paroles sont semblables aux siennes. On ne croirait pas qu'un jeune homme pût avoir un langage si conforme à celui de ce héros. » (*Odyssée*, chant III.)

liens sacrés de l'hospitalité établie entre leurs familles, changent d'armes ensemble sur le champ de bataille, et jurent de ne jamais combattre l'un contre l'autre [1]. Cette scène héroïque et tout en action, jetée comme un incident au milieu d'une mêlée, surpasse de beaucoup la reconnaissance d'Évandre et d'Énée ; elle laisse une impression plus profonde que l'entrevue de ces deux rois, assez froidement terminée par un repas vulgaire, et bien éloignée d'avoir l'intérêt des détails de l'hospitalité accordée à Télémaque dans Pylos, dans Lacédémone, où tout respire l'empressement du zèle, la bienveillance du cœur, unis à l'élégance des mœurs de la Grèce.

Le lecteur qui voudra comparer aussi entre eux Énée devant Évandre, et Télémaque, soit auprès de Nestor, soit à la cour de Ménélas, jugera que les récits des héros d'Homère sont d'une insupportable longueur, qui refroidit quelquefois la scène au moment le plus vif ; il pourra remarquer encore quelques inconvenances, quelques maladresses dans l'enchaînement de la narration [2] ; mais com-

---

[1] *Iliade,* chant VI.

[2] Ainsi, au troisième chant de l'Odyssée, des questions au moins inattendues de Télémaque, qui ne doit penser qu'à obtenir des nouvelles de son père, amènent la longue narration de Nestor sur la mort d'Agamemnon par Égiste ; ainsi,

bien de beautés dont Virgile n'a conservé aucune trace ! que de vraie philosophie, de morale à-la-fois douce et élevée, de connaissance du cœur humain, de sentiments profonds dans les discours de Ménélas sur les malheurs des Argiens, et sur son amitié pour Ulysse ! Quel intérêt inspire Télémaque, qui, après avoir bravé sans aucune crainte les vastes mers, n'ose par pudeur interroger un vieillard et un roi ! Que sa prière à Nestor est touchante ! que l'éloge d'Oreste, le vengeur d'Agamemnon, sied bien au fils de Pénélope, en proie aux poursuites des prétendants [1] ! Quelle éloquence dans les larmes que lui arrachent les exploits de son père, racontés par l'époux d'Hélène [2] ! Que de grâces et d'enchantement dans la personne, dans la démarche, dans les inspirations, que de magie dans les paroles de cette reine, la plus belle des femmes de l'Asie ! Comme on se plaît à voir l'affection mutuelle et spontanée de

---

dans le chant suivant, au lieu de presser les réponses de Ménélas sur le sort d'Ulysse, le jeune prince demande au roi de faire préparer une couche pour Pisistrate et pour lui, et ce n'est que le lendemain, et après un récit d'une étendue démesurée, que Télémaque apprend quelque chose de ce qui le touche.

[1] *Odyssée*, chant III.
[2] *Odyssée*, chant IV.

ÉNÉIDE, LIVRE VIII. 553

Pisistrate et de Télémaque, dont l'un, plus âgé que
l'autre de quelques années, et assez heureux pour
avoir reçu les leçons paternelles, semble être le
jeune Mentor de son frère adoptif!

Maintenant Virgile va se trouver sans pair, dans
l'aventure de Cacus, rattachée au sujet avec tant
d'art et d'à-propos. Dès le début du récit, Hercule
est annoncé par ses œuvres, par des ruines immenses, et semblables aux renversements qu'auraient produits quelques convulsions de la terre
déchirée dans ses entrailles. Au milieu de ces ruines, la caverne de Cacus, debout sur un rocher
suspendu dans les airs, effraie à-la-fois l'imagination et la vue. Au-dedans, les ténèbres éternelles,
et le sol toujours fumant d'un carnage récent; au-
dehors, l'aspect d'un affreux repaire, et des têtes
livides et sanglantes, qui pendent comme d'orgueilleux trophées à la porte homicide [1]! Voilà la demeure du monstre; le voici lui-même : cet horrible enfant de Vulcain vomissait des flammes, et ses

---

[1] Ce trait rappelle le commencement de la scène d'Oreste
et de Pylade arrivant en Tauride dans le temple de Diane.—
ORESTE. Voici donc l'autel où le sang des Grecs ne cesse de
couler.— PYLADE. Le chapiteau même en paraît rougi. —
ORESTE. Ne vois-tu pas ces dépouilles suspendues au centre
de l'autel?— PYLADE. Ce sont les dépouilles et les prémices
des étrangers immolés.

mouvements étaient ceux d'un colosse vivant. Jamais on ne fit une plus effrayante peinture avec si peu de paroles. Déjà nous mettons aux prises le brigand qui est la terreur de l'humanité, et le vengeur que la terre honore dès long-temps comme un Dieu. Le trait *maximus ultor*, qui conviendrait à Jupiter lui-même, place son fils à côté de lui dans l'Olympe. Pour la narration des faits, il est curieux de comparer ensemble Tite-Live et Virgile. L'un, fidèle au caractère de la prose, mais toujours amoureux d'une curieuse élégance, n'accorde au sujet que les détails permis à un historien par la nature même des choses ; l'autre, poëte épique et dramatique, développe une scène qui intéresse le salut, la gloire, la religion d'un peuple, et qui contient encore de hautes leçons pour un prince destiné aussi à parvenir au ciel, malgré la haine de l'implacable Junon. Le larcin, les ruses de Cacus[1] pour le cacher, la surprise, la colère d'Alcide, la fuite du brigand, sa prison fermée par un rocher, la reconnaissance des lieux par son adversaire furieux, qui interroge la montagne de tous les côtés, les efforts de ce Samson de la fable pour ébranler la caverne qui

---

[1] La supercherie de Cacus rappelle la fable de Mercure dérobant les bœufs d'Apollon, fable racontée dans un hymne attribué à Homère, vers 71 et suivants.

roule bientôt arrachée de ses fondements[1], sont des événements qui se passent sous nos yeux ; et même, quand les choses paraissent exagérées, elles représentent si bien la lutte d'un homme contre un obstacle en disproportion avec ses forces, et dont il ne triompherait pas sans un courage sublime ou presque surnaturel, que nous ne voyons ici que l'expression de la vérité. En ouvrant à nos regards la caverne semblable à l'odieux Tartare éclairé par un rayon de lumière, Virgile n'a point eu la prétention d'égaler la scène sublime[2] où, la terre ébranlée par le combat des dieux et des hommes, et par le trident de Neptune, fait pâlir sur son trône Pluton même, qui tremble de voir les régions désolées de son empire révélées aux dieux et aux mortels ; mais l'imitation est belle, judicieuse, et suffit au sujet. Les prestiges

---

[1] On lit dans le texte, au moment de la chute de la caverne déracinée et poussée par Hercule :

> Impulsu quo maximus insonat æther,
> Dissultant ripæ, refluitque exterritus amnis.

Peut-être ce passage a-t-il inspiré ce vers de Racine :

> Le flot qui l'apporta recule épouvanté.

[2] *Iliade*, chant XX, vers 61.

On lit dans Milton : « De cette vue perçante, propre aux natures célestes, Satan plonge au fond de ces déserts im-

qui suivent, motivés par la supposition première, soutiennent l'illusion, à laquelle notre imagination avertie se prête volontiers. Le caractère et la violence d'Alcide, irrité par les obstacles, et avide de vengeance, éclatent tout entiers dans l'action de se jeter au plus fort de l'incendie, au milieu des plus épais nuages de fumée ; on dirait de quelque ange de Milton s'élançant dans les gouffres de l'enfer pour aller châtier Satan, ou l'un de ses complices, ennemi acharné comme lui au malheur des hommes. Le choix de la mort de Cacus, qu'Alcide étrangle pour éteindre les feux que son rival lançait par la bouche, atteste dans Virgile une attention constante aux données de son sujet, et achève de confirmer que toute l'histoire du fils de Vulcain n'est qu'une allégorie enfantée par les poëtes, et adoptée par la crédulité des âges. Voilà une fable qui remplit toutes les conditions d'un drame complet, tragi-

---

menses et sauvages, de cet horrible donjon enflammé comme une vaste fournaise ; mais de ces flammes il ne sortait point de lumière : ce n'était qu'une lueur ténébreuse (*visible darkness*), qui servait seulement à découvrir un spectacle de désolation, des régions de tristesse et de deuil, séjour de tortures éternelles, où roule incessamment un déluge de flammes nourries par un feu qui brûle toujours sans se consumer. » (*Paradis perdu,* chant Ier.)

que dans sa marche et terrible dans son dénouement. Virgile, profitant des libertés de l'épopée, fait ce que la tragédie n'aurait pu oser avec succès : il prolonge, il redouble l'effet de la catastrophe, en nous montrant le cadavre de Cacus, que le peuple retire de son antre par les pieds, comme un monstre vomi par le Tartare à la clarté du jour; la joie muette et sombre de ce peuple, qui, victime du brigand qu'il contemple encore avec une espèce de terreur, ne peut se rassasier du spectacle de cette mort, et se confie à peine aux témoignages de ses yeux, est le dernier coup de pinceau d'un maître de l'art. Cette situation, malgré des différences remarquables, rappelle la fin sanglante du collègue de Tibère, de ce Séjan, hier la seconde tête de l'empire, aujourd'hui traîné avec un croc aux gémonies, et livré aux grossiers outrages de la populace, et à la fureur des grands de Rome, empressés de fouler aux pieds l'ennemi de César[1].

L'épisode de Polyphème, dans l'Odyssée, a pour base une imprudence que le caractère d'Ulysse ne permet pas d'admettre, et qui le rend responsable de la mort cruelle de plusieurs de ses compagnons; à la vérité, il sauve les autres par son

---

[1] Juvénal, satire X.

courage et sa dextérité; mais le choix des artifices qu'il emploie est à peine digne de ces contes d'enfant, auxquels tous les lecteurs n'ont pas le don de se plaire comme le grand rêveur La Fontaine[1]. Si l'on ne peut refuser à ce conte beaucoup de vigueur dans la peinture du monstre et de sa barbarie, un certain charme de naïveté pastorale qu'on retrouve avec tant de plaisir sous le toit du bon Eumée, et un vif intérêt dans la narration, il faut avouer que le dénouement dépend d'un jeu de mots ridicule; enfin les injures qu'Ulysse, fuyant sur son vaisseau, adresse par deux fois à Polyphème, ne conviennent ni à l'âge, ni aux mœurs du héros, que ses compagnons se croient obligés d'inviter à plus de sagesse. Dans cette composition, le génie d'Homère sommeille à demi, et ne se révèle que par intervalles. Le même épisode, au troisième livre de l'Énéide, ne mérite aucun de ces reproches; et cependant l'original, malgré ses fautes, semble avoir sur la sage copie de Virgile tout l'avantage d'une scène dramatique sur un récit quelque beau qu'il puisse être. Mais ce même original ne paraît plus qu'un ouvrage

---

[1] Si Peau d'Ane m'était conté,
J'y prendrais un plaisir extrême.
Le monde est vieux, dit-on : je le crois, cependant
Il le faut amuser encor comme un enfant.

grossier et presque sans art, auprès du Cacus de
Virgile, où tout est bon sens, vraisemblance, illusion, goût et génie, sans que le poëte nous fasse
acheter ses beautés par une seule imperfection,
même la plus légère [1].

---

[1] Ovide et Properce, en racontant les mêmes choses que
Virgile, l'un dans le premier livre de ses Fastes, l'autre dans
le quatrième livre de ses Élégies, ne servent qu'à prouver,
par leur faiblesse, la supériorité de leur maître, et comment
l'habile disposition du sujet et les créations du style peuvent
transformer un récit vulgaire en un drame qui remue profondément les cœurs. Mais si Properce s'est exposé témé-
rairement à une dangereuse comparaison par la pâle esquisse de la mort de Cacus, il mérite l'attention du lecteur
dans le reste de l'élégie où Alcide, accablé de fatigue et
brûlé d'une soif dévorante après sa victoire, entend rire de
jeunes nymphes enfermées dans une forêt consacrée à la
déesse des femmes, invoque, sans les voir, ces folâtres nymphes, pour obtenir la permission d'approcher de leurs claires
fontaines : c'est une imagination grecque qui semble avoir
orné, avec des détails heureux, le simple fait de la construc-
tion d'un autel par Hercule dans le lieu qui lui offrit enfin
quelque relâche après tant de travaux :

> Angulus hic mundi nunc mea fata trahentem
> Accipit, hæc fesso vix mihi terra patet.

Le combat d'Hercule et d'Antée dans la Pharsale, sans
égaler à beaucoup près le combat de Cacus, offre des beautés fortes et neuves; la victoire est mieux disputée par le

Cet éloge ne saurait être partagé avec Virgile par Homère. On ne voit pas non plus dans le père de la poésie épique un hymne aussi remarquable par la précision, par l'énergie du style, que le chant des Saliens. A peine si Horace, dans le dithyrambe commençant par ces mots : *Bacchum in remotis*[1], peut égaler le mouvement lyrique et les expressions hardiment figurées de cet hymne, vraiment digne d'un héros prodigue d'actions et avare de paroles. Le théâtre permettait à Euripide de plus grands développements dans l'hymne du premier chœur de l'Hercule furieux : cependant il aurait pu consacrer moins de cent vers à son sujet, et surtout y développer un peu de la vigueur d'Eschyle. Euripide est bien loin d'égaler à cet égard l'auteur des Perses et d'Agamemnon; il fait quelques belles images avec ces mots composés qui sont une richesse de la langue, mais son style n'en paraît pas moins pâle, languissant et unifor-

---

fils de la terre que par le fils de Vulcain; le premier tente de plus grands efforts que le second; mais Lucain pèche par la monotonie et par une raideur qui rappelle les beaux vers de la Pétréide de Thomas, et cet arrêt de Voltaire contre les poëtes accoutumés à employer toujours des mots de six pieds, *sesquipedalia verba :*

Et souvent on ennuie en termes magnifiques.

[1] Livre II, ode XVI.

me. Un caractère plus imposant et plus d'audace pindarique distinguent le chant du même poëte en l'honneur de Bacchus[1], qu'Ovide célèbre aussi d'une manière élégante, quelquefois élevée, sans enthousiasme pourtant, et avec un mélange de quelques traits dignes du pinceau de Téniers[2]. Lowth rappelle ici à notre souvenir les Dioscures de Théocrite, qui proclame avec transport les louanges de Castor et de Pollux, dans une idylle d'abord pleine de grâce, et ensuite étincelante de la plus haute poésie. Le professeur anglais rapproche aussi de Virgile le cent trente-huitième psaume de David[3], mais je préfère la comparaison avec le cantique de Moïse au sortir de la mer Rouge, cantique répété par tout le peuple d'Israël reconnaissant du bienfait de sa délivrance. Le poëte hébreu me semble surpasser autant Virgile par la sublimité des pensées et la grandeur des images, unie à une certaine simplicité d'expressions toute populaire, que par la nature du sujet.

―――

[1] Tragédie des Bacchantes.

[2] Quatrième livre des Métamorphoses. On peut voir, dans le septième livre du même ouvrage, un hymne en l'honneur de Thésée, qui, auprès de la poésie de Virgile, ressemble à de la prose quelquefois peu châtiée.

[3] Cours de poésie sacrée.

Achevons maintenant avec Virgile la première entrevue des deux princes.

« Ces pieux devoirs remplis, tous, de ce pas
» retournent à la ville. Appesanti par l'âge, le mo-
» narque marchait en s'appuyant sur son fils et sur
» Énée, et abrégeait par des entretiens divers la
» longueur du chemin. Énée surpris promène au-
» tour de lui ses rapides regards; charmé de la
» beauté des lieux, il se plaît à de nombreuses
» questions sur chaque objet nouveau, et apprend
» à connaître les anciens monuments des hommes
» d'autrefois. Alors Évandre, fondateur de la cita-
» delle de Rome : « Dans ces bois habitaient jadis
» des faunes et des nymphes indigènes, avec une
» race de mortels aussi durs que le tronc des chênes
» dont ils étaient sortis. Sans culture, sans lois, ils
» ne savaient ni amasser dans le présent, ni ména-
» ger pour l'avenir. Des fruits sauvages, le produit
» d'une chasse pénible, voilà leur nourriture. En-
» fin, exilé de l'Olympe, et fuyant les armes de son
» fils, Saturne vint le premier dans cette contrée
» après la perte de son trône céleste. Il rassembla
» ces hordes indociles, dispersées sur les monta-
» gnes, leur donna des lois, et voulut appeler du
» nom de Latium le pays qui lui avait offert un re-
» fuge assuré. Pendant son règne fleurit cet âge
» d'or tant célébré, cet âge où les peuples vivaient
» dans une paix profonde à l'ombre d'un sceptre

» paternel. Mais à ce temps heureux succédèrent
» peu à peu, avec un siècle moins pur et déjà dé-
» coloré, la rage de la guerre et la soif des riches-
» ses. Alors parurent des bandes d'Ausoniens, bien-
» tôt suivies des nations sicaniennes, et la terre de
» Saturne changea plusieurs fois de nom : elle eut
» des rois ; elle subit le joug du farouche géant
» Thybris ; c'est de lui que nos Italiens ont appelé
» le Tybre le fleuve qui coule devant nous ; et ainsi
» l'antique Albula a perdu son premier nom. Pour
» moi, chassé de ma patrie, errant sur des mers loin-
» taines, la fortune toute puissante et l'irrésistible
» destin m'ont fixé sur ces bords où m'enchaînaient
» les avis révérés de ma mère, la nymphe Carmen-
» ta, et les oracles d'Apollon.

» A ces mots, il s'avance, et montre au héros
» l'autel et la porte que les Romains ont nommée
» Carmentale, en l'honneur de cette prêtresse ins-
» pirée dont la voix prophétique annonça la pre-
» mière les grandeurs des descendants d'Énée, et
» la gloire de Pallantée. Évandre montre ensuite
» au Troyen le bois immense où l'ardent Romulus
» ouvrit un asile, et sous une roche glacée, le
» Lupercal, nom emprunté à l'Arcadie, où le dieu
» Pan se nomme lycéen. Voici maintenant le bois
» sacré d'Argilete ; Évandre en atteste les religieux
» ombrages, et révèle les causes de la mort de
» l'Argien, son hôte perfide. De là il conduit Énée

»à la roche Tarpéienne, au futur Capitole, au-
»jourd'hui tout brillant d'or, mais alors hérissé
» de buissons sauvages. Déjà ce lieu redoutable in-
» spirait une religieuse terreur aux timides colons ;
» déjà ils ne regardaient qu'en tremblant la forêt
» et le rocher. Cette forêt, dit-il, cette colline au
» sommet couronné d'ombrages, quel dieu les ha-
» bite? On l'ignore ; mais un dieu les habite. Là,
» cent fois les Arcadiens ont cru voir Jupiter lui-
» même lorsque sa main puissante agitait la som-
» bre égide et assemblait les orages. Non loin, ces
» deux villes dont nous voyons les murs dispersés
» sur la terre, sont les débris de deux monuments
» des anciens rois. Janus fonda l'une, Saturne bâ-
» tit l'autre ; la première s'appelait Janicule, et
» la seconde, Saturnie.

» Pendant ces entretiens ils approchaient de
» l'humble toît d'Évandre. Devant leurs yeux mu-
» gissaient des troupeaux répandus dans le Forum
» romain et dans le superbe quartier des Carènes. On
» arrive au palais : «Voici, dit Évandre, le seuil que
» franchit Alcide après sa victoire ; ce palais a reçu
» le fils de Jupiter. Osez, prince, mépriser comme
» lui les richesses ; montrez-vous digne d'un dieu,
» et n'abordez pas avec dédain l'indigence de votre
» hôte. » A ces mots, il conduit dans sa modeste de-
» meure le grand Énée, qu'il place sur un lit de feuil-
» lages couvert de la peau d'une ourse de Libye.

» La nuit s'avance et embrasse la terre dans les
» replis de ses sombres ailes ; mais Vénus, dont le
» cœur maternel est justement effrayé des apprêts
» menaçants de Laurente, et du tumulte de l'Hes-
» périe, vole vers Vulcain, et, couchée sur le lit
» d'or de son époux, ses paroles et son souffle ré-
» veillent en lui le divin amour : « Lorsque les rois
» de la Grèce ravageaient Pergame dévouée à leur
» fureur, et ces tours qui devaient s'abîmer dans
» les feux ennemis, je n'ai imploré pour un peuple
» malheureux, ni les secours de votre puissance,
» ni des armes forgées par vos mains savantes; je
» n'ai point voulu, cher époux, vous imposer des
» travaux inutiles, quoique je dusse beaucoup aux
» enfants de Priam, et que le cruel sort d'Énée
» m'eût coûté des pleurs. Maintenant, par les or-
» dres de Jupiter, il occupe les champs rutules :
» toujours aussi inquiète, je viens vers vous en sup-
» pliante ; je viens, ô Dieu que je révère! vous
» demander des armes pour un fils. L'épouse de
» Thiton et la fille de Nérée ont pu vous attendrir
» à leurs larmes. Voyez quelle vaste ligue de peu-
» ples, combien de villes ferment leurs portes, et
» aiguisent le fer contre moi et pour la ruine des
» miens! » Elle dit, et enlaçant alors dans ses bras
» d'albâtre son époux qui balançait encore, elle le
» réchauffe d'un doux embrassement; le dieu tout-
» à-coup reçoit la flamme accoutumée; une cha-

»leur qu'il reconnaît pénètre dans ses veines, et
» court dans tout son corps qui frémit de désir.
» Ainsi l'éclair brille au sein des nuages déchirés
» par la foudre, et les parcourt en sillons lumineux.
» La ruse a réussi, l'heureuse épouse le sent avec
» joie, et reconnaît le pouvoir de ses charmes. Alors
» le dieu, qu'un éternel amour enchaîne à Vénus,
» lui répond ainsi : «Pourquoi chercher si loin vos
» raisons? Qu'avez-vous fait, ô déesse! de votre
» confiance en moi? Si jadis de pareils soins vous
» avaient occupée, j'aurais pu dès-lors donner des
» armes aux Troyens; le roi des dieux ni les des-
» tins ne défendaient pas à Troye de rester encore
» debout, et à Priam de régner dix autres années.
» Si donc vous méditez aujourd'hui la guerre, si
» tel est votre dessein, je vous promets toutes les
» merveilles de mon art, toutes les armes que
» peuvent former et le fer et l'airain, avec la puis-
» sance des vents et des flammes. Cessez, par vos
» prières, de douter de votre empire. » En ache-
» vant ces mots, il donne à Vénus les baisers qu'elle
» désire, et, se réfugiant dans le sein de la déesse,
» il s'endort doucement entre ses bras.

» A peine le char de la nuit était parvenu à la
» moitié de son cours, à peine quelque repos avait
» dissipé les vapeurs du premier sommeil; c'était
» l'heure où la vigilante ménagère, réduite à ga-
» gner sa vie avec ses fuseaux et la plus faible des

» industries de Minerve, réveille son feu assoupi
» sous la cendre, et ajoutant la nuit au travail du
» jour, presse, à la lueur d'une lampe, la longue
» tâche de ses servantes, heureuse de conserver à
» ce prix la chasteté du lit conjugal, et de pouvoir
» élever ses jeunes enfants ; avec la même diligence,
» le Dieu du feu se lève avant l'aube, et de sa cou-
» che voluptueuse court aux travaux de son art.

» Non loin de la Sicile et de Lipare, l'une des
» Éoliennes, s'élève une île couronnée de rochers
» fumants. Sous cette île, une caverne minée par
» les feux des cyclopes tonne incessamment à l'in-
» star des antres de l'Etna; sans cesse elle retentit
» des gémissements des enclumes sous les coups
» des lourds marteaux ; sans cesse l'acier siffle en
» étincelant ; et la flamme, excitée par les soufflets
» haletants, mugit dans les ardentes fournaises ; là
» est le palais de Vulcain ; cette île s'appelle Vulcanie.
» C'est là que des hauteurs de l'Olympe descendit
» le dieu puissant du feu. En ce moment, réunis
» dans l'antre immense, les cyclopes Brontès, Ste-
» ropès, et Pyracmon, les bras nus, travaillaient le
» fer de mille façons différentes. Ils tenaient à de-
» mi formé dans leurs mains l'un de ces foudres
» terribles que Jupiter lance souvent de toutes les
» parties du ciel sur la terre. Une partie venait
» d'être achevée, l'autre était imparfaite. Ils y
» avaient ajouté trois rayons de grêle, trois d'une

» pluie orageuse, trois d'une flamme éclatante, et
» trois d'un vent impétueux. Ils mêlaient mainte-
» nant à leur ouvrage d'effroyables éclairs, et le
» bruit et la peur, et les flammes qui suivent la co-
» lère céleste. Ailleurs, d'autres cyclopes façon-
» naient pour Mars un char avec ces roues rapides
» dont le bruit alarme, sur le passage du dieu, les
» guerriers et les villes. Plus loin, on polissait l'ar-
» mure de Pallas en fureur, une horrible égide
» hérissée de serpents avec des écailles d'or, et,
» pour couvrir le sein de la déesse, des couleuvres
» entrelacées ensemble sur le front de la Gorgone,
» puis la Gorgone elle-même, dont la tête séparée
» du cou roulait encore d'obliques regards.

« Enfants de l'Etna, dit Vulcain, arrêtez : em-
» portez ailleurs ces ouvrages commencés, et prê-
» tez l'oreille à mes ordres. Il s'agit d'armer un
» redoutable guerrier : c'est maintenant qu'il faut
» la force des bras, l'agilité des mains, et toute
» la puissance de l'art; hâtez-vous; pas un mo-
» ment de retard. » Il dit; tous aussitôt courent
» à leur enclume, et tirent au sort les parts égales
» du travail. L'airain et l'or coulent en brillants
» ruisseaux ; l'homicide acier se fond dans la vaste
» fournaise. Sous la main des cyclopes s'arrondit
» un immense bouclier, capable de repousser seul
» tous les traits des Latins; sept orbes de métal
» enlacés l'un sur l'autre le rendent impénétra-

» ble. Ceux-ci, dans de bruyants soufflets, aspirent
» l'air et le chassent alternativement ; ceux-là
» trempent dans l'onde l'acier frémissant ; l'antre
» gémit sous le poids des enclumes. Tour-à-tour
» les cyclopes, avec de grands efforts, lèvent leurs
» bras en cadence, et, armés de la tenaille mor-
» dante, tournent et retournent la masse em-
» brasée. »

Virgile descend sans effort des hauteurs de la poésie au ton d'une conversation élégante et instructive ; il y faut remarquer surtout la brièveté qu'il s'impose sur des objets qui auraient donné des tentations irrésistibles à un poëte plus amoureux de son génie que docile aux conseils du bon sens. La description de la vie inculte et sauvage des premiers humains [1], représentée avec autant d'énergie que d'abondance par Lucrèce, à qui son sujet et son rôle permettaient de se montrer grand peintre, ne contient dans l'Énéide que six vers, et dit cependant tout ce qu'elle doit dire. Virgile s'étend un peu davantage, mais toujours avec mesure, sur le tableau de l'âge d'or, bienfait d'un roi détrôné du ciel, c'est-à-dire dépossédé d'un puissant empire, et qui, instruit à l'école de l'adver-

---

[1] Les sauvages de Virgile ressemblent beaucoup aux hommes de l'âge d'airain, dans Hésiode.

sité, paie, par le bonheur, son tribut de reconnaissance aux peuples parmi lesquels il a trouvé un asile assuré contre ses persécuteurs[1]. Selon Justin, les premiers habitants de l'Italie furent les Aborigènes. Leur roi Saturne eut la réputation d'un prince extrêmement juste. Sous son règne, personne n'était esclave, personne ne possédait rien en propre ; tout était commun et formait un patrimoine public. C'est en mémoire de cette heureuse époque, que, pendant les saturnales, les esclaves avaient les mêmes droits que leurs maîtres, et pouvaient s'asseoir à table à côté d'eux. Hésiode, Ovide, Tibulle, Boileau, Fénélon, dans son Télémaque, ont tracé d'agréables peintures de cet âge d'or, le roman de toutes les nations; mais, plus sage que le philosophe génevois, qui prend hautement le parti de l'état sauvage contre la société, plus vrai que les Grecs et leurs imitateurs, Lucrèce seul nous montre dans la découverte du feu, qui réunit les premiers époux sous le même toit; dans la naissance de la famille, dans les caresses des enfants et des femmes, dans la pitié inspirée au fort par la faiblesse qui implorait secours et protection avec des gestes et des cris à peine for-

---

[1] Hésiode fait descendre l'âge d'or sur la terre sous l'empire de Saturne encore maître de l'Olympe.

més; dans l'invention du langage, fils de l'amour et de la nécessité, l'origine de la civilisation et le commencement du bonheur des hommes [1].

Outre les liens de l'hospitalité, outre les souvenirs de l'amitié qu'elle a fait naître, il existe aussi une conformité de malheurs et de destinée entre le prince troyen et le roi Évandre. L'un et l'autre ils ont été chassés du sol natal, contraints de parcourir les vastes mers, et de chercher un refuge sur une terre étrangère; tous deux encore ont obéi à la volonté céleste dans le choix de leur nouvelle patrie; on peut même regarder le premier de ces princes comme un prédécesseur envoyé par les dieux pour préparer les voies à l'homme des destins; c'est la réflexion que suggère l'éloquente inspiration qu'Ovide prête à la mère d'Évandre, prédisant, au moment où elle aborde avec son fils

---

[1] Et Venus imminuit vires, puerique parentum
Blanditiis facile ingenium fregere superbum.
Tum et amicitiam cœperunt jungere, habentes
Finitima inter se, nec lædere, nec violare;
Et pueros commendarunt, muliebreque sæclum,
Vocibus et gestu cum balbe significarent,
Imbecillorum esse æquum miserier omnium.

J.-J. Rousseau, dans son Essai sur l'origine des langues, semble avoir voulu commenter, avec la liberté de son génie, tout le morceau de Lucrèce dont je ne donne ici qu'un précieux fragment.

en Italie, l'arrivée prochaine d'Énée, et la grandeur future des Romains, dont il sera le premier auteur[1]. Peut-être un mot de cette prédiction, placé dans la bouche d'Évandre, eût-il complété les moyens de persuasion de Virgile au sujet d'une alliance si nouvelle entre un parent des deux Atrides, et le successeur d'Hector. Plus loin, le poëte aurait pu éclaircir l'énigme qu'il nous laisse à deviner, soit sur les causes de la punition du perfide Argien, qui médita la mort de son hôte, soit sur la légitimité de cette punition, expiée cependant par la pitié du prince comme pour apaiser le dieu puissant de l'hospitalité [2]. Eumée répond à une proposition d'Ulysse, qui, caché sous un nom supposé, remet sa vie, comme un garant de ses promesses, entre les mains du pasteur : « Étranger, nous aurions vraiment un beau nom parmi les hommes, notre réputation serait vraiment en honneur dans le présent et dans l'avenir, si après t'avoir ouvert notre cabane, après t'avoir présenté les dons de l'hospitalité, nous allions

---

[1] Fastes, livre I*er*, vers 509 et suivants.

[2] Annibal Caro a eu le même scrupule, car il commente ainsi la pensée de l'original :

E d'Argo ospiti il caso
Gli conta, e se ne purga, e se ne scusa.

t'immoler et t'arracher la douce vie, empressés sans doute d'offrir ensuite nos vœux à Jupiter, le fils de Saturne [1]. »

La montagne couronnée d'une forêt qui attire les nuages, et assemble ainsi au-dessus de sa tête une atmosphère de ténèbres, l'horreur religieuse inspirée par ce spectacle à des hommes grossiers et crédules, ce dieu que l'on adore surtout parce qu'il habite dans une nuit mystérieuse, et qui apparaît quelquefois armé de la foudre et des éclairs sous des formes créées par des imaginations frappées d'épouvante, rappellent le trait de Lucrèce, *primus in orbe deos fecit timor*, et sont conformes aux anciennes traditions de tous les peuples. Ils s'accordent tous à choisir les hauteurs de la terre pour le séjour de la divinité. Moïse, en racontant l'apparition de Dieu sur l'Oreb, ajoute : « La montagne lança des feux jusque dans le milieu du ciel; elle fut environnée de nuages et de ténèbres. » Le psalmiste a quelque chose de plus sublime encore : « La terre trembla; les fondements même des montagnes s'ébranlèrent; les cieux s'abaissèrent; le Seigneur descendit sur la terre, et d'épaisses ténèbres étaient sous ses pieds. Il s'élevait au-dessus des chérubins, et volait sur les ailes des

---

[1] *Odyssée*, chant XIV, vers 402 et suivants.

vents. L'obscurité était son sanctuaire ; un pavillon s'élevait autour de lui, et des nuages couronnaient sa face.[1] » Fénélon a bien eu raison d'avancer que, dans les créations de la plus haute poésie, Moïse, David et les prophètes, laissaient loin derrière eux Homère, Eschyle, Pindare, Horace et Virgile.

C'est un contraste remarquable, et tout-à-fait à la manière des anciens, que cette roche tarpéienne couverte de ronces et d'épines, opposée à la majesté du temple d'or que le poëte nous montre dans toute sa splendeur, par une métamorphose qui semble aussi subite que celle de la cabane de Philémon et de Baucis :

> Cependant l'humble toit devient temple, et ses murs
> Changent leur frêle enduit aux marbres les plus durs;
> De pilastres massifs les cloisons revêtues
> En moins de deux instants s'élèvent jusqu'aux nues;
> Le chaume devient or.

Tous les contemporains de Virgile ont pris plaisir à retracer les faibles commencements de la ville éternelle dans des prédictions de sa gloire à venir. Tibulle, Ovide et Properce se disputent la

---

[1] Psaume 17.

palme sur ce sujet ; mais le dernier de ce poëte les surpasse tous :

> Hoc quodcumque vides, hospes, quam maxima Roma est,
> Ante Phrygem Æneam collis et herba fuit.
> Atque ubi navali stant sacra palatia Phœbo,
> Evandri profugæ procubuere boves.
> Fictilibus crevere diis hæc aurea templa.
> Non fuit opprobrio facta sine arte casa.
> Tarpeiusque pater nuda de rupe tonabat,
> Et Tiberis nostris advena bubus erat.
> Quo gradibus domus alta Remi se sustulit, olim
> Unus erat fratrum maxima regna focus [1].

« Étranger, tout ce que tu vois, cette Rome, la plus grande des cités, ne fut, avant le Phrygien Énée, qu'une humble colline couverte d'un peu d'herbe; dans ce lieu où brillent des palais consacrés à Apollon, auteur de nos triomphes navals, ont erré les troupeaux du fugitif Évandre. Ces temples d'or furent bâtis sous des dieux d'argile. On ne rougissait pas d'habiter une cabane faite sans art; Jupiter Tarpéien tonnait du haut d'une roche toute nue, et le Tibre était étranger à nos taureaux. A quel degré de magnificence

---

[1] Élégies, livre IV, première élégie. Le dernier vers que j'ai cité a quelque analogie avec ce vers de Racan :

Sa cabane est son Louvre et son Fontainebleau.

s'est élevée cette maison de Rémus, jadis l'unique foyer des deux frères, et tout leur empire. »

On lit plus loin :

Quippe suburbanæ parva minus urbe Bovillæ[1]
Et, qui nunc nulli, maxima turba, Gabii...
Nil patrium, nisi nomen, habet romanus alumnus.
Sanguinis altricem nunc pudet esse lupam.

« Rome était plus petite que Boville, aujourd'hui sa banlieue, et ces Gabiens qui n'existent plus formaient un peuple. Les Romains ne conservent plus rien de leur père que le nom, et rougissent maintenant de la louve leur première nourrice. » Dans ce dernier trait, où l'on trouve sans doute une heureuse transition aux merveilleuses peintures qui la suivent immédiatement, Properce a un peu oublié les préjugés, et l'orgueil national des fiers enfants de Mars; loin de répudier leur

---

[1] Voltaire avait peut-être en vue l'élégie de Properce, quand il a dit dans le Mondain :

L'auguste Rome avec tout son orgueil,
Rome jadis était ce qu'est Auteuil.
Quand ces enfants de Mars et de Sylvie,
Pour quelque pré signalant leur furie,
De leur village allaient au champ de Mars,
Ils arboraient du foin pour étendards.
Leur Jupiter, au temps du bon roi Tulle,
Était de bois; il fut d'or sous Luculle.

humble origine, ils se glorifiaient d'avoir fait de leur fondateur un dieu, de leur ville une espèce d'Olympe de la terre visité par les immortels, et du Capitole la maison de Jupiter lui-même. Virgile connaissait bien l'esprit de ses compatriotes, quand il s'est plu à reproduire sous leurs yeux la louve de Romulus, ou à faire paître et mugir les troupeaux d'Évandre, soit dans le *Forum romanum*, soit dans le superbe quartier des Carênes, ainsi appelé parce que Pompée y avait bâti un palais orné de proues de vaisseaux en bronze. Ce retour vers la simplicité antique nous conduit de la manière la plus naturelle à la modeste demeure d'Évandre. Il y a tout un cours de philosophie, en même temps que la peinture parfaite d'un caractère, dans les paroles de ce roi pasteur qui a conservé la grâce et la naïveté des mœurs de l'Arcadie, avec le souvenir du commerce des dieux. Mais aujourd'hui surtout que l'amour effréné des richesses a pris tant d'empire, il faudrait imprimer, dès l'âge le plus tendre, au cœur des hommes, le précepte que contient cette apostrophe si justement admirée de Fénélon :

Aude, hospes, contemnere opes, et te quoque dignum
Finge deo.

« Quelle langue moderne, s'est écrié Dryden, quel poëte capable de rendre la majestueuse beauté de ce vers ! Pour moi, je me prosterne d'admiration;

je méprise ce monde quand je pense à lui ; je me méprise moi-même quand je traduis de pareilles choses. » Malgré ce magnifique éloge, Dryden n'en a pas moins défiguré tout le discours d'Évandre par une version infidèle et dénuée d'élégance. Voici la copie d'Annibal Caro :

> Giunti che furo; in questo umile albergo
> Alloggiò (il disse) il vincitore Alcide.
> Questa fu la sua reggia. E tu v'alloggia,
> Et tu'l gradisci, e le delizie, e gli agj
> Spregiaudo ; imita in ciò Tirinzio, e Dio :
> E del lugurio mio meco t'appaga.

Au premier coup d'œil, cette traduction paraît meilleure que celle de Dryden, et cependant les imperfections y fourmillent. Où est l'image du mot *subiit*, qui représente Hercule se baissant pour entrer dans l'humble demeure ? *Questa fu la sua reggia*, approche-t-il de cet hémistiche : **Hæc illum regia cœpit**, qui signifie : « Voilà le palais qui a contenu le grand Alcide avec toute sa gloire ? » Quelle faute d'avoir répété le verbe *allogia*, déjà si mal choisi ! Pourquoi ce trait superflu, *e tu'l gradisci ?* fallait-il donc ajouter ce froid commentaire entre les deux pensées de Virgile, qui vont si bien ensemble, et que rien ne devait séparer ? Quelle langueur pour rendre ces mots : *et te quoque dignum finge deo !* Qu'a fait Annibal Caro de ces expressions pittoresques, *rebusque veni non asper egenis,*

auxquelles il substitue des termes vulgaires? Voilà
pourtant comment on peut transformer la plus
belle poésie en une vile prose. Je n'aurais pas plus
de peine à prouver que la traduction de ce morceau
par Delille, quoique élégante et harmonieuse, n'en
est pas moins une profanation du modèle.

Homère excelle à l'égal de Virgile dans les oppositions et les contrastes ; c'est ainsi qu'au luxe,
à la magnificence, aux plaisirs de la cour d'Alcinoüs, et à sa brillante hospitalité, succèdent
la cabane d'Eumée, les chiens fidèles qui la gardent, les détails de la vie champêtre, et le touchant accueil de ce bon serviteur, accoutumé de
même que Nestor et Ménélas, à regarder tout étranger comme un envoyé de Jupiter. On ne trouve pas,
on ne doit pas trouver ici les grandes choses du
récit d'Évandre; mais les sentiments et les discours de ce roi ne nous pénètrent pas aussi vivement peut-être que l'éloquence naturelle d'Eumée,
également fils de roi, aujourd'hui esclave et berger, et unissant aux généreux souvenirs de son ancienne condition les vertus que donne l'adversité.
Quand Ulysse et Eumée sont réunis, nous entendons deux cœurs qui parlent et se répondent; dans
l'Énéide, sauf sa première harangue, Énée reste
muet pendant toute l'entrevue avec Évandre.
Ulysse et Eumée s'entretiennent de la patrie, de
Laërte, d'Antyclée, de Pénélope, de Télémaque;

tous ces noms nous inspirent le plus vif intérêt, parce qu'ils ne sont prononcés qu'avec l'expression du respect, du regret et d'une tendresse tour-à-tour filiale et paternelle. Énée n'a point l'occasion de rappeler Troie, Priam et Anchise ; il ne trouve pas même le moment de dire un mot du jeune Ascagne; enfin, il ne se révèle à ses hôtes par aucun trait : tandis qu'Ulysse nous fait connaître le fils, l'époux, le père, l'homme avisé, prudent, et maître de lui-même, dans le héros qui se cache pour mieux préparer le succès d'un grand dessein. Les épopées d'Homère ressemblent à une vaste tragédie, dont l'auteur n'oublie jamais de soutenir le rôle qu'il donne à ses personnages, et de se demander un compte sévère de l'effet que leur présence doit produire sur les spectateurs.

L'hospitalité offre dans la Bible tous les caractères homériques, avec une naïveté encore plus ingénue. Abraham, Lot, le beau-père du lévite d'Éphraïm, Rébecca et son frère Laban à la fontaine ; Bathuel et ce même Laban accueillant d'une manière si touchante, sous le toit paternel, le serviteur du premier des patriarches, sont des modèles de cette vertu des anciens âges. Le créateur de l'Odyssée, qui se plaît aux détails les plus familiers de la vie domestique et pastorale, n'aurait pas osé peut-être imiter la simplicité toute nue que respire l'histoire de la pauvre veuve de Sarrepta. Le prophète Élie lui demande une bouchée de pain ; elle n'en a point, elle possède seulement autant de farine qu'on en peut prendre avec trois doigts, et quelque peu d'huile dans un petit vase ; elle en fait un pain cuit sous la cendre qu'elle donne au prophète. Le fils de cette femme vient à tomber malade et succombe ; mais la bonne action de la mère a pour récompense deux miracles, dont le second est la résurrection de l'enfant qu'elle pleure, événement précédé par cette vive exclamation de la douleur d'Élie : «Seigneur, mon Dieu ! votre pauvre veuve qui a soin de me nourrir comme elle peut, l'avez-vous aussi affligée jusqu'à faire mourir son fils ?» Alors, dit la Bible, il se mit sur l'enfant par trois fois, et, se mesurant à son petit corps, il demanda au Seigneur d'y faire rentrer l'âme qui venait de le quitter ; ce vœu fut exaucé. Élisée à son tour, après avoir reconnu, par le don d'un fils, l'hospitalité de la Sunamite qui lui avait bâti et meublé une chambre dans sa propre maison, rendit aussi à cette mère éplorée ce fils qu'elle avait désiré si long-temps et possédé si peu. Le jeune Tobie et l'ange Raphaël, reçus avec tous les soins de la plus tendre hospitalité par Raguel ; l'hymen religieux de Sara et de Tobie, venu de Ninive pour la demander à son père ; le retour de cet enfant chéri sous le toit de ses parents ; les actions de grâces qu'ils rendent au céleste conducteur de leur fils; la réponse de l'ange avant de se révéler à leurs yeux, forment aussi une fable encore plus touchante que toutes celles du même genre que l'Odyssée offre à notre admiration, parce que les personnages de la Bible, au lieu de s'exposer à refroidir l'intérêt par la prolixité des discours, comme Nestor, Ulysse et Ménélas, vont droit au cœur à l'aide de paroles simples qui expriment un fait, une pensée, un sentiment.

Milton ne pouvait reproduire la brièveté, la précision et la rapidité de la Bible ; mais il s'était tellement pénétré de la substance de ce poëme, composé de tant de drames différents, qu'il a conservé le caractère primitif du livre sacré jusque dans les ornements qui l'embellissent souvent, et le dénaturent quelquefois. Ainsi le départ de Raphaël, envoyé par le Seigneur auprès de ses deux créatures chéries, la forme aérienne, le vol sublime, l'apparition lointaine, la brillante présence, l'entretien fraternel, et le repas champêtre de cet ami de la société des hommes, entre Adam et Ève, qui viennent de célébrer les louanges du Très-Haut par un hymne digne de David[1], présentent à la fois la poésie la plus magnifique, les plus riches

---

[1] Cet hymne ou cette prière sont une courte paraphrase du 148ᵉ psaume.

descriptions, des subtilités métaphysiques, l'abus de l'esprit comme dans Ovide, des longueurs bien moins pardonnables que celles d'Homère ; et cependant l'ensemble respire je ne sais quoi de simple qui rappelle le jardin d'Alcinoüs, et l'ingénuité de sa fille, avec un mélange de grâce et de modestie inconnu des Grecs et des Romains. Leurs déesses ou leurs nymphes peuvent-elles donner une idée de cette créature à part, de cet ange terrestre, dont Milton n'a trouvé que le premier trait dans la Genèse ? Modèle d'un amour comme il n'en fut jamais, ornée de tous les charmes, instruite de tous les devoirs de son sexe, la jeune épouse d'Adam nous paraît plus vierge que les vierges les plus pures. L'aimable Nausicaa elle-même a des pensées qu'Ève n'aurait point connues avant sa chute ; la chaste Rébecca, se couvrant de son voile à l'aspect d'Isaac, est une fille des hommes dont la pudeur rougit de ce qu'elle sait ou de ce qu'elle soupçonne : l'hymen d'Ève a continué son innocence, exempte de tout soupçon du mal.

Virgile a emprunté à Homère presque toute l'entrevue de Vénus avec Vulcain, en changeant seulement les noms des personnages ; mais il n'égale son maître sous aucun rapport, le style excepté. Dans l'Iliade, Thétis, épouse fidèle, même à un époux mortel et accablé de vieillesse, mère profondément affligée, inspire le plus vif intérêt quand elle vient implorer Vulcain pour Achille, inconsolable de la mort de Patrocle, pour un héros privé de sa divine armure depuis la victoire d'Hector. La plus juste, la plus vive reconnaissance motive l'empressement du fils de la marâtre Junon, à satisfaire aux désirs d'une secourable déesse, dont la visite lui est annoncée par la belle Charis, fidèle dépositaire de tous les sentiments d'un époux. Thétis, que Vulcain, entrant dans son propre palais, trouve assise sur un trône, et aborde d'un ton mêlé de tendresse et de respect, raconte ses malheurs, et supplie avec toute l'éloquence de la douleur et de la maternité. Quelle destinée que la sienne! Pelée, son mari, penche vers la tombe, et elle se voit réduite à demander des armes pour un fils qui ne doit guère survivre à son dernier triomphe! La réponse du dieu respire, comme ses premières paroles, la vénération, l'amour, le zèle le plus ardent; et nous le voyons quitter sur-le-champ Thétis pour voler aux travaux qui doivent la satisfaire [1].

Qu'est-ce que Vénus auprès de Thétis? une épouse adultère, assez hardie pour prier le mari qu'elle a outragé, d'accorder la plus insigne des faveurs à un

---

[1] *Iliade*, chant XVIII, vers 319 et suivants.

fils illégitime; démarche qui offense à la fois la raison, la pudeur et le goût. Bernardin de Saint-Pierre tente de vains efforts pour déguiser cette vérité, qu'il a sentie. Malgré l'adresse de son plaidoyer, on ne voit ici qu'une situation mal choisie, même dans la liberté sans limites des mœurs de l'Olympe païen; une mère sans entrailles, parce qu'elle ne peut se livrer aux mouvements de son cœur. Si elle était vraiment mère, elle le serait trop, et manquerait son but en irritant Vulcain par des souvenirs qu'elle doit craindre de réveiller. Regardez au contraire comment cette même Vénus aborde Jupiter devant l'Olympe, ému du plaisir de la voir! Elle ne tremble pas de montrer toute sa douleur; elle laisse parler ses larmes, préludes éloquents de ses discours; avec quelle suavité ne s'insinue-t-elle pas dans le cœur du maître de la foudre? quel accent maternel dans la plainte! quel langage d'amour! comme les reproches sont timides et suppliants! et toutefois on devine que la déesse, qui est la volupté des hommes et des dieux, a la conscience de son empire sur un père rempli de tendresse pour sa fille, et d'admiration pour la beauté suprême. Vénus connaît tous les chemins par où ses traits doivent passer, et Junon lui a peut-être dit plus d'une fois, comme Didon à sa sœur :

Sola viri molles aditus et tempora noras.

A défaut de la sensibilité qui manque au discours de Vénus à son époux, l'habile écrivain que je viens de citer trouve dans ce discours un mélange charmant d'élégance, de négligence, de finesse et de timidité; je voudrais pouvoir reconnaître ici les beautés découvertes par un homme d'un goût si délicat, mais je ne puis m'accorder avec lui que sur la prudence de la déesse, qui ne nomme qu'une fois Énée, et se contente de dire en quatre mots, lorsqu'elle vient au point principal : « Des armes, je vous prie; une mère pour un fils. » Du reste, aucun attrait particulier ne relève les paroles de Vénus; elles n'ont rien de cette grâce secrète qui doit rallumer tout-à-coup le divin amour dans le cœur de Vulcain. Virgile en leur attribuant cette puissance s'est imposé une obligation que son talent n'a point remplie; et, chose surprenante! il laisse même à désirer ici cette mélodie suave et caressante qui semblerait nous faire entendre la voix de Vénus, l'un de ses charmes les plus irrésistibles; on s'étonne, on est d'autant plus frappé de cet oubli d'un art si familier au poëte qui a poli la rudesse et amolli l'âpreté de sa langue maternelle, qu'un moment après il déploie dans la scène conjugale tout ce que le choix des sons et leur variété imitative peut exercer de magique influence. La musique elle-même, encore plus riche de certains accents que la poésie, sa sœur, la musique, qui a tant de séductions indéfinies, ne saurait rendre ce que Virgile nous fait voir et sentir, et s'avouerait d'avance vaincue dans la lutte avec une telle peinture de la vérité.

La seule allégorie de la ceinture de Vénus, empruntée par Junon, qui veut enchanter les regards et le cœur du maître de l'Olympe; cette épouse que la grâce rend plus belle aux yeux de son époux qu'elle ne le fut jamais, même le premier jour de l'hyménée, ont un bien plus grand prix que toutes les merveilles du style de l'Énéide [1]; mais la fiction d'Homère, malgré plusieurs sortes de supériorité sur l'imitation de Virgile, a besoin, surtout dans ses développements, que le lecteur se transporte aux temps les plus reculés et admette l'ordre étrange d'idées où les dieux ne sont le plus souvent qu'une image des hommes, et un mélange de la terre et du ciel; tandis que la raison la moins indulgente pour les fables de l'antiquité, applaudirait à l'heureuse inspiration de Lucrèce, qui, terminant, par une peinture bien autrement passionnée que celle de Virgile, sa brillante invocation à Vénus, lui adresse tout-à-coup cette prière : « O déesse ! quand le puissant arbitre des ar-

---

[1] *Voyez* le premier livre de mes Études sur Virgile, page 11 et suivantes, ainsi que le chant XIV de l'Iliade, vers 153 et suivants.

mes, quand le cruel Mars, qui régit le funeste empire de la guerre, revient vers toi, enchaîné à tes charmes par la blessure d'un éternel amour, et reste suspendu au souffle de ta bouche de rose, laisse échapper de ton cœur les plus douces paroles, et demande à ce dieu terrible la paix de Rome et du monde. » Socrate et Platon auraient certainement admiré cette création, et l'emploi de la fable consacrée à parer de tous les ornements de la poésie le vœu de la raison, et la prière de l'humanité.

Toujours empressé de justifier et d'élever son cher Virgile, l'ingénieux Bernardin de Saint-Pierre n'oublie pas de marquer le contraste entre la déesse des voluptés, qui demande à son mari des armes pour un fils naturel, et la sage ménagère, qui ajoute le travail de la nuit à celui du jour pour conserver la chasteté du lit conjugal, et élever ses petits enfants; mais il se laisse emporter à des éloges qui feraient la plus juste censure de la fiction qui les a inspirés; car si, comme il le prétend, Vénus offrait l'image du vice, Virgile aurait commis la plus grande des inconvenances de flétrir, par une semblable peinture, le merveilleux de l'un des plus importants ressorts de son poëme. Bernardin ajoute : « Virgile tire encore de nouveaux et sublime contrastes, des humbles occupations de cette mère de famille vertueuse. Il oppose tout de suite à sa faible industrie, *tenui Minerva*, l'ingénieux Vulcain; à ses charbons qu'elle rallume, *sopitos ignes*, le cratère toujours enflammé d'un volcan; à ses servantes, auxquelles elle distribue des pelotons de laine, *longo exercet penso*, les Cyclopes forgeant un foudre pour Jupiter, un char pour le dieu Mars, une égide pour Minerve. » J'adopte ces heureuses explications, et pourtant la comparaison empruntée par Virgile à Apollonius pourrait bien ne pas nous paraître un modèle de justesse, ou même devenir encore une faute, puisqu'elle achèverait de faire ressortir la différence du dieu, trop empressé de satisaire une volage épouse, à la vertueuse mère de famille, que réveillent avant l'aurore des soins si tendres et si religieux. Pour éviter cette fâcheuse comparaison, il faudrait que les prières de Vénus reposassent davantage sur les ordres de Jupiter qui ont amené Énée en Italie, sur les arrêts immuables des destins qui veulent faire sortir du sang des Troyens un peuple destiné à l'empire du monde. Alors Vulcain, même en cédant aux piéges de la séduction, aurait pu paraître aussi jaloux d'obéir aux ordres de Jupiter. De son côté, le poëte eût encore gagné à cet artifice de mieux faire ressortir l'importance d'Énée, quand le dieu oblige ses Cyclopes de quitter leurs ouvrages divins pour l'armure d'un homme. Citons encore ici Bernardin de Saint-Pierre :

« Si Vulcain donne la préférence à cet ouvrage, c'est pour l'amour de Vénus, et non pour la gloire d'Énée. Observez que le dieu jaloux ne nomme point encore ici le fils d'Anchise, quoiqu'il y semble forcé. Il se contente de dire vaguement aux Cyclopes : *Arma acri facienda viro;* l'épithète *acer* peut se prendre en bonne et en mauvaise part; elle peut signifier méchant, dur; et, si elle veut dire vaillant, actif, on peut la regarder comme un éloge très-mince, et donné à contre-cœur. »

Homère a poussé bien loin l'observation de la nature, en nous montrant le divin forgeron occupé à essuyer avec une éponge la fumée qui noircit son visage, ses mains, sa poitrine hérissée. Peut-être aussi doit-on lui reprocher, comme une création trop invraisemblable, ces statues d'or animées qui accompagnent et soutiennent le boîteux Vulcain, revêtu de sa tunique de pourpre. On reconnaît le goût et la mesure de Virgile dans l'omission des détails trop vulgaires, ou des fictions peu raisonnables du modèle. Celui-ci s'est montré moins judicieux peut-être que son imitateur, en plaçant les forges de Vulcain au ciel; mais toujours plus vif dans l'action, aussitôt après la prière de Thétis, il envoie le dieu à ses brûlantes forges. Virgile nous montre d'abord l'arsenal du fils de Junon dans l'île volcanique de Lipare; c'est là que, grâce aux plus vives images, aux plus habiles

ÉNÉIDE, LIVRE VIII. 591

effets de l'harmonie imitative, nous croyons voir
et entendre les travaux des cyclopes[1]. Dans cette
partie de la composition, l'Énéide, rapprochée de
l'Iliade, ressemble à un tableau achevé auprès d'une
simple esquisse.

De l'antre tumultueux des forges de Vulcain,
Virgile nous ramène par un nouveau contraste
à la demeure paisible du bon roi Évandre, presque aussi matinal que la chaste mère de famille
et que le dieu du feu[2].

« Tandis qu'aux bords éoliens, le dieu de Lem-
» nos presse ainsi ses ardents travailleurs, Évandre,
» en son humble demeure, est réveillé aux pre-
» miers feux du jour par le chant matinal des
» oiseaux qui habitent sous son toit de chaume. Le
» vieux monarque se lève; il revêt sa tunique et

---

[1] On lit dans le texte :

> Illi inter sese multa vi bracchia tollunt,
> In numerum.

On aura peine à comprendre que ce passage ait donné
lieu à ces vers d'Annibal Caro :

> Corrispondi a' colpi de' ciclopi,
> Ch'al moto de le braccia or alte, or basse,
> Con le tenaglie, e co' martelli a tempo
> Fan conserto, armonia, numero, e metro.

[2] Expressions de Bernardin de Saint-Pierre.

» enlace ses pieds dans les liens d'une chaussure
» étrusque; de son épaule pend le baudrier qui sus-
» pend à son flanc un glaive arcadien; et, repliée au-
» tour de lui-même, une peau de panthère flotte sur
» son bras gauche. Deux chiens, gardes fidèles du
» palais de leur maître, sortent avant lui et accom-
» pagnent ses pas. Tout occupé des entretiens de
» la veille et des secours qu'il avait promis, Évan-
» dre s'avançait vers la retraite où reposait son hôte
» illustre. Énée, non moins diligent, venait de son
» côté à la rencontre du bon vieillard. L'un était
» suivi de Pallas, l'autre d'Achate. A leur abord, ils
» unissent leurs mains, et, se plaçant au milieu du
» palais, ils reprennent en liberté leurs premiers
» entretiens. Le roi commence ainsi : «Chef ma-
» gnanime des Troyens! car, tant que vous vivrez,
» je ne croirai jamais à la ruine de la fortune de
» Troie et de son empire, dans la guerre que vous
» allez entreprendre nos forces sont peu de chose,
» et nos secours bien faibles pour répondre à la
» grandeur de votre nom. D'un côté, le fleuve
» toscan enferme nos états; de l'autre, le Rutule
» nous presse et environne nos murailles du bruit
» de ses armes; mais je puis associer à vos intérêts
» des peuples nombreux et leur puissante armée.
» Un heureux hasard vous offre cette chance de
» salut; vous êtes venu ici à la voix des destins
» qui vous appellent. Non loin de ces lieux s'élè-

» vent sur un antique rocher les murs d'Agylla,
» fondés jadis par une colonie de Lydiens belli-
» queux qui vint s'établir aux monts d'Étrurie.
» Cette ville libre et florissante pendant un grand
» nombre d'années, Mézence la soumit enfin à son
» empire par la terreur des armes. Rappellerai-je
» les atroces barbaries, les forfaits inouïs du mons-
» tre? Dieux vengeurs! qu'ils retombent sur sa tête
» et sur sa race! Le cruel accouplait ensemble les
» vivants et les morts, mains contre mains, bouche
» contre bouche : supplice épouvantable dont il
» était l'inventeur! Ainsi ses victimes, dégouttan-
» tes d'un sang infect et livide, mouraient d'un
» long trépas en d'affreux embrassements. Las
» enfin de cette fureur impie, le peuple en ar-
» mes assiége le tyran lui-même et toute sa mai-
» son, égorge ses amis, et fait voler la flamme
» au faîte du palais. Cependant Mézence, échap-
» pé du carnage, se réfugie sous les drapeaux de
» Turnus, son hôte et son défenseur. Ainsi donc,
» pleine d'un juste courroux, l'Étrurie tout entière
» s'est soulevée, et, le glaive à la main, réclame
» ce roi barbare pour le punir. Je vous donnerai
» pour chef à ces milliers de soldats. Déjà leur flotte
» rassemblée le long du rivage frémit d'impatience,
» et demande à grands cris le signal du départ; un
» vieil aruspice les arrête et leur révèle l'avenir :
« O vous, fleur de la jeunesse de Méonie ! dit-il,

» Ô vous, fidèle image de la vertu des anciens hé-
» ros, une juste douleur vous entraîne à la guerre !
» une colère méritée vous enflamme contre Mézen-
» ce ; mais il ne sera donné à aucun Italien de
» conduire tant de forces réunies : choisissez des
» chefs étrangers. » Effrayée de cet avis des dieux,
» l'armée a suspendu sa marche. Tarchon, lui-
» même, m'a fait apporter par ses ambassadeurs et
» le sceptre, et la couronne avec tous les insignes
» de la royauté ; il m'invite à venir dans son camp,
» à saisir les rênes de l'empire d'Étrurie; mais
» le poids des années, les glaces de la vieillesse, ne
» me permettent pas d'aspirer au commandement,
» et les forces me manquent pour les hauts faits.
» J'eusse exhorté mon fils à prendre ma place, si
» le sang d'une mère sabine, mêlé avec le mien
» dans ses veines, ne l'attachait à la patrie ita-
» lienne. Vous que l'âge et la naissance et le
» destin favorisent, vous que demandent les dieux,
» marchez, et guidez ensemble à la victoire les
» Troyens et les enfants de l'Ausonie. Ce n'est
» pas tout : Pallas, espoir et consolation de mes
» derniers jours, Pallas vous accompagnera; qu'il
» fasse, sous vous, l'apprentissage de la guerre et
» des rudes travaux de Mars; qu'il contemple vos
» exploits; que votre exemple soit l'objet de sa pre-
» mière admiration. Deux cents cavaliers arcadiens,
» l'élite de notre jeunesse, suivront mon fils, et lui-

» même, en son nom, vous en offrira encore deux
» cents autres. »

« Il avait dit : Immobiles et muets, le fils d'An-
» chise et son fidèle Achate déjà s'abandonnaient
» en eux-mêmes aux tristes pressentiments de l'a-
» venir, quand tout-à-coup Cythérée leur donne
» un signal dans les cieux entrouverts : un éclair,
» avec un bruit éclatant, jaillit de l'éther qu'il
» sillonne; soudain la terre paraît chanceler, et
» la trompette tyrrhénienne mugir dans les airs.
» On regarde : deux et trois fois encore la voûte
» céleste retentit d'un grand fracas ; au centre
» d'un nuage, on voit briller dans l'azur d'un
» ciel pur et serein des armes dont le choc gron-
» de comme le tonnerre. L'effroi s'empare de tous
» les cœurs ; mais le héros troyen reconnaît à
» ce bruit les promesses de sa mère immortelle.
» Alors, élevant la voix : « Non, généreux Évandre,
» ne cherchez point à pénétrer ce qu'annonce un
» tel prodige; c'est à moi que s'adresse l'Olympe :
» la déesse dont j'ai reçu la vie m'avait promis de
» m'envoyer ce présage aux premières menaces
» de la guerre, et de me secourir en m'apportant
» une armure, ouvrage de Vulcain. Malheureux
» Laurentins ! quel affreux carnage vous attend !
» Turnus, par quels châtiments tu satisferas ma
» vengeance ! Fleuve du Tibre, quel amas de
» boucliers et de casques ! que de cadavres san-

»glants tu vas rouler dans tes flots! Que mes en-
»nemis demandent maintenant la guerre, qu'ils
»rompent les traités!»

» A ces mots, il se lève, et d'abord ranime les feux
»assoupis sur l'autel d'Hercule; puis il salue, plein
»de joie, les dieux lares du foyer de son hôte, et
»les modestes pénates qui l'ont accueilli la veille.
»Évandre, Énée, et la jeunesse troyenne immolent
»alors, suivant les rits accoutumés, deux brebis
»sans taches. Ensuite le héros vole à ses vaisseaux,
»et revoit ses guerriers; il choisit parmi eux les
»plus dignes par leur vaillance de le suivre au mi-
»lieu des combats; les autres s'abandonnent à la
»pente du fleuve, et glissent mollement sur ses
»ondes favorables : ils vont porter au jeune Asca-
»gne des nouvelles de son père, et des succès qu'il
»a obtenus. On donne des chevaux aux Troyens
»qui doivent se rendre en Étrurie. Énée reçoit à
»part un coursier magnifique, que recouvre en-
»tièrement la peau d'un lion dont les ongles sont
»tout brillants d'or.

» Soudain le bruit se répand dans la modeste
»cité que l'agile escadron va voler sans retard vers
»le prince toscan. Les mères tremblantes redou-
»blent leurs vœux; l'approche du péril augmente
»leurs craintes, et déjà l'image du dieu des batailles
»leur apparaît plus terrible. Au moment du dé-
»part, le bon roi saisit la main de son fils, le pres-

» se contre son sein, et, l'inondant d'un torrent de
» larmes, s'exprime ainsi : « Oh ! si Jupiter me ren-
» dait les années de ma jeunesse ! si j'étais à cet
» âge heureux où, sous les murs de Préneste, je
» renversai les premiers rangs de ses guerriers,
» lorsque je livrai aux flammes des monceaux de
» leurs boucliers, et que ce bras précipita leur roi
» Hérilus dans les gouffres du Tartare ! Fils de
» Féronie, sa mère, ô prodige affreux ! lui avait
» donné à sa naissance trois âmes et une triple
» armure ; il fallait pour l'abattre le tuer trois
» fois : cependant trois fois cette main lui arracha
» la vie, et le dépouilla de ses trois armures. Non,
» si j'étais encore dans ma vigueur première, ô
» mon fils ! je ne m'arracherais pas aujourd'hui
» à tes tendres embrassements ; et jamais le cruel
» Mézence, insultant à mes cheveux blancs, n'eût,
» près de moi, immolé tant de victimes avec le
» glaive, ni rendu veuve de tant de citoyens sa ville
» infortunée. Mais vous, dieux puissants, et toi,
» souverain de l'Olympe, Jupiter, de grâce, ayez
» pitié du roi de l'Arcadie, exaucez les vœux
» d'un père ! Si votre puissance immortelle, si vos
» arrêts souverains conservent Pallas à mon cœur,
» si je vis pour le revoir, si je dois l'embrasser
» encore, je demande encore des jours ; à ce prix,
» j'aurai le courage de supporter tous les maux.
» Mais, ô fortune ennemie ! si tu nous menaces de

» quelque coup funeste, qu'il me soit permis de
» rompre, en ce moment même, la trame d'une
» misérable existence, quand le doute balance
» mes alarmes, et que l'avenir incertain me laisse
» l'espérance ; tandis, ô mon cher fils, ô toi le seul
» et dernier bonheur de ma vieillesse ! que je te
» presse encore dans mes bras. Ah ! que je meure
» avant qu'une fatale nouvelle vienne déchirer mes
» oreilles paternelles ! » Après avoir ainsi exhalé
» ses adieux, le malheureux père succombe à sa
» faiblesse, et ses serviteurs le rapportent dans son
» palais.

» Déjà les cavaliers arcadiens ont franchi les
» portes de Pallantée ; en tête marchent Énée
» et son fidèle Achate ; les autres chefs troyens
» viennent ensuite. Au centre, Pallas attire tous
» les regards par la richesse de sa chlamyde et
» l'éclat de ses armes. Telle, humide encore
» des eaux de l'Océan, l'étoile du matin, que
» Vénus préfère à toutes les autres, lève dans les
» cieux son front sacré et dissipe les ténèbres. Sur
» le haut des remparts, les mères debout et trem-
» blantes suivent des yeux, au milieu du nuage de
» poussière qui l'environne, l'escadron tout couvert
» d'un airain resplendissant. Les cavaliers traversent,
» pour abréger le chemin, les taillis et les sentiers.
» Bientôt un cri se fait entendre : les rangs se for-
» ment, et les champs poudreux retentissent sous

» les pieds des chevaux, qui les battent ensemble
» de leurs pas mesurés et bruyants.

» Près des bords que le Cérite arrose de ses ondes
» toujours fraîches, s'étend un bois immense, dès
» long-temps respecté par la piété de nos aïeux; à
» l'entour s'élèvent des collines qui l'environnent
» d'une enceinte de noirs sapins. La tradition racon-
» te que les anciens Pélasges consacrèrent ce bois et
» un jour de fête à Silvain, dieu des champs et des
» troupeaux, qui vit ces étrangers venir les premiers
» habiter les confins du Latium. Non loin de là,
» Tarchon et ses Tyrrhéniens occupaient un camp
» fortifié; du haut de la colline, l'œil pouvait
» apercevoir l'armée tout entière, et ses pavillons
» qui s'étendaient au loin dans la campagne. Là,
» s'arrête Énée avec sa troupe d'élite; là, les sol-
» dats et les coursiers se délassent de leurs fa-
» tigues. »

Les poëmes d'Homère, profondément imprimés dans la mémoire de Virgile, sans cesse présents à ses yeux, et peut-être partagés pour lui en extraits fidèles, étaient une source où il allait puiser à chaque moment, comme l'attestent encore le réveil, le costume d'Évandre, et les deux chiens qui l'accompagnent. Ici on se rappelle le commencement du dixième chant de l'Iliade, et le départ d'Agamemnon, qui se lève, après une veille inquiète, pour aller consulter avec le sage Nestor sur le salut des

Grecs; mais il y a encore une plus grande ressemblance entre le passage de l'Énéide et le début du second chant de l'Odyssée, où Télémaque en armes se présente à l'assemblée du peuple, suivi du même cortége que celui d'Évandre. Le discours de ce vieux roi me paraît une des meilleures créations du poëme ; il relève, il justifie Énée ; il fait de celui que la reine Amate, d'accord avec son gendre le monarque d'Ardée, appelait naguère un banni, un ravisseur de vierge, un nouveau Pâris, le vengeur d'une nation qu'un tyran opprimait. Les destins, par la bouche d'Évandre, donnent une armée, des droits, une querelle légitime à Énée, et lui assurent, en quelque sorte, la victoire sur Turnus, qui, embrassant une mauvaise cause, met la justice contre lui, et souille ses armes d'une alliance de funeste présage. Les cruautés de Mézence, l'insurrection de ses sujets[1], la fureur avec laquelle l'Étrurie tout entière redemande son roi pour le punir, ne souffrent pas

---

[1] On peut rapprocher des beaux vers de Virgile ce passage d'Horace, dans l'ode à la Fortune :

> Purpurei metuunt tyranni,
> Injurioso ne pede proruas
> Stantem columnam, neu populus frequens
> Ad arma cessantes, ad arma
> Concitet, imperiumque frangat.

d'autres commentaires que celui que Voltaire voulait mettre au bas de chaque page de Racine. En contemplant Mézence, la pensée se reporte au Pygmalion du Télémaque, et surtout à Bocchoris, que les Égyptiens renversent du trône, et privent de la vie dans un combat, avec le secours des étrangers. Nestor[1] et Lycus[2], voulant donner leur fils pour guides, l'un à Télémaque, l'autre aux Argonautes, Pelée confiant Achille enfant aux soins du centaure Chiron, sont bien moins touchants que le roi d'Arcadie offrant Pallas pour élève au prince troyen dans la carrière des héros[3]. Mais qui le croirait? les nouvelles prédictions des oracles révélées par Évandre, ses magnifiques éloges, les forces qu'il annonce, le commandement dont il semble investir son hôte, au nom des dieux, ne suffi-

---

[1] *Odyssée*, livre III.
[2] Les Argonautes d'Apollonius, chap. II, vers 799.
[3] On lit dans Valérius Flaccus :

>   Tu cœtera, Chiron,
> Da mihi : te parvus lituos et bella loquentem
> Miretur : sub te puerilia tela magistro
> Venator ferat, et nostram festinet ad hastam.
>   (Chant Ier, v. 267 et suivants.)

Ces vers sont bien inférieurs à ceux de Virgile, qui annoncent si heureusement le jeune Pallas.

sent pas encore pour rassurer et exciter le cœur d'Énée. Il n'ose lever les yeux, ainsi que son fidèle Achate, qui ne lui ressemble que trop; il garde le silence, et, malgré une réunion de circonstances non moins honorables pour lui qu'heureuses pour les Troyens, au lieu d'embrasser avec joie des promesses de gloire, il ne verrait avec douleur que les rudes épreuves qui l'attendent, si sa mère ne lui donnait à travers le ciel serein un signal d'espérance! Le roi d'Arcadie ne doit-il pas être un peu embarrassé des louanges qu'il a prodiguées, du rôle qu'il vient de confier à un si pauvre prince? Énée mérite-t-il le prodige qu'on lui envoie? La peinture de ce prodige est admirable comme poésie, mais la violence des transports qu'il excite, loin de nous enflammer, nous refroidit, parce que l'abattement où la faveur des dieux a surpris Énée, rend son enthousiasme factice, parce que ses pompeuses exclamations lui donnent un air de forfanterie que nous ne trouvons ni dans Achille, ni même dans Ajax. Cependant, sans la faute grave que j'ai remarquée, le passage qui m'a fourni des remarques critiques pourrait mériter l'admiration comme l'une des scènes imprévues dont les esprits supérieurs s'emparent tout-à-coup pour exercer un empire absolu sur les autres hommes, et leur imprimer un courage surnaturel. En ce sens, *ego poscor Olympo*, sorti du cœur d'Énée rassuré par le bruit du ciel, qui épouvante les Arcadiens, serait un mot de César et mieux encore de Mahomet. On en dirait autant de l'espèce de fureur religieuse et prophétique qui inspire au Troyen des menaces, ou plutôt des arrêts de mort contre Turnus et les Latins[1]. Comparées à la modération habituelle du caractère d'Énée, ces menaces auraient trop d'emportement ; Achille prêt à voler à la vengeance n'éclate pas d'une manière si violente envers Hector et les Troyens : il faut que sa rage, échauffée par le sang et la mêlée, soit parvenue à son comble pour qu'il jure, avec des paroles terribles, d'offrir tout le peuple de Priam en holocauste aux mânes de Patrocle[2]. Mais, toujours dans notre hypothèse, au lieu de voir ici Énée qui se vante, ou promet plus que le fils de Thétis, considérons un prince qui se présente à ses nouveaux alliés comme ministre de la volonté des dieux. Pour juger le poëte, repré-

---

[1] Les paroles d'Énée rappellent plusieurs traits de l'ode d'Horace, *pastor cum traheret,* mais surtout de beaux vers de Stace : (Achil., liv. I.)

> Quem tu illic natum sigæo in pulvere? quanta
> Aspicies victrix phrygiarum funera matrum?
> Cum tuus Æacides tepido modo sanguine Teucros
> Undabit campos, modo crassa exire vetabit
> Flumina, et Hectoreos tardabit funere currus,
> Impelletque manu nostros, opera irrita, muros!

[2] *Iliade,* chant XXI, vers 128 et suivants.

sentons-nous l'effet du merveilleux et de son habile interprétation sur les soldats que le héros troyen entraîne sous des drapeaux ainsi marqués d'avance du sceau de la victoire. Quel brillant signal de départ! Remarquons encore l'art de Virgile : aussitôt après le prodige, vient le sacrifice d'Énée à Hercule. Ainsi le prince qui aspire à l'Olympe semble demander au fils de Jupiter de lui en montrer la route. N'oublions pas qu'Énée, en payant son tribut à Hercule, s'associe au culte du roi et du peuple d'Arcadie, et resserre ainsi, par un lien sacré, l'alliance politique et guerrière qu'il vient de former avec eux. Peut-être aurait-il fallu un peu plus de pompe dans cet acte religieux ; peut-être le lecteur, aurait-il désiré d'entendre la prière d'Énée.

Si les détails qui suivent dans l'original ont un peu de sécheresse, on reconnaît Virgile, sa mesure, son goût, son âme, aux adieux d'Évandre. Ce n'est pas pour le plaisir de se louer, tant reproché par Voltaire à certains héros de l'Iliade, qu'Évandre retrace un moment ses exploits : ce souvenir vient chez lui d'un mouvement de l'amour paternel ; il regrette ses forces, parce qu'avec elles il aurait arrêté le cours des crimes de Mézence, dont l'impunité est un outrage pour sa vieillesse comme pour sa couronne, et qu'aujourd'hui il ne serait pas obligé de s'arracher des bras de son cher

ÉNÉIDE, LIVRE VIII.

Pallas. Nestor témoignant les mêmes regrets, dans le dessein d'exciter les Grecs, qui tremblent d'attaquer Achille[1], est d'une plus haute éloquence et produit de plus grands effets; mais Évandre nous touche, et sa prière ardente, expansive et tendre, comme la douleur maternelle, arrache des larmes qui sont douces à répandre. Pour mieux juger la vérité, la convenance, la beauté, le charme mélancolique de cette prière, il faut l'opposer aux paroles qu'Alcimède adresse à son fils Jason, dont le départ lui cause la plus vive affliction :

> Sin aliud fortuna parat, miserere parentum
> Mors bona, *dum metus est, nec adhuc dolor*, hei mihi! Colchos
> Unde ego et avecti timuissem vellera Phryxi?
> Quos jam mente dies, quam sæva insomnia curis
> Prospicio! quoties paucos ad littoris *ictus*
> *Deficiam,* scythicum metuens pontumque polumque,
> Nec de te credam nostris ingrata serenis!
> Da, precor, amplexus, hæsuraque verba relinque
> Auribus, et dulci jam nunc preme lumina dextra.[2]

Ce discours, dont j'ai omis le commencement,

---

[1] *Iliade,* livre VII, vers 122 et 150. Nestor dit encore les mêmes choses au livre onzième, mais bien moins à propos et avec une insupportable longueur.

[2] Valérius Flaccus, chant Ier, vers 326 et suivants.

offre des choses touchantes, des inspirations de la nature, mais aussi de la recherche et des oppositions qui semblent calculées. Valérius commente un peu, à la manière d'Ovide, les pensées d'Alcimède; il ajoute de l'esprit à leur expression; dans la première surprise, dans les premières émotions du malheur, il donne à la vive douleur du moment le langage d'une douleur réfléchie, qui a déjà eu quelques jours de trêve ou de repos, et qui se reprend à elle-même par de nouveaux transports de tendresse et de crainte. Rappelons maintenant les vers de Virgile :

> Sin aliquem casum infandum, fortuna, minaris,
> Nunc o nunc, liceat crudelem abrumpere vitam,
> Dum curæ ambiguæ, dum spes incerta futuri,
> Dum te, care puer, mea sola et sera voluptas,
> Complexu teneo : gravior ne nuntius aures
> Vulneret.

Voilà le langage d'une mère; il ne faut pas accuser Virgile de l'avoir prêté à Évandre : les vieillards abattus par l'âge, et dont le cœur est resté jeune, ressemblent aux femmes sous beaucoup de rapports: ils ont les craintes, les pressentiments, les faiblesses de la sensibilité d'un sexe plus timide. D'ailleurs Évandre, veuf et solitaire dans son palais, reporte toutes ses affections sur un fils unique appui de ses cheveux blancs ; Pallas seul l'a fait rester si tard dans la vie[1]; Pallas est toute la volupté d'un père, comme Astyanax toute la joie d'Andromaque. Les sons même de la voix du vieillard contribuent ici à l'illusion, «*mea sola et sera voluptas,*» est un mot de mère où respire la mélodie des accents du cœur des femmes [2]. Et comme tout porte ici leur empreinte! Évandre n'ose pas aborder l'idée du malheur irréparable, il dit seulement, «*aliquem casum infandum,*» quelque accident qu'un père ne puisse entendre ni répéter; il jette sur l'avenir un voile qu'il tremblerait de lever, il demande aux dieux la permission de rompre les liens d'une vie devenue trop cruelle le jour où un fatal événement détruirait l'incertitude que son espérance adopte comme un asile :

Dum curæ ambiguæ, dum spes incerta futuri.

---

[1] *Sera voluptas* rappelle deux vers heureux qu'un poëte de nos jours a mis dans la bouche d'un vieillard, parlant à des jeunes gens, dont il contemple les jeux, avec un attendrissement mêlé de plaisir :

D'un beau printemps aimables hirondelles,
J'ai, pour vous voir, différé mon départ.

[2] Andromaque, Iphigénie, Monime, Josabeth, Esther, Bérénice, sont des modèles dans ce genre de beautés; il semble que Racine ait créé pour elles une langue particulière qui participe de la douceur et de la suavité des langues d'Homère et de Virgile.

Le fier Agamemnon, en qui l'orgueil et l'ambition combattent l'amour paternel, et que peint si bien ce naïf éloge de sa fille Iphigénie :

> Vous n'avez point du sang dédaigné les faiblesses,

ne tremble pas de regarder en face le plus affreux des malheurs, il s'écrie sans chercher à se tromper :

> Si ma fille une fois met le pied dans l'Aulide,
> Elle est morte.

Évandre n'a point cette constance ; il ménage sa propre tendresse, il mesure ses expressions à ses forces, et, au lieu d'exprimer franchement la pensée qui l'épouvante, il se borne encore à ce trait vague et détourné : « *Gravior ne nuntius aures vulneret.* » La funeste nouvelle, c'est la mort de Pallas ; mais ce mot terrible ne s'échappera pas de la bouche d'Évandre, quoiqu'il le trouve dans son cœur avec le vœu qui en est sorti au seul soupçon d'une menace de la fortune : « *Liceat crudelem abrumpere vitam*[1]. » Le roi Priam est aussi bon père qu'Évan-

---

[1] Valérius Flaccus, dans le beau discours d'Éson à son fils Jason, qui part pour la conquête de la Toison-d'Or (chant Ier, vers 335 et suivants) ; Le Tasse (ch. VII), servant d'interprète au vieux comte de Toulouse, ont heureusement imité Homère.

dre, mais avec moins de faiblesse, puisqu'il enfante le dessein d'aller redemander le corps d'Hector au redoutable Achille. Aussi les discours du vieux roi ne démentent-ils point sa résolution ; et, quand Hécube veut l'arrêter, il lui répond avec fermeté : « Ne me retiens pas, et ne sois pas dans mon palais un mauvais augure; tu ne saurais me persuader... J'irai ; ma promesse ne sera point vaine. Si mon destin est de périr près des vaisseaux ennemis, j'y consens. Oui, que je tombe immolé par Achille, dès que j'aurai pressé mon fils dans mes bras, et que je me serai rassasié de mes douleurs [1]. » Achille invoquant Jupiter pour le succès de Patrocle [2], mais surtout Hector demandant aux dieux que son fils le surpasse en valeur et en gloire [3], sont des modèles de cette sensibilité forte, profonde, et pleine d'entrailles, qui appartient à des hommes et à des héros. Homère, Eschyle et Sophocle, sans craindre de laisser éclater dans leurs personnages les naïfs mouvements de la nature, sans leur interdire les larmes et la plainte, ont cependant respecté le ca-

---

[1] *Iliade*, chant XXIV, vers 218 et suivants.

[2] *Id.*, chant XVI, vers 233 et suivants.

[3] Adieux d'Hector à Andromaque. *Iliade*, chant VI, vers 476 et suivants.

ractère viril[1]. Chez eux aucun prince ne ressemble au trop sensible Évandre ; et l'on ne peut comparer ce père si tendre qu'avec l'Égée de Catulle, embrassant Thésée pour la dernière fois.

Les dernières paroles d'Évandre ont quelque chose de triste et de prophétique ; elles environnent Pallas de ce nuage qu'Anchise nous a fait remarquer autour de la tête de son brillant Marcellus. Hélas ! Pallas aura la même destinée ; mais, loin d'arrêter nos regards sur ce funeste avenir, Virgile, qui semble lui porter une affection paternelle, comme à Euryale, à Lausus, à tous les héros moissonnés avant l'âge, nous montre, à l'aide de la plus gracieuse des comparaisons, le fils d'Évandre dans tout l'éclat de sa jeunesse guerrière, dans toute la fraîcheur du printemps de sa vie[2]. A ce contraste

---

[1] Je dois citer ici comme digne de l'école de courage qu'Homère semble tenir partout dans ses poëmes, ces traits des adieux du père de Jason à son fils :

> Sed patriæ valuere preces, auditaque magnis
> Vota deis : video en nostro tot in æquore reges,
> Teque ducem : tales, tales ego ducere suetus,
> Atque sequi : nunc ille dies (det Jupiter oro),
> Ille super, quo te Scythici regisque marisque
> Victorem, atque humeros ardentem vellere rapto
> Accipiam, cedantque tuæ mea facta juventæ.
> (Valérius Flaccus, chant Ier, vers 341 et suivants.)

[2] Cette comparaison est tirée d'Homère, *Iliade*, chant V,

si heureux, et que Bernardin de Saint-Pierre n'eût
point oublié de remarquer, succède le tableau rapide et vrai de la douleur immobile des mères, contemplant du haut des remparts la marche de leurs
fils, qui s'éloignent au milieu d'un tourbillon de
poussière, et qu'elles suivent encore long-temps des
yeux, même lorsqu'elles ne peuvent plus les distinguer. Stace, dans sa Thébaïde, a développé
avec beaucoup de talent une peinture dont Virgile
n'a fait que reproduire en maître les premiers et
les derniers traits :

> Jamque suos circum pueri, innuptæque, patresque,
> Funduntur mixti, summisque a postibus obstant.
> Nec modus est lacrymis. Rorant clypeique, jubæque
> Triste salutantum, et cunctis dependet ab armis
> Suspiranda domus : galeis juvat oscula clausis
> Inserere, amplexuque truces deducere conos.

« Déjà les enfants, les vierges, les vieillards se
confondent ensemble autour de chacun des guerriers de leur sang, et, devant eux sur le seuil
des portes, ils s'opposent à leur départ. Nulle mesure dans les larmes : elles inondent les casques
et les boucliers au milieu des plus tristes adieux.
De tous côtés, vous voyez suspendue aux armes

---

vers 4; mais Virgile l'a embellie, en lui prêtant de nouvelles
couleurs.

du soldat une famille objet de ses longs regrets ; on se plaît à donner aux siens des baisers à travers les visières baissées, et à écarter le farouche cimier pour les embrasser encore[1]. » Passons maintenant à une scène que Virgile a trop différée peut-être.

« Cependant au milieu des brillants nuages de » l'éther, la belle Vénus apportait ses divins pré- » sents ; de loin elle aperçoit son fils à l'écart au » fond du vallon, et respirant la fraîcheur des rives » du fleuve ; elle le voit, se présente à ses regards, » et lui parle ainsi : « Les voilà ces dons que je t'a- » vais promis et que je dois à l'art de mon époux. » Maintenant n'hésite plus, ô mon fils! d'appeler » aux combats, ou les superbes Laurentins, ou le » bouillant Turnus. » À ces mots, la déesse de Cy- » thère embrasse tendrement le héros, et dépose » devant lui, au pied d'un chêne, la radieuse ar- » mure.

» Fier d'un si grand honneur, et joyeux des » présents de l'immortelle, Énée ne peut se ras- » sasier du plaisir de les regarder ; ses yeux avides » parcourent chaque objet ; il admire, il prend dans » ses mains, dans ses bras, ce casque ombragé d'un » panache terrible, et qui vomit des flammes ; cette

---

[1] Chant IV, vers 16 et suivants.

ÉNÉIDE, LIVRE VIII.   613

» épée, l'arbitre du sort des batailles, et cette cui-
» rasse d'airain, impénétrable, sanglante, im-
» mense, pareille à la nue azurée qui s'embrase
» aux rayons du soleil, et renvoie au loin sa lu-
» mière. Il contemple ensuite les brillants cuis-
» sards où l'argent se mêle à l'or le plus pur, et
» la lance, et surtout le bouclier, ineffable tissu
» de merveilles.

» Là, le dieu du feu, qui connaît l'avenir et les
» secrets du destin, avait représenté l'histoire de
» l'Italie et les triomphes des Romains; là se dé-
» roulaient aux regards toute la suite des descen-
» dants d'Ascagne, et leurs combats immortels.
» D'abord c'était l'antre de Mars, où, sur la ver-
» dure, une louve couchée allaitait deux jumeaux.
» Pendus à ses mamelles, ils s'y jouaient en sou-
» riant, et suçaient sans effroi leur sauvage nour-
» rice. Retournant vers eux son cou flexible, elle
» les caressait tour à tour, et de sa langue façon-
» nait leurs membres encore tendres. Non loin,
» Rome naissante et l'enlèvement audacieux des
» Sabines au milieu d'un peuple immense, et pen-
» dant les grands jeux du cirque. Soudain la guerre
» s'allume entre les tribus de Romulus et les aus-
» tères Sabins, que commande le vieux Tatius.
» A côté, les deux rois ont cessé de combattre;
» armés et debout devant l'autel de Jupiter, ils
» cimentent, la coupe à la main, par le sacrifice

» d'une laie, leur alliance nouvelle. Près de là, deux
» rapides quadriges emportaient, chacun de leur
» côté, les membres palpitants de Métius. Perfide
» Albain, que ne gardais-tu tes serments! Tullus
» faisait traîner, à travers une forêt, les entrailles du
» parjure, et les ronces dégouttaient d'une sanglante
» rosée; ailleurs, Porsenna, ramenant Tarquin, or-
» donnait à Rome de recevoir le tyran qu'elle avait
» chassé, et pressait avec ses nombreuses cohortes
» le siége de la ville; mais les descendants d'Énée
» couraient aux armes pour défendre la' liberté.
» Le monarque, la colère et la menace sur le
» front, s'indigne que Coclès ose rompre le pont
» du Tibre, et que Clélie, après avoir brisé ses fers,
» traverse le fleuve à la nage.

» Vers le haut du bouclier, Manlius, gardien de
» la roche Tarpéienne, veillait sur le temple et pro-
» tégeait le Capitole; un chaume récent hérissait
» l'humble palais de Romulus. Ici, voltigeant sous
» les portiques dorés, une oie, au plumage argen-
» té, dénonçait par ses cris l'approche des Gau-
» lois. A la faveur des ténèbres d'une nuit épaisse,
» les Gaulois se glissaient au travers des buissons,
» et déjà s'emparaient de la citadelle. Leurs che-
» veux sont d'or ainsi que leurs vêtements; des
» bandes éclatantes ornent leurs saies; des colliers
» d'or enlacent la blancheur de leur cou; dans la
» main de chaque guerrier brillent deux javelots

» des Alpes, et de longs boucliers couvrent tout
» leur corps.

» Là, le céleste burin avait gravé les Saliens
» frappant la terre en cadence, les Luperques dé-
» pouillés de leurs habits, les Flamines décorés
» de leurs houppes de laine, et les anciles tombés
» du ciel. On voyait aussi de chastes matrones, sur
» des chars mollement suspendus, promener par
» la ville les images sacrées. Plus loin, Vulcain
» avait représenté les gouffres du Tartare, affreux
» séjour de Pluton, et les châtiments des pervers ;
» et toi, Catilina, toi, tremblant à l'aspect des Furies
» et attaché à une roche qui menace toujours rui-
» ne ; les justes avaient leur retraite séparée, et
» Caton leur donnait des lois. Parmi ces merveilles,
» était figurée en or une mer grosse de vagues, et
» roulant au loin ses flots d'azur et blanchis d'écu-
» me. Tout au tour, des dauphins d'argent pur,
» nageant en cercle, balayaient de leurs queues la
» plaine liquide, et fendaient l'onde bouillonnante.
» Au centre, on distingue deux flottes aux proues
» d'airain, et la journée d'Actium. Illuminé par l'é-
» clat d'un si grand ordre de bataille, Leucate pa-
» raît tout en feu, et l'or des armes resplendit au
» loin sur les flots.

» D'un côté, c'est Auguste entraînant au combat
» l'Italie, le sénat, le peuple, les pénates et les gran-
» des divinités : il est debout sur sa poupe; de ses

»tempes étincelantes jaillissent des rayons de lu-
»mière, et sur sa tête se lève l'astre paternel. A
»l'autre aile, favorisé des vents et des dieux, l'in-
»trépide Agrippa conduit une partie de la flotte ;
»noble récompense de son courage, la couronne
»rostrale brille sur le front du héros. En face, et fier
»du secours des barbares, comme de la variété de
»leurs armes, Antoine, vainqueur des peuples de
»l'aurore et des rivages de la mer Rouge, amène
»sur ses pas l'Égypte, la Bactriane et toutes les
»forces de l'Orient. Ce Romain, dieux! quelle
»honte! est suivi d'une épouse égyptienne.

» Tout s'ébranle à la fois ; l'Océan entier s'en-
»fle et blanchit sous le tranchant des rames et
»la triple dent des éperons. On gagne la haute
»mer; vous croiriez voir les Cyclades, arrachées
»de leur base, errer sur les flots, ou des monts
»gigantesques se heurter contre des monts, tant
»les vaisseaux chargés de guerriers et de tours s'a-
»bordent avec un choc horrible! L'étoupe enflam-
»mée et le javelot ailé volent de toutes parts; les
»plaines de Neptune sont rougies d'un carnage
»nouveau : la reine, au milieu de sa flotte, appelle
»ses soldats aux sons du sistre égyptien, et n'a-
»perçoit pas encore derrière elle les deux fatals
»serpents qui l'attendent. Cent divinités mons-
»trueuses avec l'aboyant Anubis osent lutter con-
»tre Neptune et Vénus, contre Minerve elle-mê-

» me. Le dieu Mars, gravé sur le fer, rugit au sein
» de la mêlée; les cruelles Euménides planent au-
» dessus des combattants; la Discorde triomphante
» et sa robe déchirée en lambeaux, vole dans tous
» les rangs; Bellone la suit, un fouet sanglant à la
» main.

» Mais le dieu d'Actium, Apollon, regarde ce
» spectacle et tend son arc du haut des airs; sou-
» dain toutes les bandes de l'Égypte, tous les In-
» diens, tous les Arabes et tous les guerriers de
» Saba prennent la fuite. On voit la reine elle-
» même implorer les vents, leur abandonner ses
» voiles, et se hâter de déployer ses cordages. Le
» dieu du feu l'avait représentée au milieu du
» carnage, fuyant à la faveur des vents et des
» ondes, le front déjà pâle de sa mort prochai-
» ne. Devant elle, le colosse immense du Nil,
» touché d'une douleur profonde, ouvre son vaste
» sein, et, déployant les larges plis de sa robe azu-
» rée, appelle les vaincus sous ses grottes pro-
» fondes.

» Cependant César, trois fois porté dans Rome
» sur un char triomphal, acquittait un vœu solen-
» nel aux dieux de l'Italie, et leur consacrait, par
» toute la ville, trois cents temples immenses.
» Les rues retentissent des éclats de la joie, du
» bruit des jeux et des applaudissements. On en-
» tend les chœurs des dames romaines dans tous

» les temples ; tous ont des autels, et devant ces
» autels sont étendus les taureaux immolés en sa-
» crifice. César lui-même, assis sur le seuil magnifi-
» que du dieu de la lumière, reçoit et reconnaît
» les offrandes des peuples, et les suspend aux su-
» perbes portiques. Sous ses yeux s'avancent, sur
» une longue file, les nations vaincues, différentes
» de langage, d'armes et de vêtements. Vulcain a
» reproduit tour à tour les tribus nomades, l'Africain
» à la robe flottante, les Cariens, les Lélèges et les
» Gélons armés de flèches. Près d'eux, paraissaient
» l'Euphrate, dont les ondes coulaient plus molle-
» ment, les Morins, habitants des extrémités du
» monde, le Rhin, au double front, les Dahes,
» jusqu'alors indomptés, et l'Araxe, indigné sous
» un pont qui l'outrage.

» Telles étaient, sur le bouclier, ouvrage de Vul-
» cain et présent de Vénus, les merveilles qu'admi-
» rait Énée ; il ignore ces événements, mais il se
» réjouit de leur image, et charge avec orgueil sur
» ses épaules la gloire et les destins de ses des-
» cendants. »

Si mes lecteurs veulent comparer ici Virgile à
Homère[1], ils verront dans l'Énéide une longue des-

---

[1] *Voyez* les XVIIIe et XXe chants de l'Iliade, et l'analyse
que j'en ai donnée dans mes Considérations préliminaires.

cription du poëte ajoutée aux récits déjà très-développés du bon Évandre, mais surtout une vaine imitation sans autre but que celui de flatter le peuple romain, et plus encore Auguste ; ils trouveront, au contraire, dans l'Iliade, une création nécessaire autant que magnifique, et bien liée à l'action. Quel si grand besoin le fils de Vénus, le rejeton de Jupiter, le héros adoptif des destins, a-t-il d'armes divines pour défaire un mortel comme Turnus ? L'héritier du premier défenseur des Troyens a-t-il perdu le glaive et le bouclier avec lesquels il affrontait et faisait reculer les plus redoutables des Grecs ? Consacrées par la gloire, sous les regards d'Hector, au milieu des plus furieux combats, ou en présence des dieux ennemis d'Ilion, dans la dernière nuit du peuple de Priam, ces armes devraient enflammer l'enthousiasme de leur possesseur. Avec quel plaisir on l'entendrait jurer sur elles la perte de Turnus ! Mais les périls des Troyens pressés de toutes parts ! Et comment trembler pour eux ? Si Turnus, Mézence, Latinus même, et Junon leur ont déclaré la guerre, Vénus, Mars, Jupiter et le destin se rangent de leur côté. D'ailleurs, ces périls qu'on allègue, nous ne les voyons que des yeux de l'imagination, ou plutôt nous les supposons. Pour en apprendre la réalité ainsi que l'étendue, il nous faut arriver au neuvième chant du poëme, qu'ils occupent tout entier. Présentement les Phrygiens nous paraissent aussi tranquilles dans leur camp, que leur prince auprès d'Évandre ou du chef des Étruriens. Homère, que les Grecs appelaient le Sophocle de l'Épopée, comprend bien mieux les conditions du drame; son art, ou plutôt son talent naturel, met toujours devant nous, et en scène au moment nécessaire, les choses dont il a besoin que nous restions frappés.

Patrocle n'est plus; Hector, qui a déjà réduit l'armée d'Argos aux dernières extrémités, Hector, couvert de la merveilleuse armure forgée par Vulcain pour le fils de Thétis, grandit comme la discorde au milieu de la mêlée; ses guerriers, enflammés à son exemple, touchent à l'instant d'enlever le cadavre de Patrocle, que les deux partis se disputent avec un égal acharnement. Achille, tout entier à la vengeance, veut courir au champ de bataille; mais sa mère l'arrête en lui montrant qu'il est désarmé. « Hélas! dit-il un peu plus tard, le seul bouclier du fils de Télamon pourrait me convenir, et lui-même, je l'espère du moins, combat au premier rang en faveur de l'ami que nous avons perdu. » Ainsi c'est pour se défendre lui-même et ses Thessaliens du plus imminent des dangers; c'est pour préserver son nom et son pays d'une honte ineffaçable; c'est pour ne pas tomber sans honneur sous les coups du redoutable Hector; c'est enfin pour le salut de la Grèce, qu'Achille va recevoir les célestes présents de l'art de Vulcain! Une fiction ainsi motivée s'empare de nous avec toute la force d'une vérité.

On sait par quelles touchantes émotions Virgile remplit l'intervalle entre le prodige céleste et l'apparition de Vénus à son fils. Nous ne pouvons nous rappeler encore sans attendrissement les adieux d'Évandre; mais quelque chose manque à la physionomie d'Énée au moment du départ. Il quitte le peuple et le roi d'Arcadie sans leur laisser de lui cette dernière impression qui doit rester dans les souvenirs, et servir de texte aux entretiens de la multitude charmée. La faveur inouïe que lui accordent les dieux n'a point empreint sur sa figure l'expression calme et sublime d'une âme agrandie; on ne soupçonnerait pas en lui l'homme d'intelligence avec le ciel, et qui vient de s'écrier : *Ego poscor Olympo.* Quelques traits de plus auraient suffi au poëte et au héros pour répondre à notre attente. Homère n'a pas tant promis, et donne bien davantage.

Le magnanime Hector poursuit sa carrière de triomphes; encore un instant, et il arrachera aux Grecs le corps de Patrocle, qui deviendra un trophée immortel entre ses mains victorieuses. Achille, quoique sans défense, sera-t-il réduit à souffrir ce comble de déshonneur, et à voir la ruine de la

Grèce sans lui porter secours? Non, Homère ne fera point cette injure, et ne donnera point cette douleur au héros. Sa seule présence au bord du fossé du camp des Argiens, et trois cris de sa voix formidable répandent l'épouvante dans les rangs ennemis, sauvent la dépouille sacrée de Patrocle, et relèvent la Grèce expirante. Voilà comment Achille attend les présents de l'Olympe. Quand Thétis les lui apppote, elle le trouve non pas occupé à prendre le frais au bord des ondes, mais accablé de tristesse, et pressant dans ses bras le corps inanimé de son ami. Les paroles de Vénus à Énée ont quelque chose de vulgaire dans le tour, et peu de convenance; le langage de Thétis à son fils est celui de la raison qui emprunte l'accent du cœur. Énée accorde quelques embrassements à sa mère, ne lui témoigne ni reconnaissance ni tendresse, et la laisse s'éloigner sans avoir reçu un adieu; nous ne la voyons pas même remonter vers le ciel. Ovide n'a point oublié de peindre l'instant du départ de Jupiter, après de magnifiques promesses au successeur de Romulus :

> Dixit, et ingenti tonitru super æthera motum
> Fertur, adorantem deseruitque Numam.

L'entrevue de la déesse et de son fils nous paraît d'autant plus froide, qu'elle a été annoncée avec plus de faste. La première scène fait pâlir la seconde.

Énée goûte un plaisir de guerrier, à voir, à manier ces armes qui portent avec elles le destin de la guerre; mais nous aimerions que le poëte fît éclater au dehors les mouvements de l'âme du héros. Son enthousiasme au moment du prodige, ses paroles aux Arcadiens effrayés, ne nous laissent pas moins à désirer ici le complément nécessaire de la situation. Pas une seule de ces fautes dans l'Iliade.

Thétis dépose aux pieds de son fils la merveilleuse armure qui rend un son bruyant et terrible. L'effroi saisit les Thessaliens; aucun d'eux n'ose arrêter ses regards sur l'éclat de cette armure, et tous reculent d'épouvante. Mais Achille, à la vue du présent céleste, sent redoubler dans son cœur l'ardeur de la vengeance; sous l'ombrage de ses sourcils, ses yeux lancent de redoutables éclairs. Transporté de joie, il prend dans ses mains les dons éclatants de la déesse, et après s'être rassasié du plaisir de les contempler : «Ma mère, s'écrie-t-il, un dieu seul nous a donné ces armes; j'y reconnais l'ouvrage d'un immortel; jamais un homme n'aurait pu les achever. Je veux m'en revêtir à l'instant même pour aller combattre. Mais, en mon absence, je crains que des mouches avides ne pénètrent dans les blessures faites par l'airain homicide au valeureux fils de Mœnetius, n'engendrent les vers dévorants qui viendraient souiller et corrompre ce corps, hélas! privé de la vie. » Voilà un héros, un ami brûlant et sublime, en qui les fureurs de la plus violente des passions n'ont point étouffé les inspirations d'une âme tendre et religieuse : « Mon fils, répond la déesse après l'avoir rassuré sur le sujet de ses craintes, va rassembler les Grecs dans un conseil, renonce à ta colère contre Agamemnon, le pasteur des peuples, et prêt à combattre, revêts avec tes armes une force indomptable. » Ayant ainsi parlé, Thétis inspire au cœur d'Achille la plus généreuse audace; ensuite elle fait couler l'ambroisie et le nectar dans les narines de Patrocle afin qu'il soit incorruptible. Achille vole exécuter les ordres de sa mère.

Homère n'ayant retracé sur le bouclier divin que des scènes de la vie sociale, le héros, s'il avait le temps de s'arrêter à un vain plaisir, pourrait les comprendre toutes, sauf quelques obscurités inévitables que Vulcain aurait lui-même laissé subsister, parce que l'art de reproduire les objets, soit sur la toile, soit sur le marbre et l'airain, a des limites qu'on ne saurait franchir. Il est fâcheux pour Virgile de nous avoir révélé que les merveilles du travail de Vulcain ne présentent que des énigmes au prince troyen. Sans cet aveu, nous supposerions au con-

traire qu'Énée, rempli de l'ineffaçable souvenir des
Champs-Élysées, reconnaît ses descendants à un
air de famille, ou plutôt encore au type national
de la race de Romulus, et enfin à leurs vêtements
comme à leurs armes. Cette illusion serait d'ailleurs favorisée par des images communes au sixième et au huitième chant, et jetées en quelque sorte
à dessein dans la description; telles que la nouvelle
apparition d'Auguste, qui doit être un trait de lumière pour le fils d'Anchise. Comment ses yeux ne
trouveraient-ils pas d'abord, dans le vainqueur
d'Actium, ce mortel, ou plutôt ce demi-dieu qu'on
lui a signalé entre tant d'autres comme une promesse du ciel, et l'attente du monde? n'a-t-il pas
encore, pour aider sa mémoire, les récits d'Évandre? ce roi ne vient-il pas de lui montrer la roche
Tarpéienne ainsi que le Capitole? En les revoyant
figurés sur l'airain, l'aspect même des lieux lui
apprend que Manlius est un Romain occupé de
défendre sa patrie, et le temple du dieu présent
et protecteur qu'elle adore. Je me trompe peut-
être; pourtant il me paraît évident que la situation gagnerait beaucoup à la noble satisfaction
que l'intelligence des ornements de son bouclier
causerait au prince troyen. « Le ciel et les Champs-
Élysées s'entendent, mon père et Vénus sont d'accord; voilà encore des héros de mon sang!» s'écrierait-il avec des transports de joie et de recon-

naissance, qui le rendraient plus intéressant. Cette découverte, ou une révélation de Vénus, comme Lessing semble la désirer, dans son Laocoon, aurait diminué pour Virgile le désavantage d'une comparaison fâcheuse avec l'Iliade, et avec lui-même. Le Vulcain d'Homère fabrique sous nos yeux le bouclier d'Achille; nous voyons l'ouvrage sortir des mains du dieu; nous sommes dans l'Olympe et non sur la terre. L'auteur de l'Iliade se fait entièrement oublier : son rival nous montre l'atelier et les noirs Cyclopes de Vulcain, puis il s'interrompt tout-à-coup après la description élégante et technique des travaux d'une forge. De cette manière il se trouve obligé de commencer lui-même un récit, où l'inévitable répétition des formes démonstratives produit la froideur et la monotonie, malgré tous les efforts d'un beau talent, pour cacher ce défaut prévu et senti. Virgile n'a pas pu se dissimuler que les tableaux du sixième livre, sur le sujet auquel il revient sans une utilité évidente, sans un à-propos reconnu, étaient tout en action. Anchise indique à son fils les glorieux descendants de sa race; celui-ci apprend à les connaître en même temps qu'ils passent sous ses regards; cette fois, au contraire, l'écrivain s'interpose entre ses personnages et ses lecteurs pour expliquer à ceux-ci ce qu'Énée lui-même ne

ÉNÉIDE, LIVRE VIII.

comprend pas. Lorsque nous attendons le prince troyen, ou sa mère, nous trouvons Virgile en face de nous. Plus sa narration a d'étendue et d'éclat, plus elle fait languir l'action ; plus le poëte brille, plus le héros s'efface. Cette vérité littéraire n'a point échappé à l'ingénieux Lessing. Mais si, après avoir reconnu le vice de la forme générale, nous passons au mérite des détails, notre admiration n'aura guère le temps de se refroidir.

Voici d'abord les deux illustres jumeaux, premiers auteurs de la race romaine ; ils se jouent autour des mamelles et sucent le lait d'une louve, sans effroi, *impavidos,* car c'est le sang du dieu de la guerre qui coule dans leurs veines, et la moindre crainte, même au berceau, ne doit pas démentir leur céleste origine[1] : *Degeneres animos timor*

---

[1] Cette situation, et le tableau de Virgile, rappellent ce que l'un des soldats d'Amulius, arrêté avec ses compagnons par le débordement du Tibre, dit sur les deux jumeaux divins qu'il a du exposer sur le fleuve :

> At quam sunt similes! at quam formosus uterque !
> Plus tamen ex illis iste vigoris habet.
> Si genus arguitur vultu, ni fallit imago,
> Nescio quem vobis suspicor esse deum.

Ces vers sont charmants ; mais qu'Ovide est faible après Virgile en parlant de la louve et des enfants qu'elle allaite ! (*Voy.* Fastes, liv. II.)

arguit. Que de grâce dans la peinture de cette sauvage nourrice, qui, dépouillant sa férocité, caresse et forme tour à tour avec sa langue ces deux tendres créatures! Tels sont pourtant les faibles commencements de Romulus, de ce guerrier fondateur, législateur de Rome, et dont Anchise a dit, en le montrant à Énée comme l'un de ses plus glorieux descendants :

En hujus, nate, auspiciis illa inclyta Roma
Imperium terris, animos æquabit Olympo.

Cet admirable contraste ramène la pensée à ces vers d'Ovide, qui résument, dans leur énergique simplicité, la vie des plus grands hommes sortis d'un rang obscur :

In stipula placidi carpebat munera somni,
Et tamen ex illo venit in astra toro [1].

Cicéron s'est plu à répéter avec Ennius ces regrets du peuple romain sur son premier roi :

O Romule! Romule die
Qualem te patriæ custodem di genuerunt!
O pater! o genitor! o sanguen dis oriundum!
Tu produxisti nos intra luminis oras.

---

[1] Romulus goûtait les douceurs du paisible sommeil sur un lit de chaume, et cependant de ce modeste lit il s'éleva jusqu'à l'Olympe.

« O Romulus ! divin Romulus ! quel gardien les dieux ont enfanté en toi pour la patrie ! ô père ! ô créateur de la race romaine ! ô digne sang des dieux ! c'est toi qui nous a produits à la lumière du jour [1]. »

Si l'on considère la moralité de l'action, l'enlèvement des Sabines ne paraîtra peut-être pas un choix judicieux de Virgile ; mais ayant à retracer une des origines de Rome, devait-il négliger un événement d'une si haute importance, qui avait tant contribué à la grandeur de sa patrie naissante? En gardant le mérite de sa précision, le poëte aurait pu jeter quelques traits heureux dans sa rapide esquisse ; c'est du moins ce qu'on pense en voyant le même sujet traité par Ovide [2]. L'une

---

[1] Cicéron a cité ces vers au livre Ier de la république. Dans le livre IIe il paie, en philosophe et en homme d'état, le tribut d'une admiration sentie au génie, à la prévoyance, à l'habileté de Romulus. C'est là qu'on lit ces belles paroles : « *Videtisne igitur unius viri consilio non solum ortum novum populum, neque ut in cunabulis vagientem relictum, sed adultum jam, et pene puberem?* » « Ne voyez-vous pas que le génie d'un seul homme donna la naissance à un peuple nouveau, et qu'au lieu de le laisser comme un enfant qui pousse encore des vagissements dans le berceau, il le transmit à ses successeurs adulte, et presque parvenu à la jeunesse. »

[2] *Art d'aimer,* chant Ier, vers 111 et suivants.

des plus belles compositions du Poussin, ne fait que repoduire avec génie celle du poëte, tant celui-ci a conçu, disposé, exprimé sa pensée en véritable peintre. Les Fastes[1] nous offrent un autre épisode où les Sabines jouent un rôle important, et que David semble avoir transporté sur la toile. Hersilie, le genou en terre, et les bras étendus entre les deux armées ; les autres Romaines, les cheveux épars ; ces innocentes créatures dont les gestes et les cris inspirent tant de pitié ; le vieux guerrier qui remet son glaive dans le fourreau à l'aspect des femmes et des enfants, sont des traductions libres, ou d'heureuses imitations d'Ovide, auxquelles nous devons en grande partie le célèbre tableau des Sabines.

On a reproché à Virgile d'avoir en quelque sorte profané sa muse par la peinture du châtiment de Métius ; il ne se fait ni le juge, ni le panégyriste de cette barbarie, il raconte en poëte un événement qui éleva Rome sur les ruines d'Albe sa rivale. Mais on souhaiterait ici quelqu'un des motifs de l'atrocité de la punition. *At tu dictis, Albane, maneres,* et la seule épithète de *mendacis*, ne conviennent que faiblement à un coupable tel que Métius, et rendent les Romains odieux. On lit au con-

---

[1] Livre III, vers 201 et suivants.

traire dans Tite-Live : « Métius est le chef de cette désertion, Métius est le machinateur de cette guerre, Métius est l'infracteur de la paix entre les deux nations. » Les autres paroles solennelles du roi Tullus, au milieu des armées d'Albe et de Rome, contre le traître Métius, infidèle au plus sacré des sentiments et des devoirs, annoncent dans le châtiment du pervers une grande leçon donnée aux hommes pour le salut d'un empire ; et cependant Tite-Live ajoute : « Tous les regards se détournèrent d'un spectacle si horrible. C'est le premier et le dernier exemple d'un supplice où l'on ait autant oublié les lois de l'humanité. Du reste, les Romains peuvent se glorifier de ce qu'aucun peuple n'a aimé autant qu'eux la douceur des peines. »

Les Tarquins chassés, Porsenna qui veut les imposer par la force, les descendants d'Énée courant aux armes pour la liberté, les prodiges du courage de Coclès, d'un seul homme qui fut en un jour l'unique boulevard de Rome ; la vertu de Clélie, presque égale au sauveur de la patrie, retracent en quelques admirables vers tout ce que Tite-Live raconte avec la complaisance d'un écrivain qui veut célébrer la gloire et caresser le juste orgueil de sa patrie ; à mon avis, pourtant, le poëte a oublié des circonstances essentielles que le prosateur n'a point manqué de saisir : *« Clœlia virgo, dux agminis virginum, inter tela hostium Tiberim tranavit.* » « Clélie, vierge romaine, à la tête d'un bataillon de vierges comme elle, traversa le Tibre à la nage au milieu des traits ennemis[1]. » Suivant Tacite et Pline le jeune, il paraîtrait que la constance et les menaces de Scévola auraient été bien inutiles, car Porsenna n'en continua pas moins le siége de Rome, qu'il finit par prendre ; peut-être doit-on aussi ranger les actions de Coclès et de Clélie au nombre des fables ; néanmoins louons Virgile d'avoir consacré de nouveau ces traditions populaires ; il ne faut rejeter des annales des nations rien de ce qui peut les élever à leurs propres yeux, et leur inspirer l'enthousiasme des sublimes sacrifices ; l'écrivain qui s'efforcerait parmi nous de démentir le dévouement d'Eustache de Saint-Pierre et de ses compagnons pendant le siége de Calais, semblerait attenter à l'honneur national de la France.

---

[1] Silius Italicus a eu soin de retracer ces deux circonstances : (Livre X, vers 494 et suivants.)

        Bis Clœlia senos
Nondum compierat primævi corporis annos,
Una puellarum Laurentum, et pignora pacis,
Inter virgineas regi transmissa catervas
(Facta virum sileo) : rege hæc, et fœdere, et annis.
Et fluvio spretis, mirantem interrita Tibrim
Tranavit, frangens undam puerilibus ulnis.

Rome vient d'échapper à un danger imminent ; un autre, non moins redoutable, la menace encore ; mais Manlius veille au haut du Capitole [1]. Quelles sublimes inspirations doivent lui donner Jupiter et Romulus qui le regardent tous deux de l'Olympe, ou qu'il croit peut-être présents, l'un dans son antique sanctuaire, l'autre sous son toit de chaume consacré par la vénération des peuples ! Dans la suite, quand ses propres fautes, ou plutôt la jalousie et les craintes du sénat amenèrent devant le peuple ce fier patricien comme accusé, on l'entendit se placer sous la protection d'un si grand souvenir [2]. Il fallut ôter la vue du Capitole aux descendants de Romulus pour obtenir la condamnation de Manlius [3]; ils le regrettèrent après sa mort. Rome

---

[1] On peut comparer, avec les Gaulois de Virgile, les Boïens de Silius Italicus, et leur chef Chrixus descendant de Brennus, au chant V° du poëme; et les Barbares dépeints par M. de Châteaubriand, dans le sixième livre des Martyrs.

[2] Manlius, en se défendant contre ses accusateurs, appela Jupiter et les autres dieux de l'Olympe à son secours, les suppliant d'inspirer à Rome, dans le danger où il se trouvait devant elle, les mêmes sentiments que leur bonté lui avait inspirés à lui-même pour le salut de la patrie. (Tite-Live, liv. VI, § 20.)

[3] Ah! quel bonheur pour lui (grands dieux!) s'il fût tombé dans ce glorieux combat, sublime défenseur de ton trône, ô grand Jupiter! (*Ovide*, Fastes, liv. VI.)

entière pensa que le Capitole avait été profané par le sang de son libérateur, et que les dieux n'avaient pu voir qu'avec déplaisir qu'on eût offert pour ainsi dire à leurs regards le supplice d'un homme qui avait arraché leurs temples des mains des Barbares [1].

Les prêtres saliens, les boucliers tombés du ciel, la procession des dames romaines, sont encore un souvenir du prince religieux et sage qui voulait dans les sacrifices des cérémonies compliquées, et des offrandes très-simples, beaucoup de devoirs pour la piété dans les pratiques du culte, et peu de dépenses pour les dieux [2]. Le tableau de Virgile se compose d'images propres à frapper les yeux; ces images parlaient assez éloquemment aux Romains, elles ne peuvent nous toucher que médiocrement. Du pieux confident d'Égérie, son épouse et son conseil, à Catilina, il y a plusieurs siècles et toute la différence de la vertu au crime, c'est-à-dire la distance du ciel aux enfers; l'opposition n'en est que plus belle. Dans la supposition que j'ai faite plus haut, le complice de Cethegus, et

---

[1] Tite-Live, liv. VI, § 20.

[2] Cicéron, livre II, de la République. On y lit cet éloge de Numa : « Il sortit de la vie après avoir affermi les deux plus puissants gages de la durée de la république, la religion et la clémence. »

son supplice semblable à celui de quelques autres coupables du Tartare [1], la présence menaçante des furies devant le chef d'une conspiration sacrilége, l'indication des Champs-Élysées où Caton d'Utique donne des lois aux justes, auraient un motif plausible, et préviendraient l'étonnement que cause au lecteur cette répétition inattendue du sixième livre. Caton est dignement placé parmi les plus hautes illustrations romaines. Après avoir accordé, sans hésiter, la suprématie sur elles à l'ennemi le plus irréconciliable de César, à l'austère et courageux citoyen qui recourut au glaive pour échapper à la clémence du vainqueur, Virgile n'ose pas prononcer le nom de Cicéron ; mais, précisément à cause du silence imposé au chantre d'Auguste, le grand orateur nous apparaît ici devant Catilina, comme le gardien, l'interprète et le sauveur de la patrie en péril. Le sublime éloge de Caton rachète une faiblesse qui fit sans doute murmurer plus d'une fois la conscience de Virgile ; car personne plus que lui ne devait chérir et admirer

---

[1] Saxum ingens volvunt alii, radiisque rotarum
Districti pendent.....
Quos super atra silex jam jam lapsura cadentique
Imminet assimilis. . . . .
     Furiarum maxima juxta
Accubat, et manibus prohibet contingere mensas,
Assurgitque facem attollens, atque intonat ore.

l'ami, le défenseur du poëte Archias, le panégyriste enthousiaste des lettres, le disciple et le rival des philosophes de la Grèce, et le Dieu de l'éloquence après Démosthènes.

Le bouclier d'Énée retrace les triomphes de Rome depuis Ascagne jusqu'à Auguste, et montre par quelles gradations successives la république s'est élevée au faîte de la puissance. Pour éviter une nomenclature qui deviendrait monotone, Virgile, fidèle à ses habitudes, et moins habile toutefois qu'avec l'heureux désordre des scènes du sixième livre, ne recueille que huit traits principaux dans une période qui comprend sept cents années de gloire; c'est ici surtout que le courtisan l'emporte sur le poëte national : la seule journée d'Actium occupe plus de place que tous les fastes de la république qui nous ravit encore d'admiration. Après avoir peint l'enfance héroïque du peuple romain, pourquoi passer sous silence sa jeunesse et sa virilité plus héroïques encore? La matière était si riche! Entre tant de choses mémorables pourquoi ne pas mieux choisir? devait-on oublier la mère et l'épouse de Coriolan qui sauvèrent la patrie par leur ascendant sur le cœur de cet orgueilleux patricien? Fallait-il se contenter d'avoir accordé un mot à Lucrèce sans nommer cette victime de la chasteté, cette femme dont la mort généreuse enfanta la liberté romaine[1]? Était-ce assez de ce trait, « *duo fulmina belli*, » pour les deux Scipions, destructeurs de Carthage? suffisait-il d'avoir cité les immortels Décius? le dévouement des trois cents Fabius immolés à Crémère, après avoir servi de rempart et d'armée à la république pendant toute une campagne, ne demandait-il pas un tribut à la muse de Virgile? Lisons les vers que ce touchant et patriotique sujet à inspiré au brillant Ovide :

Una dies Fabios ad bellum miserat omnes :
　Ad bellum missos perdidit una dies.
Ut tamen Herculeæ superessent semina gentis,
　Credibile est ipsos consuluisse deos :
Nam puer impubes, et adhuc non utilis armis,
　Unus de Fabia gente relictus erat;
Scilicet ut posses olim tu, Maxime, nasci,
　Cui res cunctando restituenda foret.

« Un seul jour envoya tous les Fabius à la guerre, un seul jour vit périr dans la guerre ces victimes de la patrie. Mais les dieux mêmes, il faut le croire, avaient veillé du haut du ciel à ce que la semence de la race d'Hercule survécut à ce malheur. Unique rejeton de cette famille, un enfant à peine touchant à la puberté, et encore inha-

---

[1] La mort de Lucrèce est une des plus belles créations d'Ovide. (*Voyez* les Fastes, liv. II, vers 721 et suivants.)

bile aux armes, resta parmi nous, sans doute pour que tu pusses recevoir la naissance, toi, le plus grand des Fabius! toi, destiné à rétablir les affaires de Rome par tes héroïques lenteurs. » Virgile devait craindre d'entrer dans trop de détails ; loin de le blâmer de sa réserve, empressons nous de reconnaître que comme l'abeille d'Horace, il cueille habilement la fleur de son sujet ; mais ses préférences ne sont pas toujours justes et convenables ; que de choses il a omises, et qui nous feraient connaître le génie, les mœurs, la constance, la politique et la fortune des Romains [1] !

Peut-être au moment où va se donner cette grande bataille d'Actium, le lecteur éprouve-t-il quelque surprise de ce que Virgile s'amuse à peindre les jeux des dauphins sur les ondes que nous aimerions à voir déjà émues de colère, et sous un aspect menaçant [2]. A la vérité, les vers suivants

---

[1] Horace, dans l'ode *Qualem ministrum fulminis alitem*, offre à cet égard un admirable modèle.

[2] Ces mêmes images au contraire sont parfaitement à leur place dans un chant du premier chœur de l'Électre d'Euripide, sur le départ de la flotte du roi des rois : « O vaisseaux glorieux ! que les rames innombrables des Grecs portaient aux rivages troyens, lorsque vous voliez sur les flots, on vous voyait former des chœurs avec les filles de Nérée. Le

sont déjà plus graves et d'une beauté plus sévère. Properce semble avoir mieux préludé que son maître : « Il est un port chéri d'Apollon, et prolongé bien avant dans les terres de l'Épire, où la mer Ionienne fait taire le murmure de ses flots. Ce port, cette mer facile aux vœux et aux efforts des matelots sont des monuments de la victoire navale du nouveau Jules dans les parages d'Actium. Là, se rencontrèrent toutes les forces du monde. » Properce continue ainsi : « Une forêt de mâts parut debout sur la plaine liquide, mais les oiseaux prophétiques ne favorisaient pas également les flottes rivales. L'une d'elles, honteuse de voir ses drapeaux conduits par la main d'une femme, était dévouée aux triomphes du second Quirinus. Au-dessus des voiles d'Auguste, pleines des auspices de

---

dauphin, ami de la flûte harmonieuse, bondissait autour de vos proues azurées; en se jouant, il accompagnait à Troie le fils de Thétis, aux pieds légers, et le superbe Agamemnon. » (Acte Ier, scène ix.)

Le Tasse a supprimé les dauphins, en imitant Virgile avec beaucoup de hardiesse, dans le seizième chant de la Jérusalem :

>Vedi nel mezzo un doppio ordine instrutto
>Di navi e d'arme : e uscir dall' arme i lampi,
>D'oro fiammeggia l'onda : e par che tutto
>Dincendio marzial Leucate avvampi.

Jupiter, flottaient les enseignes de la patrie toujours victorieuses. Déjà les deux armées en ordre de bataille forment un double croissant, et l'onde tremblante réfléchit les rayons de la lumière renvoyés par les armes étincelantes, lorsque abandonnant l'île de Délos, immobile aujourd'hui grâce à son vengeur, mais jadis exposée seule à être le jouet des autans furieux, Apollon vient se placer sur la poupe d'Auguste, où tout-à-coup une flamme inconnue se divise en trois sillons obliques et lumineux. » Ce passage fait vraiment honneur au poëte, qui, par malheur, dément bien vite de si nobles commencements. Apollon paraît terrible, comme au début de l'Iliade, lorsqu'il lançait la mort et la contagion sur les Grecs qui ont offensé son grand prêtre Chrysès. Sans doute l'action va s'engager à l'instant même? non; le dieu s'égare en un long discours où la flatterie n'a ni retenue ni goût, témoin ce début : « Toi, qui tires ton origine d'Albe-la-Longue, protecteur du monde, héros plus grand que ton aïeul Hector, sois vainqueur sur les eaux; la terre est déjà ta conquête. Mon arc combat pour toi, et toutes les flèches dont le poids surcharge mes épaules favorisent ta cause. Affranchis pour jamais de toute crainte, ta patrie, qui, s'appuyant sur un vengeur tel que toi, confie à ta poupe ses vœux et sa fortune. » Cette apostrophe, qui devient de plus en plus étrange, s'étend sans mesure. Enfin, le poëte nous dit : « Phœbus consomme sur son arc tout l'amas des flèches de son pesant carquois ; les traits de César suivent de près le vol et la fureur des flèches du dieu par qui Rome triomphe. » On ne peut voir là qu'une composition d'écolier, ou ce que Juvénal appelle une déclamation pour les enfants.

Virgile s'impose la loi de mettre en présence l'heureux Auguste qui a recueilli tous les fruits de la journée d'Actium, et l'habile capitaine qui a vaincu pour un maître. Il faut qu'Agrippa soit grand sans éclipser Auguste ; il faut qu'Auguste paraisse au-dessus d'Agrippa sans faire murmurer la conscience publique, sans ressembler à un roi qui ravit la gloire de son sujet : tel est le problème à résoudre. L'histoire, et une fiction fondée sur la croyance populaire, viennent au secours de l'écrivain. Auguste, établi depuis long-temps au siége de l'empire, dépositaire de l'autorité de la république, conduit ou semble conduire avec lui l'Italie, le sénat, le peuple, les pénates de Rome, et les dieux supérieurs qui président à ses destinées : voilà la vérité historique aux yeux des Romains, et même aux nôtres. La comète qui parut pendant les premiers jeux consacrés à Jules par la politique de son jeune héritier, et que les Romains prirent pour l'âme du dictateur admis dans le ciel ; cette même comète transformée en un astre paternel, qui se lève au-dessus de la tête d'Auguste, rayonnante de flammes; voilà en même temps la tradition populaire et la fiction poétique. Ainsi Rome et ses divinités sont du parti d'Auguste; son père le regarde du haut de l'Olympe, et s'apprête à le marquer déjà du sceau de l'immortalité, comme Jupiter a fait pour Romulus :

Et pater ipse suo superum jam signat honore.

Après cette apothéose commencée, Virgile n'hésite pas à montrer Agrippa dans l'attitude du commandement, et à lui placer sur le front une couronne rostrale, noble récompense de sa valeur. Agrippa est le héros de la victoire d'Actium, Auguste en est le dieu. Le maître du monde comprend d'abord l'artifice d'une si ingénieuse création, et sourit au sens demi-voilé des magiques paroles qui lui causent une de ces joies vives et secrètes dont parle Virgile : *Tacitum pertentant pectus.* L'art demande beaucoup d'esprit, de mesure, de délicatesse et de goût pour enfanter de pareilles beautés; on ne les trouve guère que dans les cours, et sous des siècles polis comme ceux d'Auguste et de Louis XIV. Ce qui distingue encore ici Virgile, c'est qu'en préparant la louange d'un prince avec tant d'habileté, il obtenait aussi les applaudissements de Rome entière, flattée dans son orgueil, et toujours pleine du souvenir de César, tant regretté du peuple [1] qui le premier l'avait divinisé.

Averti par le sentiment de toutes les convenances, Virgile se garde bien de rabaisser Antoine; au contraire, il le représente entraînant avec lui toutes les nations de l'Orient, qui suivent les drapeaux de leur vainqueur. Sans doute c'est relever la gloire d'Auguste; mais il entrait aussi dans sa politique connue, d'épargner la mémoire de son rival : car ni Horace, ni Properce, ni l'auteur de l'Énéide, admis à la familiarité du souverain, n'ont attaqué, comme on pouvait l'attendre d'eux et de leurs idées de Romains, l'époux de Cléopâtre : *Sequiturque, nefas! ægyptia conjux*, est un véritable ménagement [2]. Le choc des deux armées, peint à

---

[1] Au rapport de Suétone, le peuple avait élevé à César, dans le Forum, une colonne en pierre, de près de vingt pieds, avec cette inscription : *Au père de la patrie.* « Pendant un long espace de temps, ajoute l'historien, on vit ce même peuple persévérer à offrir des sacrifices, à former des vœux devant cette colonne; c'est aussi là qu'il terminait certaines contestations, en faisant intervenir la foi du serment par le nom de César. »

[2] Properce est celui qui montre le plus de sévérité envers Antoine; cependant il ne le nomme pas même dans cette invective contre Cléopâtre :

Quid? modo quæ nostris opprobria vexerit armis,
Et famulos inter femina trita suos?

grands traits, donne une haute idée de l'action où se disputa l'empire du monde; la comparaison avec les Cyclades, arrachées de leurs fondements, et lancées les unes contre les autres, est une de ces hyperboles qui conviennent au génie poétique. C'est ainsi que nous nous prêtons aux folles inventions de Milton, lorsque, ne sachant où trouver des images assez hardies pour peindre les batailles célestes, il nous montre les anges déracinant les monts avec leurs forêts et leurs rochers, et les faisant pleuvoir comme une affreuse tempête sur les légions de Satan, qui ont recours aux mêmes armes que leurs adversaires.

L'ivresse de Cléopâtre, qui, au milieu de sa flotte, anime ses guerriers au son du sistre égyptien, et ne soupçonne pas encore derrière elle les serpents dont elle est menacée, inspire de profondes réflexions sur l'aveuglement de nos trompeuses prospérités. Nous marchons enflammés d'espé-

---

Conjugis obscœni pretium romana poposcit
Mœnia, et addictos in sua regna patres.

Quels opprobres n'a point versés naguère sur nos armes cette femme usée par la débauche entre de vils esclaves! Pour prix de son honteux hymen elle ose demander la ville de Rome, et veut que les pères de la patrie soient adjugés à sa couronne. (Livre III, élégie xi.)

ÉNÉIDE, LIVRE VIII.

rance à un but élevé, à une gloire immortelle, et devant nos pas se cache un abîme qui va tout engloutir avec nous! Notre chute effroyable est marquée pour demain, pour aujourd'hui! Peut-être quelques instants nous séparent de l'heure fatale; néanmoins cette distance si faible ne change rien à notre ignorance. La main de fer de la nécessité se balance sur notre tête pour frapper, et encore, à ce moment extrême, nous ne saurions lever le voile de l'avenir, de l'avenir qui nous touche de si près qu'il entre déjà dans le présent! Horace semble avoir mis ces réflexions en images dans l'ode où il se réjouit de la mort de Cléopâtre[1]. Le poëte lyrique attribue la victoire au seul Auguste; le poëte épique, continuant sa première fiction, associe au dieu mortel les puissances de

---

[1] Antehac nefas depromere Cæcubum
Cellis avitis, dum Capitolio
   Regina dementes ruinas
    Funus et imperio parabat,
Contaminato cum grege turpium
Morbo virorum, quidlibet impotens
   Sperare, fortunaque dulci
    Ebria. Sed minuit furorem
Vix una sospes navis ab ignibus :
Mentemque lymphatam Mareotico
   Redegit in veros timores
    Cæsar, ab Italia volantem
Remis adurgens.
        (Liv. Ier, ode XXXII.)

l'Olympe, et met de monstrueuses divinités de toute espèce, avec l'aboyant Anubis, en face de Neptune, de Vénus, de Minerve. Properce a traduit ce passage de l'Énéide en lui prêtant cette vigueur et ces expressions hardiment figurées qui distinguent le style des odes d'Horace dans les endroits où, ayant à rendre les mêmes pensées que son cher Virgile, *animæ dimidium*, il nous offre d'utiles et curieuses comparaisons :

> Scilicet incesti meretrix regina Canopi,
> Una Philippeo sanguine adusta nota,
> Ausa Jovi nostro latrantem opponere Anubim.[1]

En lisant ces admirables vers on se souvient d'un passage bien plus admirable encore de Bossuet : « Le vrai Dieu n'était plus connu en Égypte comme le Dieu de tous les peuples de l'univers, mais *comme le dieu des Hébreux*. On adorait jusqu'aux bêtes et aux reptiles. Tout était dieu, excepté Dieu lui-même. » Avec le secours de trois divinités de l'Olympe le succès d'Auguste pouvait se passer d'Apollon. Virgile, en empruntant à Homère l'idée

---

[1] Ainsi donc, la royale prostituée de l'incestueuse Canope, cette marque d'infamie imprimée avec le feu au sang de Philippe, ose opposer son aboyant Anubis à notre Jupiter. (Liv. III, élégie xi.)

de le placer debout et menaçant sur le promontoire d'Actium, n'a pas su rendre la présence du dieu aussi dramatique, aussi imposante que dans le modèle[1]; cependant elle ne manque pas d'effet, et la dispersion de tous les peuples de l'aurore au seul aspect du fils de Latone, qui tend son arc au-dessus du champ de bataille, est un moyen adroit et poétique d'éviter les longueurs de la description d'une défaite. Horace, comme on peut en juger par la citation que j'ai faite, est penseur plus profond et plus grand peintre que Virgile dans le tableau du désastre, de la terreur et de la fuite de Cléopâtre, s'échappant à toutes voiles; mais l'Énéide nous laisse ravis d'admiration devant l'imposante et fantastique apparition de ce Nil aussi vieux que le temps, de ce Nil, le père, le sauveur, le Jupiter de l'Égypte, et qui, pleurant toutes ses larmes, comme le peuple dont il est la majestueuse image, ouvre son vaste sein en déployant les plis de sa robe azurée pour appeler et cacher dans les pro-

---

[1] *Iliade*, chant I*ᵉʳ*, vers 43 et suivants. Voici une heureuse imitation de ce passage par Le Brun :

> Apollon à ses cris du haut des cieux s'élance,
> L'arc en main, et le cœur enflammé de vengeance.
> Sur l'épaule du dieu ses flèches en fureur
> Font rendre au carquois d'or un son plein de terreur.

fonds détours de ses ondes *victos*, les vaincus ! Ce mot *victos*, jeté à la fin d'une phrase composée de mots d'une harmonie grave et lugubre, produit un effet extraordinaire ; *victos,* voilà tout ce qui reste des forces de l'Orient et de l'une des deux flottes entre lesquelles le monde nous paraissait comme une proie que l'ambition s'apprête à dévorer !

Je ne sais pas si Virgile a omis Antoine à dessein ; mais ce silence, quelle qu'en soit la cause, amène ici une beauté nouvelle, par une opposition du plus heureux artifice. Antoine a disparu au milieu de la tempête ; et voilà César qui, conduit trois fois dans Rome sur son char triomphal, acquitte un vœu solennel, en consacrant, par toute la ville, aux dieux de l'Italie, trois cents temples immenses ! Sur les bords du Nil, la honte, les pleurs, la ruine et la mort prochaine ; dans l'enceinte de Rome, la joie, les applaudissements, les chœurs religieux, les sacrifices, les actions de grâce d'Auguste désormais sans rival, et du peuple affranchi de la guerre civile ! Il ne suffit pas de ce contraste ; Virgile met le comble aux magnificences de sa muse par un dernier tableau : pendant les transports de l'allégresse universelle, César lui-même, assis sur le seuil du temple d'Apollon, éclatant de blancheur, reçoit les présents des nations, qu'il suspend aux superbes portiques du dieu compagnon de sa victoire, et voit défiler devant lui une longue suite de vaincus de toutes les parties de la terre [1].

Le génie de Rome semble avoir dicté cette description, où brillent encore la vivacité d'imagination et la richesse de coloris des poëtes grecs, dont aucun n'a peut-être atteint l'excellence que montre ici Virgile dans son art; et pourtant nous ne saurions revenir à Homère sans lui accorder la palme, tant pour l'ensemble que pour la plupart des scènes qui ont inspiré son imitateur. Voyons comment les deux princes de l'épopée achèvent leur magique peinture.

Addison regarde le dernier vers du huitième livre comme le plus heureux de l'Énéide :

Attollens humero famamque et fata nepotum.

M. Michaud à son tour loue Virgile d'avoir ramené adroitement l'attention à son héros, que le lecteur avait un peu perdu de vue pour ne songer qu'à Auguste. « Dans un seul vers, dit-il, le poëte a l'art de louer les Romains, de flatter Auguste, de

---

[1] Le poëte nous fait ici tant d'illusion que nous éprouvons quelque peine à entendre le nom de Vulcain; nous sommes à Rome, devant César et son triomphe, en face du monde vaincu; le souvenir du bouclier et de son auteur nous désenchante en rapetissant ce qui paraissait si magnifique à nos yeux.

célébrer Énée. Le présent, le passé, l'avenir, tout est là : et le sujet tout entier de l'Énéide se trouve dans cette image pittoresque. » Je partage l'admiration des deux critiques; mais je n'en ai pas moins une objection à leur faire : devait-on laisser oublier si long-temps Énée dans une situation dont il doit être le principal personnage? N'y a-t-il pas surtout une étrange imprudence à le mettre toujours en face d'événements ou d'hommes plus grands que lui, sa cause et son peuple? D'autres questions naissent de la circonstance. Après avoir rassasié sa vaine curiosité, que devient le prince troyen revêtu de ses armes? va-t-il se présenter aux Toscans dans un si magnifique appareil? Virgile néglige de nous l'apprendre; ce n'est qu'au milieu du dixième livre à peu près[1], que nous retrouvons Énée suivi de l'armée d'Étrurie, arrivant avec l'aurore vers son camp du Tibre, et ranimant par la vue de son bouclier élevé en l'air les Troyens que l'absence de leur chef avait presque réduits au désespoir. Cependant cette absence n'a pas duré long-temps, et ne saurait devenir un juste sujet de reproche. S'embarquer sur le Tibre, aborder Évandre, faire alliance avec ce prince, se rendre

---

[1] Delille a senti cette omission, et tâché de la réparer dans la traduction du premier vers de ce livre.

auprès de Tarchon, s'unir à lui, prendre le commandement des armées combinées, mettre à la voile et revenir au secours des siens, voilà ce qu'Énée a achevé en deux nuits et trois jours ; le quatrième au matin il est de retour, et remporte une victoire signalée. César n'aurait pas accompli plus de choses importantes dans le même espace de temps ; mais le fils d'Anchise perd tout le mérite de cette héroïque rapidité d'action, comme le poëte manque l'à-propos et l'effet dramatique de sa fiction par des récits qui vont nous détourner encore d'Énée, et redoubler l'impatience du désir que nous éprouvons de le voir attirer sur lui tous les regards. Homère marche bien plus droit au dénouement, et n'abandonne pas un instant son héros.

Au sortir de l'entrevue avec Thétis, Achille, empressé d'exécuter les ordres de sa mère, convoque l'assemblée des Grecs. Tout le monde, jusqu'aux simples matelots, jusqu'aux distributeurs de vivres, accourt pour le contempler après une si fatale absence. Au milieu de l'assemblée, il se montre tour-à-tour noble dans l'aveu de sa faute, plein de franchise dans l'abjuration de ses ressentiments, généreux à refuser les récompenses offertes, facile à accepter les excuses d'Agamemnon qui sauve encore avec adresse les intérêts de son orgueil, enfin uniquement occupé de pleurer Patrocle, et surtout impatient de le venger. Malgré les plus vives instances, Achille rejette tout repos, et même les aliments les plus nécessaires à la vie, avant d'avoir satisfait par le trépas d'Hector aux mânes d'un ami. Les Atrides restent dans sa tente avec Idoménée, Nestor et le vieux Phœnix; ils s'efforcent de calmer sa tristesse, et ne peuvent y parvenir. Alors sortent de son cœur des adieux si déchirants à Patrocle, des souvenirs si touchants de la patrie, que tous les Grecs mêlent leurs larmes aux siennes. Jupiter lui-même a pitié de cette douleur, qui peut devenir funeste; il envoie Pallas pour faire couler au sein du héros le nectar et l'ambroisie, et empêcher que la faim, en affaiblissant ses forces, ne lui ravisse la gloire.

En ce moment les Grecs se préparaient aux combats dans tout le camp. Au milieu d'eux paraît le divin Achille : il grince des dents avec fureur; ses yeux brillent comme la flamme; un tourment insupportable le dévore intérieurement, et, dans sa rage contre les Troyens, il revêt ses armes étincelantes comme un météore que le ravage et la mort accompagnent[1]. On attelle le char du héros; il y

---

[1] Les vers de Virgile sur les armes d'Énée sont très-beaux, mais ceux d'Homère ont les proportions grandioses qui conviennent au merveilleux. Virgile est trop souvent un homme d'une stature ordinaire, qui arrange à sa taille l'habit d'un géant.

monte à côté d'Automédon, et adresse une exhortation à ses coursiers; Xanthe, l'un d'eux, lui annonce la victoire, mais il lui prédit aussi une fin prochaine sous les coups d'un dieu et d'un homme. Achille répond à cet oracle avec un profond mépris de la mort « : Je sais que je dois périr sur ce rivage, loin de Thétis et d'un père chéri; cependant je n'abandonnerai pas le champ de bataille avant que les Troyens ne soient rassasiés de guerre. » — « Il dit, et, poussant de grands cris, il lance aux premiers rangs ses coursiers vigoureux. » Tout commentaire est inutile pour établir la supériorité d'Homère, elle éclate à tous les yeux comme la lumière du jour.

Le bouclier d'Achille a produit une foule d'imitations avant et après celle de Virgile. La première, celle d'Hésiode, si, comme le pensent d'habiles critiques, il est bien postérieur à Homère, ne paraît pas indigne de ce grand poëte; peut-être même l'emporte-t-elle par cette énergie, par cette couleur sombre et terrible qui distinguent au plus haut degré Eschyle, le Dante et Shakespeare ; peut-être encore n'existe-t-il nulle part un tableau des horreurs de la guerre plus effrayant et plus dramatique que celui-ci : « Des hommes couverts d'armes homicides luttaient avec acharnement, ceux-ci pour défendre leur patrie et leur famille, ceux-là pour y porter le ravage et la désolation. Beaucoup de guerriers étaient déjà étendus sur la terre, tandis que d'autres continuaient le combat. Sur le haut des tours, les femmes perçaient l'air de leurs cris en se meurtrissant le visage... Des vieillards sortaient en troupes des portes de la ville, et levaient des mains suppliantes vers les dieux immortels pour le salut de leurs enfants, engagés dans la querelle. Les Parques hideuses, semant l'épouvante, grinçant des dents, le regard farouche et terrible, se disputaient les malheureux qui tombaient sur le champ de bataille. Dès qu'elles s'étaient rassasiées du sang d'un homme, elles jetaient son cadavre derrière elles, et se précipitaient de nouveau au sein de la mêlée et du carnage. Près des infernales déesses se tenait la Tristesse, pâle, abattue, affligée, languissante et consumée par la faim ; ses doigts étaient armés d'ongles menaçants ; ses narines dégouttaient sans cesse, le sang coulait de ses joues ; noyée dans les larmes, elle serrait les dents d'une manière horrible, tandis qu'une épaisse poussière couvrait ses épaules.[1] » Il faut remarquer, à la louange de l'imitateur, qu'Hercule ne revêt des armes divines que pour voler avec Joalus à un combat contre le dieu Mars et Cygnus son fils, combat dans lequel il remporte une

---

[1] Bouclier d'Hercule, vers 256 et suivants.

victoire signalée. Au moment où le héros part, Hésiode dit encore mieux qu'Homère : « A la légèreté avec laquelle Hercule sauta sur son char, on l'aurait pris pour Jupiter même armé du foudre. » De même le triomphe du demi-dieu est acheté par des périls et des efforts qui surpassent de beaucoup ceux d'Achille aux prises avec Hector.

Quintus Calaber n'a pas craint d'entrer en rivalité avec Hésiode et Homère ; mais sa description des armes d'Achille, dans laquelle on remarque des images pleines de vie et d'intérêt, comme la peinture d'une tempête, et le tableau des fureurs de la guerre qui soutiendrait fort bien la comparaison avec celui d'Hésiode, et des épisodes charmants, tels que la naissance de Vénus, et l'hymen de Thétis et de Pelée, n'est cependant qu'une copie[1]. Au milieu de ces différentes scènes, Quintus a placé le trône de la vertu sur un mont escarpé, d'où elle porte un front serein vers les cieux ; les faibles, les timides, les lâches s'arrêtent au pied du mont, effrayés des précipices qui le défendent ; les grands courages et les grandes vertus bravent les obstacles et franchissent le passage.

Eschyle, dans la tragédie des sept chefs devant Thèbes, représente, avec une étonnante saillie, les

---

[1] Chant V.

ornements gravés sur les boucliers d'Étéocle, d'Hippomédon, d'Hyperbius, de Parthenopée, cet enfant viril, déjà homme, et enfin de Polynice ; mais la tragédie des Perses, du même poëte, appelle une comparaison bien plus importante, celle de la bataille d'Actium avec la bataille de Salamine, où règnent des beautés d'une autre nature que celles de Virgile. Le lecteur en va juger. Un messager arrive sur le théâtre, et raconte en ces termes le désastre de Xercès à la reine Atossa, mère de ce prince et veuve de Darius : « A peine l'aurore a-t-elle répandu son éclat sur la terre, qu'on entend parmi les Grecs un signal d'allégresse, des accents sonores et modulés, avec un chant de guerre renvoyé par le bruyant écho des rochers. Le son de la trompette enflammait encore leur courage. Un cri part ; d'un seul temps, les rames tranchantes frappent l'onde frémissante ; bientôt ils sont tous à notre vue. Leur aile droite marchait la première en bon ordre ; le reste de l'armée suivait. De rang en rang couraient ces paroles répétées par mille voix guerrières : « Enfants des Grecs, allez, sauvez la patrie, sauvez vos femmes, vos fils, les temples des dieux paternels d'Athènes, les tombeaux de vos ancêtres ; c'est pour tout cela qu'il faut combattre aujourd'hui. » Comme ces cris donnent du mouvement, de la vie et la couleur locale au sujet ! Virgile n'a pu représenter le combat que par quelques imposantes images qui font supposer ce qu'on ne voit pas; Eschyle met l'action même sous nos yeux; nous suivons avec lui toutes les affreuses circonstances de la première défaite des Barbares. Dans la seconde, qui a pour théâtre l'île de Salamine, la jeune élite de l'armée des Perses périt jusqu'au dernier homme. Alors le poëte guerrier, qui a contribué à la victoire, nous dit, avec une énergique simplicité : « D'une hauteur où il s'était placé sur le rivage pour découvrir toute l'armée, Xerxès, témoin de ce carnage épouvantable, déchira ses vêtements, poussa des cris aigus, et, donnant le signal aux troupes de terre, prit la fuite précipitamment. » Quelle impression ce récit, de plus en plus dramatique, et terminé par une peinture si frappante de la ruine d'un grand orgueil et d'une grande puissance évanouis ensemble, ne dut-il pas produire sur le peuple de Minerve, à jamais délivré de la crainte des invasions de l'Asie! Je laisse à d'autres le soin de comparer le triomphe de l'Apollon de Virgile au désastre du Xerxès d'Eschyle, et de dire si la richesse de la fiction l'emporte sur l'éloquence de la vérité.

On pourrait rapprocher du bouclier d'Énée les diverses scènes figurées par Minerve sur le manteau de Jason, ou par Vulcain sur les portes du temple de Phœbus à Colchos[1]; on citerait encore les tissus de Minerve et d'Arachné, dont les dessins se rapportent aux passions des deux rivales; mais la comparaison est bien plus exacte avec le bouclier d'Annibal dans le poëme de Silius Italicus[2]. Toutefois Silius n'a fait qu'une pâle contre-épreuve de Virgile; et l'on devrait à jamais réprouver dans les arts des larcins sans audace et sans génie[3].

L'Arioste et le Tasse ont eu tous les deux le tort d'imiter la fiction de Virgile, et de l'appliquer, sans aucune adresse, à des héros obscurs auxquels Homère lui-même n'aurait pu donner la célébrité, parce que l'appui des faits ou des traditions consacrées doit servir de fondement aux créations du poëte. Le Tasse, dans lequel on remarque un portrait d'Attila qui semble tracé avec le burin du Dante, a eu le bon sens de faire expliquer à Renaud les sujets de son bouclier; mais voilà tout ce qu'on peut louer en lui cette fois[4]. Plus heureux ailleurs, il peut supporter le rap-

---

[1] Valérius Flaccus, chant V, vers 411 et suivants.

[2] Chant II, vers 395 et suivants.

[3] On peut chercher encore la description du bouclier de Rome dans le Panégyrique de Probinus et d'Olybre, par Claudien, et le bouclier du jeune Crenée dans le IX° livre de la Thébaïde de Stace.

[4] Chant XVII.

prochement avec Virgile pour la bataille d'Actium, qu'Armide a placée assez adroitement, avec la fable d'Hercule et d'Omphale[1], sur les portes de son palais, sans doute pour amollir le courage du jeune Achille des Croisés, par les exemples du fils de Jupiter et du lieutenant de César, qui ont aussi sacrifié la gloire à l'amour.

Suivant une observation fort juste, les exploits qui ornent les bannières[2] des Portugais, et qu'on explique au ministre du monarque de Calicut, ne sont qu'une répétition des récits de Gama[3] au roi de Mélinde; il est permis de regarder cette répétition comme une nécessité du poëme, et d'accorder au Camoëns une indulgence dont Virgile a bien plus besoin que lui; mais si l'imitateur du chantre d'Énée ne manque pas d'habileté pour rajeunir son sujet par la variété des formes, par la précision et la vigueur du dessin; si sa muse a su nous faire revoir avec plaisir des personnages déjà connus et célébrés, on ne peut guère nier que l'attitude du frère de Gama, montrant au vieux ministre du Samorin, différents objets sur un drapeau suspendu en l'air, n'ait quelque chose de mes-

---

[1] Chant XVI.

[2] Chant VIII.

[3] Chant IV et V.

quin ou même de ridicule. Avouons, d'un autre côté, que Camoëns n'a point de sèche nomenclature comme on en voit dans les deux énumérations de Virgile, et que, ne refusant justice à aucune grande réputation de son pays, il les caractérise toutes par une de ces esquisses auxquelles la main d'un maître imprime la ressemblance et la vie. Tels sont les portraits de Viriate et de Sertorius, d'Égaz-Moniz, le Régulus du Portugal, et de Nuno-Alvarès, le Scipion de sa patrie et son libérateur.

Le génie suave et doux de Fénélon respire dans les riants tableaux dont le dieu du feu embellit les armes de Télémaque; mais pourquoi ne lui suffisent-elles pas? pourquoi faut-il encore qu'Iris lui apporte l'égide de Minerve, à la place de son bouclier ordinaire? fiction sans vraisemblance, et qu'Homère n'eût pas adoptée, même, lorsque se livrant à ses exagérations les plus hardies, il élève ses héros presque à la hauteur des dieux. A la vérité, le péril des alliés au milieu de leur camp incendié d'un côté par Adraste, et de l'autre exposé à une violente attaque, est imminent, et demande presqu'un appui surnaturel. D'ailleurs le fils d'Ulysse, dans cette grande extrémité, justifie tout-à-fait la faveur du ciel. Ce qui mérite encore d'être remarqué, c'est que Fénélon, inspiré par Homère, ou plutôt par la religion et la philosophie, fait éclater en Télémaque, après les exploits héroïques, des vertus plus douces, des sentiments tendres et généreux qui lui gagnent les cœurs. Ce nouvel Achille, que modère Minerve et que l'âge doit mûrir, au lieu d'être un fléau des hommes, deviendra un pasteur des peuples.

Jetons maintenant un dernier regard sur le huitième livre de l'Énéide. Le début, comparé à celui du septième et à divers passages de l'Odyssée, pèche par un peu de froideur et de sécheresse. Tout-à-coup le combat d'Hercule et de Cacus s'élève à la plus haute poésie; l'hymne au fils d'Alcmène me paraît un chef-d'œuvre qui suit un chef-d'œuvre. Une facilité pleine d'élégance règne dans la vivante description de l'Italie. En face de Jupiter présent au Capitole, Évandre semble inspiré par la religion et la terreur; mais, sur le seuil de son modeste séjour, il parle comme le bon Eumée ou quelque roi pasteur de la Bible. Les caresses de Vénus elle-même au dieu de Lemnos ne devaient pas avoir plus de séductions que les vers du peintre de cette Circé de l'Olympe; cependant Fénélon eût encore préféré le réveil matinal de la pauvre et chaste mère de famille qui ramène Virgile à sa pudeur native. Dans les forges de Vulcain, le poëte embellit tout ce qu'il touche. Évandre revient sur la scène, et en même temps tout le charme de la simplicité pastorale. Au contraire, l'affreux Mézence est tracé avec la vigueur d'Eschyle ; le prodige de l'apparition des armes dans les airs respire la magnificence lyrique ; à l'éclat de cette scène succèdent, par la plus heureuse des oppositions, les touchants adieux d'Évandre à son fils, adieux empreints d'une tendresse et d'une mélancolie particulières de l'âme ; là, sont des accents que nous n'avions pas encore entendus. Enfin, seul avec sa muse et libre de donner l'essor à son génie dans la description du bouclier, Virgile égale souvent et surpasse quelquefois les merveilles du sixième livre.

ÆNEIDOS

LIBER OCTAVUS.

Ut belli signum Laurenti Turnus ab arce
Extulit, et rauco strepuerunt cornua cantu,
Utque acres concussit equos, utque impulit arma;
Extemplo turbati animi; simul omne tumultu
Conjurat trepido Latium, sævitque juventus
Effera. Ductores primi, Messapus, et Ufens,
Contemptorque deum Mezentius, undique cogunt
Auxilia, et latos vastant cultoribus agros.
Mittitur et magni Venulus Diomedis ab urbem,
Qui petat auxilium, et Latio consistere Teucros,
Advectum Ænean classi, victosque Penates
Inferre, et fatis regem se dicere posci,
Edoceat, multasque viro se adjungere gentes
Dardanio, et late Latio increbrescere nomen :
Quid struat his cœptis, quem, si fortuna sequatur,
Eventum pugnæ cupiat, manifestius ipsi,
Quam Turno regi aut regi apparere Latino.
  Talia per Latium : quæ Laomedontius heros
Cuncta videns, magno curarum fluctuat æstu,
Atque animum nunc huc celerem, nunc dividit illuc,
In partesque rapit varias, perque omnia versat.

Sicut aquæ tremulum labris ubi lumen ahenis,
Sole repercussum, aut radiantis imagine lunæ,
Omnia pervolitat late loca; jamque sub auras
Erigitur, summique ferit laquearia tecti.
Nox erat, et terras animalia fessa per omnes,
Alituum pecudumque genus, sopor altus habebat;
Quum pater in ripa gelidique sub ætheris axe
Æneas, tristi turbatus pectora bello,
Procubuit, seramque dedit per membra quietem.
Huic deus ipse loci, fluvio Tiberinus amœno,
Populeas inter senior se attollere frondes
Visus. Eum tenuis glauco velabat amictu
Carbasus, et crines umbrosa tegebat arundo.
Tum sic affari, et curas his demere dictis:

O sate gente deum, Trojanam ex hostibus urbem
Qui revehis nobis, æternaque Pergama servas,
Exspectate solo Laurenti arvisque Latinis,
Hic tibi certa domus; certi, ne absiste, Penates;
Neu belli terrere minis: tumor omnis et iræ
Concessere deum.
Jamque tibi, ne vana putes hæc fingere somnum,
Littoreis ingens inventa sub ilicibus sus,
Triginta capitum fetus enixa, jacebit,
Alba, solo recubans, albi circum ubera nati.
[Hic locus urbis erit, requies ea certa laborum:]
Ex quo ter denis urbem redeuntibus annis
Ascanius clari condet cognominis Albam.
Haud incerta cano. Nunc qua ratione quod instat
Expedias victor, paucis, adverte, docebo.
Arcades his oris, genus a Pallante profectum,

Qui reg. n Evandrum comites, qui signa secuti,
Delegere locum, et posuere in montibus urbem,
Pallantis proavi de nomine Pallanteum.
Hi bellum assidue ducunt cum gente Latina;
Hos castris adhibe socios, et fœdera junge.
Ipse ego te ripis et recto flumine ducam,
Adversum remis superes subvectus ut amnem.
Surge, age, nate dea; primisque cadentibus astris,
Junoni fer rite preces, iramque minasque
Supplicibus supera votis : mihi victor honorem
Persolves. Ego sum, pleno quem flumine cernis
Stringentem ripas, et pinguia culta secantem,
Cæruleus Thybris, cœlo gratissimus amnis.
Hic mihi magna domus, celsis caput urbibus exit.

    Dixit; deinde lacu fluvius se condidit alto,
Ima petens : nox Ænean somnusque reliquit.
Surgit; et, ætherii spectans orientia solis
Lumina, rite cavis undam de flumine palmis
Sustulit, ac tales effundit ad æthera voces :
Nymphæ, Laurentes Nymphæ, genus amnibus unde est,
Tuque, o Thybri tuo genitor cum flumine sancto,
Accipite Ænean, et tandem arcete periclis.
Quo te cumque lacus miserantem incommoda nostra
Fonte tenet, quocumque solo pulcherrimus exis,
Semper honore meo, semper celebrabere donis.
Corniger Hesperidum fluvius regnator aquarum.
Adsis o tantum, et propius tua numina firmes.

    Sic memorat, geminasque legit de classe biremes,
Remigioque aptat; socios simul instruit armis.
Ecce autem, subitum atque oculis mirabile monstrum,

Candida per silvam cum fetu concolor albo
Procubuit, viridique in littore conspicitur, sus :
Quam pius Æneas tibi enim, tibi, maxima Juno,
Mactat, sacra ferens, et cum grege sistit ad aram.
Thybris ea fluvium, quam longa est, nocte tumentem
Leniit, et tacita refluens ita substitit unda,
Mitis ut in morem stagni placidæque paludis
Sterneret æquor aquis, remo ut luctamen abesset.
Ergo iter inceptum celerant rumore secundo.
Labitur uncta vadis abies : mirantur et undæ;
Miratur nemus insuetum fulgentia longe
Scuta virum fluvio, pictasque innare carinas.
Olli remigio noctemque diemque fatigant,
Et longos superant flexus, variisque teguntur
Arboribus, viridesque secant placido æquore silvas.
Sol medium cœli conscenderat igneus orbem,
Quum muros, arcemque procul, ac rara domorum
Tecta vident, quæ nunc Romana potentia cœlo
Æquavit; tum res inopes Evandrus habebat.
Ocius advertunt proras, urbique propinquant.

 Forte die solemnem illo rex Arcas honorem
Amphitryoniadæ magno divisque ferebat
Ante urbem in luco. Pallas huic filius una,
Una omnes juvenum primi, pauperque senatus,
Tura dabant, tepidusque cruor fumabat ad aras.
Ut celsas videre rates, atque inter opacum
Allabi nemus, et tacitis incumbere remis;
Terrentur visu subito, cunctique relictis
Consurgunt mensis. Audax quos rumpere Pallas
Sacra vetat, raptoque volat telo obvius ipse;

Et procul e tumulo : Juvenes, quæ causa subegit
Ignotas tentare vias ? quo tenditis ? inquit.
Qui genus ? unde domo ? pacemne huc fertis, an arma ?
Tum pater Æneas puppi sic fatur ab alta,
Paciferæque manu ramum prætendit olivæ :
Trojugenas ac tela vides inimica Latinis,
Quos illi bello profugos egere superbo.
Evandrum petimus : ferte hæc, et dicite lectos
Dardaniæ venisse duces, socia arma rogantes.
Obstupuit tanto percussus nomine Pallas :
Egredere, o quicumque es, ait, coramque parentem
Alloquere, ac nostris succede Penatibus hospes.
Excepitque manu, dextramque amplexus inhæsit.
Progressi subeunt luco, fluviumque relinquunt.

 Tum regem Æneas dictis affatur amicis :
Optime Grajugenum, cui me fortuna precari,
Et vitta comptos voluit prætendere ramos,
Non equidem extimui Danaum quod ductor et Arcas,
Quodque ab stirpe fores geminis conjunctus Atridis;
Sed mea me virtus, et sancta oracula divum,
Cognatique patres, tua terris didita fama,
Conjunxere tibi, et fatis egere volentem.
Dardanus, Iliacæ primus pater urbis et auctor,
Electra, ut Graii perhibent, Atlantide cretus,
Advehitur Teucros : Electram maximus Atlas
Edidit, ætherios humero qui sustinet orbes.
Vobis Mercurius pater est, quem candida Maia
Cyllenæ gelido conceptum vertice fudit;
At Maiam, auditis si quidquam credimus, Atlas,
Idem Atlas generat cœli qui sidera tollit.

Sic genus amborum scindit se sanguine ab uno.
His fretus, non legatos, neque prima per artem
Tentamenta tui pepigi : me, me ipse, meumque
Objeci caput, et supplex ad limina veni.
Gens eadem, quæ te, crudeli Daunia bello
Insequitur : nos si pellant, nihil abfore credunt
Quin omnem Hesperiam penitus sua sub juga mittant,
Et mare quod supra teneant, quodque alluit infra.
Accipe daque fidem : sunt nobis fortia bello
Pectora, sunt animi, et rebus spectata juventus.

  Dixerat Æneas : ille os oculosque loquentis
Jam dudum et totum lustrabat lumine corpus.
Tum sic pauca refert : Ut te, fortissime Teucrum,
Accipio agnoscoque libens ! ut verba parentis
Et vocem Anchisæ magni vultumque recordor !
Nam memini Hesionæ visentem regna sororis
Laomedontiaden Priamum, Salamina petentem,
Protenus Arcadiæ gelidos invisere fines.
Tum mihi prima genas vestibat flore juventa;
Mirabarque duces Teucros; mirabar et ipsum
Laomedontiaden : sed cunctis altior ibat
Anchises. Mihi mens juvenali ardebat amore
Compellare virum, et dextræ conjungere dextram :
Accessi, et cupidus Phenei sub mœnia duxi.
Ille mihi insignem pharetram Lyciasque sagittas,
Discedens, chlamydemque auro dedit intertextam,
Frenaque bina meus quæ nunc habet aurea Pallas.
Ergo et quam petitis juncta est mihi fœdere dextra :
Et, lux quum primum terris se crastina reddet,
Auxilio lætos dimittam, opibusque juvabo.

Interea sacra hæc, quando huc venistis amici,
Annua, quæ differre nefas, celebrate faventes
Nobiscum, et jam nunc sociorum assuescite mensis.
 Hæc ubi dicta, dapes jubet et sublata reponi
Pocula, gramineoque viros locat ipse sedili;
Præcipuumque toro et villosi pelle leonis
Accipit Æneam, solioque invitat acerno.
Tum lecti juvenes certatim aræque sacerdos
Viscera tosta ferunt taurorum, onerantque canistris
Dona laboratæ cereris, bacchumque ministrant.
Vescitur Æneas, simul et Trojana juventus,
Perpetui tergo bovis et lustralibus extis.
 Postquam exempta fames, et amor compressus edendi,
Rex Evandrus ait : Non hæc solemnia nobis,
Has ex more dapes, hanc tanti numinis aram,
Vana superstitio veterumque ignara deorum
Imposuit : sævis, hospes Trojane, periclis
Servati facimus, meritosque novamus honores.
Jam primum saxis suspensam hanc adspice rupem;
Disjectæ procul ut moles, desertaque montis
Stat domus, et scopuli ingentem traxere ruinam.
Hic spelunca fuit, vasto submota recessu,
Semihominis Caci facies quam dira tenebat,
Solis inaccessam radiis; semperque recenti
Cæde tepebat humus; foribusque affixa superbis
Ora virum tristi pendebant pallida tabo.
Huic monstro Vulcanus erat pater : illius atros
Ore vomens ignes, magna se mole ferebat.
Attulit et nobis aliquando optantibus ætas
Auxilium adventumque dei : nam maximus ultor,

Tergimini nece Geryonæ spoliisque superbus,
Alcides aderat, taurosque hac victor agebat
Ingentes; vallemque boves amnemque tenebant.
At furiis Caci mens effera, ne quid inausum
Aut intractatum scelerisve dolive fuisset,
Quatuor a stabulis præstanti corpore tauros
Avertit, totidem forma superante juvencas;
Atque hos, ne qua forent pedibus vestigia rectis,
Cauda in speluncam tractos, versisque viarum
Indiciis raptos, saxo occultabat opaco.
Quærenti nulla ad speluncam signa ferebant.
Interea, quum jam stabulis saturata moveret
Amphitryoniades armenta, abitumque pararet,
Discessu mugire boves, atque omne querelis
Impleri nemus, et colles clamore relinqui.
Reddidit una boum vocem, vastoque sub antro
Mugiit, et Caci spem custodita fefellit.
Hic vero Alcidæ furiis exarserat atro
Felle dolor : rapit arma manu, nodisque gravatum
Robur, et ætherii cursu petit ardua montis.
Tum primum nostri Cacum videre timentem,
Turbatumque oculis. Fugit ilicet ocior euro,
Speluncamque petit : pedibus timor addidit alas.
Ut sese inclusit, ruptisque immane catenis
Dejecit saxum ferro quod et arte paterna
Pendebat, fultosque emuniit obice postes;
Ecce furens animis aderat Tirynthius, omnemque
Accessum lustrans, huc ora ferebat et illuc,
Dentibus infrendens. Ter totum fervidus ira
Lustrat Aventini montem; ter saxea tentat

Limina nequidquam; ter fessus valle resedit.
Stabat acuta silex, præcisis undique saxis,
Speluncæ dorso insurgens, altissima visu,
Dirarum nidis domus opportuna volucrum.
Hanc, ut prona jugo lævum incumbebat ad amnem,
Dexter in adversum nitens concussit, et imis
Avulsam solvit radicibus; inde repente
Impulit, impulsu quo maximus insonat æther :
Dissultant ripæ, refluitque exterritus amnis.
At specus et Caci detecta apparuit ingens
Regia, et umbrosæ penitus patuere cavernæ :
Non secus ac si qua penitus vi terra dehiscens
Infernas reseret sedes, et regna recludat
Pallida, dis invisa, superque immane barathrum
Cernatur, trepident immisso lumine Manes.
Ergo insperata deprensum in luce repente,
Inclusumque cavo saxo, atque insueta rudentem,
Desuper Alcides telis premit, omniaque arma
Advocat, et ramis vastisque molaribus instat.
Ille autem, neque enim fuga jam super ulla pericli,
Faucibus ingentem fumum, mirabile dictu,
Evomit, involvitque domum caligine cæca,
Prospectum eripiens oculis; glomeratque sub antro
Fumiferam noctem, commixtis igne tenebris.
Non tulit Alcides animis; seque ipse per ignem
Præcipiti injecit saltu, qua plurimus undam
Fumus agit, nebulaque ingens specus æstuat atra.
Hic Cacum in tenebris incendia vana moventem
Corripit, in nodum complexus, et angit inhærens
Elisos oculos, et siccum sanguine guttur.

Panditur extemplo foribus domus atra revulsis;
Abstractæque boves abjuratæque rapinæ
Cœlo ostenduntur; pedibusque informe cadaver
Protrahitur. Nequeunt expleri corda tuendo
Terribiles oculos, vultum, villosaque sætis
Pectora semiferi, atque exstinctos faucibus ignes.
Ex illo celebratus honos, lætique minores
Servavere diem; primusque Potitius auctor,
Et domus Herculei custos Pinaria sacri
Hanc aram luco statuit, quæ maxima semper
Dicetur nobis, et erit quæ maxima semper.
Quare agite, o juvenes, tantarum in munere laudum,
Cingite fronde comas, et pocula porgite dextris;
Communemque vocate deum, et date vina volentes.
Dixerat; Herculea bicolor quum populus umbra
Velavitque comas, foliisque innexa pependit,
Et sacer implevit dextram scyphus. Ocius omnes
In mensam læti libant, divosque precantur.

Devexo interea propior fit vesper Olympo :
Jamque sacerdotes primusque Potitius ibant
Pellibus in morem cincti, flammasque ferebant.
Instaurant epulas, et mensæ grata secundæ
Dona ferunt, cumulantque oneratis lancibus aras.
Tum Salii ad cantus, incensa altaria circum,
Populeis adsunt evincti tempora ramis;
Hic juvenum chorus, ille senum, qui carmine laudes
Herculeas et facta ferunt : ut prima novercæ
Monstra manu geminosque premens eliserit angues;
Ut bello egregias idem disjecerit urbes,
Trojamque, Œchaliamque; ut duros mille labores

LIBER VIII.

Rege sub Eurystheo, fatis Junonis iniquæ,
Pertulerit. Tu nubigenas, invicte, bimembres
Hylæumque Pholumque manu, tu Cresia mactas
Prodigia, et vastum Nemea sub rupe leonem.
Te Stygii tremuere lacus, te janitor Orci
Ossa super recubans antro semesa cruento.
Nec te ullæ facies, non terruit ipse Typhoeus
Arduus, arma tenens; non te rationis egentem
Lernæus turba capitum circumstetit anguis.
Salve, vera Jovis proles, decus addite divis :
Et nos et tua dexter adi pede sacra secundo.
Talia carminibus celebrant : super omnia Caci
Speluncam adjiciunt, spirantemque ignibus ipsum.
Consonat omne nemus strepitu, collesque resultant.
    Exin se cuncti divinis rebus ad urbem
Perfectis referunt. Ibat rex obsitus ævo,
Et comitem Ænean juxta natumque tenebat
Ingrediens, varioque viam sermone levabat.
Miratur, facilesque oculos fert omnia circum,
Æneas, capiturque locis; et singula lætus
Exquiritque auditque virum monumenta priorum.
Tum rex Evandrus, Romanæ conditor arcis :
Hæc nemora indigenæ Fauni Nymphæque tenebant
Gensque virum truncis et duro robore nata;
Queis neque mos, neque cultus erat; nec jungere tauros,
Aut componere opes norant, aut parcere parto;
Sed rami, atque asper victu venatus alebat.
Primus ab ætherio venit Saturnus Olympo,
Arma Jovis fugiens, et regnis exsul ademptis.
Is genus indocile ac dispersum montibus altis

Composuit, legesque dedit, Latiumque vocari
Maluit, his quoniam latuisset tutus in oris.
Aurea quæ perhibent, illo sub rege fuerunt
Sæcula; sic placida populos in pace regebat :
Deterior donec paulatim ac decolor ætas,
Et belli rabies, et amor successit habendi.
Tum manus Ausonia et gentes venere Sicanæ;
Sæpius et nomen posuit Saturnia tellus :
Tum reges, asperque immani corpore Thybris,
A quo post Itali fluvium cognomine Thybrim
Diximus; amisit verum vetus Albula nomen.
Me pulsum patria, pelagique extrema sequentem,
Fortuna omnipotens et ineluctabile fatum
His posuere locis, matrisque egere tremenda
Carmentis Nymphæ monita, et deus auctor Apollo.
Vix ea dicta; dehinc progressus monstrat et aram,
Et Carmentalem Romano nomine portam
Quam memorant, Nymphæ priscum Carmentis honorem,
Vatis fatidicæ, cecinit quæ prima futuros
Æneadas magnos, et nobile Pallanteum.
Hinc lucum ingentem, quem Romulus acer asylum
Retulit; et gelida monstrat sub rupe Lupercal,
Parrhasio dictum Panos de more Lycæi.
Nec non et sacri monstrat nemus Argileti,
Testaturque locum, et letum docet hospitis Argi.
Hinc ad Tarpeiam sedem et Capitolia ducit,
Aurea nunc, olim silvestribus horrida dumis.
Jam tum relligio pavidos terrebat agrestes
Dira loci; jam tum silvam saxumque tremebant.
Hoc nemus, hunc, inquit, frondoso vertice collem,

Quis deus, incertum est, habitat deus : Arcades ipsum
Credunt se vidisse Jovem, quum sæpe nigrantem
Ægida concuteret dextra, nimbosque cieret.
Hæc duo præterea disjectis oppida muris,
Reliquias veterumque vides monumenta virorum :
Hanc Janus pater, hanc Saturnus condidit arcem;
Janiculum huic, illi fuerat Saturnia nomen.
Talibus inter se dictis ad tecta subibant
Pauperis Evandri, passimque armenta videbant
Romanoque foro et lautis mugire Carinis.
Ut ventum ad sedes : Hæc, inquit, limina victor
Alcides subiit; hæc illum regia cepit.
Aude, hospes, contemnere opes, et te quoque dignum
Finge deo; rebusque veni non asper egenis.
Dixit; et angusti subter fastigia tecti
Ingentem Ænean duxit, stratisque locavit
Effultum foliis et pelle Libystidis ursæ.
Nox ruit, et fuscis tellurem amplectitur alis.

   At Venus haud animo nequidquam exterrita mater,
Laurentumque minis et duro mota tumultu,
Vulcanum alloquitur, thalamoque hæc conjugis aureo
Incipit, et dictis divinum adspirat amorem :
Dum bello Argolici vastabant Pergama reges
Debita, casurasque inimicis ignibus arces,
Non ullum auxilium miseris, non arma rogavi
Artis opisque tuæ; nec te, carissime conjux,
Incassumve tuos volui exercere labores;
Quamvis et Priami deberem plurima natis,
Et durum Æneæ flevissem sæpe laborem.
Nunc Jovis imperiis Rutulorum constitit oris :

Ergo eadem supplex venio, et sanctum mihi numen
Arma rogo genetrix nato. Te filia Nerei,
Te potuit lacrymis Tithonia flectere conjux.
Adspice qui coëant populi, quæ mœnia clausis
Ferrum acuant portis in me excidiumque meorum.
 Dixerat; et niveis hinc atque hinc diva lacertis
Cunctantem amplexu molli fovet : ille repente
Accepit solitam flammam, notusque medullas
Intravit calor, et labefacta per ossa cucurrit :
Non secus atque olim tonitru quum rupta corusco
Ignea rima micans percurrit lumine nimbos.
Sensit læta dolis et formæ conscia conjux.
Tum pater æterno fatur devinctus amore :
Quid causas petis ex alto ? fiducia cessit
Quod tibi, diva, mei? similis si cura fuisset,
Tum quoque fas nobis Teucros armare fuisset;
Nec pater omnipotens Trojam nec fata vetabant
Stare, decemque alios Priamum superesse per annos.
Et nunc, si bellare paras, atque hæc tibi mens est,
Quidquid in arte mea possum promittere curæ,
Quod fieri ferro liquidove potest electro,
Quantum ignes animæque valent; absiste precando
Viribus indubitare tuis. Ea verba locutus,
Optatos dedit amplexus, placidumque petivit
Conjugis infusus gremio per membra soporem.
 Inde ubi prima quies, medio jam noctis abactæ
Curriculo, expulerat somnum; quum femina primum,
Cui tolerare colo vitam tenuique minerva
Impositum, cinerem et sopitos suscitat ignes,
Noctem addens operi, famulasque ad lumina longo

LIBER VIII.

Exercet penso, castum ut servare cubile
Conjugis, et possit parvos educere natos :
Haud secus ignipotens, nec tempore segnior illo,
Mollibus e stratis opera ad fabrilia surgit.
Insula Sicanium juxta latus Æoliamque
Erigitur Liparen, fumantibus ardua saxis;
Quam subter specus et Cyclopum exesa caminis
Antra Ætnæa tonant, validique incudibus ictus
Auditi referunt gemitum, striduntque cavernis
Stricturæ chalybum, et fornacibus ignis anhelat :
Vulcani domus, et Vulcania nomine tellus.
Hoc tunc ignipotens cœlo descendit ab alto.
Ferrum exercebant vasto Cyclopes in antro,
Brontesque, Steropesque, et nudus membra Pyracmon.
His informatum manibus, jam parte polita,
Fulmen erat, toto genitor quæ plurima cœlo
Dejicit in terras, pars imperfecta manebat.
Tres imbris torti radios, tres nubis aquosæ
Addiderant, rutili tres ignis et alitis austri.
Fulgores nunc terrificos, sonitumque, metumque,
Miscebant operi, flammisque sequacibus iras.
Parte alia Marti currumque rotasque volucres
Instabant, quibus ille viros, quibus excitat urbes :
Ægidaque horriferam, turbatæ Palladis arma,
Certatim squamis serpentum auroque polibant,
Connexosque angues, ipsamque in pectore divæ
Gorgona, desecto vertentem lumina collo.
Tollite cuncta, inquit, cœptosque auferte labores,
Ætnæi Cyclopes, et huc advertite mentem.
Arma acri facienda viro : nunc viribus usus,

Nunc manibus rapidis, omni nunc arte magistra :
Præcipitate moras. Nec plura effatus : et illi
Ocius incubuere omnes, pariterque laborem
Sortiti : fluit æs rivis, aurique metallum ;
Vulnificusque chalybs vasta fornace liquescit.
Ingentem clypeum informant, unum omnia contra
Tela Latinorum; septenosque orbibus orbes
Impediunt : alii ventosis follibus auras
Accipiunt redduntque; alii stridentia tingunt
Æra lacu : gemit impositis incudibus antrum.
Illi inter sese multa vi brachia tollunt
In numerum, versantque tenaci forcipe massam.

 Hæc pater Æoliis properat dum Lemnius oris,
Evandrum ex humili tecto lux suscitat alma,
Et matutini volucrum sub culmine cantus.
Consurgit senior, tunicaque inducitur artus,
Et Tyrrhena pedum circumdat vincula plantis.
Tum lateri atque humeris Tegeæum subligat ensem,
Demissa ab læva pantheræ terga retorquens.
Nec non et gemini custodes limine ab alto
Præcedunt, gressumque canes comitantur herilem.
Hospitis Æneæ sedem et secreta petebat,
Sermonum memor et promissi muneris, heros.
Nec minus Æneas se matutinus agebat.
Filius huic Pallas, illi comes ibat Achates.
Congressi jungunt dextras, mediisque residunt
Ædibus, et licito tandem sermone fruuntur.
Rex prior hæc :
Maxime Teucrorum ductor, quo sospite numquam
Res equidem Trojæ victas aut regna fatebor,

Nobis ad belli auxilium pro nomine tanto
Exiguæ vires : hinc Tusco claudimur amni :
Hinc Rutulus premit, et murum circumsonat armis.
Sed tibi ego ingentes populos opulentaque regnis
Jungere castro paro : quam fors inopina salutem
Ostentat; fatis huc te poscentibus affers.
Haud procul hinc saxo incolitur fundata vetusto
Urbis Agyllinæ sedes, ubi Lydia quondam
Gens, bello præclara, jugis insedit Etruscis.
Hanc multos florentem annos rex deinde superbo
Imperio et sævis tenuit Mezentius armis.
Quid memorem infandas cædes, quid facta tyranni
Effera! Di capiti ipsius generique reservent!
Mortua quin etiam jungebat corpora vivis,
Componens manibusque manus atque oribus ora,
Tormenti genus! et sanie taboque fluentes
Complexu in misero longa sic morte necabat.
At fessi tandem cives infanda furentem
Armati circumsistunt ipsumque domumque :
Obtruncant socios; ignem ad fastigia jactant.
Ille inter cædem Rutulorum elapsus in agros
Confugere, et Turni defendier hospitis armis.
Ergo omnis furiis surrexit Etruria justis;
Regem ad supplicium præsenti marte reposcunt.
His ego te, Ænea, ductorem millibus addam.
Toto namque fremunt condensæ littore puppes,
Signaque ferre jubent : retinet longævus haruspex,
Fata canens : O Mæoniæ delecta juventus,
Flos veterum virtusque virum, quos justus in hostem
Fert dolor, et merita accendit Mezentius ira,

Nulli fas Italo tantam subjungere gentem;
Externos optate duces. Tum Etrusca resedit
Hoc acies campo, monitis exterrita divum.
Ipse oratores ad me regnique coronam
Cum sceptro misit, mandatque insignia, Tarcho,
Succedam castris. Tyrrhenaque regna capessam.
Sed mihi tarda gelu sæclisque effeta senectus
Invidet imperium, seræque ad fortia vires.
Natum exhortarer, ni mixtus matre Sabella
Hinc partem patriæ traheret. Tu, cujus et annis
Et generi fata indulgent, quem numina poscunt,
Ingredere, o Teucrum atque Italum fortissime ductor.
Hunc tibi præterea, spes et solatia nostri,
Pallanta adjungam. Sub te tolerare magistro
Militiam et grave Martis opus, tua cernere facta,
Assuescat, primis et te miretur ab annis.
Arcadas huic equites bis centum, robora pubis
Lecta, dabo; totidemque suo tibi nomine Pallas.

 Vix ea fatus erat, defixique ora tenebant
Æneas Anchisiades et fidus Achates,
Multaque dura suo tristi cum corde putabant;
Ni signum cœlo Cytherea dedisset aperto.
Namque improviso vibratus ab æthere fulgor
Cum sonitu venit, et ruere omnia visa repente,
Tyrrhenusque tubæ mugire per æthera clangor.
Suspiciunt : iterum atque iterum fragor increpat ingens.
Arma inter nubem, cœli in regione serena,
Per sudum rutilare vident, et pulsa tonare.
Obstupuere animis alii ; sed Troïus heros
Agnovit sonitum, et divæ promissa parentis.

Tum memorat : Ne vero, hospes, ne quære profecto
Quem casum portenta ferant : ego poscor Olympo.
Hoc signum cecinit missuram diva creatrix,
Si bellum ingrueret, vulcaniaque arma per auras
Laturam auxilio.
Heu! quantæ miseris cædes Laurentibus instant!
Quas pœnas mihi, Turne, dabis! quam multa sub undas
Scuta virum galeasque et fortia corpora volves,
Thybri pater! Poscant acies, et fœdera rumpant.
   Hæc ubi dicta dedit, solio se tollit ab alto;
Et primum herculeis sopitas ignibus aras
Excitat; hesternumque Larem, parvosque Penates,
Lætus adit : mactant lectas de more bidentes,
Evandrus pariter, pariter Trojana juventus.
Post hinc ad naves graditur, sociosque revisit :
Quorum de numero, qui sese in bella sequantur,
Præstantes virtute legit; pars cetera prona
Fertur aqua, segnisque secundo defluit amni,
Nuntia ventura Ascanio rerumque patrisque.
Dantur equi Teucris Tyrrhena petentibus arva :
Ducunt exsortem Æneæ, quem fulva leonis
Pellis obit totum, præfulgens unguibus aureis.
   Fama volat, parvam subito vulgata per urbem,
Ocius ire equites Tyrrheni ad limina regis.
Vota metu duplicant matres, propiusque periclo
It timor, et major martis jam apparet imago.
Tum pater Evandrus, dextram complexus euntis,
Hæret, inexpletum lacrymans, ac talia fatur :
O mihi præteritos referat si Juppiter annos!
Qualis eram, quum primam aciem Præneste sub ipsa

Stravi, scutorumque incendi victor acervos;
Et regem hac Herilum dextra sub tartara misi,
Nascenti cui tres animas Feronia mater
(Horrendum dictu) dederat, terna arma movenda,
Ter leto sternendus erat; cui tunc tamen omnes
Abstulit hæc animas dextra, et totidem exuit armis:
Non ego nunc dulci amplexu divellerer usquam,
Nate, tuo; neque finitimus Mezentius umquam
Huic capiti insultans tot ferro sæva dedisset
Funera, tam multis viduasset civibus urbem.
At vos, o Superi, et divum tu maxime rector
Juppiter, Arcadii, quæso, miserescite regis,
Et patrias audite preces: Si numina vestra
Incolumem Pallanta mihi, si fata reservant;
Si visurus eum vivo, et venturus in unum;
Vitam oro: patiar quemvis durare laborem.
Sin aliquem infandum casum, Fortuna, minaris;
Nunc, o, nunc liceat crudelem abrumpere vitam,
Dum curæ ambiguæ, dum spes incerta futuri,
Dum te, care puer, mea sera et sola voluptas,
Complexu teneo: gravior ne nuntius aures
Vulneret. Hæc genitor digressu dicta supremo
Fundebat: famuli collapsum in tecta ferebant.

 Jamque adeo exierat portis equitatus apertis:
Æneas inter primos et fidus Achates;
Inde alii Trojæ proceres: ipse agmine Pallas
In medio, chlamyde et pictis conspectus in armis;
Qualis ubi oceani perfusus Lucifer unda,
Quem Venus ante alios astrorum diligit ignes,
Extulit os sacrum cœlo, tenebrasque resolvit.

Stant pavidæ in muris matres, oculisque sequuntur
Pulveream nubem, et fulgentes ære catervas.
Olli per dumos, qua proxima meta viarum,
Armati tendunt : it clamor, et, agmine facto,
Quadrupedante putrem sonitu quatit ungula campum.
Est ingens gelidum lucus prope Cæritis amnem,
Relligione patrum late sacer : undique colles
Inclusere cavi, et nigra nemus abiete cingunt.
Silvano fama est veteres sacrasse Pelasgos,
Arvorum pecorisque deo, lucumque diemque,
Qui primi fines aliquando habuere Latinos.
Haud procul hinc Tarcho et Tyrrheni tuta tenebant
Castra locis; celsoque omnis de colle videri
Jam poterat legio, et latis tendebat in arvis.
Huc pater Æneas et bello lecta juventus
Succedunt, fessique et equos et corpora curant.

   At Venus ætherios inter dea candida nimbos
Dona ferens aderat : natumque in valle reducta
Ut procul egelido secretum flumine vidit,
Talibus affata est dictis, seque obtulit ultro :
En perfecta mei promissa conjugis arte
Munera : ne mox aut Laurentes, nate, superbos,
Aut acrem dubites in prœlia poscere Turnum.
Dixit, et amplexus nati Cytherea petivit :
Arma sub adversa posuit radiantia quercu.
Ille deæ donis et tanto lætus honore
Expleri nequit, atque oculos per singula volvit;
Miraturque, interque manus et brachia versat
Terribilem cristis galeam flammasque vomentem;
Fatiferumque ensem; loricam ex ære rigentem,

Sanguineam, ingentem, qualis quum cærula nubes
Solis inardescit radiis longeque refulget;
Tum leves ocreas electro auroque recocto,
Hastamque, et clypei non enarrabile textum.
Illic res Italas, Romanorumque triumphos,
Haud vatum ignarus, venturique inscius ævi,
Fecerat ignipotens; illic genus omne futuræ
Stirpis ab Ascanio, pugnataque in ordine bella.
Fecerat et viridi fetam Mavortis in antro
Procubuisse lupam; geminos huic ubera circum
Ludere pendentes pueros, et lambere matrem
Impavidos; illam tereti cervice reflexam
Mulcere alternos, et corpora fingere lingua.
Nec procul hinc Romam, et raptas sine more Sabinas
Consessu caveæ, magnis Circensibus actis,
Addiderat; subitoque novum consurgere bellum
Romulidis, Tatioque seni, Curibusque severis.
Post idem, inter se posito certamine, reges
Armati Jovis ante aram, paterasque tenentes,
Stabant, et cæsa jungebant fœdera porca.
Haud procul inde, citæ Metium in diversa quadrigæ
Distulerant, (at tu dictis, Albane, maneres!)
Raptabatque viri mendacis viscera Tullus
Per silvam, et sparsi rorabant sanguine vepres.
Nec non Tarquinium ejectum Porsenna jubebat
Accipere, ingentique urbem obsidione premebat:
Æneadæ in ferrum pro libertate ruebant.
Illum indignanti similem, similemque minanti,
Adspiceres, pontem auderet quod vellere Cocles,
Et fluvium vinclis innaret Clœlia ruptis.

In summo custos Tarpeiæ Manlius arcis
Stabat pro templo, et Capitolia celsa tenebat,
[Romuleoque recens horrebat regia culmo.]
Atque hic auratis volitans argenteus anser
Porticibus Gallos in limine adesse canebat :
Galli per dumos aderant, arcemque tenebant,
Defensi tenebris et dono noctis opacæ.
Aurea cæsaries ollis, atque aurea vestis;
Virgatis lucent sagulis; tum lactea colla
Auro innectuntur; duo quisque Alpina coruscant
Gæsa manu, scutis protecti corpora longis.
Hic exsultantes Salios, nudosque Lupercos,
Lanigerosque apices, et lapsa ancilia cœlo
Extuderat : castæ ducebant sacra per urbem
Pilentis matres in mollibus. Hinc procul addit
Tartareas etiam sedes, alta ostia Ditis;
Et scelerum pœnas; et te, Catilina, minaci
Pendentem scopulo, Furiarumque ora trementem;
Secretosque pios, his dantem jura Catonem.
Hæc inter tumidi late maris ibat imago
Aurea, sed fluctu spumabant cærula cano;
Et circum argento clari delphines in orbem
Æquora verrebant caudis, æstumque secabant.
In medio classes æratas, Actia bella,
Cernere erat; totumque instructo marte videres
Fervere Leucaten, auroque effulgere fluctus.
Hinc Augustus agens Italos in prœlia Cæsar,
Cum patribus, populoque, Penatibus, et magnis dis,
Stans celsa in puppi; geminas cui tempora flammas
Læta vomunt, patriumque aperitur vertice sidus.

Parte alia, ventis et dis Agrippa secundis,
Arduus, agmen agens; cui, belli insigne superbum,
Tempora navali fulgent rostrata corona.
Hinc ope barbarica variisque Antonius armis
Victor, ab Auroræ populis et littore rubro,
Ægyptum, viresque Orientis, et ultima secum
Bactra vehit; sequiturque, nefas! Ægyptia conjux.
Una omnes ruere, ac totum spumare, reductis
Convulsum remis rostrisque tridentibus, æquor.
Alta petunt : pelago credas innare revulsas
Cycladas, aut montes concurrere montibus altos :
Tanta mole viri turritis puppibus instant.
Stuppea flamma manu, telisque volatile ferrum
Spargitur : arva nova Neptunia cæde rubescunt.
Regina in mediis patrio vocat agmina sistro;
Necdum etiam geminos a tergo respicit angues.
Omnigenumque deum monstra, et latrator Anubis,
Contra Neptunum et Venerem, contraque Minervam,
Tela tenent : sævit medio in certamine Mavors
Cælatus ferro, tristesque ex æthere Diræ;
Et scissa gaudens vadit Discordia palla;
Quam cum sanguineo sequitur Bellona flagello.
Actius hæc cernens arcum intendebat Apollo
Desuper : omnis eo terrore Ægyptus, et Indi,
Omnis Arabs, omnes vertebant terga Sabæi.
Ipsa videbatur ventis regina vocatis
Vela dare, et laxos jam jamque immittere funes.
Illam inter cædes, pallentem morte futura,
Fecerat ignipotens undis et Iapyge ferri :
Contra autem magno mærentem corpore Nilum,

Pandentemque sinus, et tota veste vocantem
Cæruleum in gremium latebrosaque flumina victos.
At Cæsar, triplici invectus Romana triumpho
Mœnia, dis Italis votum immortale sacrabat,
Maxima ter centum totam delubra per urbem.
Lætitia ludisque viæ plausuque fremebant :
Omnibus in templis matrum chorus, omnibus aræ :
Ante aras terram cæsi stravere juvenci.
Ipse, sedens niveo candentis limine Phœbi,
Dona recognoscit populorum, aptatque superbis
Postibus : incedunt victæ longo ordine gentes,
Quam variæ linguis, habitu tam vestis et armis.
Hic Nomadum genus et discinctos Mulciber Afros,
Hic Lelegas, Carasque, sagittiferosque Gelonos,
Finxerat. Euphrates ibat jam mollior undis,
Extremique hominum Morini, Rhenusque bicornis,
Indomitique Dahæ, et pontem indignatus Araxes.
Talia per clypeum Vulcani, dona parentis,
Miratur, rerumque ignarus imagine gaudet,
Attollens humero famamque et fata nepotum.

www.ingramcontent.com/pod-product-compliance
Lightning Source LLC
Chambersburg PA
CBHW052334230426
43664CB00041B/1326